职业教育城市轨道交通系列创新教材

城市轨道交通供电系统

主　编　白　冰　谭丽娜

副主编　袁健男　王　刚　徐作华

内容提要

本书共分 6 个模块，内容包括城市轨道交通系统及供电系统概述、牵引变电所的主要电气设备、变电站电气接线、接触网、SCADA 系统和城市轨道交通供电系统的运行管理等。

本书可作为职业院校城市轨道交通供配电技术等相关专业的教学用书，还可作为城市轨道交通企业的职业培训教材，同时也可作为城市轨道交通技术人员的参考用书。

图书在版编目(CIP)数据

城市轨道交通供电系统/白冰，谭丽娜主编．—上海：上海交通大学出版社，2019(2024 重印)

ISBN 978-7-313-20698-5

Ⅰ.①城… Ⅱ.①白… ②谭… Ⅲ.①城市铁路—供电系统—高等职业教育—教材 Ⅳ.①U239.5

中国版本图书馆 CIP 数据核字(2018)第 295177 号

城市轨道交通供电系统

CHENGSHI GUIDAO JIAOTONG GONGDIAN XITONG

主　　编：白　冰　谭丽娜

出版发行：上海交通大学出版社　　　地　　址：上海市番禺路 951 号

邮政编码：200030　　　电　　话：021-64071208

印　　制：三河市骏杰印刷有限公司　　　经　　销：全国新华书店

开　　本：787 mm×1 092 mm　1/16　　　印　　张：17.25

字　　数：414 千字

版　　次：2019 年 1 月第 1 版　　　印　　次：2024 年 9 月第 4 次印刷

书　　号：ISBN 978-7-313-20698-5

定　　价：49.00 元

版权所有　侵权必究

告读者：如您发现本书有印装质量问题请与印刷厂质量科联系

联系电话：0316-3662258

前言

城市轨道交通的迅速发展，带动了社会对轨道交通人才的需求。目前，轨道交通领域人才缺口非常大，在生产一线从事施工、维修养护、运营管理、监理等工作的中、高级技能型人才尤其短缺。培养生产一线的高级技能型人才是职业教育的目标，为此，我们特组织具有一线教学经验的教师和企业在职人员共同编写了本书。

本书对城市轨道交通供电系统进行了较为全面、系统的介绍，内容包括城市轨道交通系统及供电系统概述、牵引变电所的主要电气设备、变电站电气接线、接触网、SCADA 系统和城市轨道交通供电系统的运行管理。本书旨在体现专业知识与职业意识教育相结合的特色，具有较强的针对性和可操作性，突出对学生技术技能的培养，注重学生职业能力的提高，努力让学生做到“学以致用”。

本书由长春职业技术学院白冰、谭丽娜任主编，长春职业技术学院袁健男、王刚、徐作华任副主编。编写分工如下：模块 1 和模块 6 由王刚编写，模块 2 由白冰编写，模块 3 由袁健男编写，模块 4 由谭丽娜编写，模块 5 由徐作华编写。

在本书的编写过程中，编者得到了长春市轨道交通集团有限公司、长春职业技术学院等单位的大力支持，在此表示衷心的感谢。另外，本书还引用了许多国内外专家、学者的有关城市轨道交通的资料和文献，在此向相关人员致以衷心的感谢。

由于编者水平有限，书中存在的疏漏和不足之处，敬请广大读者批评指正。

编　者

目 录

技能实训导读

模块 1 城市轨道交通系统及供电系统概述

知识目标

(1) 掌握城市轨道交通系统的定义及特点。
(2) 掌握城市轨道交通的类型。
(3) 了解城市轨道交通的主要技术特征。
(4) 掌握城市轨道交通的发展现状与存在的问题。
(5) 掌握城市轨道交通供电系统的各子系统。
(6) 掌握城市轨道交通所采用的供电方式。
(7) 掌握不同类型变电站的功能。
(8) 掌握杂散电流的形成、危害和防护。

技能目标

(1) 会区分不同类型的城市轨道交通。
(2) 会区分城市轨道交通供电系统的各子系统。
(3) 会介绍城市轨道交通所采用的供电方式。
(4) 会介绍不同类型变电站的功能。
(5) 会介绍杂散电流产生的原因。

1.1 城市轨道交通系统概述

1.1.1 城市轨道交通系统的定义、技术特征及特点

1. 城市轨道交通系统的定义

“城市轨道交通”是一个范围较大的概念，在国际上没有统一的定义。一般而言，城市中

车辆在固定的轨道上运行并主要用于城市客运的交通系统称为城市轨道交通。

广义的城市轨道交通是指以轨道交通运输方式为主要技术特征，在城市公共客运交通系统中具有中等以上运量的交通系统，主要为城市公共客运服务，是一种在城市公共客运交通中起骨干作用的现代化立体交通系统。

狭义的城市轨道交通是指地铁、轻轨和单轨。

《城市公共交通分类标准》(CJJ/T 114—2007)中将城市轨道交通定义为："城市轨道交通为采用轨道结构进行承重和导向的车辆运输系统，依据城市交通总体规划的要求，设置全封闭或部分封闭的专用轨道线路，以列车或单车形式，运送相当规模客流量的公共交通方式。包括地铁系统、轻轨系统、单轨系统、有轨电车、磁浮系统、自动导向轨道系统和市域快速轨道系统。"

2. 城市轨道交通系统的技术特征

城市轨道交通系统的主要技术特征有以下几个：

(1) 采用列车编组化运行，运量大。

(2) 良好的线路条件与控制体系，速度快。

(3) 电力牵引，污染少、环保。

(4) 可采用地下和高架敷设方式，占地面积小。

(5) 全隔离的路权方式，安全性、可靠性好。

(6) 良好的环控体系和候车环境，乘车舒适性佳。

3. 城市轨道交通系统的特点

城市轨道交通系统具有以下几个特点：

(1) 样式的多样性。根据轨道交通系统基本技术特征的不同，轨道交通系统主要有市郊铁路、地下铁道、轻轨交通、独轨铁路和有轨电车等类型。

(2) 规划布局要求的科学性和合理性。轨道交通线网规划不仅与城市地面交通相配合，还与公路、铁路、民航等大交通相协调。

(3) 建设和服务的高标准化。城市轨道交通带来的不仅是科技和运力的提升，也是服务的高标准化。各大城市轨道交通的设计、建设、运营和管理都十分重视以优质的服务满足城市、经济、发展、不同乘客的需求，它比常规公交更加快捷、方便、舒适，这对于提升城市出行水平有很大作用。

(4) 发展性和复杂性。城市轨道交通的发展经历了生成期、成长期和成熟期三个阶段，每个时期均有其独特的技术特点。

① 生成期的技术特点。

· 轨道交通设计简单，技术装备水平低。

· 轨道交通在城市交通中所占份额有限。

② 成长期的技术特点。

· 在硬件方面，先进技术的采用主要表现为城市轨道交通运输工具的更新与完善。

· 在软件方面，先进技术的采用主要表现在城市规划与城市交通布局及轨道交通网络的发展开始以先进的设计思想为指导。

③ 成熟期的技术特点。城市交通体系不再单一，更注重公交协调合作的作用，强调大小公交的衔接和一体化，大容量快速轨道交通与传统汽（电）车地面交通两大类运输方式形成全方位、立体化、多层次的格局。

(5) 综合性。

① 建设规模大，一个城市的轨道交通线网一般有近百千米至数百千米。

② 技术要求高，涉及现代土木工程、机电设备工程等多个高新技术领域。

③ 项目投资大，每千米造价达3亿～4亿元。

④ 建设周期长，单线建设周期要4～5年，线网建设周期一般要30～50年。

⑤ 信息量大，建设、运营过程中所产生的信息量很大，处理工作非常繁重。

⑥ 系统复杂，要考虑轨道交通与其他交通方式、城市发展的关系，考虑轨道交通线网布局、建设次序、资源共享的关系，考虑轨道交通工程策划、建设、运营、资源利用的关系等。

1.1.2 城市轨道交通系统的构成

城市轨道交通系统由车辆系统、供电系统、通信系统、信号系统、自动售检票机、暖通空调、屏蔽（安全）门、自动扶梯和电梯、防火灭火系统、给排水系统、综合监控系统组成。

1. 车辆系统

城市轨道交通的车辆是用来运输乘客的工具，按有无动力可分为两大类：拖车（T），本身无动力牵引装置；动车（M），本身带有动力牵引装置。在运营时，城市轨道交通列车一般采用动拖结合、固定编组的电动列车组形式。城市轨道交通车辆不仅要有良好的牵引、制动性能，保证运行安全、正点、快速；同时要有良好的乘客服务设施，使乘客感到舒适、文明、方便。

2. 供电系统

电能是城市轨道车辆电力牵引系统必需的能源，电动车辆及为轨道交通运营服务的机电设备，包括通风、空调、照明、通信、信号、给排水、防灾报警、电梯、自动扶梯等也都依赖并消耗电能。在城市轨道交通运营中，供电一旦中断，不仅会造成城市轨道交通运营瘫痪，而且有可能危及乘客的生命安全，造成财产损失。因此，高度安全、可靠而又经济、合理的供电系统是城市轨道交通正常运营的重要条件和保证。

城市轨道交通供电电源一般取自城市电网，通过城市电网一次电力系统和轨道交通供电系统实现输送或变换，最后以适当的电压等级和一定的电流形式（直流或交流）供给车辆和其他用电设备。

3. 通信系统

城市轨道交通的通信系统是传递语言、文字、数据、图像等多种信息的综合业务数字系统。它包括数字传输、电话交换、有线和无线通信、闭路电视、有线广播、时钟、电源等设备系统。城市轨道交通通信系统要求高可靠、易扩充、组网灵活、独立采用通信网络，并能与公共通信系统联网。

4. 信号系统

城市轨道交通信号系统是保证列车运行安全和提高线路通过能力的重要设施。以前列车运行，主要是驾驶员根据色灯信号(红、黄、绿)进行操作。而城市轨道交通具有高密度、短间隔、短站距和快速等特点，其信号系统也从传统的方式，即以地面信号的显示传递行车命令，驾驶员按行车规则操作列车运行的方式，发展到按地面发送的信息自动监控列车速度和自动调整列车追踪间隔的方式。实现这一方式的关键设备是列车自动控制系统。

5. 其他

自动售检票机、暖通空调、屏蔽(安全)门、自动扶梯和电梯等车站设施及防火灭火系统、给排水系统等环控设施，在保证乘客有一个良好的候车环境的同时，更保证了乘客能够安全、快捷地乘坐列车。

综合监控系统包括电力监控(supervisory control and data acquisition，SCADA)系统、机电设备监控系统、屏蔽门监控系统、防淹门互联系统、火灾自动报警系统、广播系统、闭路电视系统、车载信息系统、车站信息系统、自动售检票系统、信号系统和时钟系统。它涉及的专业门类较多，是一个真正意义的综合系统。

1.1.3 城市轨道交通系统的分类

城市轨道交通系统在世界范围内发展较快，地区、国家、城市的不同，服务对象的不同等，使得城市轨道交通系统发展成为多种类型，技术指标差异较大，目前尚无十分统一的分类标准。

(1) 按导向方式的不同，城市轨道交通系统可分为轮轨导向的城市轨道交通系统和导向轮导向的城市轨道交通系统。

(2) 按线路架设方式的不同，城市轨道交通系统可分为地下(水下)城市轨道交通系统、高架城市轨道交通系统和地面城市轨道交通系统。

(3) 按线路隔离程度的不同，城市轨道交通系统可分为全隔离城市轨道交通系统、半隔离城市轨道交通系统和不隔离城市轨道交通系统。

(4) 按轨道材料的不同，城市轨道交通系统可分为钢轮钢轨城市轨道交通系统和橡胶轮混凝土轨道交通系统。

(5) 按牵引方式的不同，城市轨道交通系统可分为旋转式直流电动机牵引城市轨道交通系统、交流电动机牵引城市轨道交通系统和直流电动机牵引城市轨道交通系统。

(6) 按运营组织方式的不同，城市轨道交通系统可分为传统城市轨道交通、区域快速轨道交通和城市(市郊)铁路。

(7) 按高峰小时单向运输能力的不同，城市轨道交通系统可分为高运量轨道交通系统、中运量轨道交通系统和低运量轨道交通系统。高运量轨道交通系统的高峰小时单向运输能力在 30 000 人次以上，属于该种类型的轨道交通系统主要有地下铁道和高技术标准的轻轨铁路。中运量轨道交通系统的高峰小时单向运输能力为 10 000～30 000 人次，属于该种类型的轨道交通系统主要有轻轨和独轨。低运量轨道交通系统的高峰小时单向运输能力为 5 000～10 000 人次，属于该种类型的轨道交通系统主要有低技术标准的有轨电车。

(8) 按动能范围、车辆类型及主要技术特征的不同，城市轨道交通系统可分为有轨电车、地铁、轻轨、城市(市郊、城际)铁路、独轨交通、新交通系统、磁浮交通。

1.1.4 我国城市轨道交通系统的发展现状与存在的问题

1. 发展现状

近年来，我国城市轨道交通发展迅猛，在优化城市结构布局、缓解城市交通拥堵及促进经济社会发展等方面的作用日益凸显。据统计，截至 2018 年年末，我国内地共计 35 个城市开通城市轨道交通并投入运营，运营线路总长度达到 5 766.6 km。预计到 2020 年左右，中国内地城市轨道交通运营线路总规模将达到 9 000 km。我国经济向高质量发展阶段转型，需要大力推动轨道交通装备向绿色、智能方向发展。

中国城市轨道交通的快速发展在改善城市交通状况、改变市民出行和生活方式、服务和促进城市发展、推动产业进步与升级等方面发挥了重要作用。北京、上海、广州、深圳等城市的城市轨道交通已形成网络化运营格局，城市轨道交通在公共交通体系中起到了骨干作用。

中国城市轨道交通在服务和促进城市发展的同时，大规模的建设也造就了涵盖规划设计、工程建设、运营管理、技术装备等各领域的完整产业链。与高速铁路一样，中国城市轨道交通在过去 20 年间取得了巨大的进步和成绩，并在积极跨出国门，走向世界。

2. 存在的问题

随着我国城镇化进程的加快，城市人口的快速膨胀，轨道交通建设突飞猛进。《国家发展改革委关于加强城市轨道交通规划建设管理的通知》(发改基础〔2015〕49 号)明确提出应超前编制线网规划，并提出了城市轨道交通长远可持续发展的总体性方案。而目前，在轨道交通的快速发展中，轨道交通规划设计暴露出不少问题。

(1) 对城市未来发展的认识不足，剖析不够，对轨道交通战略定位不准，发展模式单一；或因城市空间结构、人口规模等不稳定，轨道交通选取的系统规模与客流需求不匹配。

(2) 网络规划缺乏前瞻性，规划设计忽略城市特性和实际需要，网络层次及系统选型单一，后期运营组织灵活度差，服务水平较低，运营效率不高。

(3) 轨道交通规划设计与周边地下空间开发结合度不高，设计灵活度较差，地下空间没有得到高效利用，造成地下空间资源浪费。

1.2 城市轨道交通供电系统概述

城市轨道交通供电系统是城市轨道交通的动力源泉，在为线路上运行的机车提供所需要的牵引负荷的同时，为车站、区间、车辆段、控制中心(operating control center，OCC)等其他建筑物提供其所需要的动力照明电能。在城市轨道交通运营过程中，供电一旦中断，不仅会造成城市轨道交通运输系统的瘫痪，而且会危及乘客的生命安全，造成财产损失。因此，城市轨道交通供电系统的有效运行是城市轨道交通系统安全可靠运行的重要保障。

1.2.1 城市轨道交通供电系统的供电制式

电力牵引用于轨道交通系统已有100多年的历史,随着经济和科学技术的不断发展,用于轨道交通的电力牵引方式有许多不同的制式出现。这里所说的制式,是指供电系统向电动车辆或电力机车供电所采用的电流和电压制式,如直流制或交流制、电压等级、交流制中的频率(工频或低频)及交流制中是单相或三相等。

1. 供电制式的发展

城市轨道交通供电系统的供电制式经过了如下几个发展阶段:

(1) 直流制式。为了满足城市轨道交通车辆速度快、能耗小、平稳舒适的运输要求,对动力车辆有如下要求:

① 起动加速性能。要求起动加速力大且平稳,即恒定的、大的起动力矩,便于列车快速平稳起动。

② 动力设备容量利用。对列车的主要动力设备——牵引电动机的基本性能要求为:列车轻载时运行速度可以高一些,列车重载时运行速度可以低一些。这样无论列车重载或轻载,都可以实现牵引电动机容量的充分利用,因为列车的牵引力与运行速度的乘积为其功率容量,这时近于常数。

③ 调速性能。在调速过程中既要达到变速,还要尽可能经济,不要有太大的能量损耗,同时还希望容易实现调速。

直流串励电动机的机械特性(转矩与转速的关系特性)正符合重载时速度低、轻载时速度高的要求。此外,从直流串励电动机的起动和调速方法看,也是比较容易实现的。为了限制直流串励电动机刚接通电源时起动电流太大和正常运行时为了降速而降低其端电压,最早采用在电动机回路中串联大功率电阻的方法来达到限流和降压的目的。这种方法容易实现,但在列车起动和调速过程中却造成了大量的能量损耗,很不经济。尽管如此,由于局限于一定时期的技术发展水平,采用直流串励电动机作为牵引动力就成为最早也是迄今为止被长期采用的形式,这就是供电系统直接以直流电向电动车辆或电力机车供电的电力牵引"直流制式"。

(2) 低频单相交流制。随着矿山和干线电力牵引的发展,列车需要的功率越来越大,如果采用直流供电制式,则受直流串励电动机端电压不能太高的限制,会导致供电电流很大,因而供电系统的电压损失和能量损耗必然增大,由此出现了低频单相交流制。

低频单相交流制是交流供电方式,交流电可以通过变压器升降压,因此,可以升高供电系统的电压,到了列车以后再经车上的变压器将电压降低到适合牵引电动机应用的电压等级。由于早期整流技术的限制,这种制式采用了在原理上与直流串励电动机相似的单相交流整流子牵引电动机。这种电动机存在整流换向的问题,其困难程度随电源频率的升高而增大。由于采用低频电源使供电系统复杂化,需要由专用低频电厂供电,或由变频电站将国家统一工频电源转变成低频电源再输出,因此没有得到广泛应用,只在少数国家的工矿和干线上应用。

(3) 工频单相交流制。工频单相交流制式既保留了交流制可以升高供电电压的长处,又仍然采用直流串励电动机作为牵引电动机。在电力机车上装设降压变压器和大功率整流设备，可将高压电源降压，再整流成适合直流牵引电动机应用的低压直流电。电动机的调压调速可以通过改变降压变压器的抽头或可控整流装置的电压来实现。工频单相交流制是当今世界各国干线电气化铁路应用较普遍的牵引供电制式。我国干线电气化铁路即采用这种制式，其供电电压为 25 kV。

(4) 三相交流制。三相交流制式的供电网比较复杂，必须有两根架空接触线和走行轨道构成三相交流电路，两根架空接触线之间又要高压绝缘，造成的困难和投资更大，因此已经被淘汰。

2. 供电制式的选择原则

牵引网的供电制式主要指电流制、电压等级和馈电方式。目前，城市轨道交通的直流牵引电压等级有 DC 600 V、DC 750 V 和 DC 1 500 V 等多种。我国国家标准《城市轨道交通直流牵引供电系统》(GB/T 10411—2005)规定了 DC 1 500 V 和 DC 750 V 两种电压制式。

电压制式与馈电方式是密不可分的。一般架空接触网馈电方式电压等级采用 DC 1 500 V。第三轨馈电方式电压等级主要采用 DC 750 V，第三轨馈电方式电压等级有向 DC 1 500 V 发展的趋势。

供电制式的选择原则如下：

(1) 供电制式与客流量相适应。客流量是轨道交通设计的基础。根据预测客流量大小，选择适用的电动客车类型和列车编组数量，一般大运量的轨道交通系统采用 DC 1 500 V 电压和架空接触网馈电方式，中运量的轨道交通系统采用 DC 750 V 电压和接触轨馈电方式。

(2) 供电安全可靠。城市轨道交通是城市交通的骨干，一旦牵引网发生故障，造成列车停运，就会影响市民出行，引起城市交通混乱。因此，安全可靠是选择供电制式最重要的条件。

(3) 便于安装和事故抢修。选用的牵引网应便于施工安装和日常维修；一旦发生牵引网故障，应便于抢修，尽快恢复运营。

(4) 牵引网使用寿命长，维修工作量小，是降低轨道交通运营成本的重要条件。

(5) 城市轨道交通是城市的基础设施，应注重环境和景观效果。

3. 采用直流供电制式的原因

城市轨道交通几乎毫无例外地都采用直流供电制式。采用直流供电制式的原因有如下几点：

(1) 城市轨道电动车辆的功率不是很大，供电半径也不大，因此供电电压不需要太高。

(2) 在同样的电压等级下，直流制因为没有电抗压降而比交流制的电压损失小。

(3) 城市轨道交通供电系统的供电线路处在城市建筑群之间，供电电压不宜太高，以确保安全。

(4) 大功率半导体整流元件(晶闸管)的出现，使得可在直流制电动车辆上采用整流器对直流串励电动机进行调压调速，减少了能耗，给直流制增添了新的生命力。

(5) 快速晶闸管出现后，由快速晶闸管等组成的逆变器可将直流电逆变成频率可以调节的交流电，这样就实现了多年来想采用结构简单、结实的鼠笼式异步电动机作为牵引电动机的愿望。这种用改变频率来改变异步电动机速度的方法(简称变频调速)，可使异步牵引电动机的性能满足牵引列车特点的要求。虽然电动车辆上采用的是交流异步牵引电动机，但其供电电压还是直流的，所以还属于直流制式的范畴，这就给直流制的应用提供了一个更广阔的发展空间。

1.2.2 城市轨道交通供电系统的组成

城市轨道交通作为城市电网的一个用户，一般是从城市电网取得电能，无须单独建设电厂，城市电网也把城市轨道交通作为一个重要用户。因此，无论是干线电气化铁路、工矿电力牵引，还是城市轨道交通的电力牵引用电，均由国家统一电网供给。城市轨道交通供电系统主要由外部供电系统、牵引供电系统、动力照明供电系统和 SCADA 系统组成。

1. 外部供电系统

发电厂(站)是发出电能的中心，一般可分为火力发电厂、水力发电站和原子能核电站等。为减少线路的电压损失和能量损耗，发电厂中发电机发出的电能要先经过升压变压器升高电压，然后以 110 kV 或 220 kV 的高压，通过三相传输线输送到区域变电站。

在区域变电站中，电能先经过降压变压器把 110 kV 或 220 kV 的高压降低电压等级(如 10 kV 或 35 kV)，再经过三相输电线输送给本区域内的各用电中心。城市轨道交通牵引用电既可以从区域变电站高压线路得电，也可以从下一级电压的城市地方电网得电，这取决于系统和城市地方电网的具体情况及牵引用电容量的大小。

对于直接从系统高压电网获得电力的城市轨道交通系统，往往需要再设置一级主降压变电站，将系统输电电压由 110 kV 或 220 kV 降低到 10 kV 或 35 kV，以适应直流牵引变电所的需要。从管理的角度看，主降压变电站可以由电力部门直接管理，也可以归属于地方城市轨道交通部门管理。

如图 1-1 所示，虚线 2 以上，即从发电厂(站)经升压变电站、高压输电网、区域变电站至主降压变电站部分通常被称为城市轨道交通供电系统的外部(或一次)供电系统。城市轨道交通企业作为城市电网的重要用户，属于一级负荷，需要引入双路高压电源对其供电系统进行供电。

电源由城市电网引入，根据不同城市的电网构成，采用合适的供电方式。城市轨道交通系统作为城市电网的特殊用户，一般用电范围多在几千米到几十千米，采用何种供电方式，与城市电网的构成及城市轨道交通线路的分布及电源的容量有密切关系。城市轨道交通供电系统对城市电网来说是用户，对城市轨道交通的各类负荷来说是电源。城市电网对城市轨道系统的供电方式可分为以下三种：

(1) 集中供电。由城市轨道专用主变电站构成的供电方案称为集中供电。如图 1-2 所示，沿着城市轨道交通线路，根据用电容量和城市轨道交通线路的长短，建设一座或几座轨道交通专用的主变电站。主变电站应有两路独立的电源，一般为 110 kV 或 63 kV，由发电厂或区域变电站对其供电。主变电站经过变压后，输出 AC 35 kV 或 AC 10 kV 等级的电压，给城市轨道交通的牵引供电系统和动力照明系统供电。

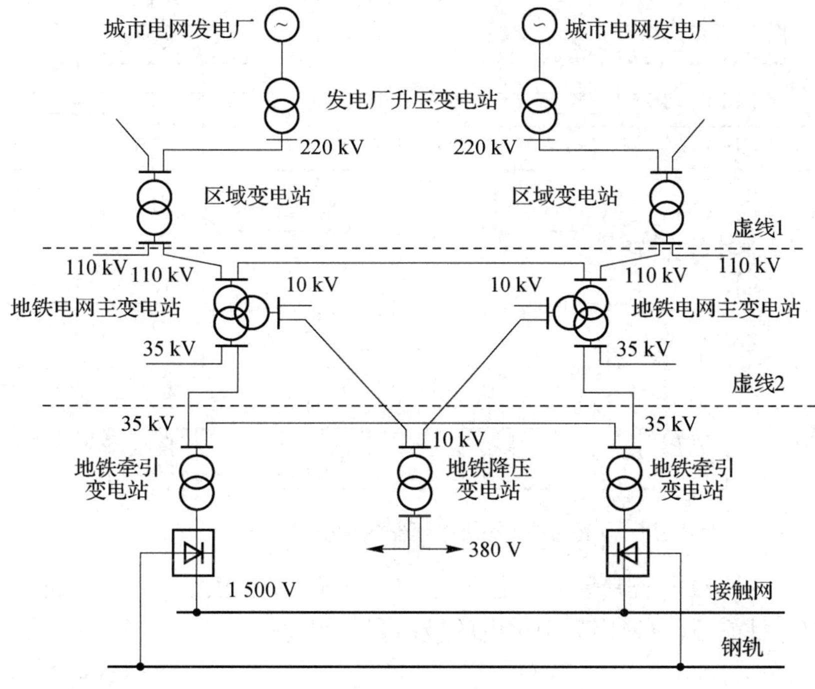

图 1-1　城市轨道交通供电系统

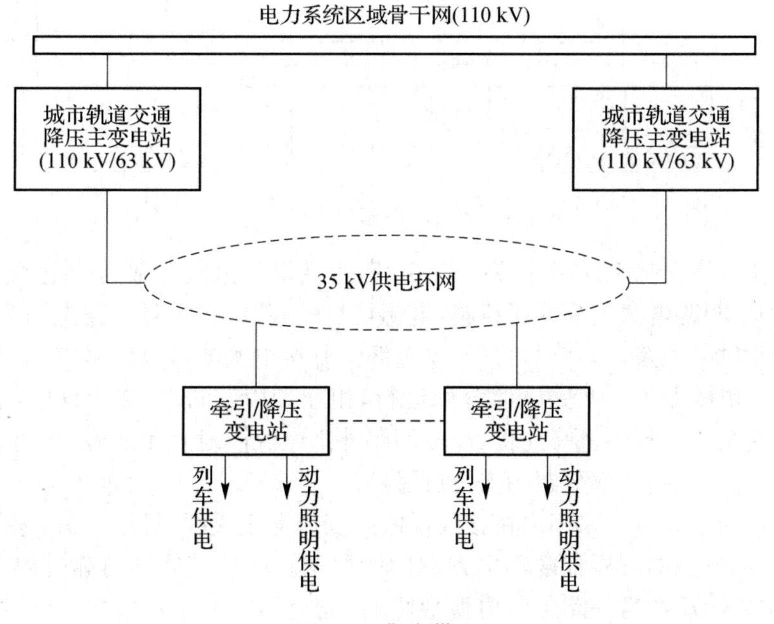

图 1-2　集中供电

上海、香港地铁采用三级电压制集中供电方式(见图 1-3),集中供电的牵引供电系统的电压为 35 kV,供配电系统的电压为 10 kV。目前,国内只有少数城市采用这种形式。

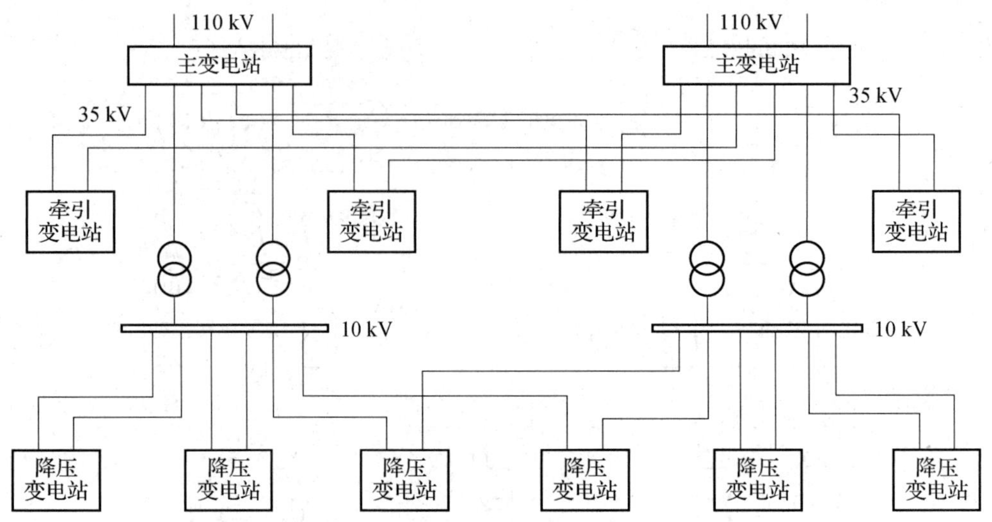

图 1-3　三级电压制集中供电方式

广州地铁采用两级电压制集中供电方式(见图 1-4),牵引供电系统和供配电系统的电压均采用 33 kV。目前,国内采用集中供电的城市多采用此种形式。

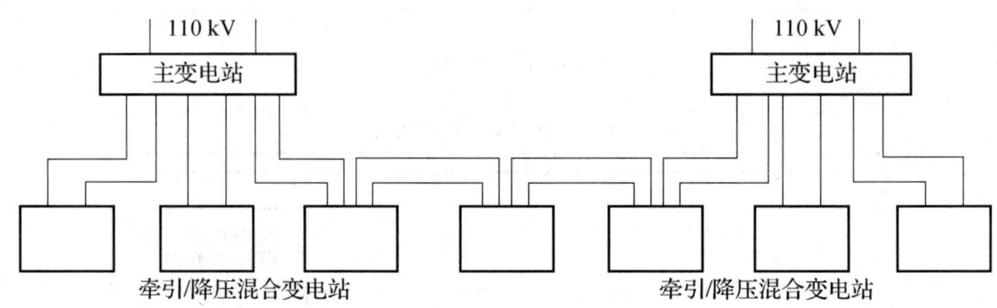

图 1-4　两级电压制集中供电方式

① 主变电站。城市轨道负荷作为一级负荷,主变电站进线一般为双电源。双电源的设计有两种:一种是两路电源均为专用线路,电源可靠性高;另一种是一路电源为专用线路,另一路电源并接于供电线路,与其他用户共享电源。并接电源的可靠性虽然相对来说较差,但也能满足地铁供电的要求。两路电源分列运行,相互备用。同时,在设计中,通过地铁环网电缆将两座主变电站的母线进行连接,即使两路外部电源同时发生故障,也可以实现主变电站之间的相互支援,提高外部电源的安全可靠性。

主变电站进线电源侧可采用内桥接线或线路变压器组接线(见图 1-5),采用何种接线形式,主要考虑外部电源的可靠程度和电力部门的要求。内桥接线的可靠性要略高于线路变压器组接线,主要体现在当一路进线电源故障时,完全不影响地铁供电系统的运行,而此时线路变压器组接线就只能有单台主变压器运行。

主变电站中压侧采用单母线分段接线形式,当其中一台主变压器或一路中压进线不能正常运行时,通过母联开关合闸来保证地铁供电的可靠性。当外部电源不稳定时,通过主变压器有载调压开关来保证地铁电源的稳定性和可靠性。

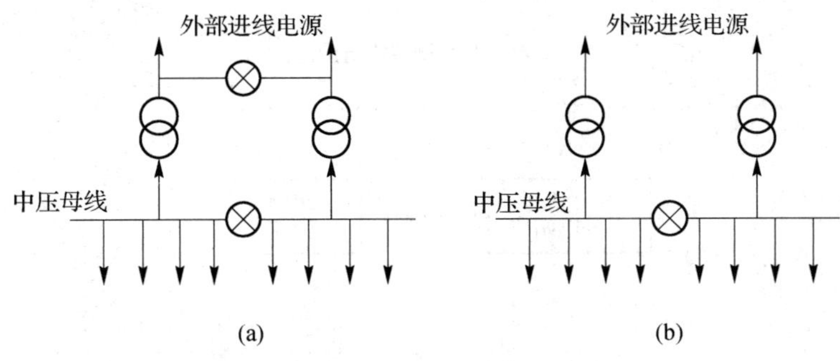

图 1-5 主变电站进线电源侧接线形式
(a)内桥接线形式 (b)线路变压器组接线形式

② 中压供电网络。中压电缆可纵向把上级主变电站和下级牵引变电所、降压变电站连接起来,横向把全线的各个牵引变电所、降压变电站连接起来,便构成了中压供电网络,其功能类似于电力系统中的输电线路。

城市轨道交通的中压交流环网系统可采用牵引与动力照明相对独立的网络形式,也可采用牵引与动力照明混合的网络形式。对于牵引与动力照明相对独立的网络,牵引供电网络与动力照明网络的电压等级可以相同,也可以不同。供电系统中的中压供电网络应按列车运行的远期通过能力设计,对互为备用线路,当一路退出运行时,另一路应能承担其一、二级负荷的供电,线路末端电压损失不宜超过5%。

一个运行可靠、调度灵活的环网供电系统一般需满足以下设计原则和技术条件:

·供电系统应满足经济、可靠、接线简单、运行灵活的要求。

·供电系统(含牵引供电)容量按远期高峰小时负荷设计,根据路网规划的设计可预留一定裕度。

·供电系统按一级负荷设计,即平时由两路互为备用的独立电源供电,以实现不间断供电。

·环网设备容量应满足远期最大高峰小时负荷的要求,并满足当一个主变电站发生故障时(不含中压母线故障),另一个主变电站能承担全线牵引负荷及全线动力照明一、二级负荷的供电。

·电缆载流量不仅应满足最大高峰小时负荷的要求,同时当主变电站正常运行,环网中一条电缆故障时,应能保证城市轨道交通正常运行。此时可不考虑主变电站和环网电缆同时故障的情况,但需考虑主变电站与一个牵引变电所同时故障(三级负荷除外)的情况。

在中压环网电压等级的选取上,国内一般有35 kV/33 kV和10 kV两种等级,环网电压高,可相应减少主变电站的个数和降低线路损耗。目前,国内已经开通和即将开通的地铁线路多数采用集中供电方式,中压环网电压多采用35 kV/33 kV等级。

(2) 分散供电。在地铁沿线直接由城市电网引入多路地铁所需要的电源而构成的供电系统称为分散供电,如图1-6所示。这种供电方式多为10 kV电压等级。因为我国各大城市的电网在逐渐取消或改造35 kV这一电压等级,因此要想在几千米到几十千米的范围内引入多路35 kV电源是不可能的。分散供电要保证每座牵引变电所或降压变电站皆能获得双路电源。北京地铁主要采用分散供电方式。

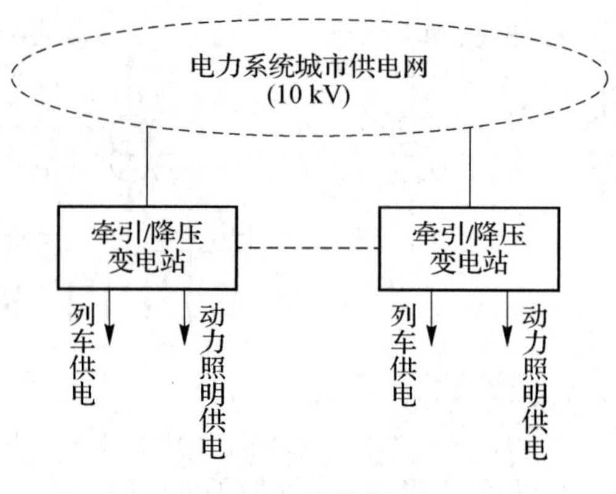

图 1-6 分散供电

采用分散供电方式,可以取消地铁主变电站,从而节省主变电站的投资,但是地铁电源系统能否采用这种方式与城市电网的发达情况密切相关。采用集中供电方式可使地铁供电系统与外界的接点减少,便于日后的运营维护。

(3) 混合供电。混合供电方式是前两种供电方式的结合,以集中供电方式为主,在个别地段引入城市电网电源作为集中供电方式的补充,使供电系统更加完善和可靠。武汉轨道交通、北京城市轨道交通 1 号线和 2 号线即采用此种供电方式。

2. 牵引供电系统

城市轨道交通的电能由国家统一电网供给,其电力牵引供电系统如图 1-7 所示。

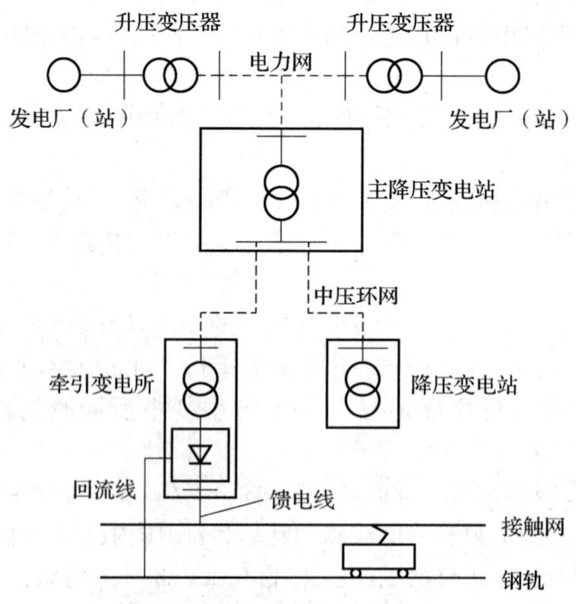

图 1-7 城市轨道交通电力牵引供电系统

主降压变电站(当它不属于电力部门时)及其以后部分分为以牵引变电所为主的牵引供电系统和以降压变电站为主的动力照明供电系统。

如图 1-8 所示,主降压变电站及其以后部分统称为牵引供电系统,其包括牵引变电所、

馈电线、接触网、钢轨及回流线等。在城市轨道交通牵引供电系统中,电能从牵引变电所经馈电线、接触网输送给电动列车,再从电动列车经钢轨(轨道回路)、回流线流回牵引变电所。由馈电线、接触网、轨道回路及回流线组成的供电网络称为牵引网。牵引供电系统即由牵引变电所和牵引网组成,其中,牵引变电所和接触网是牵引供电系统的主要组成部分。

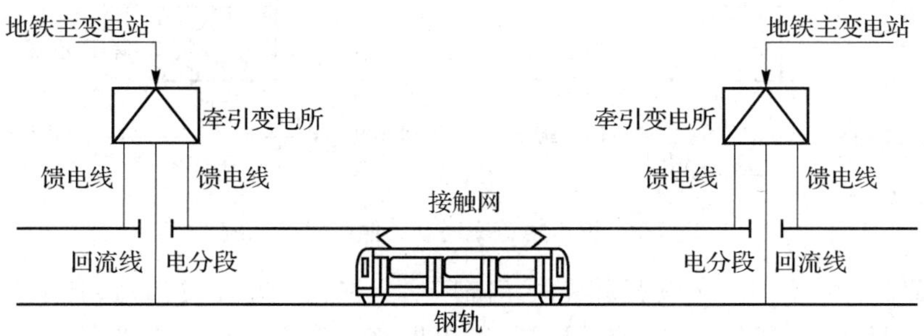

图 1-8 城市轨道交通牵引供电系统

(1) 牵引变电所。牵引变电所是牵引供电系统的核心,一般由进出线单元、变压变流单元和馈出单元构成。其主要功能是将中压环网的 AC 35 kV 或 AC 10 kV 三相高压交流电源经变压变流单元转换为城市轨道交通列车所需的电能,并分配到上下行区间供列车牵引用。在城市轨道交通工程中,由于地下土建工程造价较高,因而在地面有条件时最好将牵引变电所建于地面。但降压变电站由于压损的要求仍应设在车站内,这样可以有效地降低工程造价。

(2) 牵引网。

① 馈电线。馈电线中的“馈”字就是“送”的意思,因此,馈电线可以理解为送电线或供电线。馈电线是从牵引变电所向接触网输送牵引电能的导线。

② 接触网。接触网是沿列车钢轨架设的一种特殊供电线路,可经电动列车的受电器向其供给电能。接触网是为城市轨道交通车辆运行提供电能的供电设备,机车通过受电弓或集电靴从接触网中得到电能。接触网的特点是电压高、电流大、露天架设、点多线长、没有备用、维护保养复杂、难度大、要求高,其状态好坏直接影响轨道交通的正常运行。

③ 轨道回路。轨道构成了牵引供电回路的一部分。列车行走时,利用钢轨作为牵引电流回流的电路。当采用跨座式单轨电动车组时,需沿线路专门敷设单独的回流线。

④ 回流线。用以供牵引电流返回牵引变电所的导线称为回流线。通过吸流作用,迫使由大地回归的电流大部分由回流线返回牵引变电所,其回归方向与接触网中的电流方向相反,因而可抵消绝大部分由接触网电流产生的对通信线路的干扰。

3. 动力照明供电系统

动力照明供电系统可为除城市轨道交通列车以外的其他所有地铁用电负荷提供电能,其中包括通信、信号、事故照明和计算机系统等许多一级负荷。这些一级负荷均与城市轨道交通正常运营密不可分,所以在设计、设备选型和施工过程中都应对动力照明供电系统给予足够的重视。城市轨道交通降压变电站与城网 10 kV 变电站一样,都是将中压电经变压器变为 380 V 或 220 V 电源供动力照明负荷用电。在引入电源方面,每座降压变电站均从中压环网引入两路电源,有条件时还应从相邻变电站或市电引一路备用电源;对于特别重要的负荷(如控制系统计算机设备等负荷),还应设蓄电池作为备用电源。城市轨道交通动力照明供电系统如图 1-9 所示。

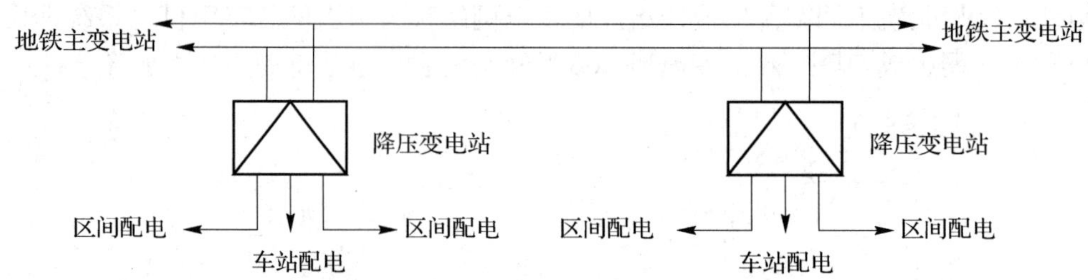

图 1-9 城市轨道交通动力照明供电系统

其中,降压变电站将三相电源进线电压降压变为三相 380 V 交流电,其主要用电设备是风机、水泵、照明设备、通信设备、信号设备、防火报警设备等。在动力供电系统中,降压变电站一般每个车站设置一个,有时也可几个车站合设一个;也可将降压(动力)变压器附设在某个牵引变电所之中,构成牵引与动力混合变电站。

配电所(室)仅起到电能分配的作用。降压变电站通过配电所(室)将三相 380 V 和单相 220 V 交流电分别供给动力、照明设备,各配电所(室)对本车站及其两侧区间动力和照明等设备配电。

地铁车站及区间照明电源采用 380 V/220 V 系统三相五线制系统配电。正常时,工作照明、事故照明均由交流电源供电;当交流电源失去时,事故照明自动切换为蓄电池供电,确保事故期间必要的紧急照明。

配电所(室)与用电设备之间的导线为配电线路。

车站设备负荷可分为 3 级:一级负荷(包括事故风机、消防泵、主排水站、售检票机、防灾报警、通信信号、事故照明)、二级负荷(包括自动扶梯、普通风机、排污泵、工作照明)和三级负荷(包括空调、冷冻机、广告照明、维修电源)。对于一、二级负荷,一般有两路电源供电,当一台变压器故障解列时,另一台变压器可承担全部一、二级负荷。三级负荷由一路电源供电,当一台变压器故障解列时,可根据运营需要自动切除。

。

4. SCADA 系统

SCADA 系统是贯穿于整个供电系统的监视和控制部分,是控制技术在电力系统中的应用。SCADA 系统由控制中心、通信通道和被控站系统组成,对全线变电站及沿线供电设备实行集中监视、控制和测量。其中,控制中心由数据服务器、通信前置机、工程师工作站及模拟盘显示器等组成,实现对所采集数据的分析、计算、存储、设备状态监视及控制命令的发送等功能。被控站系统由变电站上位可编程逻辑控制器(programmable logic controller, PLC)或后台计算机、所内通信通道及下位 PLC 组成,实现对设备状态、信号等数据的采集、整理、简单分析计算及所内控制等功能。

1.2.3 城市轨道交通供电系统的功能

城市轨道交通供电系统应具备安全、可靠、调度方便、技术先进、功能齐全、经济合理的特点,并应具备以下一些功能。

1. 全方位的服务功能

供电系统的服务对象除运送乘客的电动车辆外，还有保证乘客在旅行中有良好卫生环境和秩序的通风换气、空调设施、自动扶梯、自动售检票、屏蔽门、排水泵、排污泵、通信信号、消防设施和各种照明设备。在这个庞大的用电群体中，用电设备有不同的电压等级和电压制式，既有固定的，也有时刻在变化着的，供电系统就是要满足这些不同用途的用电设备对电源的不同需求，使城市轨道系统的每种用电设备都能发挥各自的功能和作用，保证城市轨道系统能够安全、可靠地运营。

2. 故障自救功能

无论供电系统如何构成，采用什么样的设备，安全、可靠地供电总是第一位的。在系统中发生任何一种故障，系统本身都应有备用措施，以保证城市轨道系统的正常运营。供电系统设计以双电源为主要原则，当一路电源故障时，另一路电源应能保证系统的正常供电。例如，主变电站、牵引变电所和降压变电站为双电源、双机组；动力照明的一、二级负荷采用双电源、双回路供电；牵引网同一馈电区采用双边供电（双电源供电）方式，当一座牵引变电所故障解列时，靠两个相邻变电站的过负荷能力对牵引网进行大双边供电，保证列车可以照常运行而不受影响。

3. 自我保护功能

系统应有完善、协调的保护措施，供电系统的各级继电保护应相互配合和协调，当系统发生故障时，应当只切除故障部分的设备，从而使故障范围缩小。系统的各级保护应当满足可靠性、灵敏性、速动性、选择性的要求。对牵引供电系统而言，为保证乘客的安全，保护的速动性是第一位的，其保护的原则是“宁可误动作，不可不动作”。误动作可以用自动重合闸校正，而保护不动作则很危险，因为直流电弧在不切断电源时可以长时间地维持燃烧，从而威胁乘客安全。由于城市轨道交通供电系统中压交流侧保护应与城市电网的保护相配合和协调，因此，其保护的选择性也受到制约。

4. 防止误操作的功能

系统中任何一个环节的操作都应有相应的联锁条件，不允许因误操作而导致发生故障。尤其是各种隔离开关（无论是电动还是手动）或手车式开关的隔离触头，都不允许带负荷操作。防止误操作的联锁条件可以是机械的，也可以是电气的，还可以是电气设备本身所具备的或是在操作规程和程序上严格规定的。防止误操作是保证系统安全、可靠运行所不可缺少的环节。

5. 方便灵活的调度功能

系统应能在控制中心进行集中控制、监视和测量，并应能根据运行需要，方便、灵活地进行调度，变更运行方式，分配负荷潮流，使系统的运行更加经济合理。当系统发生故障而使一路或两路电源退出运行时，为保证地铁列车的正常运行，电力调度可以对供电分区进行调度和调整，以达到安全可靠、经济运行的目的。

6. 完善的控制、显示和计量功能

系统应能进行本地和远程控制，并可以方便地进行操作转换，系统各环节的运行状态应有明确的显示，使运行人员一目了然。各种信号显示应明确，事故信号和预告信号应分别显示。各种电量的测量和电能的计量应准确，并便于运行人员查证和分析，牵引用电和动力照明用电应分别计量，以利于对用电指标进行考核和经济分析。在控制中心应能对整个供电系统进行控制、信号显示、各种量值的计量统计。

7. 电磁兼容功能

国际电工委员会（International Electrotechnical Commission，IEC）对电磁兼容性（electro magnetic compatibility，EMC）的定义为设备或系统在其电磁环境中能正常工作且不对该环境中任何事物构成不能承受的电磁骚扰的能力。其中，“任何事物”可以是设备、装置、系统，也可以是有生命的生物或无生命的物体。城市轨道车辆是强电、弱电多个系统共存的电磁环境，为了使各种设备或系统能在这个环境中正常工作，且不对该环境中其他设备、装置或系统构成不能承受的电磁骚扰，各种电气和电子设备的系统内部以及与其他系统之间的电磁兼容显得尤为重要。供电系统及其设备在地铁这个电磁环境中，首先是作为电磁骚扰源存在的，同时也是敏感设备。在城市轨道的电磁环境中，供电系统与其他设备、装置或系统应是电磁兼容的。在技术上应采取措施抑制骚扰源，消除或减弱电磁耦合，提高敏感设备的抗干扰能力，以达到各系统的电磁兼容，使城市轨道车辆安全可靠地运行。

1.2.4 国内城市轨道交通供电系统的发展现状

我国自 1969 年在北京建成第一条地下铁道以来，相继已有上海、广州、南京等城市的轨道交通投入商业运营。国内正在运营或将要运营的城市轨道交通的供电系统主要采用架空式接触网和接触轨式（第三轨式）接触网两种馈电类型。其中，北京、天津等地铁采用 DC 750 V 的第三轨馈电，无锡地铁采用 DC 1 500 V 的第三轨馈电，电压提高到 1 500 V 是第三轨馈电技术发展的一个方向；上海、南京等地铁采用 DC 1 500 V 架空式接触网馈电。

1.3 城市轨道交通杂散电流

1.3.1 杂散电流的形成

在理想的状况下，直流牵引供电系统的牵引电流由牵引变电所的正极出发，经由接触网、电动列车和回流轨（钢轨）返回牵引变电所的负极。但由于钢轨与隧道或道床等结构钢之间的绝缘电阻不是无限大，因此势必造成流经牵引轨的牵引电流不能全部经由钢轨流回牵引变电所的负极，有一部分的牵引电流会泄漏到隧道或道床等结构钢上，然后经过结构钢和大地流回牵引变电所的负极，这部分泄漏电流因大地土壤的导电性质及地下金属管道的位置不同可以分布很广，故称为杂散电流或迷流。图 1-10 所示为直流牵引杂散电流。

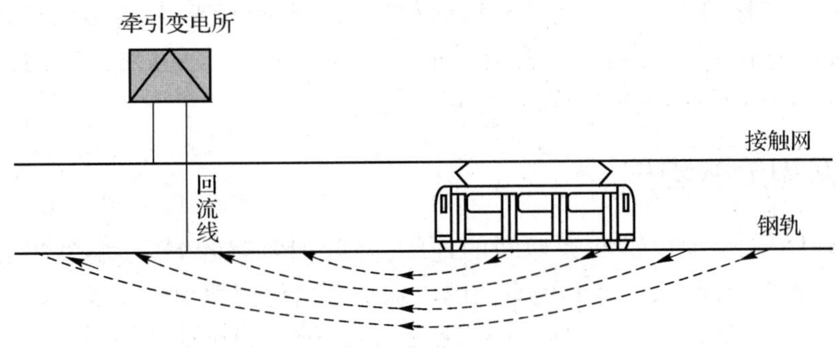

图 1-10 直流牵引杂散电流

根据图 1-10，在牵引变电所回流线与钢轨相接的回流点处，杂散电流回到牵引变电所。当轨道沿线的地下有金属管道或建筑物钢筋等导电物时，杂散电流必沿金属导体流动，到回流点附近再通过钢轨流回变电所，在回流点附近的金属管道上形成阳极区，如图 1-11 所示。而且阳极区总是在回流点处不动，使得阳极区的金属正离子流向大地，发生电解腐蚀，从而损坏金属。

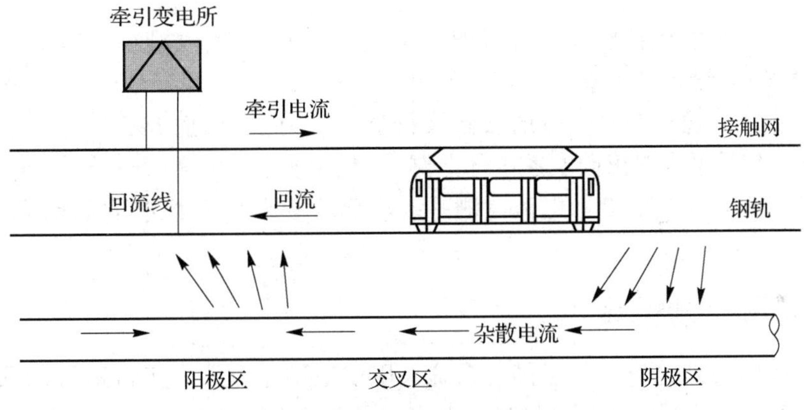

图 1-11 杂散电流腐蚀原理

当接触网为负极性时，阳极区与阴极区将转变，阳极区将随着列车的移动而移动，这样阳极区是不固定的。由于金属物的腐蚀现象较均匀，因而腐蚀情况不会太严重。

1.3.2 杂散电流的危害

城市轨道中的杂散电流是一种有害的电流，不仅会对城市轨道交通中的电气设备设施的正常运行造成不同程度的影响，还会对隧道、道床的结构钢和附近的金属管线造成危害。这种危害主要表现在以下几个方面：

(1) 若地下杂散电流流入电气接地装置，则会引起过高的接地电位，使某些设备无法正常工作。

(2) 若钢轨局部或整体对地的绝缘能力变差，则此钢轨对大地的泄漏电流增大，地下的杂散电流增大，这样就有可能引起牵引变电所的框架保护动作。而框架保护动作会引起整个牵引变电所的断路器跳闸，全所失电，同时还会联跳相邻牵引变电所对应的馈线断路器，从而造成较大范围的停电事故，影响城市轨道交通系统的正常运营。

(3) 对隧道、道床或其他建筑物的结构钢和附近的金属管线(如电缆、金属管件等)造成电腐蚀。如果这种电腐蚀长期存在,将会严重损坏城市轨道交通系统附近的各种结构钢和地下金属管线,从而破坏结构钢的强度,缩短其使用寿命。

1.3.3 杂散电流的防护

工程上可以采取增加轨道与大地间的绝缘、降低钢轨道的电阻、缩短变电站之间的距离、金属管道远离轨道线路、设置其他专门的电保护等措施使轨道电流少泄入大地。即使有少量杂散电流泄入大地,也会通过地下回流点处专设的“电旁泄通道”直接流回变电站,不形成腐蚀阳极区。“电旁泄通道”是一种专设的电流通道,它保证杂散电流从地下建筑物回流到钢轨、牵引变电所回流线或直接流入与钢轨网相连的牵引变电所母线,使地下建筑物处于阴极状态。

1. 杂散电流的防护原则

为了改善地下电流造成的迷流腐蚀状况,应采取“以防为主,以排为辅,防排结合,加强监测”的原则。

(1) 防。防就是隔离和控制所有可能的杂散电流泄漏途径,减少杂散电流进入城市轨道交通的主体结构、设备及可能与其相关的设施。

(2) 排。排就是通过杂散电流的收集及排流系统,提供杂散电流返回至牵引变电所负极的通路,防止杂散电流继续向本系统外泄漏,以减少腐蚀。

(3) 监测。设计完备的杂散电流监测系统对杂散电流的大小进行监视、测量,为运营维护提供依据。

2. 杂散电流的防护措施

(1) 降低钢轨对地电位。牵引供电系统采用双边供电方式。正常运行时采用双边供电方式,事故状态(一座牵引变电所解列)时也应采用大双边供电方式。因为双边供电比单边供电有更多优点,降低钢轨对地电位就是其中之一,无论是轨道中平均电压损失还是最大电压损失,双边供电都为单边供电的1/4～1/3,即双边供电轨道对地电位为单边供电时的1/4～1/3,在线路条件相同的情况下,双边供电比单边供电时的杂散电流要小60%～75%是显而易见的。

减小钢轨电阻,上下行钢轨并联可降低回流电阻,将上下行钢轨在区间用铜芯电缆连接,以减小回流电阻,降低钢轨对地电位,起到抑制杂散电流的作用。

(2) 增加钢轨对地过渡电阻。钢轨应绝缘安装。安装钢轨时,在其混凝土垫块上安装绝缘垫;用绝缘螺栓固定钢轨,以加大钢轨对地绝缘电阻,使每个绝缘垫的绝缘电阻在4 MΩ以上,钢轨敷设完毕时应为15 MΩ·km以上,这样可以保证对杂散电流的抑制符合《地铁杂散电流腐蚀防护技术规程》(CJJ 49—1992)的要求。

道床的排水沟设在列车运行方向的右侧。混凝土道床的潮湿与干燥对其电阻率影响很大,因此,保证混凝土整体道床的干燥是增加钢轨对地过渡电阻的有效措施。过去,地铁的通常做法是将排水沟设在两轨之间,这样会使钢轨下道床潮湿,降低钢轨对地过渡电阻,从而加大了杂散电流的泄漏。

(3) 敷设杂散电流收集网。在钢轨下,整体道床中敷设有网状钢筋,它们纵向连通,通

过排流柜引向牵引变电所的负极，这样使泄漏至道床的杂散电流被收集网回收，避免其流向结构，以减小对结构钢的腐蚀。收集网的纵向钢筋的总截面积不小于 1 600 mm^2。

技能实训

技能实训 1-1 城市轨道交通供电技术发展过程认知

授课地点：机房、图书馆、城市轨道交通实训室

授课形式：分组教学

教课教师：校内专任教师

1. 实训目的

通过查阅书籍或上网查阅相关资料，了解国内外城市轨道交通供电系统的发展历程，进一步加深对供电系统应用情况的了解，培养自主学习及对相关资料分析总结的能力。

2. 实训设备

机房、图书馆计算机，城市轨道交通供电相关实训室设备。

3. 实训内容

(1) 以小组为单位，以国内外城市轨道交通供电系统为核心，查找相关参考资料及手册。

(2) 查阅有关参考资料和手册，正确认知并总结城市轨道交通供电系统的发展过程。

(3) 查阅有关参考资料和手册，了解国内外主要城市轨道交通供电系统的应用情况。

(4) 对相关内容进行小组讨论，将讨论结果填入表 1-1。

表 1-1 城市轨道交通供电系统发展过程认知

<table>
<tr><th>序号</th><th>项 目</th><th colspan="2">认知内容</th></tr>
<tr><td>1</td><td>国外城市轨道交通发展历程概述</td><td colspan="2"></td></tr>
<tr><td>2</td><td>国内城市轨道交通发展历程概述</td><td colspan="2"></td></tr>
<tr><td>3</td><td>城市轨道交通接触网采用直流供电的原因</td><td colspan="2"></td></tr>
<tr><td>4</td><td>国际电工委员会拟定的接触网电压标准</td><td colspan="2"></td></tr>
<tr><td rowspan="3">5</td><td rowspan="3">我国城市轨道交通接触网采用的国标电压标准及代表城市</td><td>电压标准</td><td>代表城市</td></tr>
<tr><td></td><td></td></tr>
<tr><td></td><td></td></tr>
<tr><td>6</td><td>两种供电制式的对比分析</td><td colspan="2"></td></tr>
</table>

(5) 根据相关材料撰写实习报告。

4. 注意事项

(1) 安全使用学校机房、图书馆的计算机设备。

(2) 安全使用实训室设备。

技能实训 1-2　城市轨道交通牵引网供电设备认知

授课地点：城市轨道交通实训室、本地城市轨道交通沿线

授课形式：分组教学

教课教师：校内专任教师、城市轨道交通企业供电段技术员

1. 实训目的

通过观察牵引网相关设备，认识城市轨道交通牵引供电系统，培养学习兴趣，提高安全意识和责任意识。

2. 实训设备

城市轨道交通供电相关实训室设备、城市轨道交通牵引降压混合变电所设备、接触网设备。

3. 实训内容

(1) 观察城市轨道交通牵引降压混合变电所设备，认识相关变(配)电设备机柜。

(2) 观察城市轨道交通沿线接触网，认识接触网的相关设备。

(3) 观察城市轨道交通供电相关实训设备，找出实训设备与真实设备的异同之处。

(4) 对相关内容进行小组讨论，将讨论结果填入表 1-2。

表 1-2　城市轨道交通牵引网供电设备认知

<table>
<tr><th>序号</th><th>项　目</th><th colspan="3">认知内容</th></tr>
<tr><td rowspan="3">1</td><td rowspan="3">(　　)市</td><td>线路名称</td><td>牵引降压混合变电所的数量</td><td>接触网的形式</td></tr>
<tr><td></td><td></td><td></td></tr>
<tr><td></td><td></td><td></td></tr>
<tr><td rowspan="9">2</td><td rowspan="9">牵引变电所设备</td><td>名称</td><td>位置及内部主要设备</td><td>作用</td></tr>
<tr><td>高压柜</td><td></td><td></td></tr>
<tr><td>电业局进线隔离柜</td><td></td><td></td></tr>
<tr><td>进线柜</td><td></td><td></td></tr>
<tr><td>计量柜</td><td></td><td></td></tr>
<tr><td>牵引变压器柜</td><td></td><td></td></tr>
<tr><td>母联柜</td><td></td><td></td></tr>
<tr><td>母联隔离柜</td><td></td><td></td></tr>
<tr><td>整流器</td><td></td><td></td></tr>
<tr><td rowspan="3">3</td><td rowspan="3">接触网</td><td>形式</td><td colspan="2">设备组成及特点</td></tr>
<tr><td></td><td colspan="2"></td></tr>
<tr><td></td><td colspan="2"></td></tr>
<tr><td>4</td><td>实训设备与真实设备的区别</td><td colspan="3"></td></tr>
</table>

(5) 根据相关材料撰写实习报告。

4. 注意事项

(1) 安全使用实训设备。

(2) 安全用电。

(3) 听从企业工作人员的安排,与带电设备保持安全距离。

思考与练习

(1) 简述城市轨道交通系统的特点。

(2) 简述城市轨道交通系统的主要技术特征。

(3) 简述城市轨道交通系统的构成。

(4) 简述城市轨道交通系统的分类方法。

(5) 简述我国城市轨道交通系统的发展现状与存在问题。

(6) 简述城市轨道交通供电系统采用直流供电制式的原因。

(7) 简述城市轨道交通供电系统的组成。

(8) 举例说明城市电网对城市轨道交通系统的供电方式,并说明每种供电方式的特点。

(9) 简述城市轨道交通牵引供电系统的组成。

(10) 举例说明车站设备负荷等级。

(11) 举例说明城市轨道交通供电系统的功能。

(12) 举例说明杂散电流的形成原因。

(13) 简述杂散电流的防护原则及防护措施。

模块 2 牵引变电所的主要电气设备

知识目标

(1) 掌握变压器和整流机组的结构及工作原理。
(2) 掌握各类断路器的结构和特点。
(3) 掌握断路器灭弧原理。
(4) 掌握隔离开关、高压负荷开关、高压熔断器的作用、结构及型号含义。
(5) 掌握操动机构的类型、特点及基本结构。
(6) 掌握电压互感器、电流互感器的工作原理。
(7) 掌握避雷器的分类、特点及工作原理。
(8) 掌握配电装置的结构和要求。
(9) 掌握接地装置敷设的基本方法和要求。

技能目标

(1) 能对整流变压器进行日常维护和检修。
(2) 能对断路器进行日常维护和检修。
(3) 能对隔离开关、高压负荷开关、高压熔断器进行日常维护和检修。
(4) 能对电压互感器、电流互感器进行日常维护和检修。
(5) 能对避雷器进行日常维护和检修。
(6) 能对配电装置进行日常维护和检修。
(7) 能对接地装置进行日常维护和检修。

2.1 牵引变电所概述

城市轨道交通以电能作为牵引动力，沿着轨道架设接触网(接触轨)给列车供电，接触网(接触轨)的电能来源于牵引变电所。牵引变电所是城市轨道交通供电系统的核心，其容量大小、站位设置与线路设计、车辆型式、车流密度、列车编组、列车速度相关。

2.1.1 牵引变电所的类型

城市轨道交通牵引变电所的数量相对较多，750 V 直流牵引系统平均每 2 km 左右就要建一座牵引变电所，1 500 V 直流牵引系统平均每 4 km 左右就要建一座牵引变电所。

牵引变电所主要有适于地下线路的地下变电站和适于地面及高架线路的地面变电站。

城市轨道交通线路大多穿越城市繁华区段，位于市区的区段多采用地下变电站形式，位于市郊的区段多采用地面变电站形式。

2.1.2 牵引变电所的特点

1. 结构紧凑，占地面积小

轨道交通沿线的土地价格相对较高，征用土地困难，牵引变电所通常建于地下建筑结构或高架建筑结构内，其占用面积应尽可能小，以降低土建费用。

2. 防火要求高

牵引变电所内部相关高压电气设备多，电压高，电流大，防火要求高。

3. 维护周期长

牵引变电所用的变压器、整流器、中低压开关设备需要进行人工维护，一般白天进行设备维护，维护周期相对较长，因此尽量选用设备范围内免维护、免维修的设备。

4. 有效利用再生电能

应使列车制动时产生的电能回馈给牵引网，补给牵引网电能，提高电能利用率。

牵引变电所主要设备的技术条件如表 2-1 所示。

表 2-1 牵引变电所主要设备的技术条件

类　别	具体要求	具体做法举例
环境保护方面	节省空间	选用 GIS 成套设备、大功率二极管
	与环境协调	选用成套设备
	防止事故扩散	选用模铸式变压器、树脂浇注式变压器
	低噪声	选用低噪声变压器、整流器
节约能源方面	减少损耗	选用环氧树脂浇注式低损耗变压器
	利用列车制动再生能量	设置可控逆变机组
	控制运行变压器的台数	实行微机控制 SCADA 系统
	有计划地启动和停用设备	
	自动测量	
维护维修方面	保养	采用 SCADA 系统进行远程控制
	白天维护	采用抽屉式断路器
	免维护	采用 GIS 成套设备、数字式保护继电器

2.1.3 牵引变电所的工作原理

直流牵引变电所从主变电站或城市电网双电源受电，经整流机组变压器降压、分相后，按一定整流接线方式由大功率硅整流器把三相交流电变换为与直流牵引网相应电压等级的直流电，向电动车组提供直流电能。直流牵引变电所的接线原理如图 2-1 所示。

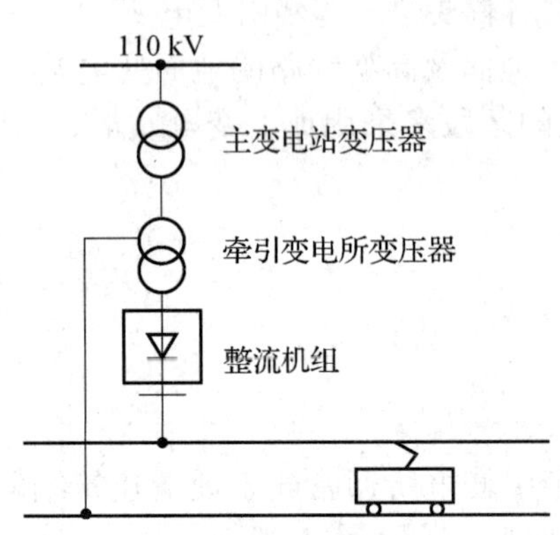

图 2-1　直流牵引变电所的接线原理

地铁、轻轨直流牵引变电所常与向车站、区间供电的降压变电站合并建设，形成牵引降压混合变电所，其主电路结构和电气设备与一般直流牵引变电所相比有所不同。在有再生能源需要向交流网返送的情况下，直流牵引变电所需要设置可控硅逆变机组(包括交流侧的自耦变压器)，由于其设备相应增加，因此运行技术要求复杂。

2.1.4 牵引变电所的设备分类

牵引变电所通过把各种电气设备按照一定的接线方案连接起来组成完整的供配电系统，以实现其受电、变电和配电的功能。牵引变电所供配电系统中担负输送、变换和分配电能任务的电路称为主电路(一次电路)，用来控制、指示、检测和保护主电路及其主电路中设备运行的电路称为二次电路(二次回路)。主电路中的所有电气设备称为一次设备(一次元件)，二次电路中的所有电气设备称为二次设备(二次元件)。其中，一次设备按其在主电路中的功用可分为变换设备、控制设备、保护设备、补偿设备和成套设备等。

1. 变换设备

变换设备是指用以变换电能电压或电流的设备，如电力变压器、整流器、电压互感器、电流互感器等。

2. 控制设备

控制设备是指用以控制电路通断的设备，如各种高、低压开关设备。

3. 保护设备

保护设备是指用以保护电路过电流或过电压的设备，如高、低压熔断器和避雷器等。

4. 补偿设备

补偿设备是指用以补偿电路的无功功率，以提高系统功率因数的设备，如高、低压电容器和静止无功补偿装置等。

5. 成套设备

成套设备是指按一定的线路方案将有关一次、二次设备组合而成的设备，如高压开关柜，低压配电屏，高、低压电容器柜和成套变电站等。

2.2 整流机组

2.2.1 整流机组概述

整流机组由变压器和整流器构成。变压器接收中压开关设备提供的中压电压，经过降压，为整流设备提供适合的交流电源；整流器将交流电源整流为列车组需要的直流电源。

整流机组的作用就是通过 2 台牵引变压器将高压侧 AC 35 kV 降压成 AC 1 180 V，然后再通过 2 台整流器将 AC 1 180 V 整流成 DC 1 500 V，经输电网上电动隔离开关给接触网供电，保证列车组高速、安全、可靠、经济、节电运行。

1. 整流机组的构成原理

一套 12 脉波整流机组包括一台整流变压器、一台整流器及完整的辅助、控制回路和必要的配件等。两套 12 脉波整流机组经匹配构成一套 AC 33 kV/DC 1 500 V 等效 24 脉波整流机组。12 脉波整流电路如图 2-2(a)所示。

单机组 12 脉波整流电路由两个三相全波整流桥并联组成。每台整流变压器的二次绕组有一个星形绕组和一个三角形绕组，分别向两个三相整流桥供电。因为整流变压器二次侧星形绕组和三角形绕组相对应的线电压相位错开 $\pi/6$，于是可以得到两个三相整流桥并联组成的 12 脉波整流电路。当供给两台 12 脉波整流器的整流变压器高压网侧并联的绕组分别采用$\pm 7.5°$外延三角形联接时，两套整流器并联运行即可构成 24 脉波整流。图 2-2(b)、(c)分别为 12 脉波整流电路原边、副边矢量图及整流换相顺序图。

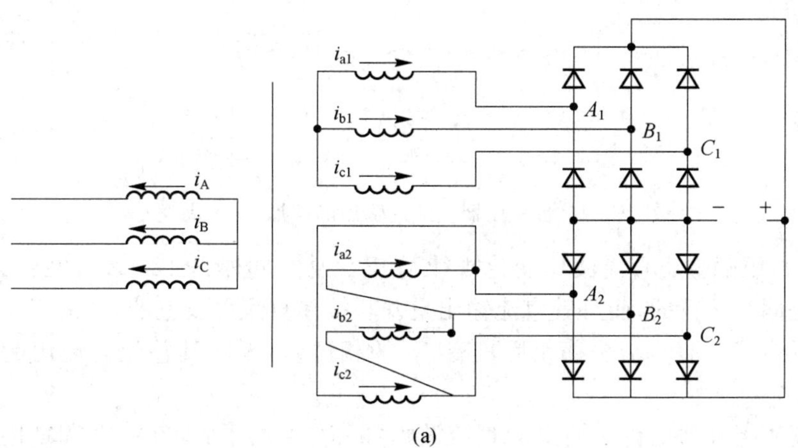

(a)

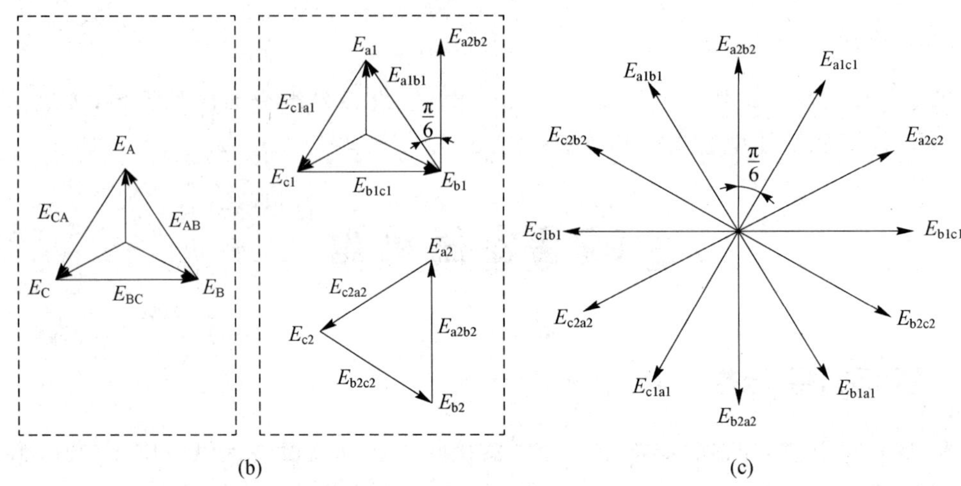

图 2-2　12 脉波整流电路及其矢量图

(a)12 脉波整流电路　(b)原边、副边矢量图　(c)整流换相顺序图

2. 整流机组的特点

(1) 各整流桥按顺序换，相互不干扰，当不考虑重叠角时，各桥臂整流管的导电时间为 $2\pi/3$，输出直流电流为两个并联桥整流电流之和。

(2) 各绕组线电压相位错开 $\pi/6$，直流输出电压波峰在时间上重合，也错开 $\pi/6$，因此总的直流输出电压便有 12 相脉波。

3. 整流机组的输出波形

两台变压器分别接入整流器整流，构成两台整流机组，1 号整流机组由变压器 T_1 和整流器组成，2 号整流机组由变压器 T_2 和整流器组成。如果只考虑 1 号整流机组整流后输出的直流电压波形，则可得到其直流波形，如图 2-3 所示。其输出直流波形在一个周期中脉动 12 次，相邻波动的间隔为 30°电角度。

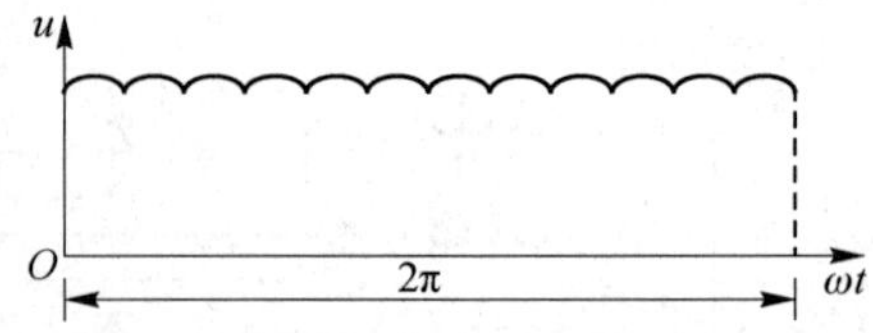

图 2-3　单台变压器整流后输出的波形(一个周期)

2 号整流机组的输出直流波形变化规律与 T_1 一样，同样是 12 脉动的波形。但由于两台整流机组是同时运行的，而且其直流输出是并联接在直流母线上的，又由于 T_1 和 T_2 的一次绕组通过延边三角形的结法移相后具有 15°的相位差，因此其整流后输出的波形也具有 15°的相位差。

两台整流机组并联运行后输出的直流波形如图 2-4 所示，即在一个周期内为 24 脉波。图 2-4 可由图 2-3 的波形叠加其本身并平移 15°后的波形处理后得到。

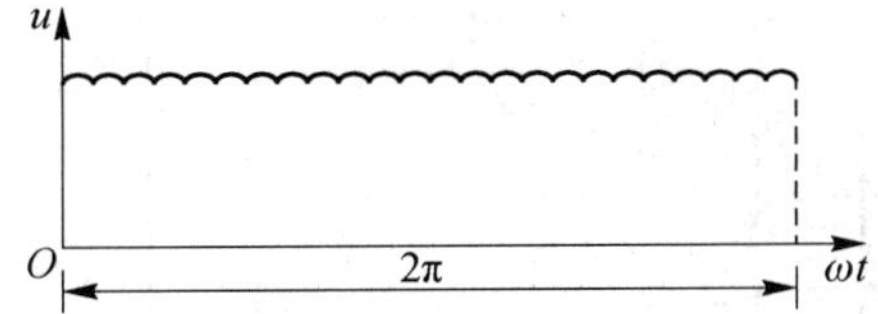

图 2-4 两台变压器整流后输出的波形(一个周期)

由上述分析可知,地铁牵引变电所中获得的 24 脉波整流是由两台整流机组并联运行等效而成的。即单台整流器由两个三相 6 脉冲全波整流桥组成,其中一个整流桥接至变压器二次侧 Y 形绕组,另一个整流桥接至变压器二次侧 D 形绕组。两个整流桥并联连接构成 12 脉波整流。为了实现 24 脉波整流,在两台变压器的原边将绕组接成延边三角形,使其分别顺时针和逆时针移相 7.5°。两台变压器的二次侧电压相位差为 45°,而两台整流机组的直流输出波形实际上有 15°的相位差,将其并联运行就等效成 24 脉波整流。

2.2.2 变压器的工作原理

变压器是电力系统中数量极多且地位十分重要的电气设备,变压器的总容量是发电机总容量的 9 倍以上。其功能是将电力系统中的电能电压升高或降低,以利于电能的合理输送、分配和使用。

在电力系统中,输送同样功率的电能,电压越高,电流就越小,输电线路上的功率损耗也越小;输电线的截面积也可以减小,这样就可以减少导线的金属用量。

变压器(T 或 TM)是牵引变电所中实现电能输送、电压变换,满足不同电压等级负荷要求的设备,使用较多的是三相油浸式电力变压器(见图 2-5)和环氧树脂浇注式干式变压器(见图 2-6)。

图 2-5 三相油浸式电力变压器

图 2-6 环氧树脂浇注式干式变压器

变压器主要由铁芯和绕组两部分组成。为了改善散热条件,将大、中型的电力变压器的铁芯和绕组浸在盛满变压器油的封闭油箱中,各绕组的端线由绝缘套管引出。通常,一侧绕组接交流电源,称为一次绕组(原绕组或初级绕组),匝数为 N_1;另一侧绕组接电负载,称为二次绕组(副绕组或次级绕组),匝数为 N_2。单相变压器的工作原理如图 2-7 所示。

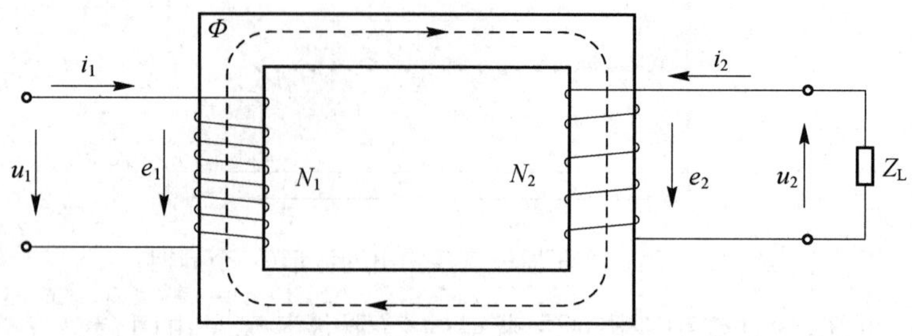

图 2-7 单相变压器的工作原理

当在一次绕组中加上合适的交流电源时，一次绕组中就有交流电源 i_1 通过，i_1 的励磁作用可在铁芯中产生交变的主磁通 Φ。由于一次、二次绕组绕在同一个铁芯上，因而主磁通同时与一次、二次绕组交链。根据法拉第电磁感应定律，这个交变的主磁通分别在这两个绕组中产生感应电动势，即一次绕组的感应电动势为 e_1，二次绕组的感应电动势为 e_2。这样，二次绕组在感应电动势 e_2 的作用下向负载供电，实现能量的转换。根据电磁感应原理，可得

$$e_1=-N_1\frac{\mathrm{d}\Phi}{\mathrm{d}t} \tag{2-1}$$

$$e_2=-N_2\frac{\mathrm{d}\Phi}{\mathrm{d}t} \tag{2-2}$$

假设忽略变压器的内阻抗不计，则感应电势等于端电压，即 $u_1\approx e_1$，$u_2\approx e_2$，所以一次、二次绕组的端电压与绕组的匝数成正比，即

$$\frac{u_1}{u_2}\approx\frac{e_1}{e_2}=\frac{N_1}{N_2}=K \tag{2-3}$$

式中，K 为变压器的变比，改变变比即可改变输出电压的大小。

根据能量守恒原理，如果忽略变压器的内部能量损耗，则有二次绕组的输出功率 P_2 等于一次绕组的输入功率 P_1，即

$$P_1=P_2=u_1i_1=u_2i_2$$

所以

$$\frac{u_1}{u_2}\approx\frac{i_2}{i_1}=\frac{N_1}{N_2} \tag{2-4}$$

可见变压器在变换电压的同时，电流的大小也随之改变。

2.2.3 变压器的主要技术参数

在规定的使用环境和运行条件下，变压器的主要技术数据一般都标注在变压器的铭牌上，主要包括额定电压、额定电流、额定容量、变比、铜损、铁损、负载损耗等。

1. 额定电压

额定电压是指变压器长时间运行时所能承受的工作电压，用 U_N 表示，单位为 kV。变压器一次侧的额定电压为 U_{N1}，二次侧的额定电压为 U_{N2}。为适应电网电压变化的需要，变压器高压侧都有分接抽头，可通过调整高压绕组的匝数来调节低压侧的输出电压。

2. 额定电流

额定电流是指变压器在额定容量下允许长期通过的电流，用 I_N 表示，单位为 A。

3. 额定容量

额定容量是指变压器在额定电压、额定电流下连续运行时能输送的容量，用 S_N 表示，单位为 kV·A。单相变压器的额定容量为 $S_N = U_N I_N$，三相变压器的额定容量为 $S_N = \sqrt{3} U_N I_N$。

4. 变比

变比是指变压器一次绕组额定电压和二次绕组额定电压的比值，也是变压器一次绕组和二次绕组线圈匝数的比值，用 K 表示。

5. 铜损

铜损是指变压器一次、二次额定电流通过绕组时产生的能量损耗，用 S_0 表示，单位为 kW。

6. 铁损

铁损是指铁芯在变压器额定电压下产生的能量损耗，用 S_K 表示，单位为 kW。

7. 负载损耗

负载损耗是指把变压器的二次绕组短路，在一次绕组额定分接位置上通入额定电流，此时变压器所消耗的功率用 S_D 表示，单位为 kW。

8. 空载损耗

空载损耗是指当以额定频率的额定电压施加在一个绕组的端子上，其余绕组开路时所吸取的有功功率，用 S_K 表示，单位为 kW。空载损耗与铁芯硅钢片的性能及制造工艺与施加的电压有关。

9. 阻抗电压降

阻抗电压降(阻抗电压)是指变压器在二次绕组短接的情况下，一次绕组中流过额定电流时引起的电压降，用 U_0 表示，一般以额定电压的百分数表示。

10. 空载电流

空载电流是指变压器在额定电压下空载运行时，一次绕组中通过的电流，用 I_K 表示，一般以额定电流的百分数表示。

11. 联结组别

联结组别是指三相变压器一次绕组与二次绕组的联结方式，如星形(Y)联结和三角形

(△)联结。

12. 相数和频率

三相开头以 S 表示,单相开头以 D 表示。我国标准频率 $f=50$ Hz,国外有 60 Hz 的。

13. 温升与冷却

变压器绕组或上层油温与变压器周围环境的温度之差,称为绕组或上层油面的温升。油浸式电力变压器绕组温升限值为 65 K,油面温升为 55 K。冷却方式也有多种,如油浸自冷、强迫风冷、水冷、管式、片式等。

14. 绝缘水平

变压器有额定的绝缘水平。绝缘水平的表示方法举例如下:高压额定电压为 35 kV 级、低压额定电压为 10 kV 级的变压器绝缘水平为 LI200AC85/LI75AC35,其表示该变压器高压雷电冲击耐受电压为 200 kV,工频耐受电压为 85 kV;低压雷电冲击耐受电压为 75 kV,工频耐受电压为 35 kV。

15. 联结组标号

根据变压器一、二次绕组的相位关系,把变压器绕组联结成各种不同的组合,称为绕组的联结组。为了区别不同的联结组,常采用时钟表示法,即把高压侧线电压的相量作为时钟的长针,固定在 12 上,低压侧线电压的相量作为时钟的短针,看短针指在哪个数字上,就作为该联结组的标号。例如,Dyn11 表示一次绕组是三角形联结,二次绕组是带有中心点的星形联结,组号为 11 点。

2.2.4 变压器的型号与分类

1. 变压器的型号

变压器的型号表示一台变压器的结构、额定容量、电压等级、冷却方式等内容,表示方法如图 2-8 所示。变压器型号中相应字母的含义如表 2-2 所示。

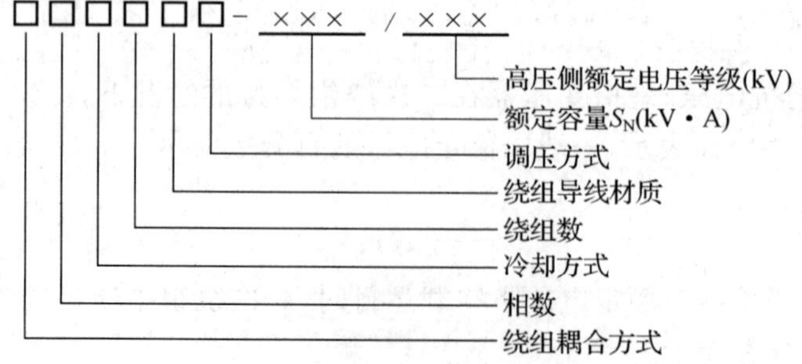

图 2-8 变压器型号的表示方法

表 2-2 变压器型号中相应字母的含义

总体名称	代 号	含 义
产品类别代号	O	自耦变压器,通用电力变压器不标注
	H	电弧炉变压器
	C	感应电炉变压器
	Z	整流变压器
	K	矿用变压器
	Y	试验变压器
相数	D	单相变压器
	S	三相变压器
冷却方式	F	风冷式
	W	水冷式
		油浸自冷式和空气自冷式不标注
油循环方式	N	自然循环
	O	强迫导向循环
	P	强迫循环
绕组数	S	三绕组,双绕组不标注
调压方式	Z	有载调压,无载调压不标注

【例 2-1】 一台三相、油浸、风冷、双绕组、无励磁调压、铝导线、20 000 kV·A、110 kV 级电力变压器产品,其性能水平符合《油浸式电力变压器技术参数和要求》(GB/T 6451—2015)的规定,该产品的型号为

SFL7-20000/110

【例 2-2】 一台三相、油浸、水冷、强迫油循环、双绕组、有载调压、铜导线、360 000 kV·A、220 kV 级低噪声用电力变压器的产品,其性能水平符合《油浸式电力变压器技术参数和要求》(GB/T 6451—2015)的规定,该产品的型号为

SWPZ7-Z-360000/220

2. 变压器的分类

变压器的分类方法很多,具体分类如表 2-3 所示。

表 2-3 变压器的具体分类

序号	分类标准	类 别
1	应用方式	① 升压变压器。 ② 降压变压器
2	相位数	① 单相变压器。 ② 三相变压器

（续表）

序　　号	分类标准	类　　别
3	绕组结构	① 双绕组变压器：用于连接电力系统中的两个电压等级。 ② 三绕组变压器：一般用于电力系统区域变电站中，连接三个电压等级。 ③ 自耦变压器：用于连接不同电压的电力系统，也可作为普通的升压变压器或降压变压器
4	铁芯和线圈的相对位置	① 芯式变压器（线圈包在铁芯的外围）。 ② 壳式变压器（铁芯包在线圈的外围）
5	绕组绝缘及冷却方式	① 油浸式电力变压器：变压器的铁芯和线圈都浸在盛满变压器油的油箱中，用油绝缘。冷却方式有自冷、强迫风冷、水冷或强迫油循环冷却等。 ② 干式变压器：变压器的铁芯和线圈利用空气绝缘冷却。绕组置于气体（空气或六氟化硫气体）中，或是浇注环氧树脂绝缘。在部分配电网中，它们大多用作配电变压器。城市轨道交通电力牵引变电所为了防止油箱爆炸引起的严重后果，多应用干式变压器。 ③ 充气式变压器：器身放在密闭的铁箱中，箱内充以特种气体，箱内的气体通过热交换器冷却
6	调压装置的种类	① 有载调压变压器。 ② 无载调压变压器
7	用途	① 电力变压器：用于输配电系统的升、降电压。 ② 仪用变压器：如电压互感器、电流互感器，用于测量仪表和继电保护装置。 ③ 试验变压器：能产生所需电压，对电气设备进行试验。 ④ 特种变压器：如电炉变压器、整流变压器、调整变压器等

2.2.5　变压器的结构

变压器虽然大小悬殊，用途各异，但基本结构都是相同的，都由铁芯、绕组、绝缘材料及绝缘结构、分接开关（调压装置）、油箱、油枕、呼吸器、冷却装置、油流继电器、压力释放器（阀）、电流互感器等组成。

1. 铁芯

在原理上，铁芯的磁导体是变压器的磁路。它把一次电路的电能转化为磁能，又将自身的磁能转化为二次电路的电能，是能量转化的媒介。

在结构上，铁芯的结构件不仅使磁导体成为一个机械上完整的结构，而且在其上几乎安装了变压器内部的所有部件。铁芯相当于变压器的骨架。

变压器的一、二次绕组都在铁芯上，为提高磁路磁导率和降低铁芯内涡流损耗，铁芯通常用 0.35 mm、表面绝缘的硅钢片制成，如图 2-9 所示。铁芯分为铁芯柱和铁轭两部分，铁芯柱上套绕组;铁轭将铁芯连接起来,使之形成闭合磁路。为防止运行中变压器铁芯、夹件、压圈等金属部件感应悬浮电位过高而造成放电,这些部件均需单点接地。为了方便试验和故障查找,对大型变压器一般通过两个套管将铁芯和夹件分别引出接地。

2. 绕组

绕组是变压器最基本的组成部分,它与铁芯合称为电力变压器本体,是建立磁场和传输电能的电路部分。绕组是变压器的电路部分,一般用绝缘纸包裹的铜线或铝线绕成,如图 2-10 所示。接到高压电网的绕组为高压绕组,接到低压电网的绕组为低压绕组。大型电力变压器采用同心式绕组。它是将高、低压绕组同心地套在铁芯柱上。通常低压绕组靠近铁芯,高压绕组在外侧。这主要是从绝缘要求容易满足和便于引出高压分接开关来考虑的。

变压器高压绕组常采用连续式结构,绕组的盘(饼)和盘(饼)之间有横向油道,起绝缘、冷却、散热作用。

图 2-9 铁芯

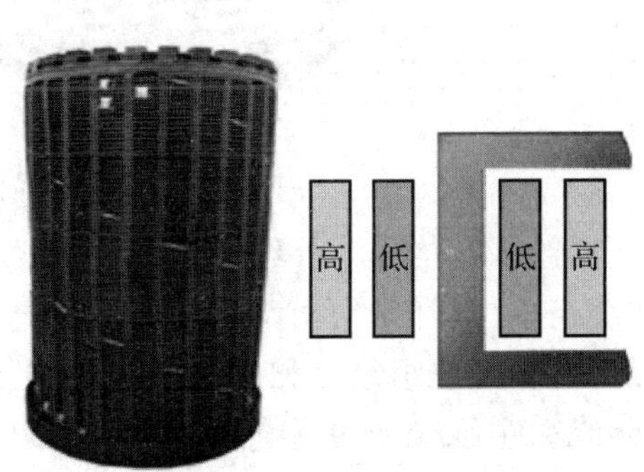

图 2-10 绕组

3. 绝缘材料及绝缘结构

变压器的绝缘材料主要是电瓷、电工层压木板和绝缘纸板。电瓷如图 2-11 所示,电工层压木板如图 2-12 所示,绝缘纸板如图 2-13 所示。

图 2-11 电瓷

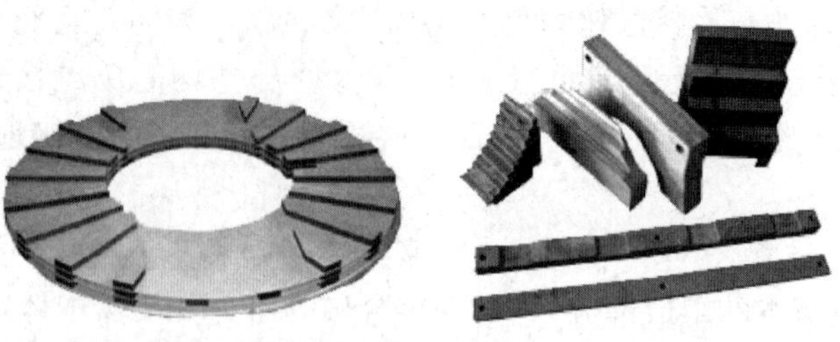

图 2-12　电工层压木板

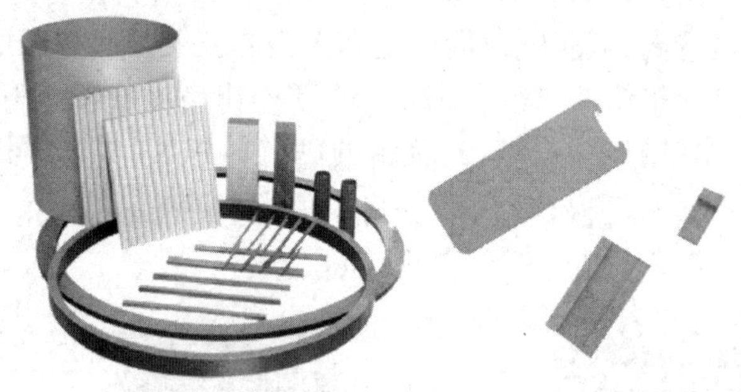

图 2-13　绝缘纸板

变压器绝缘结构分为外绝缘和内绝缘两种。外绝缘指的是油箱外部的绝缘，主要是一次、二次绕组引出线的瓷套管，它构成了相与相之间和相对地的绝缘；内绝缘指的是油箱内部的绝缘，主要是绕组绝缘和内部引线的绝缘及分接开关的绝缘等。绕组绝缘可分为主绝缘和纵绝缘。主绝缘指的是绕组与绕组之间、绕组与铁芯及油箱之间的绝缘；纵绝缘指的是同一绕组匝间及层间的绝缘。

4. 分接开关

分接开关(调压装置)的作用是保证电网电压在合理范围内变动。分接开关一般从高压绕组中抽头，因为高压侧电流小，引线截面积及分接开关的接触面可以减小，所以减小了分接开关的体积。

变压器的调压方式分无载调压和有载调压两种。需停电后才能调整分接头电压的称无载调压，可以带电调整分接头电压的称有载调压。

无载分接开关又称无励磁分接开关(见图 2-14)，一般设有 3～5 个分接位置。其操作部分装于变压器顶部，经操作杆与分接开关转轴连接。

图 2-14　无载分接开关

有载分接开关由选择开关、切换开关及操动机构等部分组成(见图 2-15),供变压器在带负荷情况下调整电压。有载调压分接开关上部是切换开关,下部是选择开关。变换分接头时,选择开关的触头在没有电流通过的情况下动作;切换开关的触头在通过电流下动作,经过一个过渡电阻过渡,从一个挡位转换至另一个挡位。切换开关和过渡电阻装在绝缘筒内。

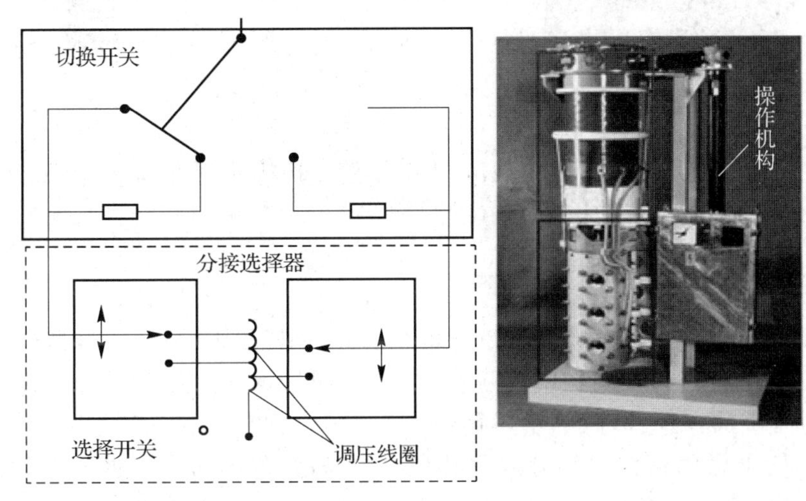

图 2-15　有载分接开关

5. 油箱

油箱是油浸式电力变压器的外壳,由箱体、箱盖、散热装置、放油阀组成,如图 2-16 所示,其主要作用是把变压器连接成一个整体及进行散热。变压器的铁芯和绕组置于油箱内,箱内注满变压器油,变压器油既有循环冷却和散热作用,又有绝缘作用。为防止变压器油的老化,必须采取措施,防止油受潮,减少油与空气的接触。常见油箱有散热管油箱和带有散热器的油箱两种,前者一般用于 1 600 kV・A 及以下的中小型变压器,后者用于 2 000 kV・A 以上的大型变压器。

图 2-16　变压器油箱

6. 油枕

油枕也称储油柜,有常规油枕和波纹油枕之分。当变压器油的体积随油温的升降而膨胀或缩小时,油枕可起到储油和补油的作用,以保证油箱内始终充满油。油枕的体积一般为变压器总油量的 8%～10%。

常规油枕有三种形式:敞开式、隔膜式(见图 2-17)和胶囊式(见图 2-18)。对于大型变压器,为了保证变压器油的性能,防止油的氧化受潮,一般采用隔膜式油枕和胶囊式油枕,以避免油与空气直接接触。

油枕上装有油位计,现在一般采用磁力油位计。变压器的油位计和变压器油的温度相对应,用以监视变压器油位的变化。

图 2-17　隔膜式油枕

图 2-18　胶囊式油枕

敞开式油枕通常使用玻璃管式的油位计，玻璃管旁边标着刻度，油柜上标着相对应的温度。敞开式油枕现在一般也采用磁力油位计。

7. 呼吸器

呼吸器又称吸湿器，由油封、容器和干燥剂组成，如图 2-19 所示。容器内装有干燥剂(如硅胶，见图 2-20)；当油枕内的空气随着变压器油的体积膨胀或缩小时，排出或吸入的空气都会经过呼吸器，呼吸器内的干燥剂吸收空气中的水分，对空气起过滤作用，从而保证油枕内的空气干燥而清洁。当呼吸器内的干燥剂变色超过 1/2 时，应及时对其进行更换。

图 2-19　呼吸器

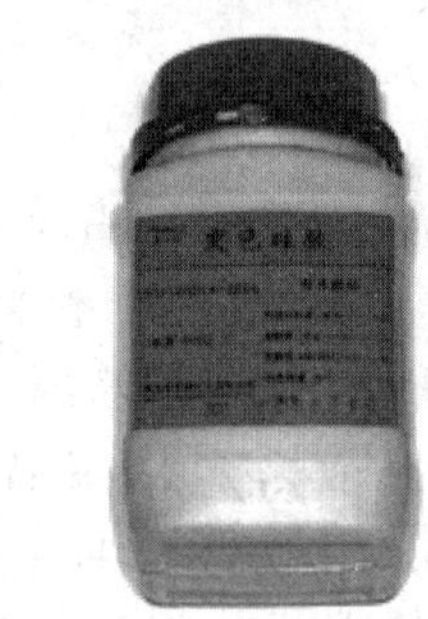

图 2-20　变色硅胶干燥剂

8. 冷却装置

变压器运行时产生的铜损、铁损等损耗都会转变成热量，使变压器有关部分的温度升高，因此应对变压器进行冷却。变压器的冷却方式有油浸自冷(oil natural air natural，ONAN)、油浸风冷(oil natural air forced，ONAF)、强迫油循环风冷(oil forced air forced，OFAF)、强迫油循环水冷(oil forced water forced，OFWF)，如图 2-21～图 2-24 所示。

冷控系统根据变压器运行时的温度或负荷高低手动或自动控制投入或退出冷却设备，从而将变压器的运行温度控制在安全范围内。

图 2-21 油浸自冷式冷却装置

图 2-22 油浸风冷式冷却装置

图 2-23 强迫油循环风冷式冷却装置

图 2-24 强迫油循环水冷式冷却装置

9. 油流继电器

油流继电器是检测潜油泵工作状态的部件，安装在油泵管路上，如图 2-25 所示。当油泵正常工作时，在油流的作用下，继电器安装在管道内部的挡板发生偏转，带动指针指向油流流动侧，同时内部接点闭合，发出运行信号；当油泵发生故障停止工作或出力不足时，挡板没有偏转或偏转角度不够，指针偏向停止侧，油流继电器常开接点接通，跳开相应不出力的故障油泵，从而启动备用冷却器发出信号。

图 2-25 油流继电器

10. 压力释放器(阀)

压力释放器(阀)装于变压器的顶部，如图 2-26 所示。当变压器出现故障，油箱内压力增加到一定数值时，压力释放器(阀)动作，释放油箱内压力，从而保护了油箱本身。在压力释放过程中，微动开关动作，发出报警信号；也可使其接通跳闸回路，跳开变压器电源开关。此时，压力释放器（阀）动作，标志杆升起，并凸出护盖。在排除故障后、投入运行前，应手动将标志杆和微动开关复位。压力释放器（阀）的动作压力有 15 kPa、25 kPa、35 kPa、55 kPa 等，根据变压器的设计参数选择。

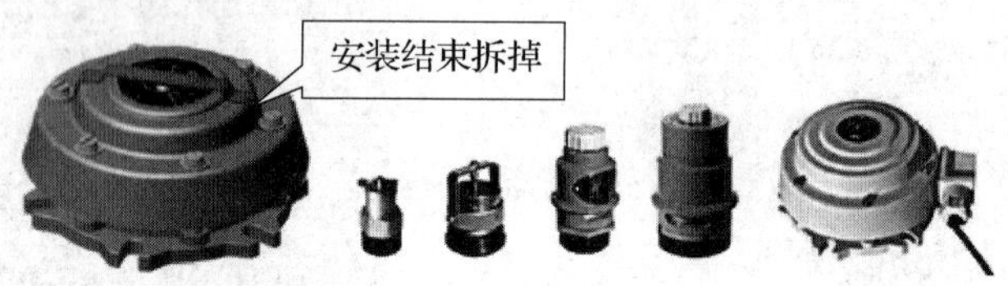

图 2-26　压力释放器（阀）

11. 电流互感器

电流互感器俗称升高座（见图 2-27），可用来支撑和固定套管，其内部还装入套管式电流互感器，供继电保护和电气仪表用。

12. 气体继电器

气体继电器也称瓦斯继电器，它是变压器的主要保护装置，安装在变压器油箱与储油柜的连接管上，如图 2-28 所示。连接管有 1%～1.5%的倾斜角度，以使气体能流到瓦斯继电器内，当变压器内部故障时，油分解产生的油气流会冲击继电器下挡板，使接点闭合，与变压器相关的所有断路器都断开。若空气进入变压器或内部有轻微故障，则可使继电器上接点动作，发出预报信号，通知相关人员处理。瓦斯继电器上部装有试验及恢复按钮和放气阀门。瓦斯继电器上部有引出线，与跳闸报警电路连接。瓦斯继电器应有防雨罩，用以防止进水。

图 2-27　电流互感器

图 2-28　气体继电器

13. 温度计

温度计由温包、导管和压力计组成，如图 2-29 所示。将温包插入箱盖上注有油的安装座中，使油的温度能均匀地传到温包。温包中的气体随温度变化而胀缩，产生压力，使压力计的指针转动，指示温度。

变压器还安装有 PT100(铜铂合金)的电阻,该电阻阻值随温度成线性变化,可以在控制室中观察变压器的温度。变压器的温度计除指示变压器上层油温和绕组温度外,还可作为控制回路的硬接点启动或退出冷却器,发出温度过高的告警信号。

14. 绝缘套管

变压器绕组的引出线从油箱内穿过油箱盖时必须经过绝缘套管(见图 2-30),以使带电的引出线与接地的油箱绝缘。绝缘套管一般是瓷制的,它的结构取决于它的电压等级。

110 kV 以下的为单瓷制绝缘套管,瓷套内为空气绝缘或变压器油绝缘,中间穿过一根导电铜杆。

110 kV 及以上的一般采用全密封油浸纸绝缘电容式套管。套管内注有变压器油,不与变压器本体相通。

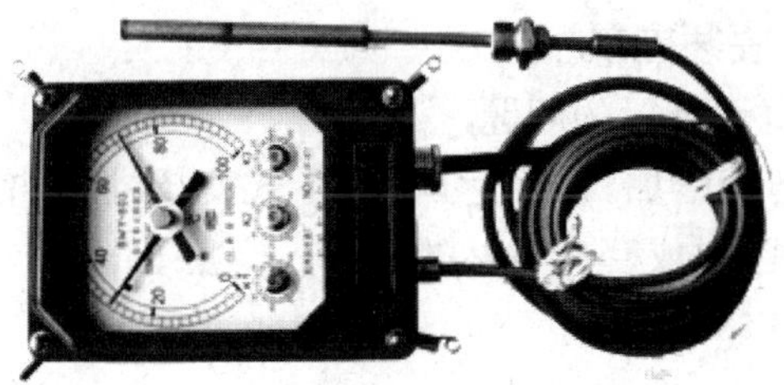

图 2-29　温度计

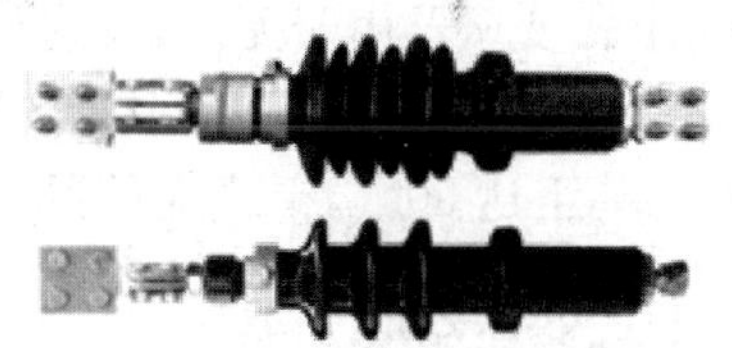

图 2-30　绝缘套管

三相油浸式电力变压器的主要结构如图 2-31 所示。

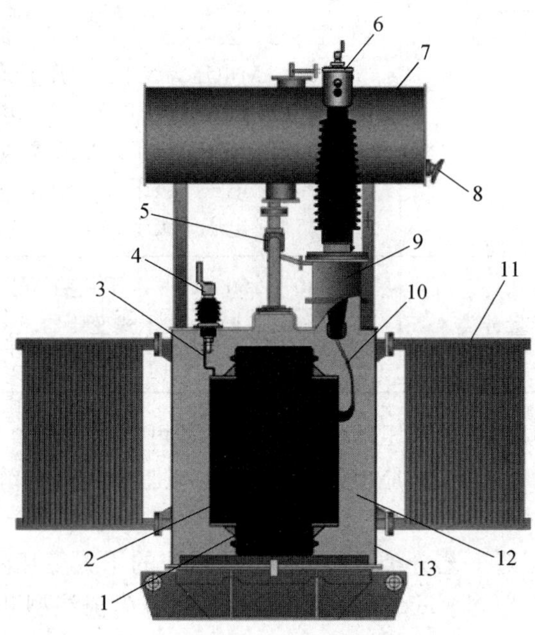

图 2-31　三相油浸式电力变压器的主要结构

1—铁芯；2—绕组；3—低压引线；4—低压套管；5—气体继电器；6—高压套管；7—油枕；8—油位计；9—升高座；10—高压引线；11—散热器；12—变压器油；13—油箱

2.2.6 干式变压器

社会的发展要求防火的场所大量增加，人们对变压器的安全性能提出了越来越高的要求。近年来，干式变压器的应用范围不断扩大，一些发达国家已明文规定户内安装的变压器不准采用油浸式电力变压器。

1. 干式变压器的优点

(1) 干式变压器避免了由于运行中发生故障而导致变压器油发生火灾和爆炸的危险。

(2) 干式变压器不会像油浸式电力变压器那样存在渗漏油的问题，更无变压器油老化的问题，通常干式变压器运行维护和检修工作量大为减少，甚至可以免维护。

(3) 干式变压器一般为户内式，对有特殊需要的场合亦可制成户外式。户内式干式变压器可以与开关柜安装于同一室内，从而减小安装面积。

(4) 干式变压器由于无油，其附件很少，也无密封的问题。

干式变压器由于具有以上优点，需求量迅猛增加，在发达国家，干式变压器已占配变的20%，有的甚至达50%，干式变压器的变电站已占成套变电站的80%～90%。

2. 干式变压器的分类

(1) 按技术参数分类。干式变压器按技术参数的分类如表2-4所示。

表2-4 干式变压器按技术参数的分类

序号	分类标准	类别
1	按电压等级分类	① 0.4 kV电压等级干式变压器。 ② 6 kV电压等级干式变压器。 ③ 10 kV电压等级干式变压器。 ④ 20 kV电压等级干式变压器。 ⑤ 35 kV电压等级干式变压器
2	按额定容量分类	① 30～2 500 kV·A干式变压器。 ② 20 000 kV·A干式变压器。 ③ 25 000 kV·A干式变压器

(2) 按型号分类。国内干式变压器的种类按型号可分为SC和SG，即包封线圈和非包封线圈两大类。包封线圈分为纯树脂浇注式、带填料树脂浇注式和缠绕式；非包封线圈分为普通浸渍式和包封浸渍式。

(3) 按绝缘介质和制造工艺分类。目前，我国生产的干式变压器按绝缘介质和制造工艺主要分为四类，即浸渍式、Nomex纸型、环氧树脂型（分为浇注型和绕包型两类）和SF_6气体绝缘型。

3. 干式变压器的性能特点

(1) 环氧浇注干式变压器的性能特点。

① 整体机械强度好，耐受短路能力强。

② 耐受冲击过电压的性能好，基准冲击水平(benchmark impact level，BIL)值高。

③ 防潮耐腐性能好，适合在恶劣环境下工作。

④ 可制造大容量的干式变压器。

⑤ 局部放电小，运行寿命长。

⑥ 可从备用状态立即投入运行，无须预热去潮处理。

⑦ 损耗低，过负荷能力强。

⑧ 制造经验丰富，运行管理规范。

(2) 真空浇注工艺类干式变压器的性能特点。真空浇注工艺类干式变压器的性能特点是绝缘层薄、质量稳定、绝缘性能好。

(3) SF_6 气体绝缘干式变压器的性能特点。SF_6 气体的特性是无色、无毒、无味，在 600 ℃下是稳定的惰性气体。同时它不易燃烧，不爆炸，绝缘性能好，热容量比变压器油稍差，但在 0.14 MPa 以上散热性能好，能完全满足变压器的散热要求。

2.2.7 整流器

1. 整流柜的结构与组成

整流柜如图 2-32 所示。功率为 2 200 kW 的整流器由 1 个整流柜组成 12 脉波整流电路，整流柜内装有 2 组三相全波整流桥。同样的 2 台柜与 2 台整流变压器配合组成 24 脉波整流。功率为 3 000 kW、3 600 kW 和 4 000 kW 的整流器由 2 个整流柜组成 12 脉波整流电路，每个整流柜为一个 6 脉波的三相全波整流桥，同样的 4 台柜与 2 台整流变压器配合组成 24 脉波整流。

图 2-32 整流柜

整流柜采用 1 200 mm×1 200 mm×2 300 mm(长×宽×高)的标准 GGD 屏柜。柜体无焊接，全部采用螺栓连接。在柜体的前后门下部开有进气网孔，上部设有散热通风孔，两侧封盖。柜体门板及外骨架采用喷塑防护。

如图 2-33 所示，2 200 kW 的整流柜内两个三相整流桥分别装于屏柜的前后两边，柜前放置 1、3、5 桥臂，柜后放置 2、4、6 桥臂，两个三相整流桥的对应桥臂序号为 1U1 和 2U1、1U3 和 2U3 等并联在一起，共阳极或共阴极的 2 个桥臂组成一个整流堆，每柜共 6 个整流堆，每个整流堆有 6 只二极管。3 000 kW、3 600 kW 和 4 000 kW 整流器的整流柜内在柜前放置 1、3、5 桥臂，在柜后放置 2、4、6 桥臂，每个桥臂为一个整流堆，每柜共 6 个整流堆，每个整流堆分别有 4、5、6 只二极管。

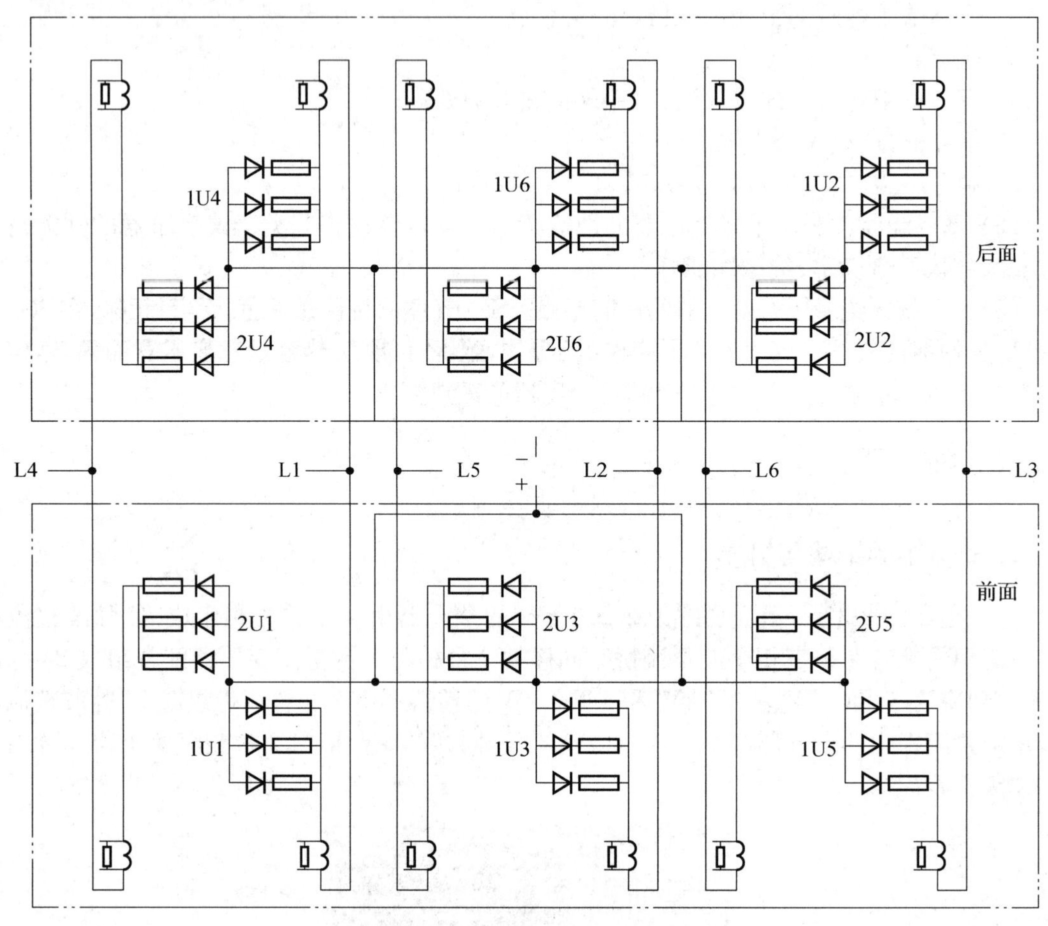

图 2-33　2 200 kW 整流器主电路接线原理

采用平板式整流二极管，二极管型号为 ZPA2000-44，反向重复峰值电压为 4. 4 kV，正向平均电流为 2 000 A。二极管堆安装于屏柜上的环氧玻璃柱板上，以保证对骨架有足够的绝缘距离。环氧玻璃柱板涂阻燃绝缘漆。

二极管采用 6063 铝合金挤压型材散热器，自然空气冷却，散热器具有良好的散热特性，对散热片表面进行阳极氧化处理并涂黑色防腐剂。

交流汇流母排 L1、L2、L3、L4、L5、L6 和直流输出母排 L+、L−由阻燃绝缘子支持集中在屏柜的下方进出线。

屏柜内还装有交直流侧过电压保护用的电阻和电容，以及压敏电阻器板和保护控制盒。每臂母线上套有逆流保护用的电流互感器。

短路保护用快速熔断器一头装在汇流母排上，另一方用铜排与散热器连接。

2. 整流器的技术参数

(1) 额定频率:50 Hz。

(2) 额定交流电压:1 180 V。

(3) 直流标称电压:1 500 V。

(4) 直流最高电压:1 800 V。

(5) 额定电流:1 467 A(2 200 kW)、2 000 A(3 000 kW)、2 400 A(3 600 kW)、2 667 A(4 000 kW)。

(6) 直流空载电压:不大于 1 650 V。

(7) 整流器负荷性质:反电动势、再生。

(8) 整流器负荷类型:Ⅵ级[参见《半导体变流器 通用要求和电网换相变流器 第1-3部分:变压器和电抗器》(GB/T 3859.3—2013)];100%额定负荷——连续,150%额定负荷——2 h,300%额定负荷——1 min。

(9) 整流器工频耐压。

① 整流器主回路对地、对辅助回路:5 kV/1 min。

② 辅助回路和主回路应电气隔离,并能承受 2 kV/1 min。

(10) 冲击电压:12 kV(标准冲击波为 1.2/50 μs)。

(11) 整流器承受短路电流能力及额定功率损耗如表 2-5 所示。

表 2-5 整流器承受短路电流能力及额定功率损耗

整流器功率/kW	2 200	3 000	3 600	4 000
短路电流/($kA \cdot 120\ ms^{-1}$)	18	25	29	31
损耗/kW	5	7	7.5	8.5

(12) 冷却方式:自然风冷式,户内安装。

3. 整流器的可靠性

整流器在设计和制造时应具备高可靠性措施,容量按 150%额定负荷考虑,采用冗余设计,每个整流桥臂都有一个支路的冗余,当一个臂的一个二极管损坏时,整流器能正常运行,并满足过负荷要求和承受短路电流的能力;监控和数据采集装置实行电磁屏蔽,以解决电磁辐射和电磁兼容问题。

4. 整流器的可维护性

整流器设计有故障显示及诊断措施,如短路保护、过电压保护、二极管故障保护及整流器温度报警跳闸指示回路等,维护方便。

5. 整流器保护

(1) 内部短路保护。每个二极管支路均串有快速熔断器进行保护。当发生内部短路时,熔断器熔断,给出信号用于报警或跳闸,并且熔断器上具有明显的熔断标志。

当一个桥臂内有一个熔断器熔断,或不同桥臂同时各有一个熔断器熔断时,发出报警信号。当一个桥臂内同时有两个熔断器熔断时，发出跳闸信号。

(2) 交流侧过电压保护。在交流侧装设氧化锌压敏电阻，将过电压抑制在2倍以下，防止因过电压损坏二极管。为防止氧化锌压敏电阻击穿短路，回路中串有特种熔断器TRD，它可快速断开，击穿支路。

(3) 直流侧过电压保护。在直流侧装设RC过电压抑制回路和放电回路，防止直流快速断路器开合时产生操作过电压而损坏二极管，并在输出端并联压敏电阻，抑制残余过电压，压敏电阻同样串有特种熔断器TRD。

(4) 换相过电压保护。为防止换相过电压损坏二极管，对于二极管整流电路，直流侧并联的过电压保护电阻电容可兼有换相过电压保护的作用。

(5) 温度保护。在整流器预测温度最高的元件散热器上设置温度继电器，用于监视元件散热器的温度。当整流器测试点的温度超过报警设定值时，发出报警信号。

(6) 逆流保护。在每个整流桥臂上串联一个电流互感器，用于内部短路的逆流后备保护，即当二极管被击穿、快速熔断器失效时，检测桥臂逆流，并给出跳闸信号。

(7) 控制与信号回路。整流器设置故障显示装置，显示整流器的故障状态：整流桥逆流，桥臂快速熔断器熔断，散热器超温及辅助电源失电。

(8) 二极管故障指示回路。整流器同一整流桥臂的一个二极管故障，以及整流器不同整流桥臂的各一个二极管故障时，均不会跳闸。故障信号通过硬接点在当地和远方显示。

(9) 二极管故障跳闸控制回路。整流器同一整流桥臂的两个二极管故障时，发出跳闸信号，通过硬接点在当地和远方显示故障信号。

(10) 整流器温度报警跳闸指示回路。当整流器测试点的温度超过设定值时，发出报警或跳闸信号，通过硬接点在当地和远方显示故障信号。数据采集装置及故障显示系统采用DC 110 V供电。

6. 盘面表计及显示

(1) 直流电压表：显示主回路直流电压。

(2) 直流电流表：显示主回路直流电流。

(3) 快速熔断器熔断显示：1U1～1U6，2U1～2U6。

(4) 整流器超温报警显示：W1～W6。

(5) 逆流跳闸显示：DL1～DL2。

7. 柜内照明

整流器柜内设有照明灯，并配备柜门联动开关，当柜门打开时，照明灯亮；当柜门闭合时，照明灯自动熄灭，照明设备和整流柜绝缘。照明灯电源采用AC 220 V，功率为100 W。

8. 整流器故障原因及处理方法

整流器故障原因及处理方法如表2-6所示。

表 2-6 整流器故障原因及处理方法

<table>
<tr><th>现 象</th><th colspan="2">原 因</th><th>处理方法</th><th>备注</th></tr>
<tr><td rowspan="5">报警</td><td rowspan="2">温度过高</td><td>通风网孔堵塞</td><td>清扫通风网孔</td><td rowspan="5">照常运行</td></tr>
<tr><td>环境温度过高</td><td>打开室内排气扇</td></tr>
<tr><td>DC 110 V断电</td><td>控制电源失电</td><td>检查DC 110 V电源</td></tr>
<tr><td rowspan="2">一个快速熔断器断开</td><td>桥臂一个二极管损坏</td><td rowspan="2">记录二极管的损坏位置</td></tr>
<tr><td>不同桥臂各有一个二极管损坏</td></tr>
<tr><td rowspan="3">跳闸</td><td>同一桥臂中两个快速熔断器断开</td><td>同一桥臂有两个二极管损坏</td><td>更换损坏的二极管，同时要对通过正向短路电流的二极管进行检查，看有无损坏</td><td rowspan="3">停运</td></tr>
<tr><td>桥臂有一个二极管损坏</td><td>快速熔断器不能正常开断，逆流保护动作跳闸</td><td>更换不能正常开断的快速熔断器和损坏的二极管</td></tr>
<tr><td>超过设定跳闸温度</td><td>二极管超过允许工作温度或屏柜通风网孔堵塞</td><td>检查过热原因，清理通风网孔</td></tr>
</table>

2.3 电弧的基本理论

2.3.1 气体电弧原理

1. 电弧的概念

当开关电器开断电路时，如果电路电压超过10～20 V，电流超过80～100 mA，触头刚刚分离后，触头之间就会产生强烈的白光，称为电弧。电弧是开关电器在开断过程中不可避免的现象。从现象上看，电弧是一束明亮的光柱。实质上，电弧是一种游离状态的气体放电现象，它是电流通过某些绝缘介质(如空气)所产生的瞬间火花。

按产生电弧的电路电源不同，可将电弧分为交流电弧、直流电弧和脉冲电弧。电极上电弧的孳生点(温度最高、最明亮的斑点)称为阴极斑点或阳极斑点。

2. 电弧放电的特征及危害

(1) 电弧放电的特征。

① 起弧电压、电流的数值很低。

② 电弧中含有大量的电子、离子，因此电弧有良好的导电性能，具有很高的电导。弧柱电流密度可达10 kA/cm^2。当电弧存在时，尽管开关电器的触头是断开的，但电路中仍然有电流流过，电路将继续导通。只有当电弧熄灭后，电路中才无电流通过而真正断开。

③ 电弧能量集中，温度很高。电弧放电时，能量高度集中，弧心温度可达 10 000 ℃左右，电弧表面的温度可达 3 000～4 000 ℃。

④ 电弧是一束质量很轻的游离状态的气体，在外力的作用下，能迅速移动、伸长、弯曲和变形。

（2）电弧的危害。电弧会对电力系统和电气设备造成危害，主要包括以下几点：

① 电弧的存在延长了开关电器断开故障电路的时间，加重了电力系统短路故障的危害。

② 电弧产生的高温将使触头表面熔化和汽化，烧坏绝缘材料，可能使充油电气设备发生着火、爆炸等危险。

③ 由于电弧能在电动力和热力的作用下移动，因此很容易造成飞弧短路和伤人，或引起事故的扩大。

3. 电弧的产生

（1）产生电弧的根本原因。产生电弧的根本原因是开关触头在分断电流时，触头间电场强度很大，使触头本身的电子及触头周围介质中的电子被游离而形成电弧。

（2）产生电弧的游离方式。

① 热电子发射。高温炽热的阴极表面能够向空间发射电子。当断路器的动、静触头分离时，触头间的接触压力及接触面积逐渐减小，接触电阻增大，使接触部位剧烈发热，导致阴极表面温度急剧升高而发射电子，形成热电子发射。发射电子的多少与阴极表面温度及阴极的材料有关。

② 强电场发射。开关电器分闸的瞬间，动、静触头的距离很小，触头间的电场强度非常大，使得触头内部的电子在强电场作用下被拉出来，形成强电场发射。

③ 碰撞游离。从阴极表面发射出的电子在电场力的作用下高速向阳极运动，在运动过程中不断地与中性质点（原子或分子）发生碰撞。当高速运动的电子积聚足够大的动能时，就会从中性质点中打出一个或多个电子，使中性质点游离，这一过程称为碰撞游离。新产生的电子将和原有的电子一起以极高的速度向阳极运动，当碰撞其他中性质点时，将再次发生碰撞游离。这样连续不断的碰撞游离，就使气体介质中的带电质点大量增加，具有很大的电导，在外加电压的作用下，气体介质被击穿，形成电弧放电。

④ 热游离。触头间电弧燃烧的间隙称为弧隙。弧隙的温度很高，弧柱的温度可达 5 000～13 000 ℃。弧柱中的气体分子在高温作用下产生剧烈热运动，动能很大的中性质点互相碰撞时将被游离而形成电子和正离子，这种现象称为热游离。弧柱导电就是靠热游离来维持的。

从上述可见，电弧由碰撞游离产生，靠热游离维持，而阴极则借强电场或热电子发射提供传导电流的电子，因此，维持电弧稳定燃烧的电压就不需要很高。

（3）开关电弧形成的过程。断路器断开过程中，电弧是这样形成的：触头刚分离时突然解除接触压力，阴极表面立即出现高温炽热点，产生热电子发射；同时，由于触头的间隙很小，使得电压强度很高，产生强电场发射。从阴极表面逸出的电子在强电场作用下加速向阳极运动，发生碰撞游离，导致触头间隙中带电质点急剧增加，温度骤然升高，产生热游离并且成为游离的主要因素。此时，在外加电压作用下，间隙被击穿，形成电弧。

4. 电弧的熄灭

电弧中发生游离的同时，还存在着相反的过程，即去游离。若去游离的作用始终大于游离的作用，则电弧电流减少，直至电弧熄灭。因此，要熄灭电弧，就必须加强去游离的作用。这就要了解去游离的形式和影响因素。

(1) 电弧的去游离形式。电弧的去游离形式包括复合和扩散。

① 复合。复合是正、负带电质点相互结合变成不带电质点的现象。由于弧柱中电子的运动速度很快，约为正离子的 1 000 倍，所以电子直接与正离子复合的概率很小。一般情况下，先是电子碰撞中性质点，被中性质点捕获而变成负离子，然后再与质量和运动速度相当的正离子互相吸引而接近，交换电荷后成为中性质点。还有一种情况就是电子先被固体介质表面吸附，再被正离子捕获而成为中性质点。

② 扩散。扩散是弧柱中的带电质点逸出弧柱以外，进入周围介质的现象。扩散有以下三种形式：

· 温度扩散。电弧和周围介质间存在很大温差，使得电弧中的高温带电质点向温度低的周围介质扩散，减少了电弧中的带电质点。

· 浓度扩散。因为电弧和周围介质存在浓度差，所以带电质点就从浓度高的地方向浓度低的地方扩散，使电弧中的带电质点减少。

· 利用吹弧扩散。在断路器中采用高速气体吹弧，带走电弧中的大量带电质点，以加强扩散作用。

(2) 影响电弧去游离的因素。

① 电弧温度。电弧是由热游离维持的，降低电弧温度就可以减弱热游离，减少新的带电质点的产生；同时也降低了带电质点的运动速度，加强了复合作用。通过快速拉长电弧，用气体或油吹动电弧，或使电弧与固体介质表面接触等，都可以降低电弧的温度。

② 介质的特性。电弧燃烧时所在介质的特性在很大程度上决定了电弧中去游离的强度，这些特性包括导热系数、热容量、热游离温度、介电强度等。这些参数值越大，去游离过程就越强，电弧就越容易熄灭。

③ 气体介质的压力。气体介质的压力对电弧去游离的影响很大。因为气体的压力越大，电弧中质点的浓度就越大，质点间的距离就越小，复合作用就越强，电弧就越容易熄灭。在高度真空中，发生碰撞的概率减小，抑制了碰撞游离，而扩散作用却很强。因此，真空是很好的灭弧介质。

④ 触头材料。触头材料也影响去游离的过程。当触头采用熔点高、导热能力强和热容量大的耐高温金属时，就减少了热电子发射和电弧中的金属蒸气，有利于电弧熄灭。

除了上述因素外，去游离还受电场、电压等因素的影响。

5. 直流电弧的特性和熄灭

在直流电路中产生的电弧称为直流电弧。直流电弧由阴极区、阳极区和弧柱区组成。直流电弧电压分布如图 2-34 所示。

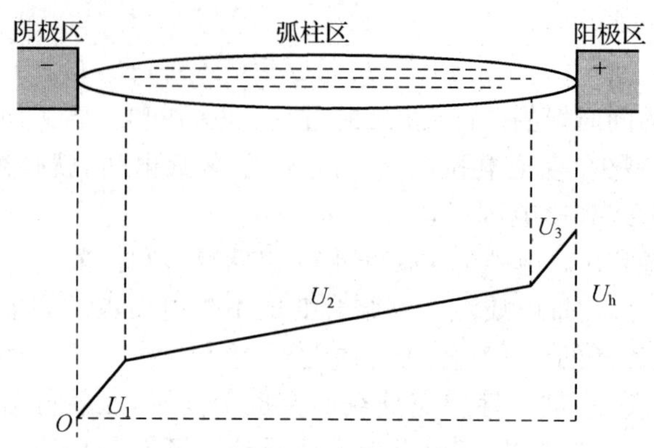

图 2-34　直流电弧电压分布

电弧电压＝阴极区压降 U_1＋弧柱区压降 U_2＋阳极区压降 U_3，即

$$U_h = U_1 + U_2 + U_3 \tag{2-5}$$

(1) 直流电弧的特性。直流电弧的伏安特性曲线如图 2-35 所示，直流电弧的稳定燃烧曲线如图 2-36 所示。直流电弧的稳定燃烧点也称工作点，让触头保持一定的距离，电弧燃烧达到稳定状态后，电流不随时间的变化而变化。两条曲线交于 A、B 两点，此两点既满足了电路的要求(电弧外部条件)，又满足了电弧静态伏安特性的要求(电弧内部条件)。B 点称为稳定燃烧点，A 点称为视在稳定燃烧点。

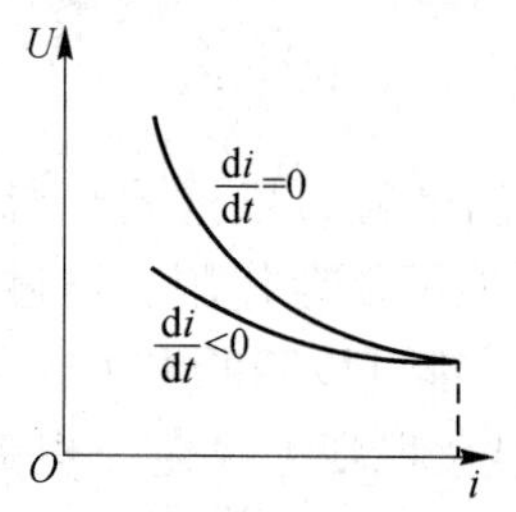

图 2-35　直流电弧的伏安特性曲线

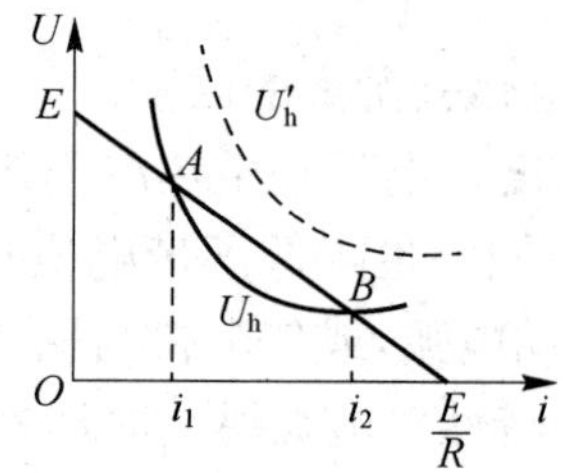

图 2-36　直流电弧的稳定燃烧曲线

(2) 直流电弧的熄灭条件。提高电弧静态伏安特性，使它与曲线无交点，则电弧熄灭。可知直流电弧的熄灭条件为

$$E - iR < U_h \tag{2-6}$$

式(2-6)说明，当电源电压不足以平衡稳态电弧电压及线路电阻压降时，电弧电流减小，直至熄灭。当两曲线相切时，为电弧燃烧与熄灭的临界状态。

(3) 直流电弧的熄灭方法。

① 拉长电弧。

② 开断电路时在电路中逐级串入电阻。

③ 在断口上装灭弧栅。

④ 冷却电弧。

6. 交流电弧的特性和熄灭

(1) 交流电弧的特性。在交流电路中，电流瞬时值随时间的变化而变化，因而电弧的温度、直径及电弧电压也随时间的变化而变化，电弧的这种特性称为动特性。由于弧柱的受热升温或散热降温都有一定的过程，跟不上快速变化的电流，所以电弧温度的变化总滞后于电流的变化，这种现象称为电弧的热惯性。

在一个周期内，交流电弧的电流及电压随时间的变化而变化，如图 2-37 所示。电弧电压呈马鞍形变化，即电流小时，电弧电压高；电流大时，电弧电压减小且接近于常数。图 2-37(a)、(b)分别是一般冷却和加强冷却的电流、电压变化曲线。从图 2-37(b)中可见，加强冷却可使电弧电压尖峰增高。

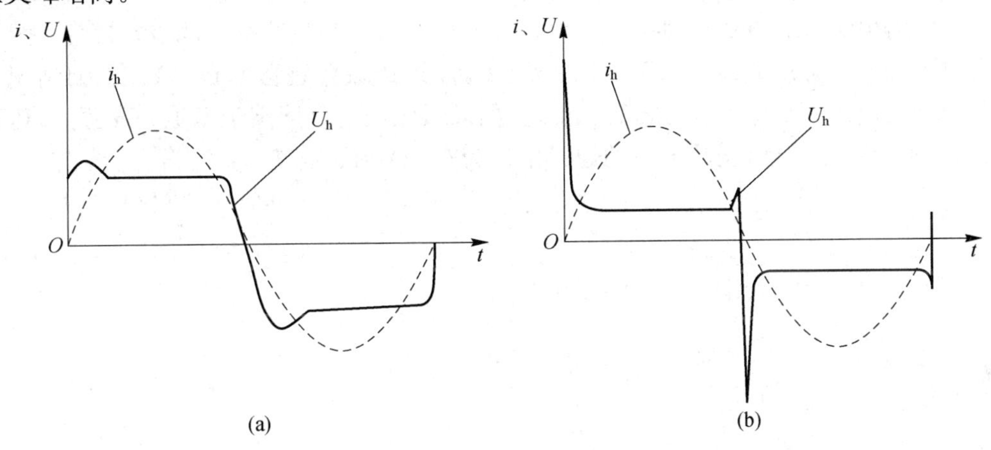

图 2-37 交流电弧的电流、电压变化曲线

(a)一般冷却 (b)加强冷却

总之，交流电弧在交流电流自然过零时将自动熄灭，但在下半周，随着电压的增高，电弧又重燃。如果电弧过零后，电弧不发生重燃，则电弧就此熄灭。

(2) 交流电弧的熄灭。交流电流过零后，电弧是否重燃取决于弧隙介质介电强度和弧隙电压的恢复。

① 弧隙介质介电强度的恢复。弧隙介质能够承受外加电压作用而不致使弧隙击穿的电压，称为弧隙的介质强度。当电弧电流过零时，电弧熄灭，而弧隙的介质强度要恢复到正常状态值还需要一定的时间，此恢复过程称为弧隙介质强度的恢复过程，以耐受的电压 $U_j(t)$ 表示。

弧隙介质介电强度的恢复过程中，$U_j(t)$ 主要取决于开关电器灭弧装置的结构和灭弧介质的性质。图 2-38 为介质强度恢复过程曲线。

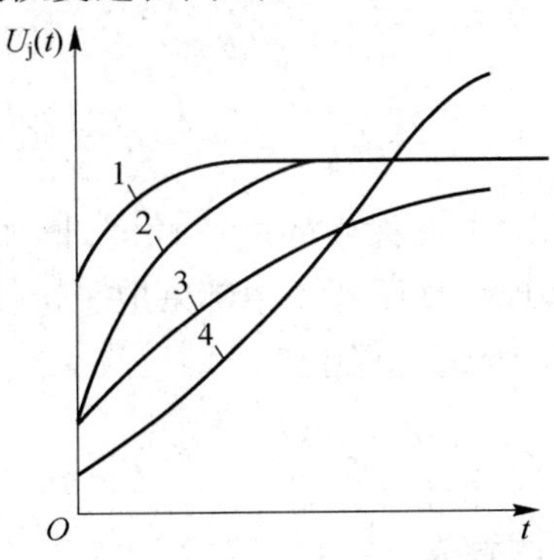

图 2-38 介质强度恢复过程曲线

1—真空；2—SF_6；3—空气；4—油

② 弧隙电压的恢复过程。电流过零前，弧隙电压呈马鞍形变化，电压值很低，电源电压的绝大部分降落在线路和负载阻抗上。电流过零时，弧隙电压正处于马鞍形的后峰值处。电流过零后，弧隙电压从后峰值逐渐增长，一直恢复到电源电压，这一过程中的弧隙电压称为恢复电压，其电压恢复过程以 $U_{hf}(t)$ 表示。电压恢复过程与线路参数、负荷性质等有关。受线路参数等因素的影响，电压恢复过程可能是周期性的变化过程，也可能是非周期性的变化过程。

③ 交流电弧的熄灭条件。在电弧电流过零时，电弧自然熄灭。电流过零后，弧隙中同时存在两个作用相反的恢复过程，即介质介电强度的恢复过程和弧隙电压的恢复过程。图 2-39 为恢复电压与介质强度曲线。从图 2-39 中可见，如果弧隙介质强度 $U_j(t)$ 在任何情况下都高于弧隙恢复电压 $U_{hf}(t)$，则电弧熄灭；反之，如果弧隙恢复电压高于弧隙介质强度，则弧隙被击穿，电弧重燃。因此，交流电弧的熄灭条件为 $U_j(t)>U_{hf}(t)$。

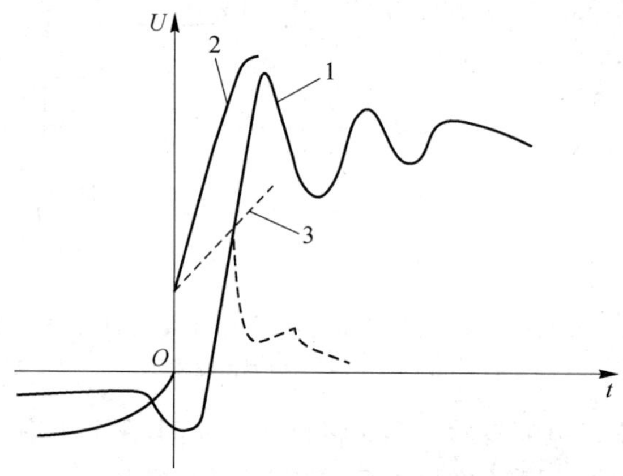

图 2-39　恢复电压与介质强度曲线

1—弧隙恢复电压曲线；2,3—弧隙介质强度曲线

2.3.2　开关电器中常用的灭弧方法

熄灭交流电弧的关键在于电弧过零后弧隙介质强度的恢复过程能否始终大于弧隙电压的恢复过程。为了加强冷却、抑制热游离、增强去游离，可在开关电器中装设专用的灭弧装置或使用特殊的灭弧介质，以提高开关的灭弧能力。目前，在开关电器中广泛采用的灭弧方法有以下几种。

1. 提高触头的分闸速度

迅速拉长电弧，有利于迅速减小弧柱中的电位梯度，增加电弧与周围介质的接触面积，加强冷却和扩散的作用。因此，现代高压开关中都采取了迅速拉长电弧的措施灭弧，如采用强力分闸弹簧，其分闸速度已达 16 m/s 以上。

2. 采用多断口

图 2-40 为一相有多个断口的触头。

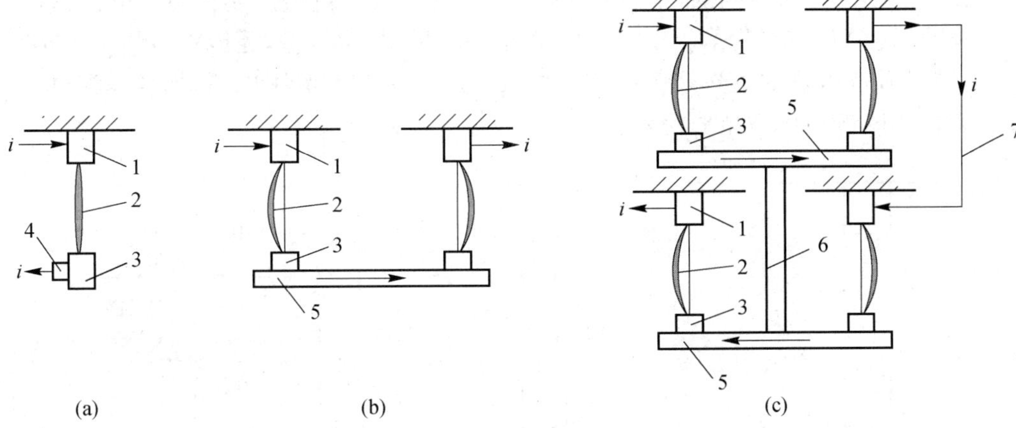

图 2-40 一相有多个断口的触头

(a)单断口 (b)双断口 (c)四断口

1—静触头；2—电弧；3—动触头；4—可动触头；5—导电横担；6—绝缘杆；7—连线

每一相有两个或多个断口相串联。在熄弧时，多断口把电弧分割成多个相串联的小电弧段。多断口使电弧的总长度加长，导致弧隙的电阻增大；在触头行程、分闸速度相同的情况下，电弧被拉长的速度成倍增加，使弧隙电阻加速增大，提高了介质强度的恢复速度，缩短了灭弧时间。采用多断口时，加在每一断口上的电压成倍减少，降低了弧隙的恢复电压，亦有利于熄灭电弧。在要求将电弧拉到同样的长度时，采用多断口结构成倍减小了触头行程，也就减小了开关电器的尺寸。

3. 吹弧

用新鲜且低温的介质吹拂电弧时，可以将带电质点吹到弧隙以外，加强扩散，由于电弧被拉长变细，使弧隙的电导下降。吹弧还使电弧的温度下降，热游离减弱，复合加快。

(1) 按吹弧气流的产生方法不同，吹弧可分为以下几种：

① 用油气吹弧。用油气做吹弧介质的断路器称为油断路器。在这种断路器中，有用专用材料制成的灭弧室，其中充满了绝缘油。当断路器触头分离产生电弧后，电弧的高温使一部分绝缘油迅速分解为氢气、乙炔、甲烷、乙烷、二氧化碳等气体，其中氢气的灭弧能力是空气的 7.5 倍。这些油气体在灭弧室中积蓄能量，一旦打开吹口，即形成高压气流吹弧。

② 用压缩空气或 SF_6 气体吹弧。将 20 个左右大气压的压缩空气或 5 个左右大气压的 SF_6 气体先储存在专门的储气罐中，断路器分闸时产生电弧，随后打开喷口，用具有一定压力的气体吹弧。

③ 产气管吹弧。产气管由纤维、塑料等有机固体材料制成，电弧燃烧时与管的内壁紧密接触，在高温作用下，一部分管壁材料迅速分解为氢气、二氧化碳等，这些气体在管内受热膨胀，增高压力，向管的端部形成吹弧。

(2) 按吹弧方向的不同，吹弧可分为以下几种：

① 纵吹。吹弧的介质(气流或油流)沿电弧方向的吹拂称为纵吹，如图 2-41(a)所示。纵吹能促进弧柱中的带电质点向外扩散，使新鲜介质更好地与炽热电弧接触，加强电弧的冷却，有利于迅速灭弧。

② 横吹。横吹时,气流或油流的方向与触头的运动方向垂直,或者说与电弧的轴线方向垂直,如图 2-41(b)、(c)所示。横吹不但能加强冷却和增强扩散,还能将电弧迅速吹弯、吹长。利用带介质灭弧栅的横吹灭弧室,栅片能更充分地冷却和吸附电弧,加强去游离。在相同的工作条件下,横吹的效果要比纵吹好。

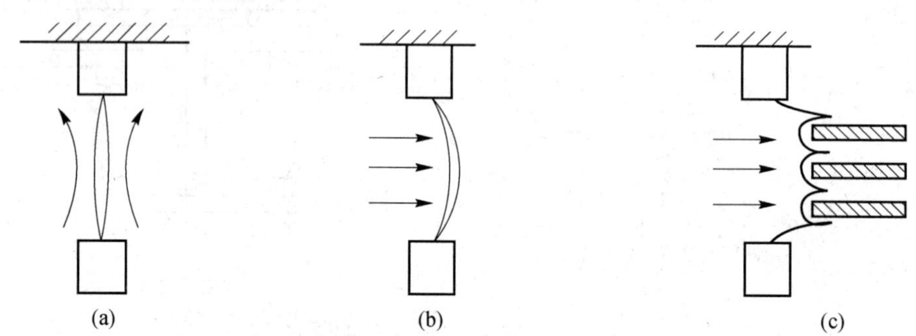

图 2-41　吹弧

(a)纵吹　(b)横吹　(c)带介质灭弧栅的横吹

③ 纵横吹。横吹灭弧室在开断小电流时室内压力太小,开断性能较差。为了改善开断小电流时的灭弧性能,可将纵吹和横吹结合起来。在大电流时主要靠横吹,在小电流时主要靠纵吹,这就是纵横吹灭弧室,如图 2-42 所示。

4. 运用短弧原理

短弧原理灭弧方法常用于低压开关电器中,其灭弧装置是一个金属栅灭弧罩,利用将电弧分为多个串联的短弧的方法来灭弧。图 2-43 为金属灭弧栅熄弧。由于受到电磁力的作用,电弧从金属栅片的缺口处被引入金属栅片内,一束长弧就被多个金属栅片分割成多个串联的短弧。如果所有串联短弧阴极区的起始介质强度或阴极区的电压降的总和永远大于触头间的外施电压,电弧就不再重燃而熄灭。采用缺口铁质栅片,是为了减小电弧进入栅片的阻力,缩短燃弧时间。

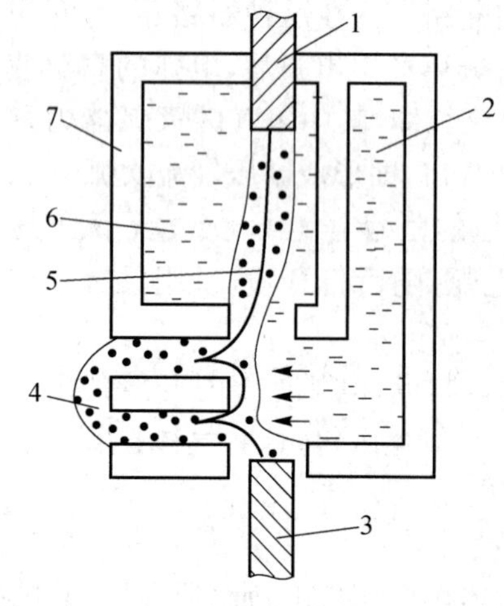

图 2-42　纵横吹灭弧室

1—静触头;2—空气囊;3—动触头;4—横吹孔;5—电弧;6—变压器油;7—密闭燃烧室

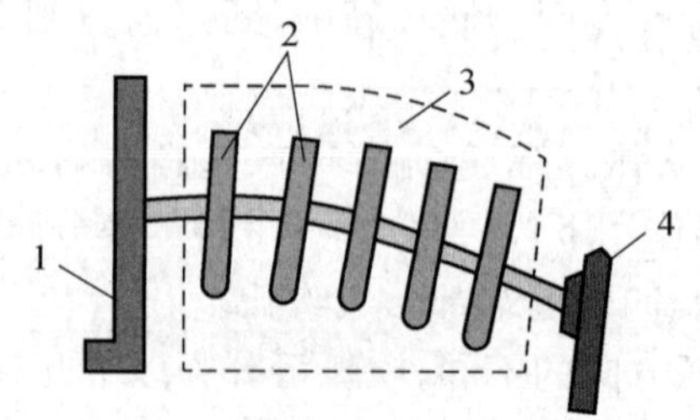

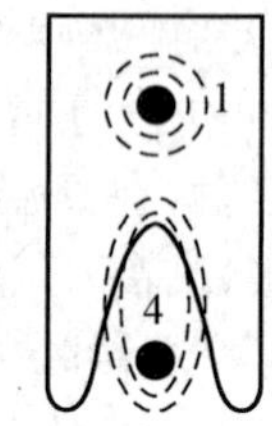

图 2-43　金属灭弧栅熄弧

1—静触头;2—金属栅片;3—灭弧罩;4—动触头

5. 利用固体介质的狭缝狭沟

低压开关电器中也广泛应用狭缝灭弧装置。该灭弧装置的灭弧片是由石棉水泥或陶土制成的。触头间产生电弧后，在磁吹装置产生的磁场作用下，将电弧吹入由灭弧片构成的狭缝中，在把电弧迅速拉长的同时，使电弧与灭弧片内壁紧密接触，对电弧的表面进行冷却和吸附，产生强烈的去游离。狭缝灭弧装置的工作原理如图 2-44 所示。

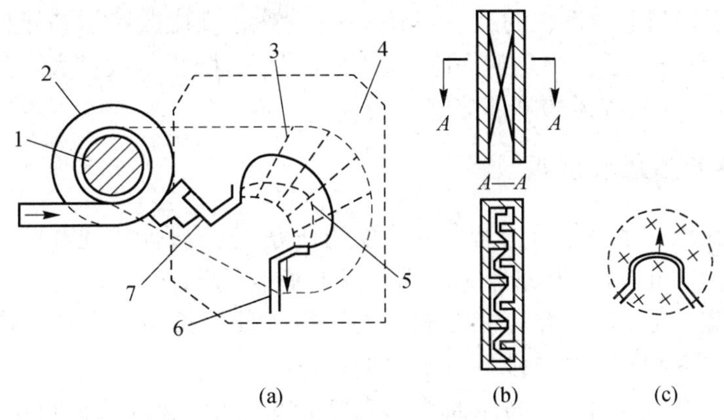

图 2-44 狭缝灭弧装置的工作原理

(a)灭弧装置 (b)灭弧片 (c)磁吹弧原理

1—磁吹铁芯；2—磁吹绕组；3—灭弧片；4—灭弧罩；5—电弧移动；6—动触头；7—静触头

石英砂灭弧的原理如图 2-45 所示。石英砂熔断器中的熔丝熔断时，在石英砂的狭沟中产生电弧。由于受到石英砂的冷却和表面吸附作用，电弧迅速熄灭。同时，熔丝气化时产生的金属蒸气渗入石英砂中遇冷而迅速凝结，大大减少了弧隙中的金属蒸气，使得电弧容易熄灭。

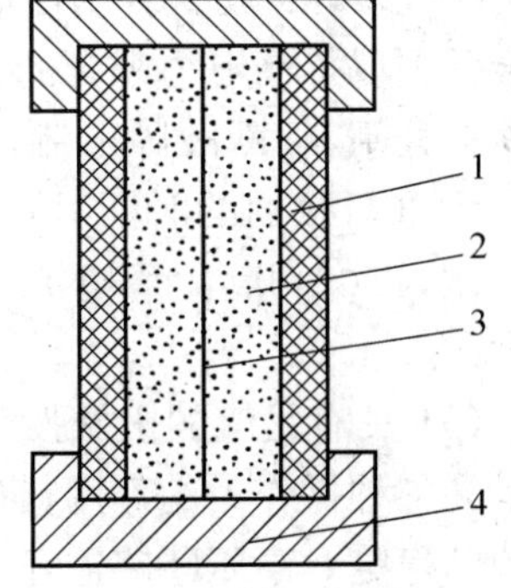

图 2-45 石英砂灭弧的原理

1—管体；2—石英砂；3—熔丝；4—铜帽

6. 用耐高温金属材料做触头、优质灭弧介质

触头材料对电弧中的去游离也有一定影响，用熔点高、导热系数和热容量大的耐高温金属制作触头，可以减少热电子发射和电弧中的金属蒸气，从而减弱了游离过程，有利于熄灭电弧。

灭弧介质的特性，如导热系数、电强度、热游离温度、热容量等，对电弧的游离程度具有很大影响。这些参数值越大，去游离作用就越强。在高压开关中广泛采用压缩空气、SF_6 气体、真空等作为灭弧介质。

2.4 高压断路器

高压断路器是电力系统的重要设备之一，是一次电力系统中控制和保护电路的关键设备，其最大特点是开断负荷电流和短路电流。当系统中出现严重故障时，最终通过继电保护装置使断路器跳闸来切除故障，维护系统稳定。

2.4.1 高压断路器概述

1. 高压断路器的作用

（1）控制作用。高压断路器用于根据电力系统的运行要求，接通或断开工作电路。

（2）保护作用。当电力系统的某一部分发生故障时，高压断路器和保护装置、自动装置相配合，将该故障部分从系统中迅速切除，减小停电范围，防止事故扩大，保护系统中各类电气设备不受损坏，保证系统无故障部分安全运行。

2. 高压断路器的基本要求

高压断路器在电力系统中承担着非常重要的任务，它不仅能接通和断开负荷电流，而且能断开短路电流。因此，高压断路器必须满足以下基本要求：

（1）工作可靠。高压断路器应能在规定的运行条件下长期可靠地工作，并能正确地执行分、合闸的命令，顺利完成接通或断开电路的任务。

（2）具有足够的开断能力。高压断路器在断开短路电流时，触头间要产生能量很大的电弧。因此，断路器必须具有足够强的灭弧能力才能安全、可靠地断开电路，并且还要有足够大的热稳定性。

（3）具有尽可能短的切断时间。在电路发生短路故障时，短路电流对电气设备和电力系统会造成很大的危害，所以高压断路器应具有尽可能短的切断时间，以减少危害，并有利于电力系统的稳定。

（4）具有自动重合闸性能。由于输电线路的短路故障大多数是瞬时的，因而采用自动重合闸可以提高电力系统的稳定性和供电可靠性。即在发生短路故障时，继电保护动作使断路器分闸，切断故障电流，经无电流间隔时间（断路器断开故障电路，从电弧熄灭起到电路自动重新接通的时间）后自动重合闸，恢复供电。如果故障仍然存在，高压断路器则立即跳闸，再次切断故障电流。这就要求高压断路器具有在短时间内连续切除故障电流的能力。

（5）具有足够的机械强度和良好的稳定性能。正常运行时，高压断路器应能承受自身重量和各种操作力的作用；当系统发生短路故障时，应能承受电动力的作用，以保证具有足够的动稳定。高压断路器还应不受各种工作环境条件的影响，以保证在各种恶劣的气象条件下都能正常工作。

（6）结构简单，价格低廉。在满足安全、可靠要求的同时，还要求高压断路器结构简单、体积小、重量轻、价格合理。

3. 高压断路器的分类

按安装地点的不同，高压断路器分为屋内式高压断路器和屋外式高压断路器两种。

根据所采用的灭弧介质的不同，高压断路器有如下几种类型：

（1）油断路器。采用变压器油作为灭弧介质和绝缘介质的断路器称为油断路器。变压器油只作为灭弧介质和触头开断后弧隙绝缘介质，而带电部分与地之间的绝缘采用瓷介质

的断路器，由于油量较少，故称为少油断路器。油断路器可用于各级电压的户内、户外变电站。

(2) SF_6 断路器。采用规定压力的、具有优良灭弧性能和绝缘性能的 SF_6 气体作为灭弧介质和弧隙绝缘介质的断路器称为 SF_6 断路器。它主要用于 110 kV 及以上大容量变电站及频繁操作的场所。

(3) 真空断路器。真空断路器是指触头在 $133.3\times10^{-8}\sim133.3\times10^{-4}$ Pa 的真空中开闭电路的断路器。目前，它主要用于 35 kV 及以下变电站中要求频繁操作的场所。

(4) 直流断路器。直流断路器应用于城市轨道交通牵引变电所整流装置牵引侧及馈线侧，一般以直流开关柜的形式出现。较常见的直流开关柜有 MB 型和 KMB 型。

4. 高压断路器的结构

高压断路器的基本结构如图 2-46 所示。其中，开断元件是核心，开关设备的控制、保护及安全隔离等方面的任务都由它来完成。其他组成部分都是配合开断元件为完成上述任务而设置的。

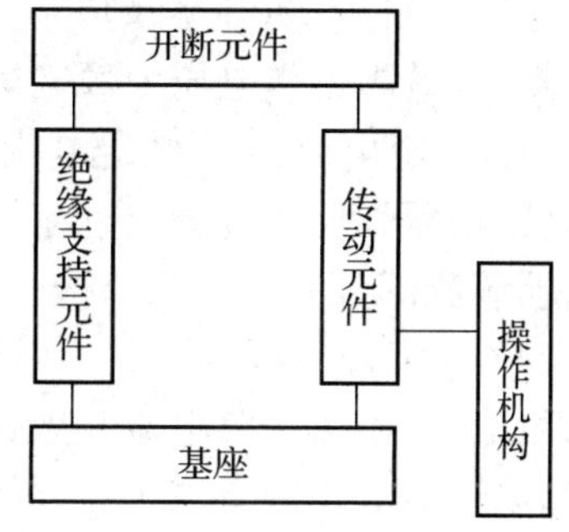

图 2-46 高压断路器的基本结构

高压断路器基本组成部分的主要零部件及其功能如表 2-7 所示。

表 2-7 高压断路器基本组成部分的主要零部件及其功能

名称	主要零部件	功能
开断元件	主灭弧室、主触头系统、主电路回路辅助灭弧室、辅助触头系统、并联电阻等	执行接通或断开电路、安全隔离电源的任务，其核心部分是触头和灭弧装置
绝缘支持元件	瓷柱、瓷套管、绝缘管等构成的支柱本体、拉紧绝缘子等	支撑和固定通断元件，承受开断元件的操作力和各种外力，实现与各结构部分之间的绝缘
传动元件	各种连杆、齿轮、拐臂、液压管道、压缩空气管道等	把操动机构提供的操作能量及发出的操作命令传递给开断元件的触头和其他部件
基座	开关本体的底架、底座	支撑、固定和安装开关电器的各结构部分，使之成为一个整体
操动机构	弹簧、液压、电磁、气动及手动机构的本体及其配件	向开断元件提供分、合闸操作的能量，实现各种规定的顺序操作，并维持开关的合闸状态

5. 高压断路器的技术参数

高压断路器的特性和工作性能可用以下基本参数来表征：

(1) 额定电压U_N。额定电压是指断路器长时间运行能承受的正常工作电压，它决定了断路器的绝缘水平、总体尺寸和灭弧条件。在三相电路中，额定电压均指线电压。

(2) 最高工作电压。最高工作电压是指断路器允许长期工作的高于额定电压的最高电压。由于电网不同地点的电压可能高出额定电压10%左右，故制造厂规定了断路器的最高工作电压。对于220 kV及以下设备，其最高工作电压为额定电压的1.15倍；对于330 kV的设备，其最高工作电压为额定电压的1.10倍。

(3) 额定电流I_N。额定电流是指断路器在额定容量下允许长期通过的工作电流(有效值)。断路器长期通过额定电流时，各部分的发热温度不会超过允许值。额定电流也决定了断路器载流部分的尺寸和结构。

(4) 额定开断电流I_{NK}。额定开断电流是指在额定电压下，断路器能可靠开断的最大周期分量电流(最大短路电流有效值)，它表明了断路器开断电路的能力。开断电流与电压有关，当电压不等于额定电压时，断路器能可靠切断的最大短路电流有效值称为该电压下的开断电流。当电压低于额定电压时，开断电流比额定开断电流有所增大。

(5) 额定断流容量S_{NK}。额定断流容量表明断路器的切断能力。在三相电路中，其大小等于额定电压与额定开断电流乘积的$\sqrt{3}$倍。即

$$S_{NK}=\sqrt{3}U_N I_{NK}$$

由于U_N不是残压，因而额定断流容量不是断路器开断时的实际容量。

(6) 关合电流i_{Ncl}。关合电流是指保证断路器能关合短路而不至于发生触头熔焊或其他损伤，所允许接通的最大短路电流。

(7) 动稳定电流i_{es}。动稳定电流是指断路器在合闸位置时允许通过的短路电流最大峰值。它表明了断路器在冲击短路电流的作用下承受电动力的能力，它取决于导体和绝缘等部件的机械强度，也受触头结构形式的影响。

(8) 热稳定电流I_{Nt}。热稳定电流是指断路器在规定时间(通常为4 s)内允许通过的最大短路电流有效值，又称额定短时耐受电流。热稳定电流表明了断路器承受短路电流热效应的能力。

(9) 断路器开断时间t_0。断路器开断时间是指断路器接到分闸命令瞬间起到各相电弧完全熄灭为止的时间间隔，它包括断路器固有分闸时间t_{gf}和燃弧时间t_h，即$t_0=t_{gf}+t_h$，如图2-47所示。

断路器固有分闸时间是指断路器接到分闸命令瞬间到各相触头刚刚分离的时间，一般为0.06～0.12 s；小于0.06 s的断路器，称为快速断路器。燃弧时间是指断路器触头分离瞬间到各相电弧完全熄灭的时间。

t_0是表征断路器开断过程快慢的主要参数。t_0越小，越有利于减小短路电流对电气设备的危害，缩小故障范围，保持电力系统的稳定。

(10) 合闸时间。合闸时间是指从操动机构接到合闸命令瞬间起到断路器接通为止所需的时间。合闸时间取决于断路器的操动机构和中间传动机构。一般合闸时间大于分闸时间。

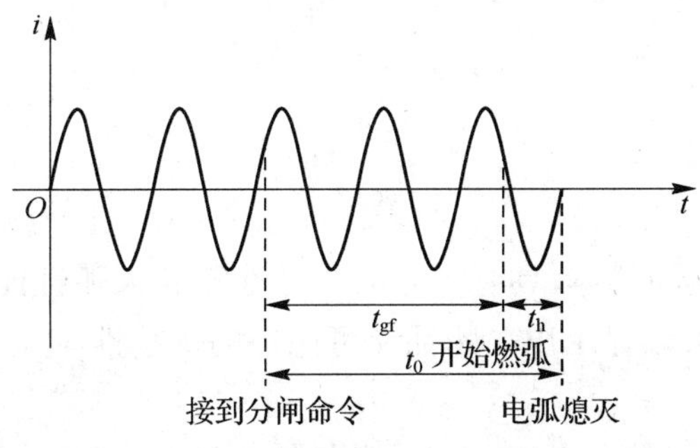

图 2-47 断路器开断时间

(11) 操作循环。操作循环也是表征断路器操作性能的指标。我国规定断路器的额定操作循环如下：

① 自动重合闸操作循环。

$$分—\theta—合分—t—合分$$

② 非自动重合闸操作循环。

$$分—t—合分—t—合分$$

式中，分表示分闸操作；合分表示合闸后立即分闸的动作；θ 表示无电流间隔时间，标准值为 0.3 s 或 0.5 s；t 表示强送电时间，标准时间为 180 s。

6. 高压断路器的型号

国产高压断路器的型号如图 2-48 所示。

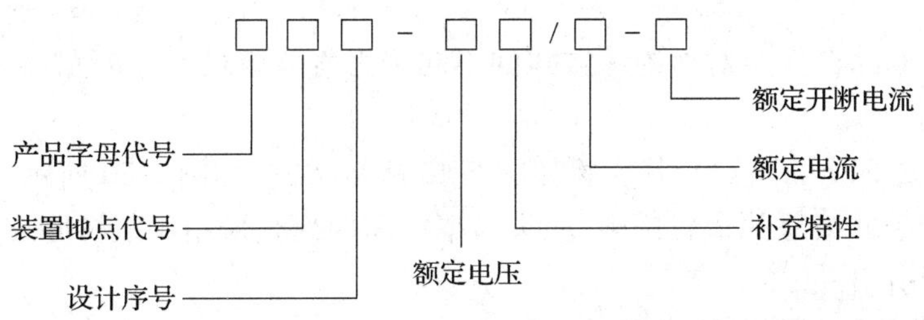

图 2-48 国产高压断路器的型号

(1) 产品字母代号。S 表示少油断路器，D 表示多油断路器，L 表示 SF_6 断路器，Z 表示真空断路器，K 表示压缩空气断路器，Q 表示自产气断路器，C 表示磁吹断路器。

(2) 装置地点代号。N 表示户内式，W 表示户外式。

(3) 设计序号。设计序号以数字 1、2、3…表示。

(4) 额定电压。额定电压的单位为 kV。

(5) 补充特性。G 表示改进型，F 表示分相操作。

(6) 额定电流。额定电流的单位为 A。

(7) 额定开断电流。额定开断电流的单位为 kA。

【例 2-3】 型号为 ZN28-12/1250-25 的断路器，其含义为：真空断路器，户内式，设计序号为 28，额定电压为 12 kV，额定电流为 1 250 A，额定开断电流为 25 kA。

【例 2-4】 型号为 SN4-20G/8000-30 的断路器，其含义为：少油断路器，户内式，设计序号为 4，额定电压为 20 kV，改进型，额定电流为 8 000 A，额定开断电流为 30 kA。

2.4.2 SF_6 断路器

1. SF_6 简介

SF_6 是一种无毒、不燃的气体，具有优异的绝缘性能和灭弧性能，将其应用于断路器、变压器和电缆等电气设备，可以显示出矿物油无可比拟的优越性。

(1) SF_6 的特性。

① SF_6 热容量大。SF_6 的分子在分解时吸收的能量多，对弧柱的冷却作用强。

② SF_6 环境下的电弧能量小。SF_6 在高温时分解出的硫、氟原子和正负离子，与其他灭弧介质相比，在同样的弧温下有较大的游离度。在维持相同游离度的情况下，弧柱温度较低。因此，SF_6 中的电弧电压较低，燃弧时的电弧能量小，对灭弧有利。

③ SF_6 分子的负电性强。所谓负电性，就是指 SF_6 分子极易捕获、吸附自由电子形成低活动性负离子的特性。SF_6 负电性强，加强了去游离，降低了导电率。在电弧电流过零后，弧柱温度将急剧下降，分解物急速复合。因此，SF_6 弧隙的介电性能的恢复速度很快，能耐受很高的恢复电压，电弧在电流过零后很难重燃。

(2) SF_6 的危害。SF_6 的危害主要体现在两个方面：一是高温电弧分解产物和其本身（或分解产物）与接触介质发生化学反应，生成物对生物有毒性作用；二是 SF_6 作为一种温室气体对环境有危害。

2. SF_6 断路器的类型

常见的 SF_6 断路器按照对地绝缘方式的不同分为落地罐式 SF_6 断路器和绝缘子支柱式 SF_6 断路器。

(1) 落地罐式 SF_6 断路器。其实物如图 2-49 所示，结构如图 2-50 所示。它把触头和灭弧室装在充有 SF_6 并接地的金属罐中，触头与罐壁间的绝缘采用环氧树脂支持绝缘子，引出线靠绝缘瓷套管引出。

① 落地罐式 SF_6 断路器的优点。

- 结构重心低，抗震性能好。
- 灭弧断口间电场较好，断流容量大，可以加装电流互感器，还能与隔离开关、接地刀闸、避雷器等融为一体，组合成复合式开关设备。
- 借助于套管引线，基本上不用改装就可以用于全封闭组合电器。

图 2-49 落地罐式 SF_6 断路器实物

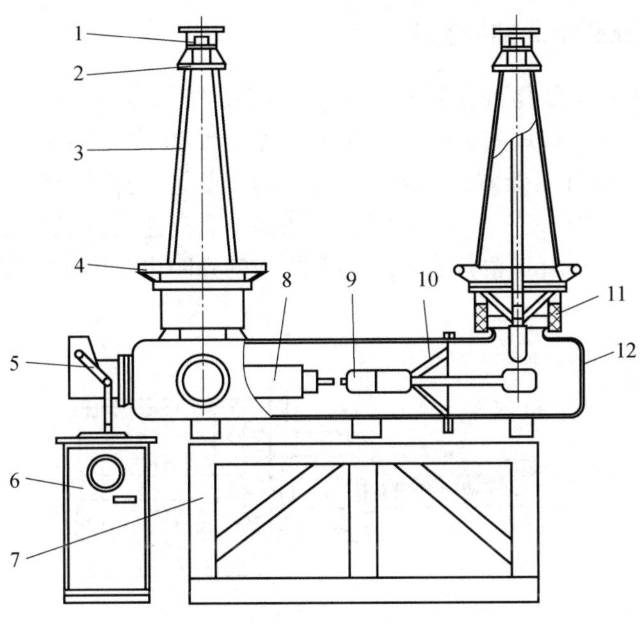

图 2-50 落地罐式 SF_6 断路器的结构

1—接线端子；2—上均压环；3—出线瓷套管；4—下均压环；5—拐臂箱；6—机构箱；
7—基座；8—灭弧室；9—静触头；10—盆式绝缘子；11—电流互感器；12—壳体

② 落地罐式 SF_6 断路器的缺点。罐体耗用材料多，用气量大，系列性差，造价高。

(2) 绝缘子支柱式 SF_6 断路器(积木式结构)。绝缘子支柱式 SF_6 断路器可布置成 Y 形、T 形和 I 形，如图 2-51 所示。其灭弧室位于高电位，靠支柱绝缘瓷套对地绝缘。

目前的城市轨道交通供电系统中，一般在 110 kV 电压等级断路器上采用 SF_6 断路器，而在 110 kV 和 35 kV 的配电装置中采用 SF_6 封闭式组合电器。

(a)

(b)

(c)

图 2-51 绝缘子支柱式 SF_6 断路器实物

(a)Y 形 (b)T 形 (c)I 形

3. SF_6 断路器灭弧室的结构类型

SF_6 断路器灭弧室按结构可分为单压式灭弧室和双压式灭弧室。

(1) 单压式灭弧室。单压式灭弧室又称压气式灭弧室，只有一个气压系统，即常态时只有单一压力的 SF_6 气体。灭弧室的可动部分带有压气装置，分闸过程中，压气缸与触头同时运动，将压气室内的气体压缩。触头分离后，电弧即受到高速气流纵吹而将电弧熄灭。灭弧室中，压气活塞是固定不动的，静触头与动触头之间的开距也是固定不变的。单压式灭弧室的工作原理如图 2-52 所示。

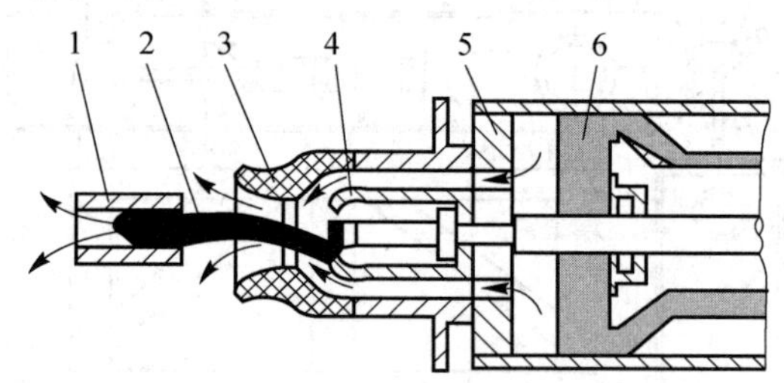

图 2-52　单压式灭弧室的工作原理

1—静触头；2—电弧；3—喷嘴；4—动触头；5—压气缸；6—压气活塞

(2) 双压式灭弧室。它有高压和低压两个气压系统，灭弧时，高压室控制阀打开，高压 SF_6 经过喷嘴吹向低压系统，再吹向电弧使其熄灭。灭弧室内正常时，充有高压气体的称为常充高压式；仅在灭弧过程中才充有高压气体的称为瞬时充高压式。

单压式灭弧室结构简单，但开断电流小，行程大，固有分闸时间长，而且操动机构的功率大。近年来，单压式 SF_6 断路器采用了大功率液压机构和双向吹弧，并逐渐取代了双压式 SF_6 断路器。

4. 制造、运用和检修 SF_6 断路器时的注意事项

在制造、运用和检修 SF_6 断路器时，应该注意以下几个方面：

(1) 必须严格控制 SF_6 中的水分。现在通常从以下几个方面采取措施：加强断路器的密封；组装断路器时，先要对零部件进行彻底烘干；严格控制 SF_6 中的含水量；严格控制断路器充气前的含水量；在 SF_6 断路器内部加装吸附剂。

(2) 由于 SF_6 在灭弧时会产生有毒气体和粉尘，在排放废气和拆开断路器灭弧部件时，应戴防毒面具、防护手套，穿长袖工作服，尽量不露出皮肤；处理有毒废料时应戴防护手套。

(3) 排出的 SF_6 废气应通过滤罐过滤有毒粉尘后排放到大气中。

(4) 断路器部件的拆装、检修一般应在干燥、清洁的室内进行；现场检修时，天气应稳定无雨且空气湿度不得大于 80%。

(5) 为防止断路器内部进入潮气和灰尘，拆卸处理过的部件应马上用塑料布(袋)包好并系紧。

2.4.3　真空断路器

真空断路器利用真空度约为 10^{-4} Pa(在运行过程中不低于 10^{-2} Pa)的高真空作为内绝

缘和灭弧介质。真空度就是气体的绝对压力与大气压的差值，表示气体稀薄的程度。气体的绝对压力值越低，真空度越高。当灭弧室内被抽成 10^{-4} Pa 的真空时，其绝缘强度要比绝缘油、一个大气压力下的 SF_6 和空气的绝缘强度高很多。

1. 真空电弧理论

(1) 真空间隙的绝缘性能。真空间隙的气体稀薄，分子的自由行程较大，发生碰撞游离的概率很小，因此真空间隙具有很高的绝缘强度。当真空间隙在某一电压下击穿几次后，由于触头表面的毛刺被冲击掉，触头表面光洁度提高，真空间隙在该电压下就不再击穿了，击穿电压将会升高，这种现象称为真空间隙的老化。这是真空间隙独具的特点。

真空间隙的绝缘强度与很多因素有关，主要与真空间隙的长度、真空度、电极材料、电极表面状态、形状和大小、施加电压的波形和频率等因素有关。

(2) 真空电弧的形成。真空电弧的形成主要经历了以下三个阶段：

① 第一阶段，触头蒸发形成金属蒸气。在触头带电流分离时，由于接触压力减小，触头由面接触变为点接触(触头间形成金属小桥)，使电流集中通过金属桥。在分断过程中，其一，金属桥被拉长，截面减小，电阻增大，桥上耗散功率大，温度急剧升高，金属桥熔化并产生高温金属蒸气；其二，触头表面结合不牢固的金属团粒(如金属加工时残留的毛刺)在静电场力的作用下，离开电极表面，加速通过真空间隙轰击电极，使电极和团粒的温度升高，蒸发出高温金属蒸气；其三，触头表面尖端突起部分的电场极强，由强电场发射自由电子所形成的电子束(预放电电流，其值为 10^{-5}～10^{-3} A)轰击阳极，也可使阳极发热，蒸发出金属蒸气。

② 第二阶段，自由电子穿过高温金属蒸气。运动中带电的金属团粒与电极间形成强电场，此电场可使团粒和电极表面发射大量自由电子。当高速运动的自由电子穿过高温金属蒸气云时，使金属原子电离产生带电离子。离子的定向移动形成传导电流。

③ 第三阶段，形成阴极斑点。电极表面发射自由电子的尖端或突起，很快发展成阴极斑点，其温度极高，不断蒸发出金属蒸气，补充金属蒸气的损失，阴极斑点发射的电子又电离金属蒸气，补充离子的损失，触头间的预放电电流就转变成自持的真空电弧。因此，真空电弧的形成是一个电极过程。阴极斑点是真空电弧的生命线。真空电弧是电离状态的金属蒸气电弧。

(3) 真空电弧的形态。

① 扩散型电弧。当电弧电流小于 100 A 时，触头间只存在一束电弧，触头上只有一个阴极斑点，并在触头表面做不规则的运动。当电弧电流大于 100 A 且小于 6 kA 时，阴极斑点会由一个分裂为若干个，并在阴极表面不断向四周扩散，电弧以许多完全分离的并联电弧的形态存在。这种形态的电弧称为扩散型电弧，如图 2-53(a)所示。

② 集聚型电弧。当电极上电弧电流大于 10 kA 时，阴极斑点受电磁力的作用相互吸引，使所有的阴极斑点集聚成一个运动速度缓慢的阴极斑点团(其直径可达 1～2 cm)，形成单束大弧柱，且电极强烈发光，触头表面将出现熔坑，这种形态的电弧称为集聚型电弧，如图 2-53(b)所示。

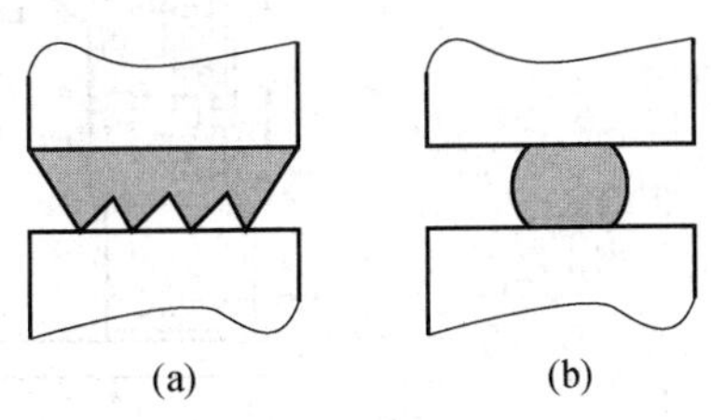

图 2-53 真空电弧的形态
(a)扩散型电弧 (b)集聚型电弧

(4) 真空电弧的熄灭。对扩散型电弧，电流过零时，真空电弧熄灭。阴极斑点所造成的熔区在电弧

熄灭后 10^{-8}～10^{-7} s 内便凝固。阴极和阴极斑点不再向弧柱区提供电子和金属蒸气，而残余的等离子体内的各种粒子在几微秒内向四周扩散完，弧区介质强度迅速提高，实际上已变成了真空间隙，足以承受很高的恢复电压而不致击穿。扩散型电弧过零后很容易熄灭。

对集聚型电弧，电流过零时，电弧熄灭，但触头表面有面积和厚度相当大的熔区，这些熔区需要毫秒数量级的时间才能冷却。在这段时间内，电极仍向弧区输送大量金属蒸气和带电粒子，在恢复电压上升过程中，弧区相当于一个充气间隙，不可避免地要发生重新击穿。只有当触头开距足够大，阴极斑点产生的金属蒸气不足以维持带电粒子扩散时，真空电弧才熄灭。故集聚型电弧难以熄灭，应设法避免。一般在触头结构上采取措施，以防止触头表面发生过分严重的局部熔化和烧损。

总之，真空电弧的熄灭主要取决于触头的阴极现象、电极发热程度及离子向弧柱外迅速扩散的作用。

2. 真空断路器的分类

真空断路器的分类方法有以下几种：

(1) 按真空灭弧室的布置方式，真空断路器可分为落地式真空断路器、悬挂式真空断路器、综合式真空断路器和接地箱式真空断路器。

(2) 按真空灭弧室的外壳，真空断路器可分为玻璃外壳式真空断路器和陶瓷外壳式真空断路器。

(3) 按触头形状，真空断路器可分为横磁吹式真空断路器和纵磁吹式真空断路器。

3. 真空断路器的基本结构

真空断路器的基本结构如图 2-54 所示。它由开合操动机构、支持套管、隔离插头、真空灭弧室(真空泡)、保护罩(屏蔽罩)、动触头、静触头、导电杆、支持绝缘子、保护套管、绝缘拉杆、机座等构成，其核心是真空灭弧室(真空泡)。真空灭弧室是实现电路关合与开断功能的熄弧元件。

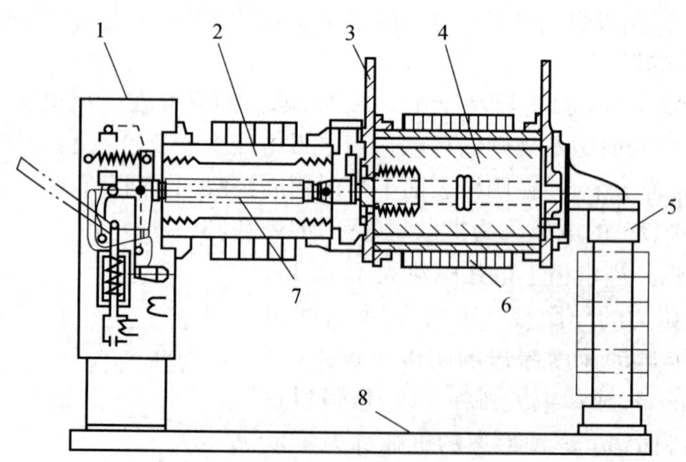

图 2-54　真空断路器的基本结构

1—开合操动机构；2—支持套管；3—隔离插头；4—真空灭弧室；
5—支持绝缘子；6—保护套管；7—绝缘拉杆；8—机座

4. 真空灭弧室

真空灭弧室的结构如图 2-55～图 2-57 所示。真空灭弧室的外壳是由绝缘筒、两端的金属盖板和波纹管组成的密封容器。真空灭弧室内有一对触头(静触头和动触头)分别焊接在各自的导电杆上,波纹管的另一个端口与动端盖的中孔焊接,动导电杆从中孔穿出外壳。由于波纹管可以在轴向上自由伸缩,因而这种结构既能实现在灭弧室外带动动触头做分合运动,又能保证真空外壳的密封性。

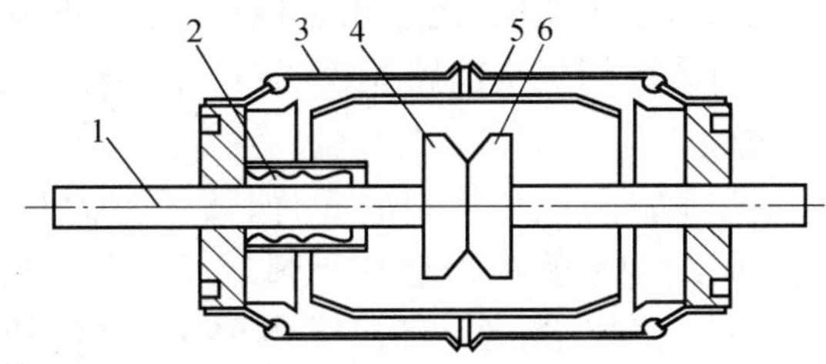

图 2-55 真空灭弧室的结构

1—动导电杆;2—波纹管;3—外壳;4—动触头;5—屏蔽罩;6—静触头

图 2-56 WVT 陶瓷外壳真空灭弧室剖视图

1—动导电杆;2—导向套;3—波纹管;4—动盖板;5—波纹管屏蔽罩;6—瓷壳;7—屏蔽槽;8—触头系统;9—静导电杆;10—静盖板

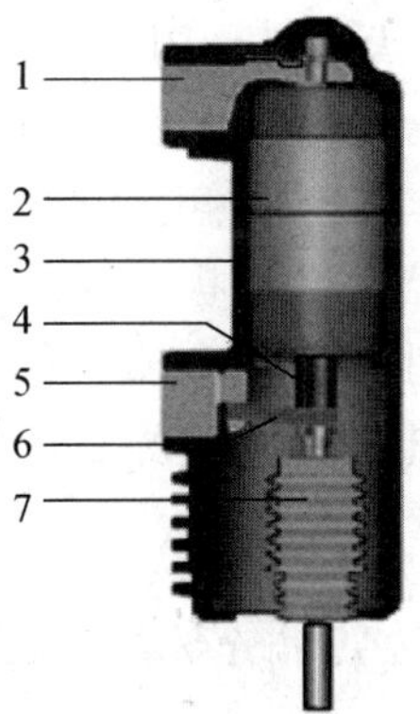

图 2-57 WVT 固封极柱剖视图

1—上出线端;2—真空灭弧室;3—环氧树脂壁;4—动出线杆;5—下出线端;6—软连接;7—绝缘拉杆

下面简要地介绍真空灭弧室中的主要部件及其作用。

(1) 外壳。外壳是真空灭弧室的密封容器,它不仅要容纳和支持灭弧室内的各种部件,而且当动、静触头在断开位置时能起到绝缘作用。对外壳的要求是气密封要好,要有一定的机械强度和良好的绝缘性能。

(2) 波纹管。波纹管既要保证灭弧室完全密封,又要在灭弧室外部操动时使触头做分合运动。常用的波纹管有液压成型和膜片焊接两种形式。波纹管所用材料以不锈钢为最佳。波纹管的侧壁可在轴向上伸缩,其允许伸缩量决定了灭弧室所能获得的触头最大开距。一般情况下,波纹管的疲劳寿命也决定了灭弧室的机械寿命。

(3) 屏蔽罩。触头周围的屏蔽罩主要用来吸附燃弧时触头上蒸发的金属蒸气,防止绝缘外壳因金属蒸气的污染而引起绝缘强度降低和绝缘破坏,同时,也有利于熄弧后弧隙介质强度的迅速恢复。屏蔽罩还能起到使灭弧室内部电压均匀分布的作用。在波纹管外面用屏蔽罩,可使波纹管免遭金属蒸气的烧损。

屏蔽罩的导热性能越好,其表面冷却电弧的能力也就越好。因此,制造屏蔽罩常用材料为无氧铜、不锈钢和玻璃,无氧铜是最常用的。

(4) 导电系统。静导电杆、定跑弧面、定触头、动触头、动跑弧面、动导电杆构成了灭弧室的导电系统。其中,静导电杆、定跑弧面、定触头合称定电极,动触头、动跑弧面、动导电杆合称动电极。由真空灭弧室组装成的真空断路器合闸时,操动机构通过动导电杆的运动,使两触头闭合,完成电路的接通。

(5) 触头。触头是真空灭弧室内最为重要的元件,灭弧室的开断能力和电气寿命主要由触头状况来决定。采用不同结构触头所产生的灭弧效果是不同的,早期采用简单的圆柱形触头,其结构虽简单,但开断能力不能满足断路器的要求,仅能开断 10 kA 以下的电流。目前,常采用的触头有螺旋槽型结构触头、带斜槽杯状结构触头和纵磁场杯状结构触头三种,其中,以采用纵磁场杯状结构触头为主。真空灭弧室的触头系统,就接触方式而言,都是对接式的。根据触头开断时灭弧基本原理的不同,触头可分为非磁吹触头和磁吹触头。

5. 真空断路器的工作原理

真空灭弧室是用密封在真空中的一对触头来实现电力电路的接通与分断功能的一种电真空器件,是利用高真空作为绝缘介质。当其断开一定数值的电流时,动、静触头在分离的瞬间,电流收缩到触头刚分离的某一点或某几点上,表现为电极间电阻剧烈增大和温度迅速提高,直至发生电极金属的蒸发,同时形成极高的电场强度,导致剧烈的场致发射和间隙的击穿,产生了真空电弧,当工作电流接近零时,触头间距增大,真空电弧的等离子体很快向四周扩散,电弧电流过零后,触头间隙的介质迅速由导电体变为绝缘体,于是电流被分断,开断结束。

6. 真空断路器的安装要求

(1) 安装前应对真空断路器进行外观和内部检查,真空灭弧室、各零部件、组件要完整、合格、无损、无异物。

(2) 严格执行安装工艺规程,各元件安装的紧固件规格必须按照设计规定选用。

(3) 检查极间距离,上下出线的位置、距离必须符合相关的专业技术规程要求。

(4) 所使用的工器具必须清洁,并满足装配的要求,在灭弧室附近紧固螺丝时不得使用活扳手。

(5) 各转动(滑动)件应运动自如,运动摩擦处应涂抹润滑油脂。

(6) 整体安装调试合格后,应清洁干净,各零部件的可调连接部位均应用红漆打点标记,出线端接线处应涂抹防腐油脂。

7. 真空断路器的特点

根据断路器的结构和适用范围,断路器具有以下特点:

(1) 触头开距小,动作快。

(2) 燃弧时间短,触头烧损轻。

(3) 寿命长,适于频繁操作。

(4) 体积小,结构紧凑,真空灭弧室不需检修,维修工作量小。

(5) 防火、防爆性能好。

(6) 制造工艺复杂,造价高。

(7) 没有监视真空度变化的简易装置。

(8) 开断小电流时,有可能产生较高的过电压,需采取降低过电压的措施。

8. 真空断路器的真空度检查

(1) 测量动、静触头两端的绝缘电阻。用1 000 V兆欧表测量得到的绝缘电阻大于500 MΩ,说明真空度良好。

(2) 耐压试验。动、静触头间施加交流工频电压,耐压1 min,无击穿,说明真空度良好。

(3) 用真空度检测仪检查。依据脉冲磁场放电测量原理制造的KZJ-1型真空度检测仪,可直接测出真空度值。

通过定期的检查、测量,就可以掌握真空度变化的状况及趋势,防患于未然,确保断路器安全、可靠地运行。

2.4.4 直流断路器

直流断路器为机械式、单相快速断路器。1 000～6 000 A的断路器,其响应时间仅为几毫秒。

城市轨道交通供电系统中,直流断路器应用于牵引变电所整流装置牵引侧及馈线侧,一般以直流开关柜的形式出现,较常见的是瑞士赛雪龙公司生产的UR系列直流快速断路器(额定电流为500～4 000 A)和HPB系列直流快速断路器(额定电流为4 500～6 000 A)。

1. 常用直流断路器

UR、HPB系列直流快速断路器的应用范围如图2-58所示。UR、HPB系列直流快速断路器特别适用于直流牵引配电网络中,作为接触网和钢轨的保护及故障区域的隔离。UR和HPB系列直流快速断路器设计紧凑,占用空间小。另外,它既能用线路故障探测器探测,又能和线路测试及自动重合闸装置相连。

由于UR和HPB系列直流快速断路器具有抗振动及抗冲击性的特点,因此可以安装在牵引机车上。其设计紧凑、合理,反应速度快,灭弧时间短,成为牵引机车优良的开断保护装置。

(1) UR和HPB系列直流快速断路器的代表产品。图2-59为UR26/36/40系列直流快速断路器的代表产品,图2-60为HPB45/60系列直流快速断路器的代表产品。它是一种双向、单极单元,采用了电磁吹弧、电动操作系统、直接瞬时过流脱扣、间接快速脱扣(用户可选项)和空气自然冷却方式等技术。间接脱扣器由一个线圈和一个电子控制装置组成,线圈固定在断路器上,电子控制装置(由放电电容和电子开关组成)单独安装。

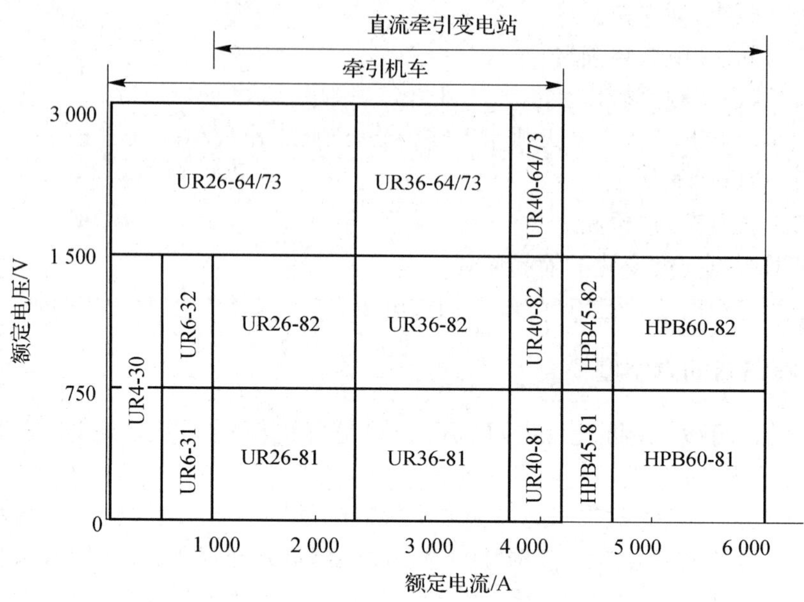

图 2-58　UR、HPB 系列直流快速断路器的应用范围

图 2-59　UR26/36/40 系列直流快速断路器的代表产品

图 2-60　HPB45/60 系列直流快速断路器的代表产品

(2) 直流快速断路器的工作原理。UR36 系列直流快速断路器的原理如图 2-61 所示。它采用了电磁吹弧、电动操作系统、直接瞬时过流脱扣、间接快速脱扣(可选项)和空气自然冷却方式等技术。

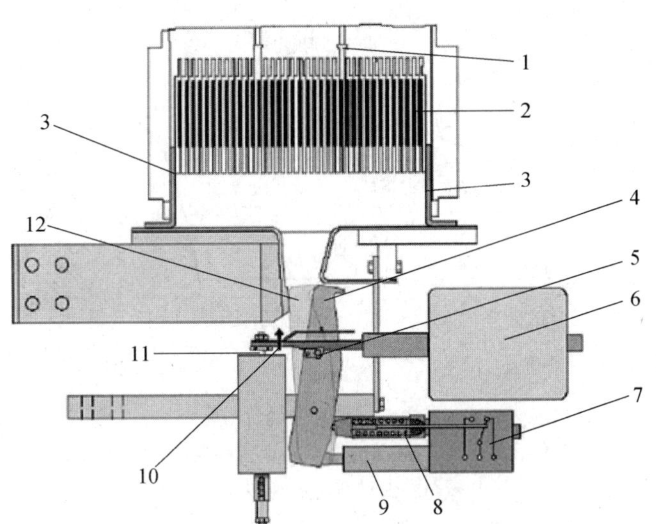

图 2-61 UR36 系列直流快速断路器的原理

1—去离子板；2—灭弧隔板；3—灭弧角；4—动触头(闭合位)；5—棘爪；
6—合闸装置；7—辅助触点；8—推动器；9—阻尼器；
10—限位叉；11—跳闸装置杆；12—动触头(断开位)

UR 和 HPB 系列直流快速断路器设计简洁，绝缘性高，并遵循用于固定安装的 EN 50123/IEC 61992 标准和用于机车的 EN/IEC 60077 标准，从而确保 UR 和 HPB 系列直流快速断路器具有高可靠性和极长的使用寿命。

① 合闸。当收到合闸脉冲时，合闸装置推动拨叉，拨叉推动动触头使触头闭合，并形成动、静触头之间的接触压力。推动器由动触头推动，驱动辅助触点。剩余的合闸能量由阻尼器所吸收。

② 保持。当主触头闭合时，接触压力将由合闸装置保持。根据保持方式，合闸装置可分为电保持型(E 型)和磁保持型(M 型)。

③ 分闸。在过流跳闸或接到正确的分闸指令时，断路器分闸。当过流超过大电流脱扣的整定值时，跳闸装置杆将向上移动，抬起拨叉，从而释放动触头。通过远方指令切断断路器合闸装置的保持电流(E 型)或者施加反向电流脉冲(M 型)使断路器分闸，将会使拨叉缩回。接着，推动器打开动触头，驱动辅助触点。在主触头间产生的电弧将向上移动至灭弧罩内的两灭弧角之间，被灭弧隔板隔断。电离空气大部分在去离子板之间被中和。

与交流电弧不同，直流电弧只能靠强制电流为零来熄灭，在电弧能量不变的前提下，促使电弧电流接近于零，就意味着必须提高电弧电压 U_S，使之高于断路器(QF)的工作电压 U_1。可以通过采取合理的措施来迅速提高电弧电压，如在中、低压直流回路中使用电磁吹弧断路器，从而达到灭弧的目的。对高压直流回路，必须相应地降低电压和电流，对要求分闸更快的断路器来说，可通过加 LC 谐振电路产生人工电流零点来灭弧。直流灭弧原理如图 2-62 所示。

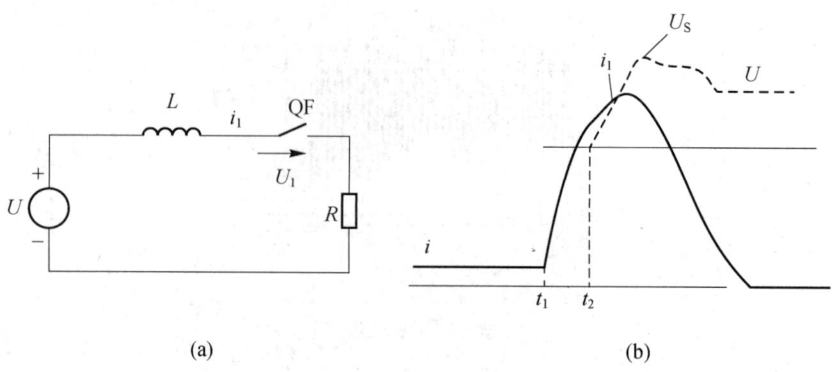

图 2-62　直流灭弧原理

(a)简化后的等效电路　(b)电流 i_1 曲线和电弧电压 U_S 曲线

t_1—短路发生时刻；t_2—触头分离时刻

以 UR 系列直流快速断路器为例，当断路器跳闸后，主回路磁场将动、静触头之间产生的电弧吹入灭弧室，灭弧室采用冷阴极设计，由许多相互绝缘的灭弧板(金属栅片)组成。一旦电弧进入灭弧室，就会被金属栅片分裂为许多串联的小弧段。因为每两块灭弧板之间的电压降约为 40 V，所以总的电弧电压便大大增加(取决于灭弧板的数量)，但一般不超过额定电压的 2 倍。电弧电流大大减少，使得电弧迅速熄灭。燃烧的气体从上端逸出，并在位于金属灭弧板上部的绝缘板之间被去电离。

鉴于直流电弧熄灭比较困难，当直流断路器合闸送电时，必须预先进行线路测试，即首先通过线路测试装置对将要合闸送电的线路进行绝缘性能测试，绝缘测试合格，则给断路器发出合闸命令；绝缘测试不合格，则闭锁断路器禁止合闸。当运行的线路跳闸时，禁止盲目重合闸，只有通过线路测试，确认短路清除，断路器才能自动重合闸。

2. 直流开关柜

直流开关柜分固定式和移开式两种。对于固定式直流开关柜，就是断路器固定安装在柜体内部；对于移开式直流开关柜，就是断路器固定安装在可移开的手车上，代表产品有瑞士赛雪龙公司生产的 KMB 型移开式直流开关柜、MB 型移开式直流开关柜等。KMB 型移开式直流开关柜的断路器、测量装置、线路测试装置、控制与保护装置都安装在手车上；而 MB 型移开式直流开关柜仅断路器、测量分流器安装在手车上，线路测试装置和控制与保护装置装设在柜体内。

KMB 型或 MB 型移开式直流开关柜是一个集成系统，包括断路器手车、控制与保护系统(SEPCOS)、框架、母排等，也可根据用户需求，加装转换开关或隔离开关，其外观如图 2-63 所示。

KMB 型移开式直流开关柜的柜宽为 600 mm 或 800 mm，它适用于额定工作电压低于 3 000 V、额定电流最大为 6 000 A 的直流牵引供电系统。其内部结构如图 2-64 所示。MB 型移开式直流开关柜的柜宽为 500 mm 或 800 mm，可满足电流为 1 000～6 000 A、电压为 DC750～3 000 V 的各种应用需要。它适用于轻轨、地铁及铁路等多种场合。MB 型移开式直流开关柜的内部结构如图 2-65 所示。

图 2-63 KMB 型或 MB 型移开式直流开关柜的外观

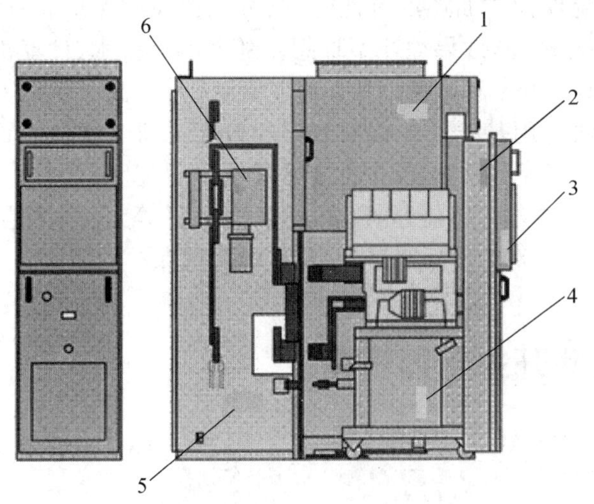

图 2-64 KMB 型移开式直流开关柜的内部结构

1—断路器室；2—断路器手车；3—低压室；4—测量室；5—柜后母线室；6—转换(隔离)开关

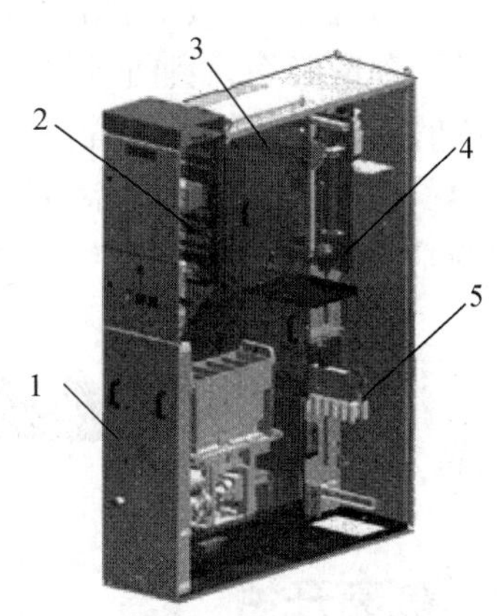

图 2-65 MB 型移开式直流开关柜的内部结构

1—断路器手车；2—低压室；3—断路器室；4—测量室；5—柜后母线室

(1) KMB 型移开式直流开关柜的特点。

① 一体化手车式金属封闭式直流开关柜，带有抽出式直流快速断路器，检修、维护方便。

② 高防护等级和完善的封堵措施。

③ UR 或 HPB 高性能直流快速断路器具有高分断能力。

④ 可实现靠墙安装。

⑤ 带安全联锁的隔离开关易于接近，方便在柜前或柜后进行操作、维护。

⑥ 装有集成化的控制保护系统 SEPCOS-NG，可在牵引网络控制中心实现遥控、遥测和遥信。

⑦ 采用新型的快速连接技术，确保柜间二次连线方便、快捷。

(2) MB 型移开式直流开关柜的特点。

① 基于模块化设计,高、低压元件分别装设在 3 个独立的小室中。

② 高防护等级和完善的封堵措施。

③ UR 或 HPB 高性能直流快速断路器具有高分断能力。

④ 装有集成化的控制保护系统 SEPCOS-NG,可在牵引网络控制中心实现遥控、遥测和遥信。

⑤ 采用新型的快速连接技术,确保柜间二次连线方便、快捷。

3. 线路段的保护

对线路段的导体和供电电缆,除短路保护外,还有许多保护,如馈电电压监视(轨道带电)、电流变化率$\frac{di}{dt}$保护、热保护、长时间小故障电流 I_{max}保护、馈电绝缘故障检测(电缆是否漏电、是否受到腐蚀)、电压下降等。

在轨道交通发展初期,在直流供电系统保护方面还没有性能好、可靠性高的保护装置,一般仅靠电流速断和过电流保护来切断短路故障,效果往往不理想。随着电子技术、计算机技术的发展,人们采用微处理器实现了电流上升率和电流增量等保护,极大地提高了供电保护的可靠性和准确率。目前,最先进的方法是用基于可编程控制器的数字式断电保护装置取代传统的断电器等保护装置,从而大大提高了可靠性、保护性能及配电自动化程度。

保护系统通过直流分流器、直流传感器、霍尔传感器、隔离变送器、分压器等元件来测量线路的电流和电压。一旦 PLC 检测出线故障,就会使断路器分闸,从而实现保护功能。

2.5 其他开关电器设备

2.5.1 隔离开关

隔离开关(俗称刀闸)是一种没有专门灭弧装置的最简单的、供配电系统中使用最多的高压开关。它既不能断开正常负荷电流,也不能断开短路电流,否则就会发生"带负荷拉刀闸"的严重事故。此时产生的电弧不易熄灭,甚至造成"飞弧"(相间或相对地经电弧短路),会损坏设备并严重威胁人身安全。

1. 隔离开关的作用

在电力系统中,隔离开关的主要作用有以下几点:

(1) 隔离电源。隔离开关的主要作用是保证人在检修装置时的安全。在需要检修的部分和其他带电部分之间,用隔离开关构成足够大的明显可见的空气绝缘间隔。由于隔离开关的断口在任何状态下都不能发生火花放电,因此它的断口耐压一般比其对地绝缘的耐压高出 10%~15%。必要时应在隔离开关上附设接地刀闸,供检修时接地用。

(2) 隔离开关与断路器配合进行倒闸操作。操作隔离开关时必须注意不允许带负荷电流分闸,否则,断口间产生的电弧将烧毁触头或形成三相弧光短路,造成供电中断。因此,当隔离开关与断路器串联于电路中运行时，隔离开关必须遵守先合后分的原则；在并联时，必须遵守先分后合的原则。

(3) 通、断小电流电路。隔离开关没有灭弧装置，不能开断或闭合负荷电流和短路电流，但具有一定的分、合小电感电流和电容电流的能力。

用隔离开关可以通、断电压互感器和避雷器电路，通、断激磁电流不超过 2 A 的空载变压器电路，通、断电容电流不超过 5 A 的空载线路，通、断母线和直接接在母线上的电气设备的电容电流，通、断变压器中性点的接地线。

(4) 在某些终端变电站中，快分隔离开关与接地开关相配合，代替断路器的工作。

2. 隔离开关的技术要求

隔离开关的技术要求如下：

(1) 隔离开关分开后应具有明显的断开点，易于鉴别设备是否与电网隔开。

(2) 隔离开关断开点之间应有足够的绝缘距离，以保证在过电压及相间闪络的情况下，不致引起击穿而危及工作人员的安全。

(3) 隔离开关应具有足够的热稳定、动稳定、机械强度和绝缘强度。

(4) 隔离开关在分、合闸时的同期性要好，要有最佳的分合闸速度，以尽可能地降低操作时的过电压。

(5) 隔离开关结构应简单，动作要可靠。

(6) 带有接地刀闸的隔离开关必须装设联锁机构，以保证隔离开关的正确操作。

3. 隔离开关的分类

(1) M0 级隔离开关。M0 级隔离开关是指具有 1 000 次操作循环的机械寿命，适合在输配电系统中使用且满足一般要求的隔离开关。

(2) M1 级隔离开关。M1 级隔离开关是指具有 3 000～5 000 次操作循环的延长机械寿命的隔离开关，主要用于隔离开关和同等级的断路器关联操作的场合。

(3) M2 级隔离开关。M2 级隔离开关是指具有 10 000 次操作循环机械寿命的隔离开关，主要用于隔离开关和同等级的断路器关联操作的场合。

隔离开关的分类如表 2-8 所示。

表 2-8　隔离开关的分类

分类方式	类　别
按装设地点	户内式、户外式
按支持绝缘子的数目	单柱式、双柱式、三柱式
按隔离开关的运动方式	水平旋转式、垂直旋转式、摆动式、插入式
按有无接地装置及附装接地开关的数量	不接地、单接地、双接地
按有无接地闸刀	无接地闸刀、一侧有接地闸刀、两侧有接地闸刀
按操动机构	手动式、电动式、气动式、液压式
按使用性质	一般输配电用、快速分闸用、变压器中性点接地用
按安装方式	平装式、套管式

4. 国产隔离开关的型号与技术参数

(1) 国产隔离开关的型号如图 2-66 所示。

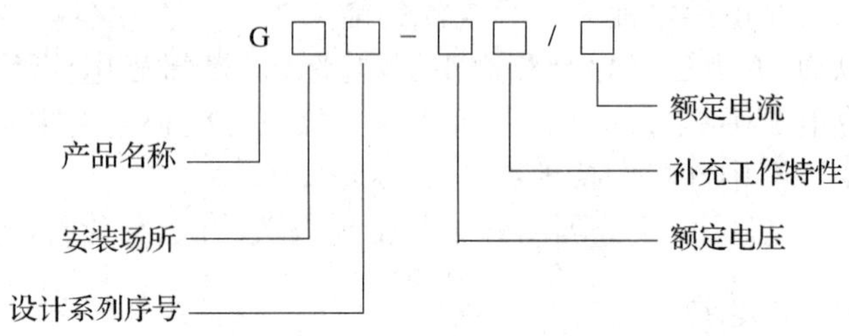

图 2-66　国产隔离开关的型号

【例 2-5】 型号为 GW4-12D/630 的隔离开关。其中,G 代表隔离开关,W 代表安装场所为户外,数字 4 代表设计系列序号,数字 12 代表额定电压为 12 kV,D 代表带接地刀闸(补充工作特性还有 T 代表统一设计,G 代表改进型,C 代表穿墙式),630 代表额定电流为 630 A。

(2) 技术参数。

① 额定电压。额定电压是指隔离开关长时间运行能承受的正常工作电压,单位为 kV。额定电压决定了隔离开关的绝缘水平和尺寸。

② 额定电流。额定电流是指隔离开关的触头结构和导电部分在规定环境温度下允许通过的长期工作电流,单位为 A,其相应的发热温度不会超过国家标准。额定电流决定了隔离开关的截面和结构。

③ 动稳定电流。动稳定电流是指隔离开关在闭合位置时所能通过的最大短路电流,也称额定峰值耐受电流,单位为 kA。它表明隔离开关在冲击短路电流作用下,承受电动力的能力。该值的大小由导电及绝缘等部分的机械强度所决定。

④ 热稳定电流。热稳定电流是指隔离开关在规定时间内允许通过的最大电流,单位为 kA。它表示隔离开关承受短路电流热效应的能力,以短路电流的有效值表示。隔离开关的铭牌上规定了一定时间(1 s、2 s、4 s)的热稳定电流。

⑤ 回路接触电阻。回路接触电阻是指隔离开关导电回路中各电接触形式下的导电性能,单位为 $\mu\Omega$。它是检验及设计、制造工艺装配的技术能力。

5. 隔离开关的结构组成

隔离开关基本组成部分的主要零部件及功能如表 2-9 所示。

表 2-9　隔离开关基本组成部分的主要零部件及功能

名　称	主要零部件	功　能
开断元件	触头、闸刀、接线座	开断及关合电力线路,安全隔离电源
支撑绝缘件	支持绝缘子、操作绝缘子	保证开断元件有可靠的对地绝缘,承受开断元件的操作力及各种外力
传动元件	各种连杆、齿轮、拐臂等元件	接受操动机构的力矩,并通过拐臂、连杆、轴齿或操作绝缘子将运动传动给触头,以完成隔离开关的分、合闸动作

（续表）

名　称	主要零部件	功　能
基座	开关本体的底架、底座等	整台产品的基础，起支持和固定作用，其将开断元件、支撑绝缘件、传动机构、操动机构等固定为一体，并使其固定在基础上
操动机构	电动、气动及手动机构的本件及其配件等	通过手动、电动、气动、液压向隔离开关的动作提供能源，并实现各种规定的操作

6. 直流馈线隔离开关

直流馈线隔离开关用于城市轨道交通供电系统的牵引变电所直流馈线侧，其电压等级为 DC 1 500 V 或 DC 750 V，安装在变电站室内或室外接触网的支柱上，如图 2-67 所示。直流馈线隔离开关为闸刀式结构。

(a)　　(b)

图 2-67　直流馈线隔离开关

(a)室内直流馈线隔离开关　(b)接触网支柱上的直流隔离开关

7. 三工位隔离开关

三工位隔离开关的内部结构如图 2-68 所示，常用于全封闭组合电器(closed insulated switchgear，CIS)中。所谓三工位，就是指 3 个工作位置：隔离开关主断口接通的合闸位置、主断口分开的隔离位置、接地侧的接地位置。

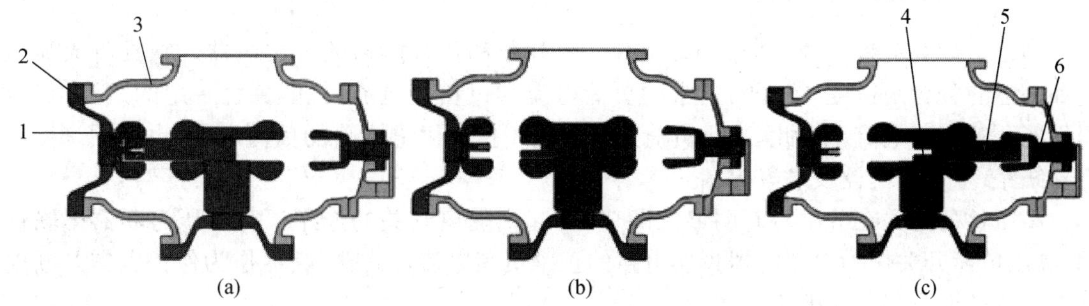

(a)　　(b)　　(c)

图 2-68　三工位隔离开关的内部结构

(a)隔离开关合闸位置　(b)隔离位置　(c)接地开关合闸位置

1—隔离触头座；2—盆式绝缘子；3—外壳；4—动触头座；5—动触头；6—接地触头座

三工位隔离开关其实就是整合了隔离开关和接地开关两者的功能，并由一把刀来完成，这样就可以实现机械闭锁，防止主回路带电合地刀，因为一把刀只能在一个位置，而不像传统的隔离开关，主刀是主刀，地刀是地刀，两把刀之间就可能出现误操作。而三工位隔离开关用的是一把刀，一把刀的工作位置在某一时刻是唯一的，不是在主闸合闸位置，就是在隔离位置或接地位置，避免了误操作的可能性。

以 CN_{36}-12D 系列隔离开关为例，其外形如图 2-69 所示。该开关由焊接底架、触刀、支柱绝缘子、轴承座、汇流排、触头座、导电套管、轴、拉杆、停挡、拐臂、接地触刀等组成。焊接底架是由 4 mm 厚的钢板折弯并与角钢焊成的矩形框架，支柱绝缘子、套管、轴承座等安装在焊接底架上，导电套管采用环氧树脂压力注射成型(简称 APC 工艺)使导电杆与环氧树脂紧密结合。触座部分直接与支柱绝缘子连接，调整简单，分、合闸时，只要操作手柄转动与轴相连的拐臂，通过连杆带动触刀旋转达到合闸、隔离、接地的位置，从而保证维修时工人的绝对安全。导电部分主要由触刀和触头组成，触刀由两块铜板固定在导电套管导电杆上，外加磁锁板，从而加强触刀的刚性，使其在通过短路电流时，具有良好的动热稳定性。触刀对触头的接触方式采用球点接触，降低了装配时的工艺难度，保证了接触的良好。该开关可垂直、水平安装在柜内。

图 2-69　CN_{36}-12D 系列隔离开关的外形

2.5.2　高压负荷开关

1. 高压负荷开关的用途

高压负荷开关是一种结构简单、具有一定开断和关合能力的开关电器。它具有灭弧装置和一定的分合闸速度，能开断正常的负荷电流和过负荷电流，也能关合一定的短路电流，但不能开断短路电流。因此，高压负荷开关可用于控制供电线路的负荷电流，也可用来控制空载线路、空载变压器及电容等。

高压负荷开关在分闸时有明显的断口，可起到隔离开关的作用。与高压熔断器串联使用，高压负荷开关作为操作电器投切电路的正常负荷电流，高压熔断器作为保护电器开断电路的短路电流及过负荷电流。

2. 高压负荷开关的分类

高压负荷开关的分类及实物结构举例如表 2-10 所示。

表 2-10 高压负荷开关的分类及实物结构举例

分类方式	类　别	型号举例	实物结构举例
按使用地点	户内型	FZN21-12/63 户内型 高压真空负荷开关	
	户外型	FZW32-40.5 户外型 高压真空负荷开关	
按灭弧方式	产气式	FN7（YFN71-12R） 产气式高压负荷开关	
	压气式	ISARC 型系列户内 高压交流压气式负荷开关	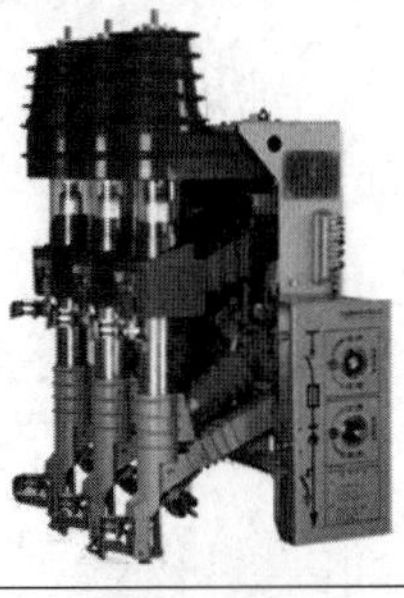
	压缩空气式	FKN12-12 压缩空气式 高压负荷开关	

（续表）

分类方式	类　别	型号举例	实物结构举例
按灭弧方式	油浸式	BFY3T2-12/630-20-IV 高压负荷开关	
	真空式	FKN12-12/630A 高压负荷开关	
	SF_6 式	ABB 型 SF_6 二型负荷开关	
按是否带熔断器	带熔断器式	FZN21-12 户内型高压真空负荷开关	
	不带熔断器式	FZW32-40.5 户外型 交流高压真空负荷开关	

3. 高压负荷开关的型号表示方法

高压负荷开关的型号表示方法如图 2-70 所示。

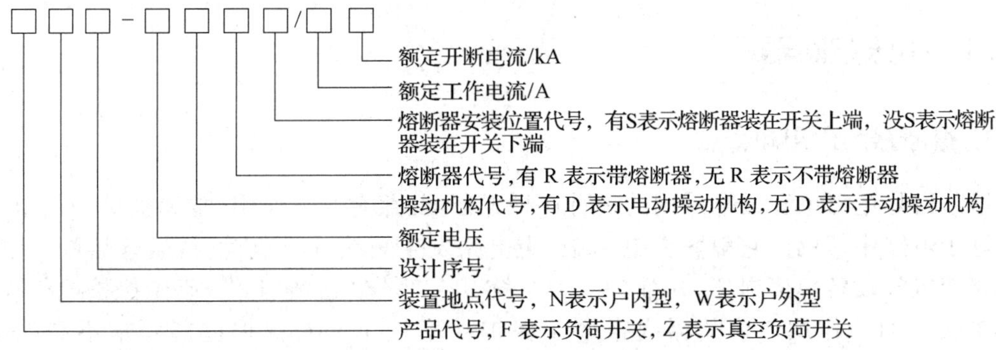

图 2-70　高压负荷开关的型号表示方法

4. 户内型高压负荷开关

FN4-10/600 户内型高压真空负荷开关如图 2-71 所示。它采用落地式结构，真空灭弧室装在上部，操动机构装设在下部，机构部分就是基座。在基座底板上前后对称地竖立着两排绝缘杆，用来固定和支撑中间的绝缘板。在这块绝缘板上按三角位置排列，又竖立 3 组绝缘杆（共计 9 根），每一组绝缘板上分别装着压板，真空灭弧室就被垂直地压在压板和中间绝缘板之间。

电磁操动机构通过 3 个环氧树脂绝缘子拉杆，使 3 个真空灭弧室的动触头同时动作，接通或断开电路。在合闸位置时，压缩连接头内的弹簧，使触头保持一定的接触压力。相间装有绝缘板，以免发生相间弧光短路。

5. 户外型高压负荷开关

FW11-10 型 SF_6 负荷开关如图 2-72 所示。三相共用一个箱体，箱内充有 SF_6 气体。箱体的一端安装操动机构，箱体底部装有吸附剂罩，里面有吸附剂和充气阀门，吸附剂用来吸附 SF_6 气体中的水分。绝缘子起对地绝缘、支持动（静）触头和引出接线端子的作用。

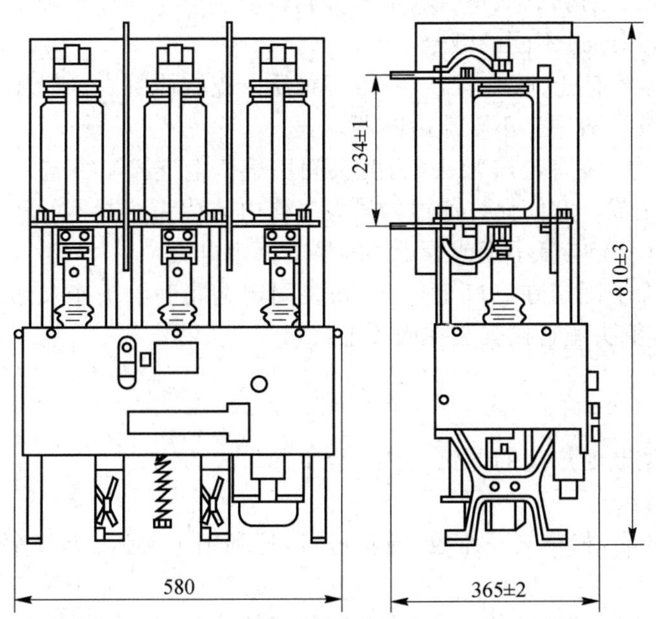

图 2-71　FN4-10/600 户内型高压真空负荷开关

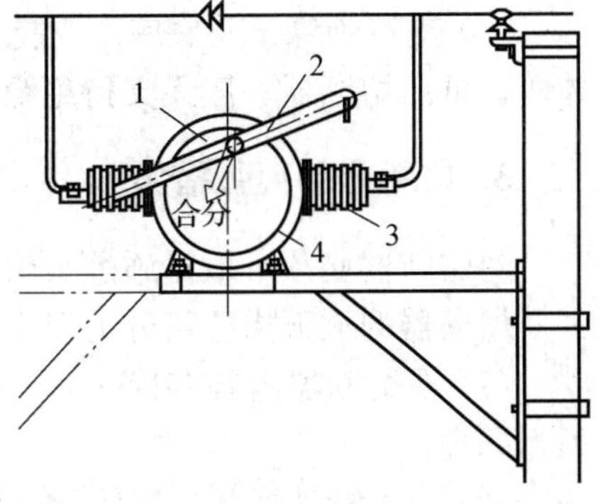

图 2-72　FW11-10 型 SF_6 负荷开关

1—端盖；2—操动机构；3—绝缘子；4—箱体

2.5.3 高压熔断器

1. 熔断器的作用和特点

熔断器是最简单和最早采用的一种保护电器，并兼有开关作用，常和被保护的电气设备串联于电路中使用。它串联在电路中，当电路发生短路或过负荷时，熔体熔断，切断故障电路使电气设备免遭损坏，并维持电力系统其余部分的正常工作，起到保护电气设备、缩小事故范围的作用。熔断器通常用于保护功率较小和对保护性能要求不高的电气设备。

熔断器具有结构简单、体积小、布置紧凑、使用方便；动作直接，不需要继电保护和二次回路相配合；价格低等优点。但每次熔断后需停电更换熔件才能再次使用，增加了停电时间；保护特性不稳定，可靠性低；保护选择性不易配合。因此，熔断器在功率较小和对保护特性要求不高的配电装置中得到广泛的应用。在 1 kV 及以下的低压系统中常与刀开关配合代替自动空气开关，在 10 kV 系统中常与高压负荷开关配合代替高压断路器。熔断器不能做正常的分、合电路使用，因为熔断器动作后必须更换熔体，势必造成局部停电。另外，其保护特性易受外界因素的影响，故在 1 kV 以上高压系统中仅用于保护电压互感器和功率较小的电力变压器。

2. 熔断器的基本结构

熔断器主要由熔体(熔丝)、外壳(熔体管)、金属触头及触头座、支持绝缘子及底座等部分组成。

(1) 熔体(熔丝)。熔体是熔断器的主要部件。熔体应具备材料熔点低、导电性能好、不易氧化和易于加工等特点。一般选用铅、铅锡合金、锌、铜、银等金属材料制成不同形状和不同截面(如丝状、片状、栅状等)的熔体，以通过不同的额定电流。

(2) 外壳(熔体管)。熔断器的熔体管有瓷、胶木、产气纤维等材质。瓷熔体管内一般充有石英砂，用于限流熔断器；胶木熔体管一般用于不限流熔断器。

(3) 金属触头及触头座。熔体管两端装有金属触头(两触头间用熔体电连接)，并与触头座相配合。金属触头一般由铜材料制成。它们允许通过的最大工作电流称为熔断器的额定电流。在使用熔断器时，应使熔体的额定电流小于或等于熔断器的额定电流。

(4) 支持绝缘子及底座。支持绝缘子固定在底座上，用于安装固定金属静触头座及熔体管。低压熔断器一般无支持绝缘子，触头座直接安装在底板上。

3. 熔断器的灭弧措施

对熔断器必须采取措施熄灭熔体熔断时产生的电弧，否则，会引起事故的扩大。

熔断器的灭弧措施可分为以下两类：

(1) 在熔断器内装有特殊的灭弧介质，如产气纤维管、石英砂等，这利用了吹弧、冷却等灭弧原理。

(2) 采用特殊形状的熔体，如焊有小锡(铅)球的熔体、变截面的熔体、网孔状的熔体等，其目的在于减小熔体熔断后的金属蒸气量，或者把电弧分成若干串并联的小电弧，并与石英砂等灭弧介质紧密接触，提高灭弧效果。

4. 熔断器工作的全过程

熔断器工作的全过程由以下三个阶段组成：

（1）正常工作阶段。

（2）过负荷或短路时，熔体升温并导致熔化、气化而开断。

（3）熔体熔断气化时发生电弧，又使熔体加速熔化和气化，并将电弧拉长；金属蒸气向四周喷溅并发出爆炸声。熔体熔断产生电弧的同时，灭弧过程开始。直到电弧被熄灭，电路才真正被断开。

5. 高压熔断器的保护特性

（1）保护特性的概念。熔断器串联在电路中使用，安装在被保护设备或线路的电源侧。当电路中发生过负荷或短路时，熔体被过负荷或短路电流加热，并在被保护设备的温度未达到破坏其绝缘之前熔断，使电路断开，设备得到了保护。熔体熔化时间的长短取决于熔体熔点的高低和所通过电流的大小。

熔体材料的熔点越高，熔体熔化就越慢，熔断时间就越长。熔体熔断电流和熔断时间之间呈现反时限特性，即电流越大，熔断时间就越短，其关系曲线称为熔断器的保护特性，也称安秒特性，如图 2-73 所示。

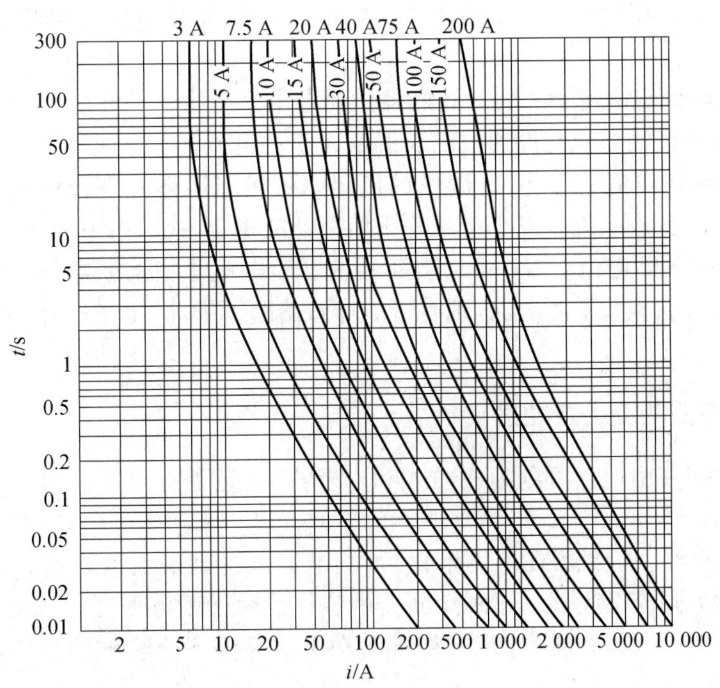

图 2-73 熔断器的保护特性曲线

（2）影响熔体熔断时间的主要因素。熔断时间与通过熔体的电流大小有关。当通过熔体的电流小于或等于其额定电流时，熔体熔断的时间无限长，对同一材质的熔体，通过熔体的电流越大于其额定电流，熔体的熔断时间越短。

熔断时间与熔体的材质有关。一般条件下(熔体的长度、截面积相等),熔体的熔点越低,熔断时间越短。但一般在高压熔断器中均采用高熔点的铜丝,而不采用低熔点的铅锡合金丝作为熔体。这是因为铜丝经过处理后,其保护特性优于铅锡合金丝。

影响熔断器保护特性的其他因素还有安装熔体不慎而损伤熔体或接触不良,熔体老化或质量不高,熔体长度不等,不适当地采用材质不同的代用熔体,石英砂的纯度、粒度、湿度不合要求,等等。

(3) 保护特性的作用。只有按照保护特性选择熔体,才能获得熔断器动作的选择性。所谓选择性,就是指当电网中有几级熔断器串联使用时,分别保护各电路中的设备,如果某一设备发生过负荷或短路故障,则应当由保护该设备(离该设备最近,即该设备或线路的主保护)的熔断器熔断,切断电路,即为选择性熔断;如果保护该设备的熔断器不熔断,而由上级熔断器熔断,或者断路器跳闸(该设备或线路的后备保护),即为非选择性熔断。当发生非选择性熔断时,会扩大停电范围,造成不应有的损失。

当熔断器多级串联使用时,应注意保护特性的配合,合理选择各级熔断器熔体的额定电流,以使熔断器有选择性地动作,缩小事故范围。为此,一般应使前一级(靠近电源)熔体的额定电流大于后一级(靠近负载)熔体的额定电流 2～3 个等级。

6. 高压熔断器的技术参数

(1) 熔断器的额定电压 U_N(kV)。熔断器的额定电压既是绝缘所允许的电压等级,又是熔断器允许的灭弧电压等级。对于限流式熔断器,不允许降低电压等级使用,以免出现大的过电压。

(2) 熔断器的额定电流 I_N(A)。熔断器的额定电流是指一般环境温度(≤40 ℃)下熔断器壳体载流部分和接触部分允许通过的长期最大工作电流。

(3) 熔体的额定电流 I_{max}(A)。熔体的额定电流是指熔体允许长期通过而不致发生熔断的最大有效电流。该电流可以小于或等于熔断器的额定电流,但不能超过。

(4) 熔断器的开断电流 U_{NK}(A)。熔断器的开断电流是指熔断器所能正常开断的最大电流。若被开断的电流大于此电流,则有可能导致熔断器损坏,由于电弧不能熄灭而引起相间短路。

7. 高压熔断器的分类及用途

高压熔断器按使用地点可分为户内式和户外式,按是否有限流作用可分为限流式和不限流式。

(1) 限流熔断器。熔断器在熔体熔化后,其电流未达到最大值之前就(熔断)立即减小到零的熔断器称为限流熔断器。这种熔断器中装有特种灭弧物质(如一定粒度的石英砂)或熔体熔断时产生特种灭弧介质(如产气纤维管在电弧高温下分解出的氢气等),故具有很强的灭弧能力。

(2) 不限流熔断器。熔断器在熔体熔化后,电流几乎不减小,继续增至最大值,电流经一次或几次过零后,电弧才熄灭(熔件熔断)而切断电路的熔断器称为不限流熔断器。这种熔断器中无特殊的灭弧介质或熔体熔断时不产生特种灭弧介质,仅靠熔断时产生电弧使熔体熔化,从而拉长电弧,最后使电弧熄灭,故此种熔断器的灭弧能力较弱,熔断时间较长。

高压熔断器的型号、特点及应用如表 2-11 所示。

表 2-11 高压熔断器的型号、特点及应用

型 号	特 点	应 用
RN1 型	户内管式,充有石英砂	作为电力线路及设备的短路和过负荷保护使用
RN2 型	户内管式,充有石英砂	作为电压互感器的短路保护使用
RN5 型	户内管式,充有石英砂,是 RN1 型的改进型	作为电力线路及设备的短路和过负荷保护使用
RN6 型	户内管式,充有石英砂,是 RN2 型的改进型	作为电压互感器的短路保护使用
RW1 型	户外式	与负荷开关配合,可代替断路器。 例如,RW1-35Z(或 60Z)型户外自动重合闸熔断器具有一次自动重合闸功能
RW3～RW7 型	户外自动跌落式	作为电力输电线路和电力变压器的短路和过负荷保护使用
RW10-10 型	户外自动跌落式,包括普通型和防污型两种	作为电力输电线路和电力变压器的短路与过负荷保护使用,同时也可作为分、合空载及小负荷电路使用
RW11 型	户外自动跌落式	作为电力输电线路、电力变压器的短路和过负荷保护使用
PRWG1 型	户外自动跌落式	作为电力输电线路、电力变压器的短路和过负荷保护使用,同时也可作为分、合空载及小负荷电路使用
PRWG3 型	户外自动跌落式	作为配电线路、配变压器短路和过负荷保护及隔离电源使用,负荷型还可作为分、合 1.3 倍负荷电流的开关使用
RXW0-35/0.5 型 RW10-35/0.5 型	户外高压限流式熔断器	作为电压互感器的短路保护使用
RXW0-35/2～10 型 RW10-35/2～10 型	户外高压限流式熔断器	作为户外用电负荷的短路和过负荷保护使用

8. 户内式高压熔断器

RN5 型熔断器主要由熔体管、接触座、支持绝缘子和底座组成,如图 2-74 所示。熔体管由熔管(瓷管)、端盖、顶盖、陶瓷芯、熔体和石英砂等组成,如图 2-75 所示。熔管用滑石陶瓷或高频陶瓷制成,具有较高的机械强度和耐热性能。熔管不仅是灭弧装置的主要组成部分,而且起着支持和保护熔体的作用。端盖用铜制成,熔体通过端盖与接触座接触组成导电回路。顶盖也用铜制成,用来封闭熔管。充入熔管的石英砂形成大量细小的固体介质狭缝狭沟,对电弧起分割、冷却和表面吸附(带电粒子)作用,同时缝隙内骤增的气体压力也对电弧起强烈的去游离作用,所以电弧被迅速熄灭。

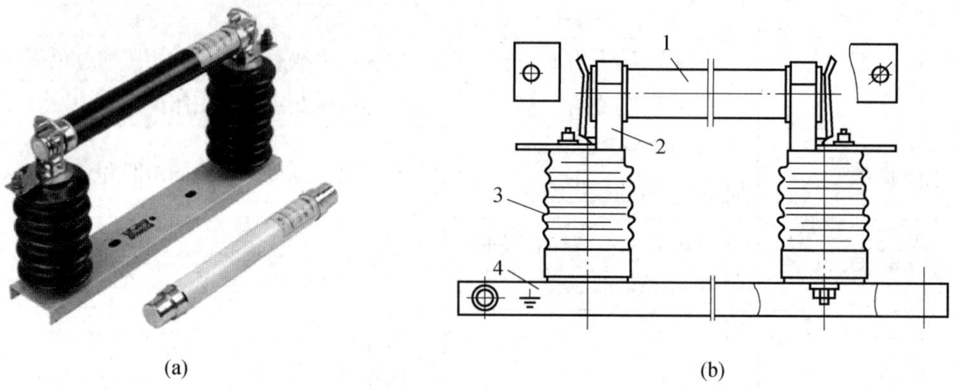

图 2-74 RN5 型熔断器

(a)实物 (b)结构

1—熔体管;2—接触座;3—支持绝缘子;4—底座

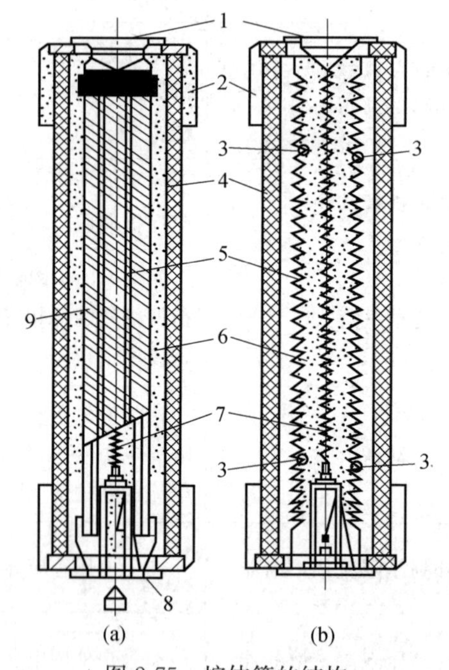

图 2-75 熔体管的结构

(a)额定电流小于 7.5 A (b)额定电流大于 7.5 A

1—顶盖;2—端盖;3—小锡球;4—熔管;5—熔体;6—石英砂;7—细钢丝;8—熔断指示器;9—陶瓷芯

9. 户外式高压熔断器

RW3-10 型跌落式熔断器如图 2-76 所示。上静触头和下静触头分别固定在瓷绝缘子的上下端。鸭嘴罩可绕销轴 O_1 转动,合闸时,鸭嘴罩中的抵舌(搭钩)卡住上动触头的同时施加接触压力。一旦熔体熔断,熔管上端的上动触头就失去了熔体的拉力,在销轴弹簧的作用下,绕销轴 O_2 向下转动,脱开鸭嘴罩中的抵舌,熔管在自身重力的作用下绕轴 O_3 转动而跌落。熔管由层卷纸板或环氧玻璃钢制成，两端开口，内壁衬以石棉套，既能防止电弧烧伤熔管，还具有吸湿性。熔体熔断后，在电弧高温作用下，熔管内壁分解产生的氢气、二氧化碳等向管的两端喷出，对电弧产生纵吹作用，使其在过零时熄灭。

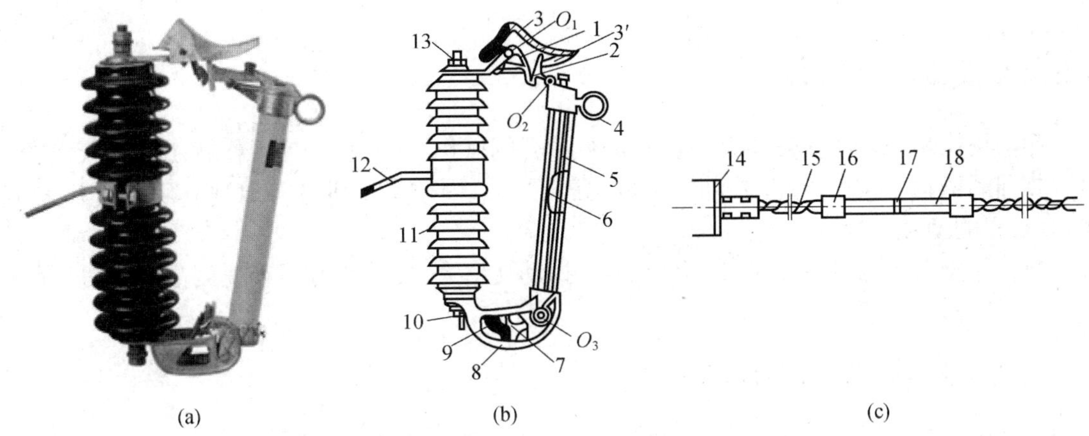

图 2-76　RW3-10 型跌落式熔断器

(a)实物　(b)熔断器结构　(c)熔体构造

1—上静触头；2—上动触头；3—鸭嘴罩；3′—抵舌；4—操作环；5—熔管；6—熔丝；7—下动触头；8—抵架；9—下静触头；10—下接线端；11—瓷绝缘子；12—固定板；13—上接线端；14—纽扣；15—绞线；16—紫铜套；17—小锡球；18—熔体

RW10-35 型跌落式熔断器如图 2-77 所示，属于高压限流型熔断器，具有体积小、重量轻、灭弧性能好、限流能力强、断流容量大等优点。该型熔断器由熔管、瓷套、紧固法兰和棒形支持绝缘子等组成，用压装的方法将两端的接线端帽和熔体固定在瓷套内，用固定法兰把瓷套固定在棒形支持绝缘子上。熔管装于瓷套内，熔体管采用含氧化硅较高的石英砂作为灭弧介质，应用小直径的金属线做熔丝。当过载电流或短路电流通过熔体管时，熔丝立即熔断，电弧发生在几条并联的窄缝中，电弧中的金属蒸气渗入石英砂中，被强烈游离，迅速熄灭电弧。RW10-35 型熔断器由于灭弧能力强，具有限流作用，因此适用于输电线路与电力变压器短路及过载保护，不适用于有燃烧和爆炸危险、剧烈震动、摆动冲击的场所及污染区。

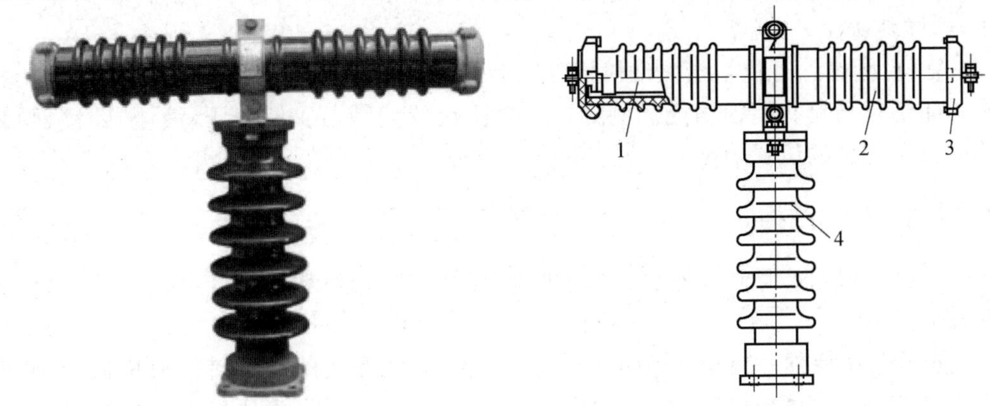

图 2-77　RW10-35 型跌落式熔断器

1—RN 型熔管；2—瓷套；3—接线端帽；4—棒形支持绝缘子

2.6 操动机构

2.6.1 操动机构概述

操动机构是用来驱使高压开关设备进行分合闸操作，并使其保持工作状态的电气设备。由于相同的操动机构可以配用不同型号的高压开关，因此操动机构一般独立于高压开关本体，有独立的型号。

断路器操动机构的特点是：结构较复杂，操动功率大，传动部分运动速度高，动作过程快(几十毫秒至几百毫秒)。

1. 操动机构的作用及要求

操动机构的作用主要包括合闸操作、保持合闸、分闸操作、防跳跃和自由脱扣、复位、闭锁几个方面。

(1) 合闸操作。要求操动机构有足够的合闸力，不仅在正常情况下能可靠关合断路器，而且在关合发生短路故障的线路时，操动机构也能克服短路电动力的阻碍而使断路器可靠合闸。

(2) 保持合闸。要求操动机构能可靠地将断路器保持在合闸位置，不会由于电动力及机械振动等原因引起触头分离。

(3) 分闸操作。要求操动机构不仅能根据需要接收自动或遥控指令使断路器快速电动分闸，而且在紧急情况下可在操动机构上进行手动分闸，要求分闸速度快、分闸时间短。

(4) 防跳跃和自由脱扣。防跳跃是指断路器关合有预伏短路故障电路时，断路器都应自动分闸，防止出现“跳跃”现象。“跳跃”现象是指断路器在关合有预伏短路故障的线路时，继电保护装置会快速动作，指令操动机构立即自动分闸，这时若合闸命令尚未解除，则断路器会再次合闸于故障电路，如此反复会造成断路器多次合分短路电流，使触头严重烧伤，甚至引起断路器爆炸事故。

自由脱扣是指操动机构在合闸过程中接到分闸命令时，机构将不再执行合闸命令而立即分闸，这样就避免了“跳跃”。

(5) 复位、闭锁。复位是指操动机构分闸后能自动恢复到准备合闸的位置，并保持相应的状态。闭锁是指具有闭锁功能。例如，分、合闸位置闭锁，高、低气压(液压)闭锁，弹簧操动机构中合闸弹簧的位置闭锁。

2. 操动机构的结构

操动机构一般由能量转换装置、传动机构、保持与脱扣机构、控制系统、缓冲装置、闭锁装置几部分组成。

(1) 能量转换装置。能量转换装置的作用是把其他形式的能量转换成机械能，使操动机构按规定的目的发生机械运动。这种装置如电磁铁、电动机、液压传动工作缸、压缩空气工作缸等。该装置应能提供足够的操作功用，以克服断路器的机械静力矩和短时的电动力矩，保证断路器的分、合闸速度。

(2) 传动机构。传动机构是操动机构的执行元件,用以改变操作功的大小、方向、位置,使断路器改变工作状态。它多由连杆机构,拐臂,拉杆,油、气管道等元件组成。对传动机构的要求是机械惯性小,传动速度大,能量损失少,动作准确、可靠。

(3) 保持与脱扣机构。保持与脱扣机构既可使断路器可靠地保持在合闸位置,又可迅速解除合闸位置,使断路器进入自由分闸状态。

保持机构多由动作灵活的机械卡销组成。脱扣机构多由连杆机构组成,如四连杆等。不同的操动机构有不同形式的保持与脱扣装置,但都应稳定可靠、动作灵活。脱扣机构的失灵将使断路器拒绝分闸或误分闸,并造成严重后果。

脱扣机构的自由脱扣是指不论合闸做功元件处在何种位置(如断路器处在合闸过程中),只要分闸做功元件启动,机构都应使断路器可靠分闸。

(4) 控制系统。操动机构的控制系统有电控、气控、油控等类型,用于实现对断路器的远距离控制,保持或释放操作功。

(5) 缓冲装置。缓冲装置用于吸收做功元件完成分、合闸操作后剩余的操作功,使机构免受机械冲击。缓冲装置应有较短的复位时间,以便为下次动作做好准备。如弹簧缓冲器,橡皮缓冲器,油、气缓冲器等都属于缓冲装置。

(6) 闭锁装置。闭锁装置的作用在于防止断路器的误操作和误动作,如位置闭锁(弹簧储能不合要求时,机构拒动)、高压力与低压力闭锁(油、气压力不合要求时,机构拒动)等。

3. 操动机构的类型及特点

(1) 手动操动机构。手动操动机构是指直接用人力关合断路器的机构,不能遥控操作及自动合闸。其结构简单,需设有自由脱钩机构,其关合能力取决于操作者。手动操动机构可用于电压 10 kV、开断电流 6 kA 以下的断路器及负荷开关。

(2) 电磁操动机构。电磁操动机构是指靠直流螺管电磁铁产生的电磁力进行合闸,以储能弹簧分闸的机构。其用于 110 kV 及以下的断路器及负荷开关。

(3) 弹簧操动机构。弹簧操动机构是指以储能弹簧(压缩储能和拉伸储能)为动力对断路器进行分、合闸操作的机构。其可用于交流操作,适用于 110 kV 及以下电压等级的断路器。

(4) 液压操动机构。液压操动机构是指以高压油推动活塞实现分、合闸操作的机构。其动作快,能自动合闸、快速自动重合闸。液压操动机构的结构较复杂,密封性要求高,工艺要求高,操作力大,冲击力小,动作平稳,可用于 110 kV 及以上电压等级的断路器,特别是超高压断路器。

(5) 液压弹簧机构。液压弹簧机构是指以碟状弹簧组压缩储能及高压油推动活塞实现分、合闸操作的机构。其动作快,综合了弹簧操动机构和液压操动机构的优点。

(6) 气动操动机构。气动操动机构是指以压缩空气推动活塞进行分、合闸操作的机构,或者仅以压缩空气进行单一的分、合操作,而以储能弹簧进行对应合、分操作的机构。其用于 220 kV 及以下电压等级的断路器,特别适用于压缩空气断路器或有空压设备的场所。

4. 操动机构的型号表示方法

操动机构的型号表示方法如图 2-78 所示。

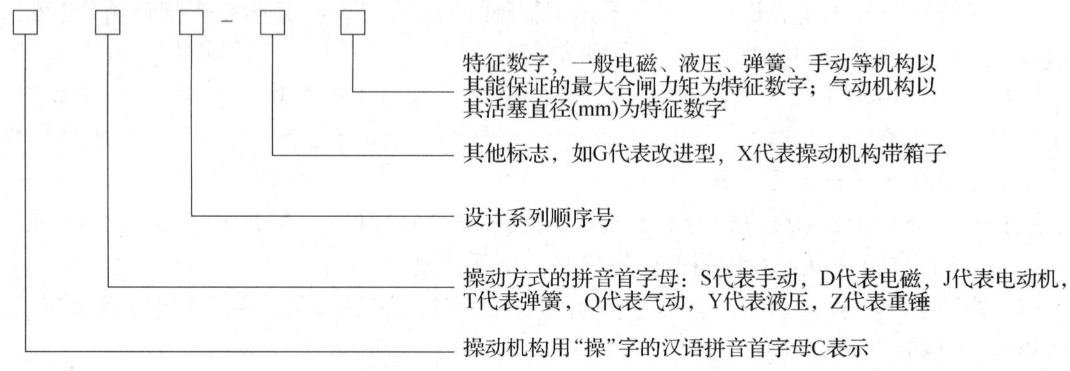

图 2-78 操动机构的型号表示方法

2.6.2 弹簧操动机构

城市轨道交通供电系统中，中压(35 kV 或 10 kV)真空断路器一般配用弹簧操动机构，图 2-79 为 CT19 型、CT20 型弹簧操动机构。

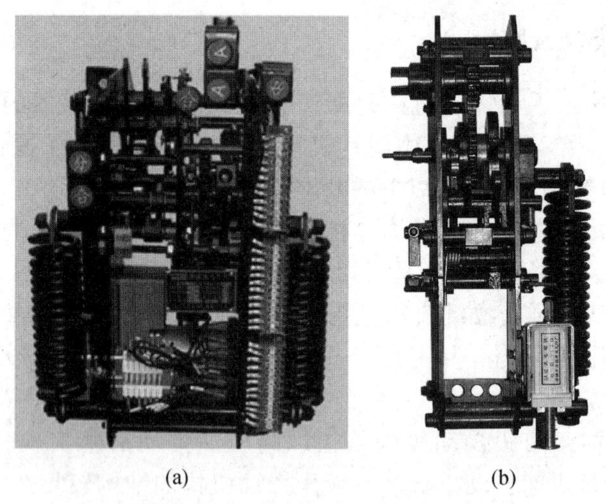

(a) (b)

图 2-79 CT19 型、CT20 型弹簧操动机构
(a)CT19 型弹簧操动机构 (b)CT20 型弹簧操动机构

1. 弹簧操动机构的特点

弹簧操动机构的特点如表 2-12 所示。

表 2-12 弹簧操动机构的特点

优　　点	(1) 要求电源的容量小。 (2) 交、直流电源都可以用。 (3) 暂时失去电源时仍能操作一次
缺　　点	(1) 结构比较复杂。 (2) 零部件加工精度要求高。 (3) 零件数量较多。 (4) 传动环节较多

2. 弹簧操动机构的原理

弹簧操动机构的工作原理如图 2-80 所示。

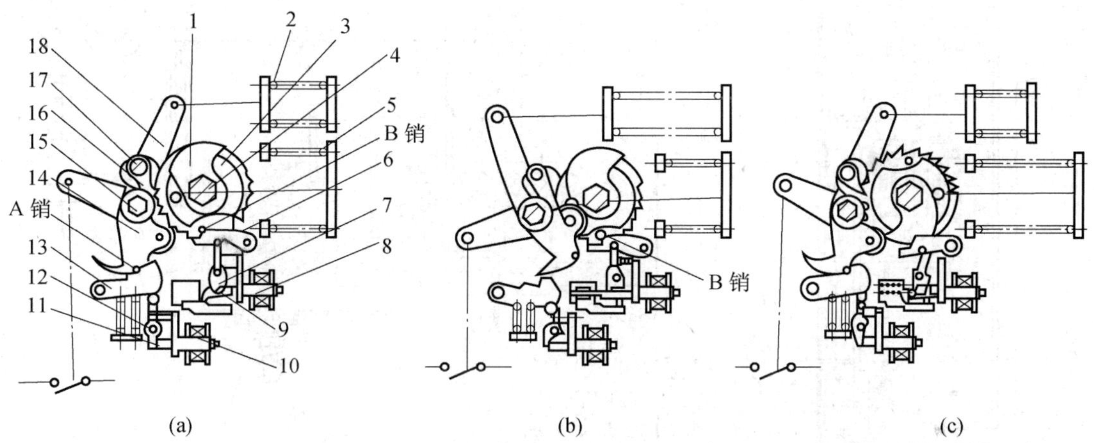

图 2-80 弹簧操动机构的工作原理

(a)合闸位置(合闸弹簧储能状态) (b)分闸位置(合闸弹簧储能状态) (c)合闸位置(合闸弹簧释放状态)

1—凸轮；2—分闸弹簧；3—棘轮；4—棘轮轴；5—合闸弹簧；6—储能保持掣子；7—合闸掣子；8—合闸电磁铁；9—掣子；10—分闸电磁铁；11—铁芯；12—分闸掣子；13—合闸保持掣子；14、18—拐臂；15—拐臂轴；16—棘爪；17—棘爪轴

(1) 动作原理。

① 储能。利用电动机对合闸弹簧储能，并由合闸掣子保持。

② 合闸。断路器合闸操作时，利用合闸弹簧释放的能量操动断路器合闸，与此同时，对分闸弹簧储能，并由分闸掣子保持。

③ 分闸。断路器分闸操作时，利用分闸弹簧释放的能量操动断路器分闸。

(2) 操作顺序。

① 断路器处在分闸位，分、合闸弹簧均未储能。

② 起动电动机(约 7 s)或手动对合闸弹簧储能。

③ 按合闸按钮使合闸弹簧释放能量，驱使断路器闸(≤0.08 s)并通过机械传动装置对分闸弹簧储能。

④ 断路器合闸后自动起动电动机对合闸弹簧储能。

⑤ 按分闸按钮使分闸弹簧释放能量，驱使断路器分闸(≤0.04 s)。

⑥ 按合闸按钮使断路器合闸。

此后，操动机构按③—④—⑤—③的动作顺序循环动作。

2.6.3 液压操动机构

液压操动机构利用高压压缩气体(氮气)作为能源，液压油(10 号航空油)作为传递能量的介质，经特定的油路和阀门注入带有活塞的工作缸中，推动活塞往复运动，驱使断路器完成分、合闸操作。CY_3 液压操动机构如图 2-81 所示。城市轨道交通供电系统中，高压(110 kV)SF_6 断路器一般配用液压操动机构。

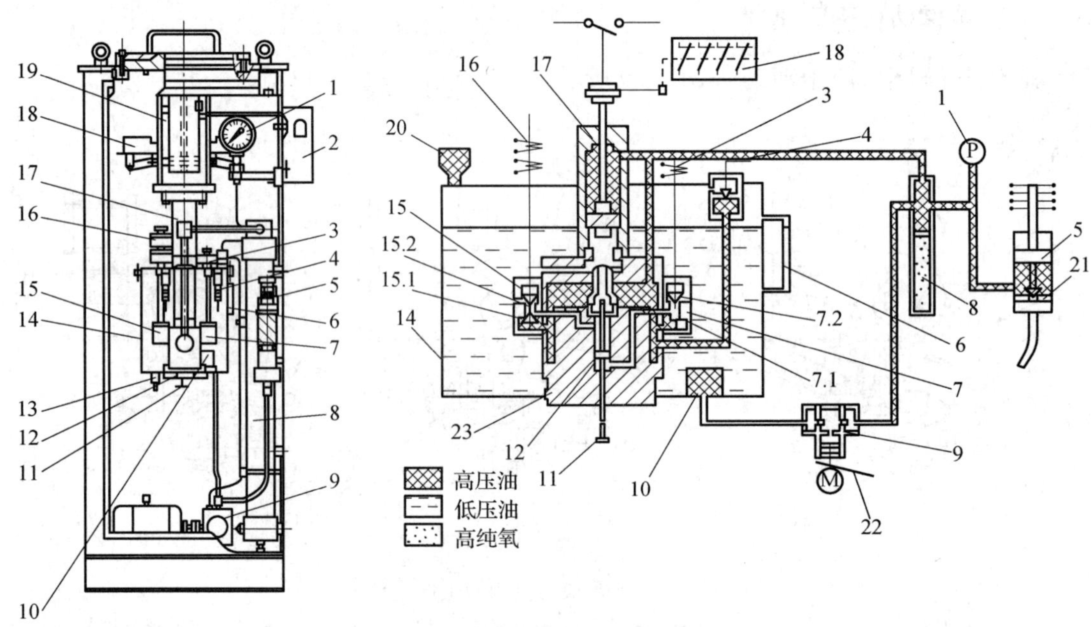

图 2-81 CY_3 液压操动机构

1—压力表；2—密度继电器；3—合闸电磁铁；4—高压放油阀；5—压力开关；6—油标；7—合闸一级阀；7.1、7.2—合闸一级阀阀口；8—储压器；9—油泵电机；10—过滤器；11—操纵杆；12—二级阀阀杆；13—低压放油阀；14—油箱；15—分闸一级阀；15.1、15.2—分闸一级阀阀口；16—分闸电磁铁；17—工作缸；18—辅助开关；19—连接座；20—油气分离器；21—安全阀；22—手力打压杆；23—密封圈

CY_3 型液压操动机构自成一独立部分，它通过伸出机构箱的活塞杆与断路器本体的水平拉杆相连，其余部件均封闭在机构箱内部。

1. CY_3 液压操动机构的动作原理

(1) 储压。接通电源，电机(M)带动油泵转动，油箱中的低压油经过滤器、低压油管、油泵，进入储压器上部，压缩下部的氮气，形成高压油，由于储存器的上部与工作缸活塞上部及二级阀相连通，因此，高压油同时进入高压区域，当油压达到额定工作压力值时，压力开关的相应接点断开，切断电机电源，完成储压过程。在储压过程中或储压完成后，如果由于温度变化或其他意外原因使油压升高达到安全阀开启压力，则压力开关内的安全阀会自动打开，高压油回到油箱中，当油压降到大于或等于 26 MPa 时，安全阀关闭。

（2）合闸操作。合闸电磁铁接收命令后，打开合闸一级阀的阀口 7.1，关闭阀口 7.2，高压油经一级阀进入二级阀阀杆的活塞下部，推动阀杆向上运动，从而带动管阀向上封住工作缸下部的合闸阀口，打开管阀下部的分闸阀口，高压油经管阀内腔进入工作缸下端，由于工作缸活塞下部受力面积大于上部，便产生一个向上的力，推动活塞向上运动实现合闸。工作缸活塞向上运动的同时也带动辅助开关转换，主控室内的合闸指示信号接通，分闸回路接通（可以接收分闸命令），带动辅助开关的滑环指向分、合闸指示牌的“合”。

合闸电磁铁电源切断后，合闸一级阀的阀口 7.1 在弹簧力及油压的作用下关闭，阀口 7.2 打开，切断高压油路成为图 2-81 所示的状态，二级阀阀杆活塞下部与油箱连通。

在合闸状态下，因意外因素使得液压系统失压，在重新建压过程中，由于管阀不会受到向下的力（重力远小于摩擦力），反而一旦有油压就会受到一个向上的预封力，因此，管阀一直处于原位不动，封住合闸阀口，高压油便同时进入工作缸活塞的上、下部，使活塞始终受一个向上的力，而不会出现慢分现象，即这种管状二级阀结构的液压机构具有可靠的自动防慢分的功能。

（3）分闸操作。分闸电磁铁接收命令后，打开分闸一级阀的阀口 15.1，关闭阀口 15.2，高压油进入二级阀阀杆的活塞上部，推动阀杆向下运动，从而带动管阀向下，使管阀与工作缸下部的合闸阀口分开，管阀下部进入分闸阀口（如图 2-81 所示的状态），阻止高压油通过管阀内腔向上流动；同时，工作缸活塞下部与油箱连通成为低压状态，活塞在上部油压作用下向下运动，实现分闸。同时带动辅助开关转换，主控室内的分闸指示信号接通，合闸回路接通（可以接收合闸命令），带动辅助开关的滑环指向分、合闸指示牌的“分”。分闸电磁铁电源被切断后，分闸一级阀的阀口 15.1 在弹簧力及油压的作用下关闭，阀口 15.2 打开，切断高压油路成为图 2-81 所示的状态，二级阀阀杆活塞上部与油箱连通。

（4）慢合。断路器必须在退出运行不承受高电压时，才允许进行慢合、慢分操作，此种操作只在调试时进行。

断路器处于分闸位置，把液压系统的压力放至零表压，用手向上推动操纵杆至合闸位置，然后用手力泵或电机打压，断路器就慢合。

（5）慢分。断路器处于合闸位置，把液压系统的压力放至零表压，用手向下拉操纵杆至分闸位置，然后用手力泵或电机打压，断路器就慢分。

2. CY_3 液压操动机构的基本结构及各部分的作用

（1）储压器。储压器主要由底座、缸体、活塞、弹簧、弹簧座、导向板、塞座、帽和组合密封圈等组成，如图 2-82 所示。每相配两只相同的储压器，储压器储存了液压操作系统的能源，其下部预先充有 15 MPa（15 ℃）高纯氮，工作时油泵将油箱中的油压入储压器上部进一步压缩氮气，从而储存了能量供断路器分、合闸使用。

（2）工作缸。工作缸由活塞杆、上螺母、密封圈、合闸缓冲套、缸体、分闸缓冲套、下螺母等部件组成，如图 2-83 所示。工作缸是开关的动力装置，它通过支柱里的绝缘拉杆与灭弧室里的动触头相连，带动断路器做分、合闸运动。

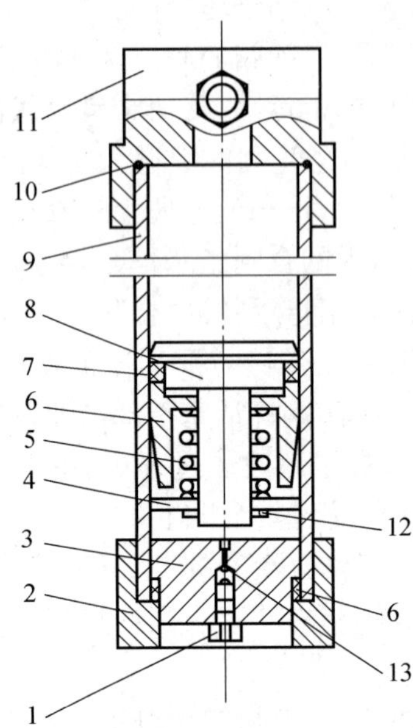

图 2-82 储压器

1—密封螺堵；2—帽；3—塞座；4—导向板；5—弹簧；6—弹簧座；7—组合密封圈；8—活塞；9—缸体；10—密封圈；11—底座；12—钢球；13—压环

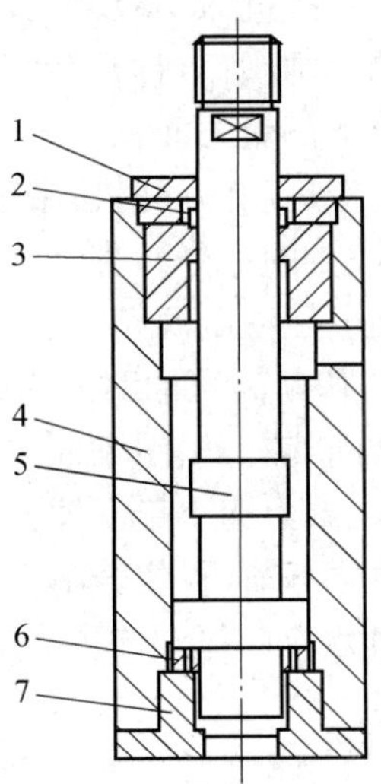

图 2-83 工作缸

1—上螺母；2—密封圈；3—合闸缓冲套；4—缸体；5—活塞杆；6—分闸缓冲套；7—下螺母

(3) 一级阀、二级阀。分、合闸一级阀的结构完全相同，作用原理也相同，在装配时可以通用，仅仅是由于二级阀内结构的不同，使得两个一级阀分别起到分闸和合闸的作用。

(4) 分、合闸电磁铁。分、合闸电磁铁主要由按钮、磁轭、线圈、铁芯、螺母等组成，如图 2-84 所示。其中，分闸电磁铁由主分闸电磁铁和副分闸电磁铁组成，两者的动铁芯叠在一起同步动作。

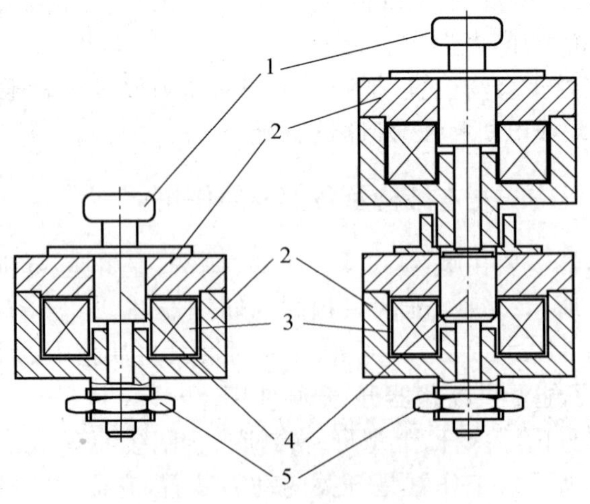

图 2-84 分、合闸电磁铁

1—按钮；2—磁轭；3—线圈；4—铁芯；5—螺母

(5) 压力开关与安全阀。压力开关共有5对接点,分别控制电机的起、停及输出分闸、合闸、重合闸闭锁信号,当压力升高或降低时,柱塞带动阀针向上或向下运动,在不同的压力值时,使相应的行程开关动作,以实现压力控制及保护信号的输出。

由于温升及其他意外因素的影响,液压系统存在过压的危险,因此,过压保护元件(安全阀)就成了液压操纵系统中不可缺少的重要组成部分。

(6) 油泵。油泵主要由基座、曲柄转轴、逆止阀、柱塞及阀座组成,如图2-85所示。采用径向双柱塞油泵,它借助柱塞在阀座中做往复运动,造成封闭容积的变化,不断地吸油和压油,将油压到储压器中直至工作压力,柱塞的往复运动是由与电动机转轴相连的曲轴上的偏心轮和柱塞的复位弹簧来实现的,转轴转一周,左、右柱塞各完成一个吸油—排油—压油的工作循环。

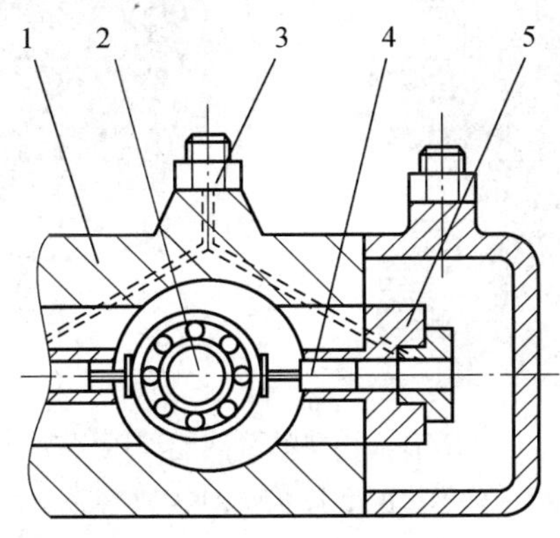

图2-85 油泵

1—基座;2—曲柄转轴;3—逆止阀;4—柱塞;5—阀座

高压油泵在机构中的作用是:预先从充氮压力储能至工作压力;断路器分、合闸操作或重合闸操作后,由油泵立即补充耗油量,储能至工作压力;补充液压系统的微量渗油,保持系统压力稳定。

(7) 辅助开关。F6系列的辅助开关由很多节组合而成的动、静触头全封闭在透明的塑料座内,每节含两对触头,同一节中对角形成一对常开(或常闭)回路。辅助开关的动、静触头的接触采用圆周滑动压接方式,触头间的压力由单独设置的压簧产生,使通流性能更好,每节动触头与聚碳酸酯压制成一个整体,使得动作稳定。辅助开关的工作转角为90°。

(8) 控制面板。控制面板分为固定面板和活动面板两部分,面板上装有各种电气控制元件和接线端子,用以接收命令,实现对断路器的控制和保护。为操作方便,供操作用的小型断路器、近远控转换开关及近控操作按钮都装在活动面板上,提供给用户的接线端子安装在固定面板上。

2.6.4 弹簧储能液压操动机构

弹簧储能液压操动机构是一种以弹簧储能,液压传递的操动机构。其具有机构紧凑、质量轻、与断路器组装简单方便、可靠性高、维护工作少、噪声小、安装方便、操作灵活的特点。

1. 弹簧储能液压操动机构的基本结构及各部分的作用

HMB-4/8 型弹簧储能液压操动机构在结构设计上采用集装板块结构，操动机构的主要元件按功能分为冲压模块、储能模块、工作模块、控制模块和监测模块，如图 2-86 所示。HMB-4/8 型弹簧储能液压操动机构结构紧凑，检修维护方便。

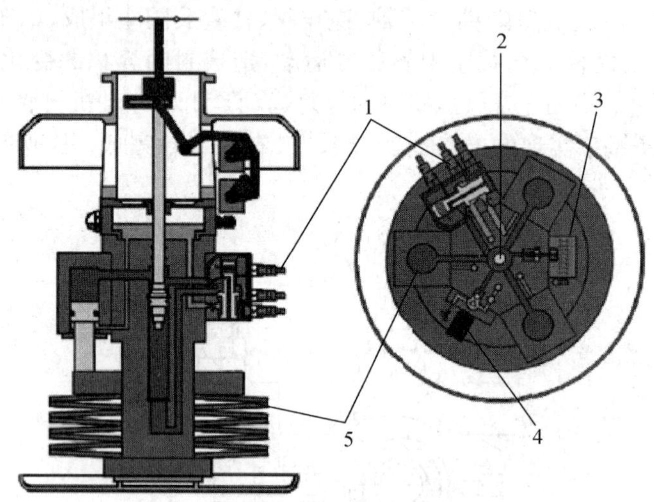

图 2-86　HMB-4/8 型弹簧储能液压操动机构

1—控制模块；2—工作模块；3—监测模块；4—冲压模块；5—储能模块

冲压模块主要包括油泵电机、传动机构、油泵和放油阀，如图 2-87 所示。冲压模块的主要功能是先将电能转变为机械能，再转换为液压能，带动储能模块（储压器和储压活塞）压缩碟簧进行储能。储能模块如图 2-88 所示。

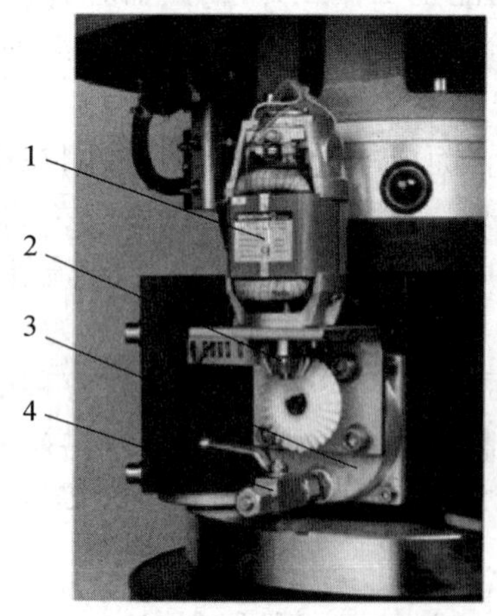

图 2-87　冲压模块

1—油泵电机；2—传动机构；3—油泵；4—放油阀

图 2-88　储能模块

工作模块(见图 2-89)主要为工作缸,采用常冲压差动式结构,无须额外的调整装置,即可实现分、合闸缓冲。缓冲压力约为系统压力的 2 倍,缓冲特性在使用安全期内不会发生改变。

控制模块即主换向阀,主要由调速螺栓、高油压接头、分闸换向阀和合闸换向阀组成,如图 2-90 所示。其主要功能是控制工作缸的分、合动作。

图 2-89 工作模块

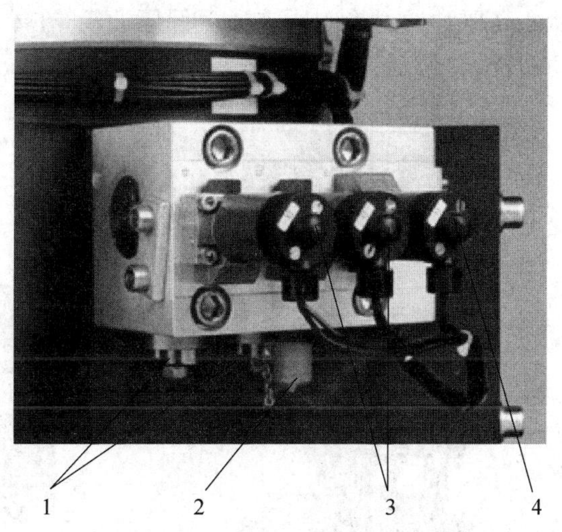

图 2-90 控制模块

1—调速螺栓;2—高油压接头;
3—分闸换向阀;4—合闸换向阀

监测模块(见图 2-91)为弹簧行程开关,主要功能是监测并控制碟簧的储能情况。

图 2-91 监测模块

2. 弹簧储能液压操动机构的动作原理

(1) 储能过程。接通液压泵电动机回路,电动机带动液压泵运转,液压泵输出的高压油同时进入 3 个储能活塞的上端,推动储能活塞向下运动压缩碟簧进行储能。储能到位后,弹簧行程开关切断液压泵电动机,液压泵停转,储能过程结束。当操作后或泄漏到一定值时,弹簧行程开关接通液压泵电动机再次补压到液压泵停转位置。

（2）合闸操作。在断开位置时，接通闭合电磁阀，换向阀切换至闭合状态，常冲压差动活塞的底部与高压油接通，在差动原理作用下，快速向上闭合并带动辅助开关切换，断开闭合回路，为下次断开做好准备，如图 2-92(a)所示。

（3）断开操作。在闭合位置接到断开命令，断开电磁铁动作，换向阀切换至断开位置，差动活塞高压油通过换向阀连通至低压油箱，在差动活塞上端常高压的作用下，活塞快速向下运动断开，并带动辅助开关切换，切断断开电路，为下次闭合做好准备，如图 2-92(b)所示。

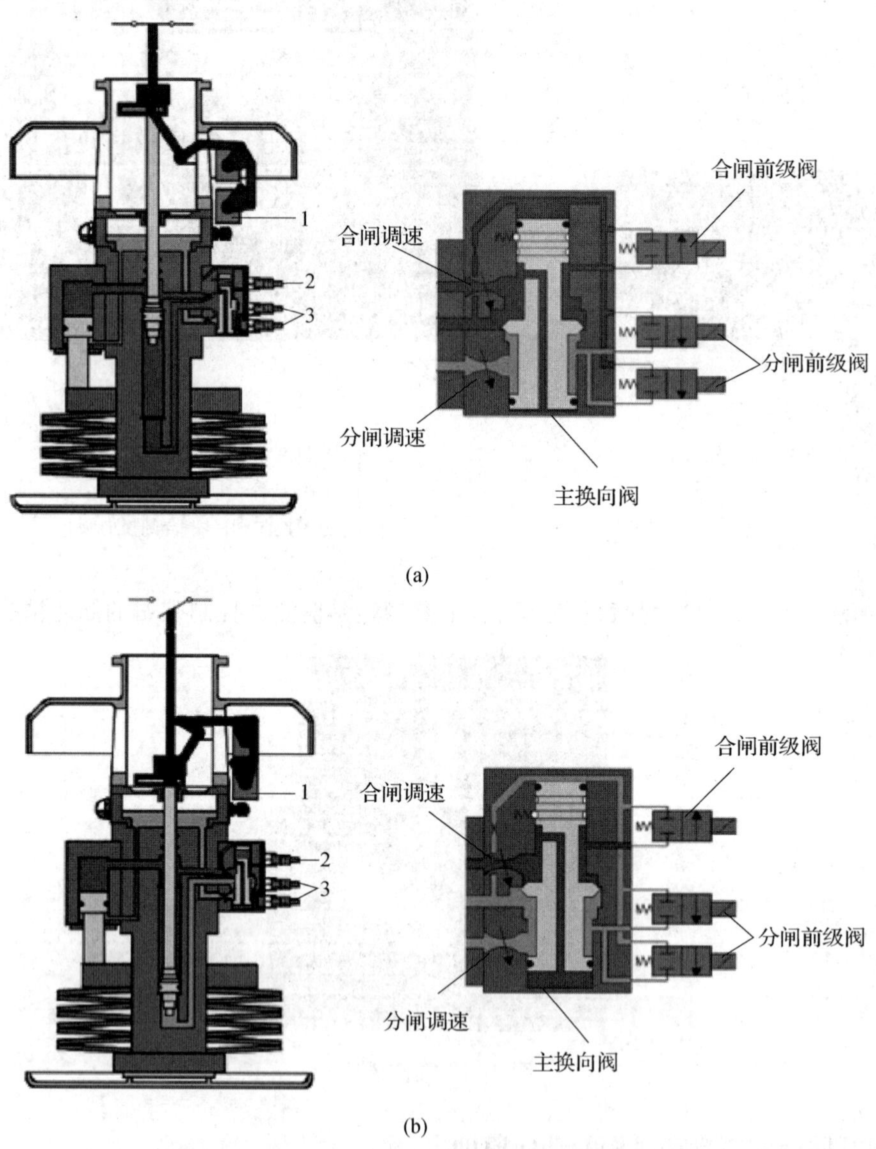

图 2-92　HMB-4/8 型弹簧储能液压操动机构的动作原理

(a)合闸　(b)分闸

1—辅助开关；2—闭合电磁阀；3—断开电磁阀

2.6.5 隔离开关电动操动机构

隔离开关电动操动机构是高压隔离开关配套用的一种操动机构，如图 2-93 所示。通过二级齿轮变速和蜗轮蜗杆减速，在无载流情况下操作高压隔离开关，以切换线路，并对电器设备与带电的高压线路进行电气隔离。

图 2-93 隔离开关电动操动机构

隔离开关电动操动机构采用交直流两用电动机驱动，通过机械变速传动系统将动力传递给机构输出轴，安装时借助钢管等与隔离开关相连接，以实现驱动隔离开关分、合闸。该机构主要由电动机、机械减(变)速系统、电气控制系统等组成。

电动机为整流子电动机。机械减(变)速系统包括行星轮系、齿轮机构、蜗轮蜗杆机构、平面四连杆机构，在蜗杆端部设有方头，以便手动摇柄插入进行手动操作，当手动摇柄插入时，自动切断电源，以保证安全。

电气控制系统包括控制按钮(分、合、停各一个)、直流(或交流)接触器、辅助开关、电阻、延时继电器及速断熔断器等。

2.7 互 感 器

互感器是一种特殊的变压器。互感器包括电流互感器和电压互感器。互感器是一次系统和二次系统之间的联络元件，它将电信号转换成规定范围内的小信号，使测量仪表和继电器标准化、小型化，同时将二次系统低压设备与一次系统高压设备进行电气隔离。

2.7.1 互感器概述

1. 互感器与系统的连接

互感器的工作原理同变压器的工作原理。互感器用在各种电压等级的交流回路中，其原边都在一次系统，副边不同。电流互感器的原绕组(一次绕组)串联于一次电路，而副绕组(二次绕组)与测量仪表或继电器的电流线圈串联。电压互感器的原绕组并联于一次电路内，而副绕组与测量仪表或继电器的电压线圈并联。

互感器与一次系统和二次系统的连接方式如图 2-94 所示。其中，V、A、kWh 分别代表电压表、电流表和电度表，TV、TA 分别代表电压互感器和电流互感器。

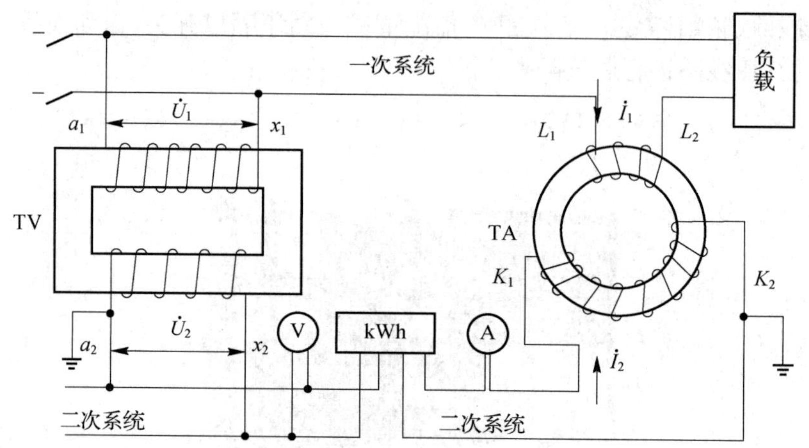

图 2-94 互感器与一次系统和二次系统的连接方式

2. 互感器的作用

(1) 将一次系统的高电压、大电流转变为低电压、小电流，供测量、监视、控制及继电保护使用。电压互感器二次侧的额定电压为 100 V 或 $100/\sqrt{3}$ V，电流互感器二次侧的额定电流为 5 A 或 1 A。二次设备按此电压、电流设计，经济技术性能较好。

(2) 将一次系统与二次系统在电气方面隔离，同时互感器二次侧必须有一点可靠接地，以保证二次设备及人员的安全，防止因互感器绝缘损坏，高电压窜入二次回路。二次回路接线不受一次回路的控制，接线灵活；二次设备的维护、调换和检修不会中断一次回路。二次设备低电压、小电流，连接简单、方便，易于集中管理和远程控制、测量。

2.7.2 电流互感器

电流互感器是一种专门用作变换电流的特种变压器。在正常工作条件下，其二次电流实质上与一次电流成正比，而且在连接方向正确的条件下，二次电流对一次电流的相位差接近于零。

1. 电流互感器的工作原理

电流互感器的工作原理如图 2-95 所示，在理想的电流互感器中，如果假定空载电流 $I_0=0$，则总磁动势 $I_0N_0=0$，根据能量守恒定律，一次绕组磁动势等于二次绕组磁动势，即

$$\dot{I}_1N_1=-\dot{I}_2N_2 \tag{2-7}$$

即电流互感器的电流与匝数成反比，一次电流对二次电流的比值 I_1/I_2 称为电流互感器的变流比。当已知二次电流时，乘上电流比就可以求出一次电流，这时二次电流的相量与一次电流的相量相差 180°。

电流互感器的一次绕组(匝数很少)串联在电力线路中，线路电流就是互感器的一次电流。互感器的二次绕组外部回路接有测量仪器、仪表或继电保护、自动控制装置。在图 2-95 中，将这些串联的低电压装置的电流线圈阻抗及连接线路的阻抗用一个集中的阻抗 Z_b 表示。当线路电流(互感器的一次电流)变化时，互感器的二次电流也相应变化，把线路电流变化的信息传递给测量仪器、仪表和继电保护、自动控制装置。

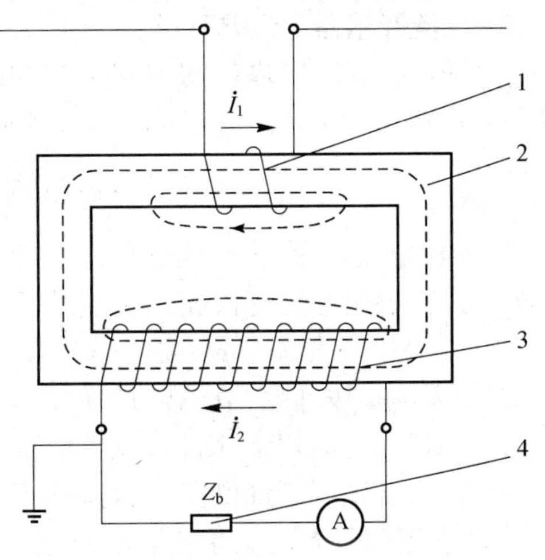

图 2-95　电流互感器的工作原理

1—一次绕组；2—铁芯；

3—二次绕组；4—负载

根据电力线路电压等级的不同，电流互感器的一、二次绕组之间设置有足够的绝缘，以保证所有低压设备与高电压相隔离。

电力线路中的电流各不相同，通过电流互感器一、二次绕组匝数比的配置，可以将不同的线路电流变换成较小的标准电流值，一般是 5 A 或 1 A，这样可以减小仪表和继电器的尺寸，简化其规格。

2. 电流互感器的端子标志

电流互感器的端子标志如图 2-96 所示。一次端子起端标为 L_1，末端标为 L_2，如图 2-96(a)、(b)所示。当二次绕组抽头较多时，二次端子标志依次为 K_1，K_2，K_3，…，如图 2-96(b)所示。串(并)联端子标为 C_1、C_2。例如，图 2-96(c)中一次绕组分为两组，第一组的起、末端标为 L_1、C_2，第二组的起、末端标为 C_1、L_2。当 C_1 端和 C_2 端相连时，一次绕组的两组串联连接；当 C_1 端与 L_1 端相连，C_2 端与 L_2 端相连时，一次绕组的两组并联连接，从而得到一次电流相对关系为 1∶2 的两种电流比。当有多个二次绕组时，各二次绕组的出头相应标志为 $1K_1$、$1K_2$，$2K_1$、$2K_2$，…，如图 2-96(d)所示。

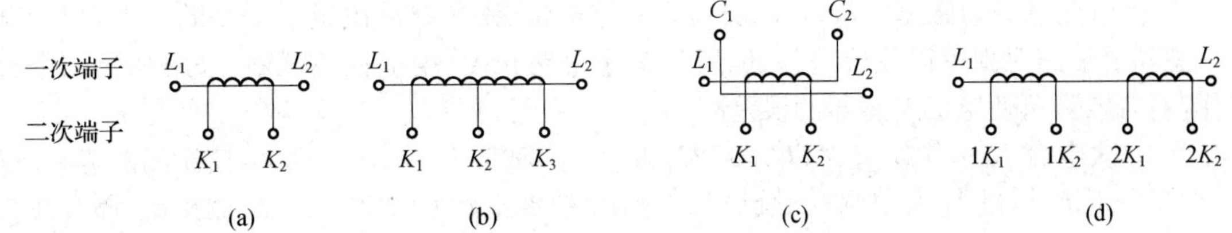

图 2-96　电流互感器的端子标志

(a)单电流比互感器　(b)二次绕组有中间抽头

(c)一次绕组分为两组，可以串联或并联　(d)当有两个二次绕组时

端子标志一经标定，电流互感器的极性就确定了。根据规定，所有标有 L_1、K_1 和 C_1 的接线端子，在同一瞬间具有同一极性，也就是说 L_1、K_1 和 C_1 是同名端。按照这样标志的互感器的极性就是减极性的。

3. 电流互感器的误差

(1) 电流互感器的误差种类。

① 比值差(电流误差)。比值差 ε 是指以电流互感器副边测量的二次电流值乘以额定电流比与一次侧实际电流之差对一次电流实际值的百分比,即

$$\varepsilon=\frac{k_r I_s - I_p}{I_p}\times 100\% \tag{2-8}$$

式中,k_r 为额定变比;I_s 为在测量条件下,流过 I_p 时的实际二次电流;I_p 为实际一次电流。

电流误差会引起所有仪表和继电器产生误差。

② 相位差。相位差 $\Delta\varphi$ 是指一次电压相量或电流相量与二次电压相量或电流相量的相位差,相量方向是按理想互感器的相位差为零来选定的。若二次电压相量或电流相量超前一次电压相量或电流相量,则相位差为正值,反之为负值。

相位差对功率型测量仪表、继电器及反映相位的保护装置会有影响。

③ 复合误差。当电流互感器原边流过短路电流时,铁芯趋向饱和,此时激磁电流含大量高次谐波,即使一次电流为正弦波,二次电流也不会是正弦波,就不能用相量图来分析一、二次电流的关系,这时就要用到复合误差。

复合误差 ε_c 的定义是:在稳态下,当一次电流和二次电流的正方向与端子标志的规定不一致时,一次电流瞬时值与实际二次电流瞬时值乘以额定变比之差的方均根值。复合误差 ε_c 通常是按式(2-9)用一次电流方均根值的百分数表示的。

$$\varepsilon_c=\frac{\sqrt{\frac{1}{T}\int_0^T (k_r i_s - i_p)\mathrm{d}t}}{I_p}\times 100\% \tag{2-9}$$

式中,k_r 为额定变比;I_p 为一次电流方均根值;i_p 为一次电流瞬时值;i_s 为二次电流瞬时值;T 为一个周波的时间。

选择保护用电流互感器(P 级)时用到此参数。

(2) 影响电流互感器误差的因素。

① 电流互感器的磁路构造、铁芯材质。磁路构造、铁芯材质决定了磁路的磁阻,减少电流互感器的磁路磁阻可以使误差降低,所以减小磁路长度,增加铁芯截面,采用高导磁率材料作制作铁芯,可使电流互感器的误差减小。

② 一次电流 I_p。当 I_p 过大($I_p \gg 1.2I_s$)时,一次磁势 $F_p=I_pW_p$ 太大,使激磁磁势 F_e 过大,即激磁电流 I_e 过大,但铁芯磁路已饱和,则激磁磁通 Φ_e 的增加不与 I_p 成正比,那么在二次绕组中产生的感应电势 E_2 不与 I_p 成正比增加,因此 I_s 增加较少,出现误差。

当 I_p 过小($I_p \ll 1.2I_s$)时,一次磁势 $F_p=I_pW_p$ 太小,使激磁磁势 F_e 过小,即 I_e 过小、Φ_e 小,因此感应电势 E_2 也应过小。在二次负载不变的情况下,I_s 应按比例减小,但由于铁芯具有磁滞现象,此时铁芯中的剩磁将起主导作用,也就是说,Φ_e 不随 I_p 按比例减少,E_2 由剩磁决定,相应的 I_p 不按比例减小,出现误差。因此,电流互感器应工作在额定电流附近。

③ 二次负载及功率因数。当一次电流及二次负载功率因数不变时,增加二次负载会使 E_2 增大,从而激磁电流 I_e 增大,误差增大。所以要减小误差,二次负载必须限制在某个范围(额定负载)内。

当二次功率因数角增加时,ε 增大,$\Delta\varphi$ 减小;反之,当二次功率因数角减小时,ε 减小,$\Delta\varphi$

增大。

(3) 减小电流互感器误差的一般方法。

① "削减匝数"法。由于误差的存在,电流互感器的二次电流总是偏小,制造电流互感器时,人为削减副绕组线圈匝数 1~2 匝,减小了 W_s,要维持磁势平衡关系不变,I_s 必然增大。

② 设计时,在串级式电流互感器铁芯上增加平衡绕组、连耦绕组,可以抵消漏磁,减小误差。

③ 增大铁芯磁导率,减小激磁电流。

④ 正确选择电流互感器,使其工作在标准条件下。

4. 电流互感器的分类

(1) 电流互感器按用途分为测量用电流互感器和保护用电流互感器。

(2) 电流互感器按安装地点分为户内电流互感器和户外电流互感器。

(3) 电流互感器按绝缘介质分为干式绝缘电流互感器、油绝缘电流互感器、浇注绝缘电流互感器、气体绝缘电流互感器等。

① 干式绝缘电流互感器。它分为有塑料外壳(或瓷件)和无塑料外壳两种。干式绝缘电流互感器是由普通绝缘材料经浸漆处理制成的电流互感器;当用瓷件做主绝缘时,也称为瓷绝缘电流互感器。

② 油绝缘电流互感器。油绝缘电流互感器即油浸式电流互感器,其绝缘主要由纸绕包,并浸在绝缘油中。若在绝缘中配置有均压电容屏,油绝缘电流互感器通常又称为油纸电容型绝缘电流互感器。

③ 浇注绝缘电流互感器。其绝缘主要由绝缘树脂混合胶浇注经固化成型。

④ 气体绝缘电流互感器。其绝缘主要靠具有一定压力的绝缘气体,如 SF_6 气体。

(4) 电流互感器按安装方式分为贯穿式电流互感器和支柱式电流互感器。安装在墙壁孔、房顶洞或金属构架上兼作穿墙套管用的称为贯穿式电流互感器。安装在支持平面上有时也兼作支持绝缘子的称为支柱式电流互感器。

(5) 电流互感器按一次绕组型式分为单匝式电流互感器和多匝式电流互感器。如图 2-97(a)、(b)、(c)所示的三种结构均为单匝式。其中,图 2-97(a)为不带一次绕组的单匝式电流互感器,所谓母线式和套管式都属于此种。电器设备的母线或套管的导电杆就是电流互感器的一次绕组。图 2-97(b)为用导电杆(管)制成的一次绕组的单匝式电流互感器。图 2-97(c)为一次绕组式 U 字形的单匝式电流互感器。图 2-97(d)、(e)为多匝式(有时也称为线圈式)电流互感器。

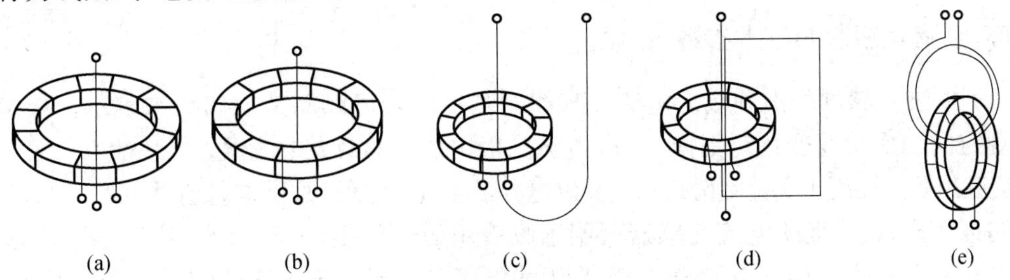

图 2-97 电流互感器按一次绕组的型式

(6) 电流互感器按变换的级数分为单级式电流互感器和串级式电流互感器。两级串级式电流互感器的原理如图 2-98 所示。较大的一次电流经第一级变成合适的中间电流，再通过第二级变成标准的二次电流。这种结构的绝缘分为两级，磁路也分为两级，用于超高压或特大电流产品。

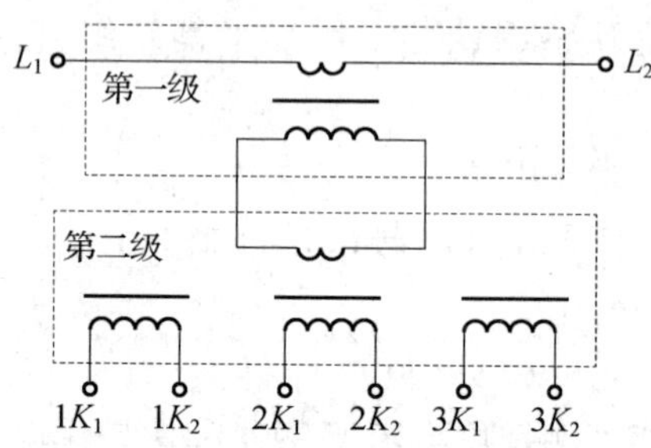

图 2-98　两级串级式电流互感器的原理

(7) 电流互感器按二次绕组的装配位置分为正立式电流互感器和倒立式电流互感器。在正立式电流互感器结构中，二次绕组装在互感器下部，具有高压电位的一次绕组引到下部，并对二次绕组和其他地电位的零部件有足够的绝缘。而在倒立式结构中则是将具有地电位的二次绕组置于产品上部，二次绕组外部有足够的绝缘，使之与高压电位的一次绕组相隔离。

(8) 电流互感器按电流比分为单电流比互感器、多电流比互感器和复合电流比互感器。

① 单电流比互感器。一、二次绕组的匝数固定，只能实现一种匝数比的电流互感器即单电流比互感器。

② 多电流比互感器。多电流比可以通过不同的方式得到，最常用的方法有以下几种：

· 一次绕组分为多匝(或段)，通过串、并联换接，使得在不同的一次电流下保持一次磁势不变，从而得到不同的电流比。

· 二次绕组具有不同的中间抽头，使之与一次电流相对应，以得到不同的电流比。

· 二次绕组匝数不变，但有多个匝数不同的一次绕组，一次绕组的匝数与一次电流相对应，以保持一次磁势不变，从而得到不同的电流比。

③ 复合电流比互感器。在高压电流互感器中，为了同时满足测量和各种不同的继电保护方式的需要，往往有多个各自具有铁芯的二次绕组，而要满足继电保护的要求，还要求各保护用二次绕组有不同的电流比，这种电流互感器就称为复合电流比互感器。

5. 电流互感器的型号

电流互感器的型号如图 2-99 所示。

6. 电流互感器的技术参数

(1) 电流互感器的准确级。电流互感器的测量误差可以用其准确级来表示。准确级是指在规定的二次负荷变化范围内，一次电流为额定值时的最大电流误差。一般 0.1 级、0.2 级的电流互感器主要用于实验室精密测量和供电容量超过一定值(月供电量超过 100×10^4 kW·h)的线路或用户；0.5 级的电流互感器可用于收费用的电能表；0.5～1 级用于发电厂、变电站的盘式仪表和技术上用的电能表；3 级、5 级的电流互感器用于一般的测量和某些继电保护；5P 和 10P 级的电流互感器用于继电保护。

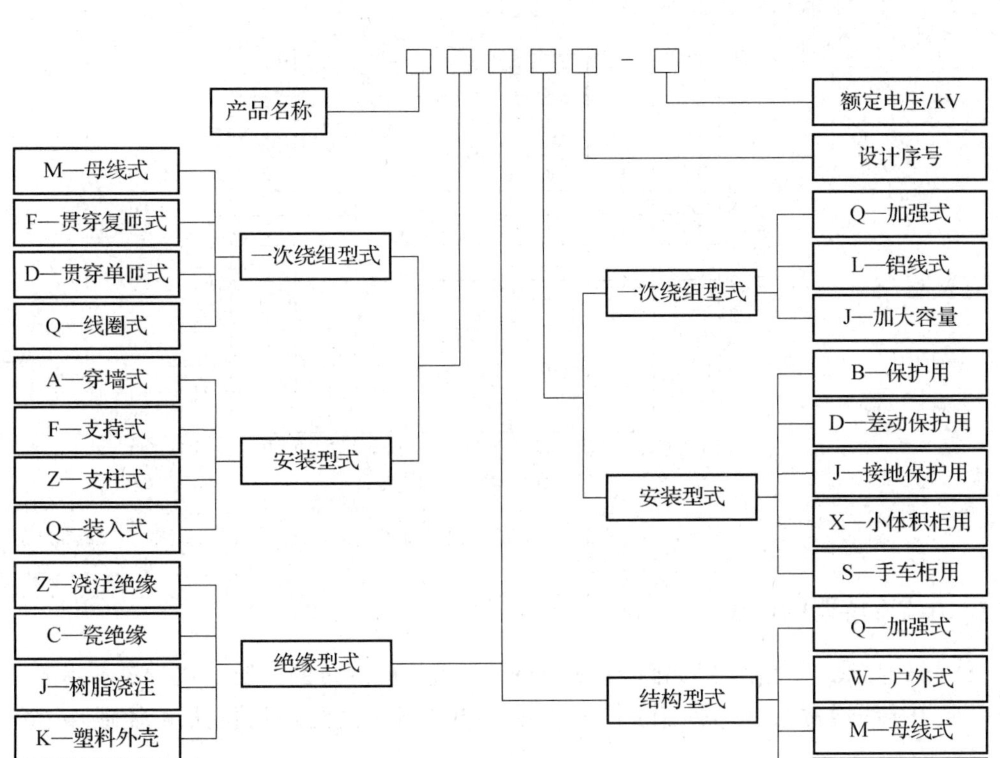

图 2-99 电流互感器型号的表示方法

(2) 保护级电流互感器的10%误差曲线。10%误差曲线主要用于选择继电保护用的电流互感器和复式整流装置，或者根据已给定的电流互感器确定其二次负载阻抗，选择二次电缆的截面。

用于保护的电流互感器在可能出现的最大短路电流范围内，最大误差不能超过10%。当 I_p 增加到一定值时，电流互感器的比值差为10%，此时的一次电流 I_p 与一次额定电流 I_N 之比 n 称为10%倍数。又因为电流互感器的误差还受二次负载阻抗的影响，所以随着互感器所带负载的不同，10%倍数也不同。电流互感器10%倍数与二次允许最大负载阻抗的关系曲线称为10%误差曲线。根据电网参数计算出一次电流倍数 $n(n=I_p/I_N)$，从图2-100中可以查出最大允许二次负载阻抗值。如果实际二次负载阻抗值(包括该电流互感器二次侧串联的所有继电器线圈阻抗、二次电缆阻抗和接触电阻)小于该允许值，则认为电流互感器的误差满足要求；如果不满足要求，则应增大电流互感器的变比、增大二次电缆截面面积、降低接触电阻、减少电流互感器二次侧串联的线圈数量等。

(3) 电流互感器的额定容量。电流互感器的额定容量 S_{N2} 是指电流互感器在额定二次电流和额定二次阻抗下运行时，二次绕组输出的容量。由于电流互感器的额定二次电流为标准值(5 A或1 A)，也为了便于计算，因此有的厂家会提供电流互感器的额定阻抗 Z_{N2} 值。

因电流互感器的误差与二次允许最大负载阻抗有关，故同一台电流互感器用在不同准确级时会有不同的额定容量。

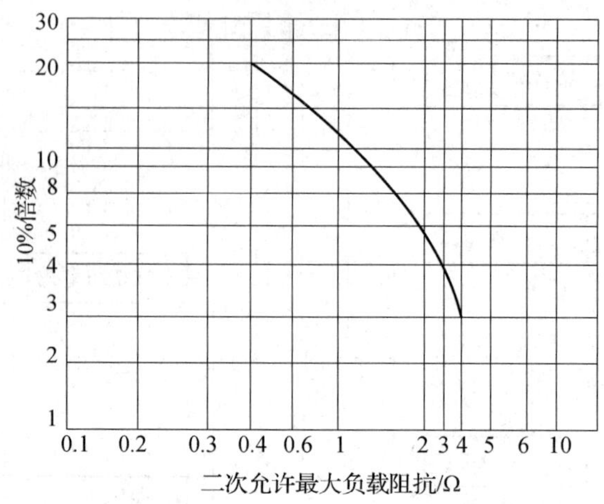

图 2-100　10%误差曲线

7. 电流互感器的接线

（1）单相接线。单相接线如图 2-101 所示，电流线圈通过的电流反映一次电路某一相的电流。单相接线通常在负荷平衡的三相电路（如低压动力线路）中供测量电流或接过负荷保护装置之用。

（2）两相 V 形接线。两相 V 形接线如图 2-102 所示。这种接线也称为两相不完全星形接线。在继电保护装置中，这种接线称为两相两继电器接线或两相的相电流接线。两相 V 形接线在中性点不接地的三相三线制电路（如 6～10 kV 高压电路）中供测量三相电流、电能及做过电流继电保护用。

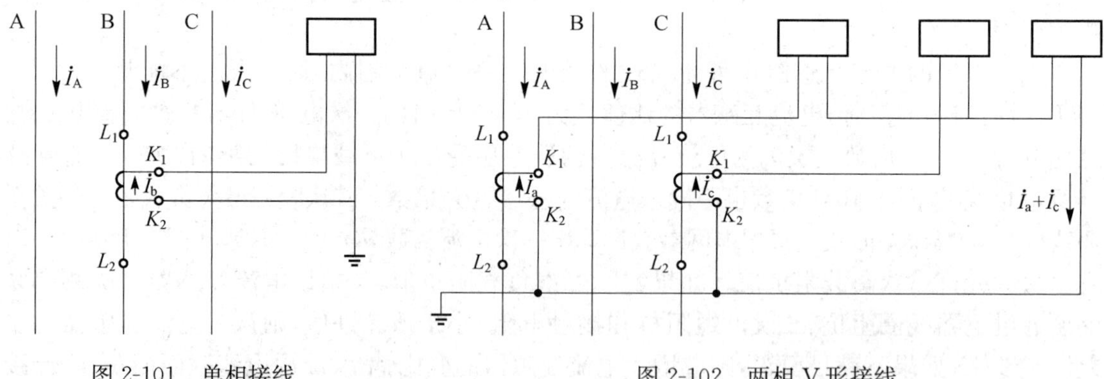

图 2-101　单相接线　　图 2-102　两相 V 形接线

（3）两相电流差接线。两相电流差接线如图 2-103 所示。这种接线也称为两相交叉接线，在中性点不接地的三相三线制电路（如 6～10 V 高压电路）中供过电流继电保护用，也称为两相继电器接线。

（4）三相星形接线。三相星形接线如图 2-104 所示。这种接线中的三个电流线圈反映各相的电流，广泛用在一般负荷不平衡的三相四线制系统（如 TN 系统）中，也用在负荷可能不平衡的三相三线制系统中，做三相电流、电能测量及过电流继电保护之用。

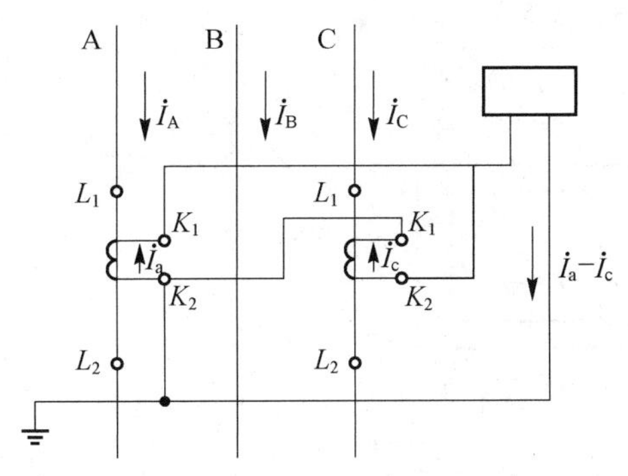

图 2-103 两相电流差接线

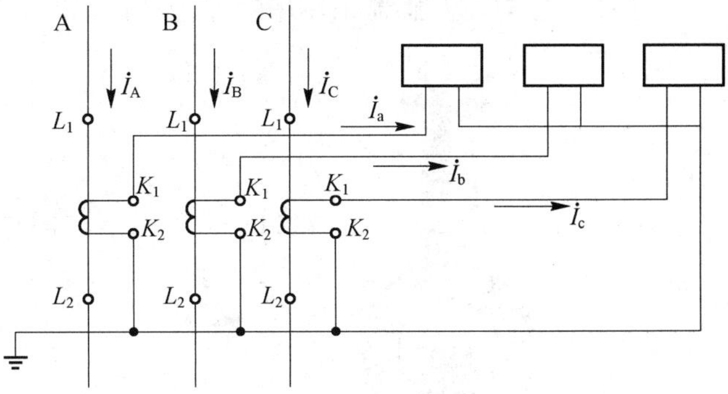

图 2-104 三相星形接线

8. 电流互感器的结构

互感器的基本组成部分是绕组、铁芯、绝缘物和外壳。为了节约材料和降低投资，一台高压电流互感器常安装有相互间没有磁联系的独立的铁芯环和二次绕组，并共用一次绕组。这样可以形成变比相同、准确级不同的多台电流互感器。常用的电流互感器有套管式电流互感器、充油式电流互感器、电容式电流互感器、SF_6 气体电流互感器、穿墙式环氧电流互感器。

(1) 套管式电流互感器(见图 2-105)。套管式电流互感器为单匝式电流互感器，其一次绕组由单根直导体构成。套管式电流互感器的一次芯柱和二次绕组之间的绝缘，可以采用绝缘套、充油绝缘套、充油电容绝缘套、SF_6 绝缘套、环氧等。铁芯由硅钢片卷制成螺旋状，这样可以加快制造过程、减少铁芯损耗和降低误差。二次绕组均匀地绕在铁芯上，以减少漏磁。制成的二次绕组套在绝缘套的外面，如变压器套管电流互感器、穿墙套管电流互感器、断路器套管电流互感器等都是这类结构。

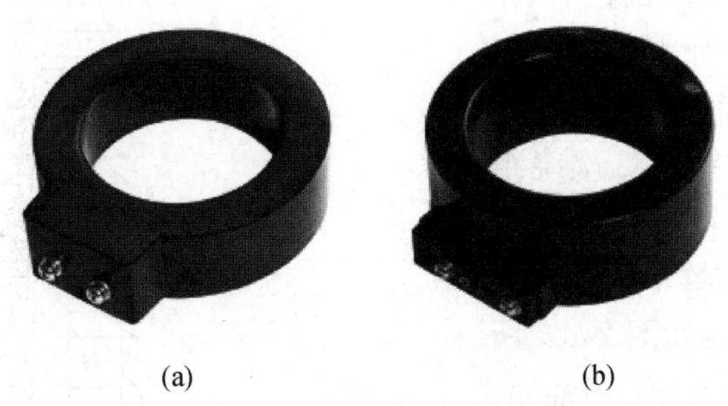

(a) (b)

图 2-105 套管式电流互感器

(a)LTC1-10 型 (b)LTC3-10 型

(2) 充油式电流互感器。35～110 kV 电流互感器多数采用充油式。LCWD1-35 型电流互感器有两个环形铁芯，铁芯外面绕二次绕组(一个 0.5 级和一个 P 级)，一次绕组穿过铁芯与二次绕组构成“8”字形的链状，如图 2-106(a)所示。一、二次绕组外面各用多层皱纹纸包缠后相互绝缘，整个“8”字形绕组放置在注满变压器油的绝缘套中。绝缘套与金属底座及油枕两端均垫耐油橡胶密封圈，用螺栓紧固。油枕两侧装有一次绕组的出线端 L_1 及 M，M 与油枕直接贯通，L_1 靠小绝缘套绝缘。二次线端从底座引出。为了防止油的受潮和减轻油的劣化，油枕内一般装有隔膜。

L-110 型电流互感器采用串级原理结构，如图 2-106(b)所示。

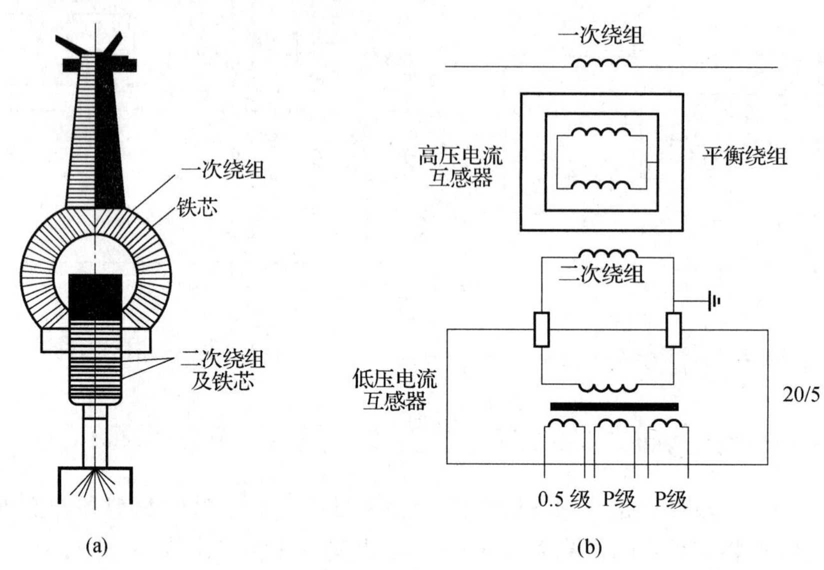

图 2-106 充油式电流互感器

(a)110 kV“8”字形绕组电流互感器绕组的结构 (b)L-110 型电流互感器绕组的结构

为了增强一次绕组和二次绕组间的耦合，在上、下两个铁芯柱上设置了平衡绕组。高压电流互感器一次绕组的两个出线端由绝缘套顶部油枕上引出，二次绕组和置于绝缘套底部底座的低压电流互感器的一次绕组相连。低压电流互感器有 3 个二次绕组(0.5 级、P 级、P 级)分别绕在 3 个环形铁芯上，其一次绕组则绕在 3 个绕有二次绕组的环形铁芯上。

(3) 电容式电流互感器。220 kV 瓷箱式 U 形绕组电流互感器如图 2-107 所示。这类产品采用全封闭结构，由油箱、绝缘套(瓷套)、器身、油枕及膨胀器等部件组成。膨胀器由不锈钢或耐油橡胶制成盒式，与油枕相连。当互感器内的油热胀冷缩时，起到储油和补油的呼吸作用，并与空气完全隔绝，称为全密封结构。膨胀器又是互感器的防爆装置。全密封结构有以下两大优点：

① 与空气隔绝，能延缓油的老化过程。

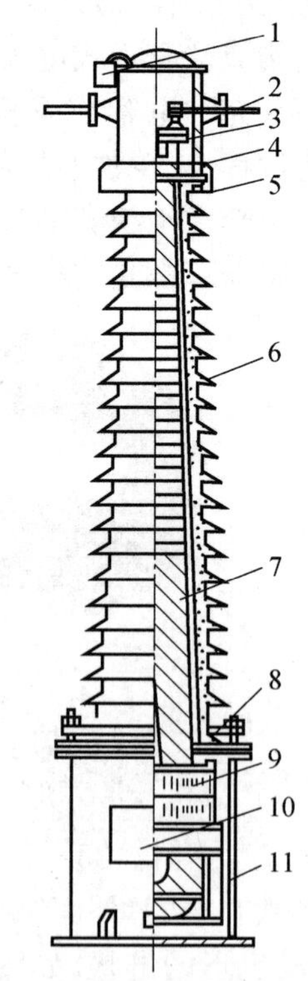

图 2-107 220 kV 瓷箱式 U 形绕组电流互感器

1—呼吸器；2—一次出线端子；3—一次绕组切换装置；4—储油柜；5—均压护罩；6—瓷套；7—U 形一次绕组；8—压圈式卡接装置；9—环形铁芯及二次绕组；10—二次接线盒；11—油箱

② 油因热胀冷缩而在呼吸过程中，不会将空气吸入，避免了互感器因受潮进水而引发爆炸事故。

(4) SF_6 气体电流互感器。SF_6 气体电流互感器主要在 110 kV、50 Hz 电力系统中做电流、电能测量及继电保护用。该产品主要由躯壳、高强度瓷套、底座、一次导电杆、二次绕组等部分组成。产品顶部装有压力释放装置，以避免突发性事故的发生。其底座上设有 SF_6 阀门、密度继电器和二次接线板等。图 2-108 和图 2-109 为两种类型的 SF_6 气体电流互感器。

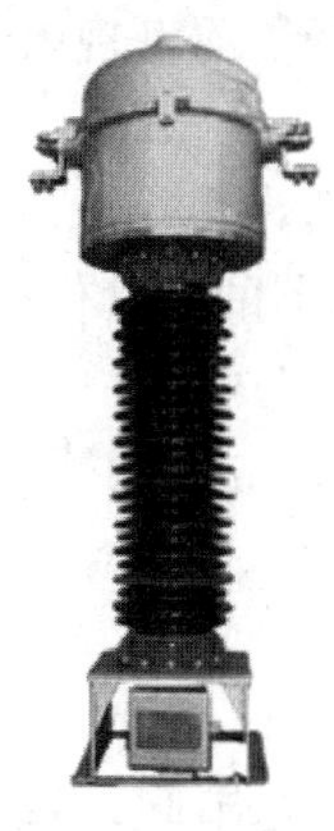

图 2-108 LVQB-110W2 型 SF_6 气体电流互感器（绝缘钟罩形倒立式电流互感器）

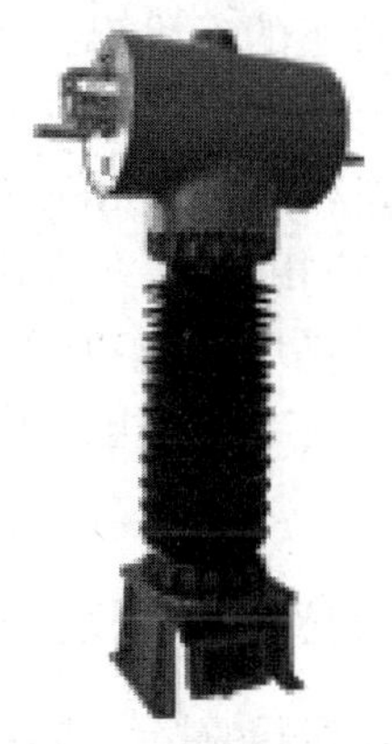

图 2-109 LVQB-110W2 型 SF_6 气体电流互感器（绝缘 T 形倒立式电流互感器）

SF_6 气体电流互感器的优点有：电场分布均匀，局部放电量低；倒立式结构，气体绝缘，抗动热稳定电流能力大；绝缘性能稳定，无老化现象；维护简便，运行安全，无爆炸及火灾可能。

(5) 穿墙式环氧电流互感器。如图 2-110 所示，LA(J)-10 型电流互感器为穿墙式环氧树脂浇注绝缘产品，主要在频率为 50 Hz 或 60 Hz、额定电压为 10 kV 的电力系统中做电能计量、电流测量和继电保护用。

图 2-110 LA(J)-10 型电流互感器

9. 电流互感器的配置原则

(1) 每条支路的电源侧均装设足够数量的电流互感器，供该支路测量、保护使用。此原则同于开关电器的配置原则，因此有断路器与电流互感器紧邻布置。配置的电流互感器应满足下列要求：

① 一般应将保护用电流互感器与测量用电流互感器分开。

② 尽可能将电能计量仪表电流互感器与一般测量用电流互感器分开，前者必须使用0.5级互感器，并应使正常工作电流为电流互感器额定电流的2/3左右。

③ 保护用电流互感器的安装位置应尽量扩大保护范围，尽量消除主保护的不保护区。

④ 大电流接地系统一般应三相配置以反映单相接地故障；小电流接地系统发电机、变压器支路也应三相配置以便监视不对称程度，其余支路一般配置于A、C相。

(2) 为了减轻内部故障时发电机的损伤，用于自动调节励磁装置的电流互感器应布置在发电机定子绕组的出线侧。为了便于分析和在发电机并入系统前发现内部故障，用于测量仪表的电流互感器宜装在发电机中性点侧。

(3) 配备差动保护的元件，应在元件各端口配置电流互感器，当各端口属于同一电压级时，互感器变比应相同，接线方式应相同。Y,d11接线组别变压器的差动保护互感器接线应分别为三角形和星形，以实现两侧二次电流的相位校正。

(4) 为了防止支持式电流互感器套管闪络造成的母线故障，电流互感器通常布置在断路器的出线侧或变压器侧。

10. 电流互感器的使用注意事项

(1) 电流互感器的接线应保证正确。一次绕组应和被测电路串联，二次绕组应与所连接的所有测量仪表、继电保护装置或自动装置的电流线圈串联，同时要注意极性的正确性，一次绕组与二次绕组之间应为减极性关系，若一次电流从同名端流入，则二次电流应从同名端流出。

(2) 电流互感器二次侧所接负载是测量仪表、继电器的电流线圈等，它们匝数少、阻抗小，通过的电流非常大，因此电流互感器在正常运行状态下近似于短路状态。

(3) 电流互感器的二次绕组绝对不允许开路。这是因为电流互感器正常工作时，二次电流有去磁作用，使合成磁势很小。当二次绕组开路时，二次电流的去磁作用消失，一次电流将全部用来激磁，这时，将在二次侧产生超过正常值几十倍的磁通，结果会使铁芯过热而损坏互感器。同时，由于铁芯中磁通的急剧增加，将在二次绕组上产生过电压(可能达到数百伏甚至数千伏)，危及人身和设备安全，因此，为了防止二次绕组开路，规定在二次回路中不准装熔断器等开关电器。如果在运行中必须拆除测量仪表或继电器，则应首先将二次绕组短路。

(4) 电流互感器的二次侧必须可靠接地，但接地点只允许有一个。这是为了防止一、二次绕组之间绝缘损坏或击穿时，一次高电压窜入二次回路，危及人身和设备安全。

2.7.3 电压互感器

电压互感器的作用是隔离高电压，并把高电压变为低电压，供继电保护、自动装置和测量仪表获取一次侧电压信息。

按工作原理，电压互感器可分为电磁式电压互感器和电容式电压互感器。电磁式电压互感器属于电力变压器型，原理和普通变压器相似，适用于6～110 kV系统，具有价格贵、容量大、误差小的特点。电容式电压互感器属于电容分压型，适用于110～500 kV系统，具有价格低、容量小、误差大的特点。

1. 电磁式电压互感器

(1) 电磁式电压互感器的工作原理。电磁式电压互感器的工作原理如图 2-111 所示，相当于降压变压器。工作时，一次绕组并联在一次系统电路中，二次绕组并联仪表、继电器的电压线圈。因此，电磁式电压互感器电压低，额定电压一般为 100 V；容量小，只有几十伏安或几百伏安；负荷阻抗大，工作时其二次侧接近于空载状态，且多数情况下它的负荷是恒定的。电磁式电压互感器的一次电压 U_1 与二次电压 U_2 之间的数值关系为

$$U_1 \approx (N_1/N_2)U_2 \approx K_u U_2 \tag{2-10}$$

式中，N_1、N_2 为电磁式电压互感器一次绕组匝数和二次绕组匝数；K_u 为电压互感器的变压比。

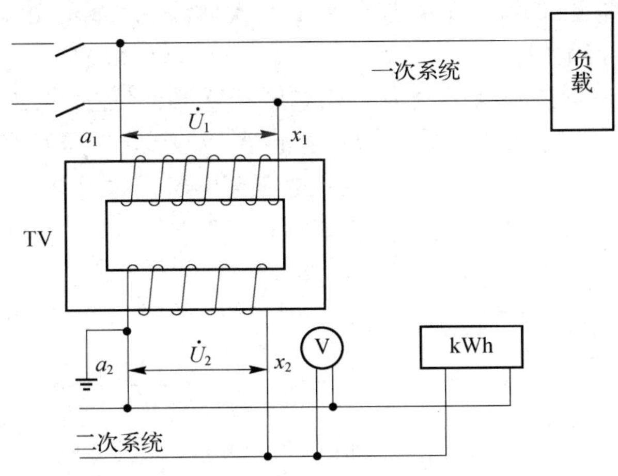

图 2-111 电磁式电压互感器的工作原理

(2) 电磁式电压互感器的测量误差。电磁式电压互感器存在励磁电流和内阻抗，使得二次电压和一次电压大小不等，相位差也不等于 180°，即电磁式电压互感器的测量结果会存在误差，通常用电压误差和角误差表示。

① 电压误差。电压误差为二次电压的测量值乘额定互感比所得一次电压的近似值 ($k_u U_2$) 与实际一次电压 U_1 之差对一次电压实际值的百分比。

$$\Delta U \approx \frac{k_u U_2 - U_1}{U_1} \times 100\% \tag{2-11}$$

② 角误差。角误差为旋转 180°的二次电压相量与一次电压相量之间的夹角 δ。并且规定旋转后的二次电压相量超前于一次相量时，角误差 δ 为正，反之为负。

角误差对功率型测量仪表和继电器及反映相位的保护装置会有影响。

(3) 电磁式电压互感器运行工况对误差的影响。影响电磁式电压互感器误差的运行工况是一次电压、二次负荷及功率因数。

① 一次电压的影响。电压互感器的一次额定电压已标准化，将一台互感器用于高或低的电压等级中，或运行中离额定电压偏离太远，励磁电流和角都会随着发生变化，电压互感器的误差就会增大。因此，应正确地使用互感器，使一次额定电压与电网的额定电压相适应。

② 二次负载阻抗及功率因数的影响。如果一次电压不变，则二次负载阻抗及功率因数

直接影响误差的大小。当接带的负荷过多时，二次负载阻抗下降，二次电流增大，在电压互感器绕组上的电压降上升，使误差增大；当二次负载的功率因数过大或过小时，除影响电压误差外，角误差也会相应地增大。因此，要保证电压互感器的测量误差不超过规定值，应将其二次负载阻抗和功率因数限制在相应的范围内。

(4) 电磁式电压互感器的分类。

① 电磁式电压互感器按安装地点可分为户内电磁式电压互感器和户外电磁式电压互感器。

② 电磁式电压互感器按相数可分为单相电磁式电压互感器和三相电磁式电压互感器。高压电压互感器一般为单相结构，只有 20 kV 以下才制成三相式。

③ 电磁式电压互感器按每相绕组数可分为双绕组电磁式电压互感器和三绕组电磁式电压互感器。三绕组电磁式电压互感器有两个二次侧绕组(基本二次绕组和辅助二次绕组)。辅助二次绕组供接地保护用。

④ 电磁式电压互感器按绝缘可分为干式电压互感器、浇注式电压互感器、油浸式电压互感器、串级油浸式电压互感器和电容式电压互感器等。干式电压互感器多用于低压，浇注式电压互感器的适用电压为 3～35 kV，油浸式电压互感器的适用电压为 35 kV 及以上。

(5) 电磁式电压互感器型号的表示方法如图 2-112 所示。

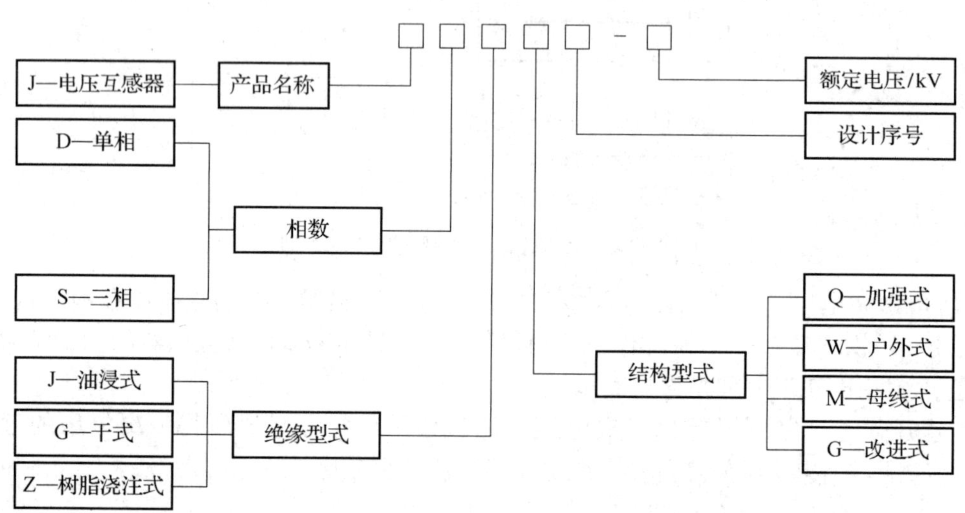

图 2-112　电磁式电压互感器型号的表示方法

(6) 电磁式电压互感器的结构类型。

① 35 kV 及以下的电压互感器。35 kV 及以下电压互感器的结构与普通变压器基本一致，根据其绝缘方式的不同，可分为干式电压互感器、环氧浇注式电压互感器和油浸式电压互感器三种。干式电压互感器一般只用于低压的户内配电装置。浇注式电压互感器用于 3～35 kV 户内配电装置。油浸式电压互感器(如 JDJJ2-35 型、JDJ2-35 型)被广泛用于 35 kV 系统中。

② 110～220 kV 电压互感器。随着电压的升高，电压互感器的绝缘尺寸需增大。为了减小绕组的绝缘厚度，缩短磁路长度，110 kV 及以上的电压互感器采用串级式，铁芯不接地，由绝缘板支撑。JCC1-110 串级式电压互感器的结构原理如图 2-113 所示，一次绕组分两

部分，分别绕在上、下两个铁芯上，二次绕组只绕在下铁芯柱上并置于一次绕组的外面。铁芯和一次绕组的中点相连。当电网电压 U 加到互感器一次绕组时，其铁芯的电位为 $U/2$。而且一次绕组的两个出线端与铁芯间的电位差，一、二次绕组间的电位差及二次绕组和铁芯间的电位差都是 $U/2$。这就降低了对铁芯与一次绕组之间及一、二次绕组之间的绝缘要求。

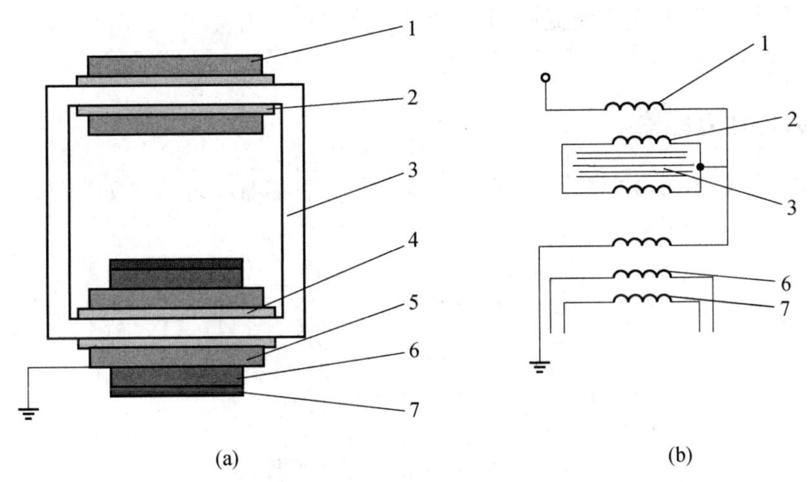

图 2-113 JCC1-110 串级式电压互感器的结构原理

(a)绕组位置 (b)原理接线

1、5—一次绕组；2、4—平衡绕组；3—铁芯；6—二次绕组；7—附加二次绕组

由两台 110 kV 电压互感器串接组成的 220 kV 电压互感器的原理如图 2-114 所示，一次绕组分四级，当电网施加到电压互感器上的电压为 U 时，下互感器铁芯的对地电位为 $U/4$，上互感器铁芯的对地电位为 $3U/4$，上、下两个铁芯间的电位差为 $U/2$。

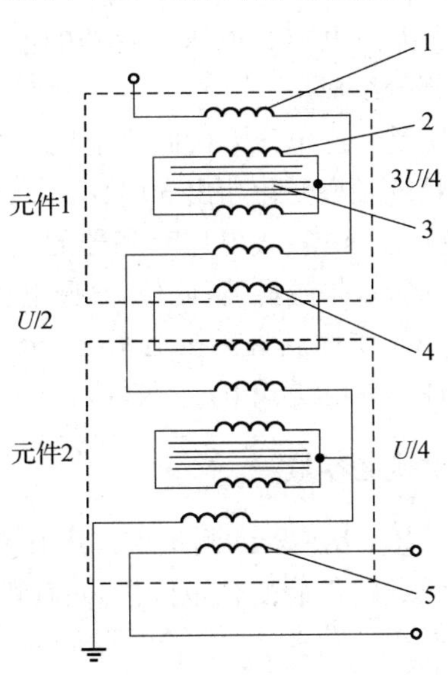

图 2-114 两台 110 kV 电压互感器串接组成的 220 kV 电压互感器的原理

1—一次绕组；2—平衡绕组；3—铁芯；4—连耦绕组；5—二次绕组

JDX-110型电压互感器的铁芯是接地的，为单级绝缘结构。JCC型电压互感器有一个二次绕组，供测量和保护用；一个剩余电压绕组，三相接成开口三角，供测量零序电压用。

JDCF型和JDX-110型电压互感器均有两个二次绕组（测量和保护分开）及一个剩余电压绕组。

电磁式电压互感器可以视为电感元件，与断路器端口并联电容或线路电容形成振荡回路，在操作时，往往会发生铁磁谐振而损坏设备。降低电压互感器磁密度是减少此类事故发生的措施之一。

2. 电容式电压互感器

（1）电容式电压互感器的工作原理。电容式电压互感器原理接线如图2-115所示。

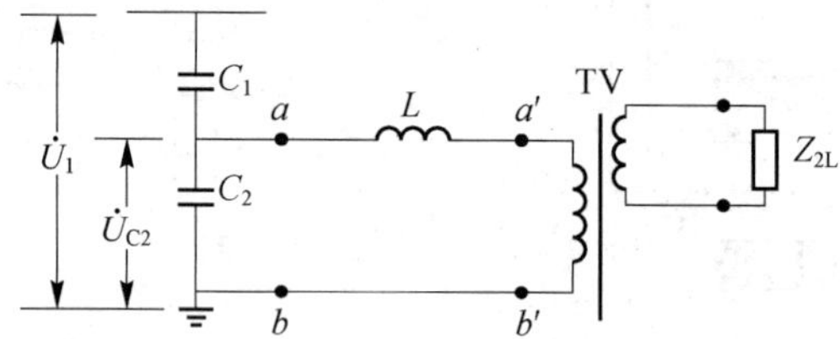

图2-115　电容式电压互感器原理接线

电容式电压互感器实质上是一个电容分压器，在被测装置的相和地之间接有电容 C_1 和 C_2。按反比分压，C_2 上的电压为

$$U_{C2}=\frac{U_1C_1}{C_1+C_2}=KU_1 \tag{2-12}$$

式中，K 为分压比，$K=\frac{C_1}{C_1+C_2}$。

（2）电容式电压互感器的误差。电容式电压互感器的误差由空载误差、负载误差和阻尼器负载电流产生的误差等几部分组成。

电容式电压互感器的误差除受一次电压 U_1、回路阻抗 Z_{2L} 和负载的功率因数 $\cos\varphi_2$ 的影响外，还与电源频率有关，当系统频率变化超出50 Hz±0.5 Hz时，会产生附加误差。

（3）电容式电压互感器的特点。电容式电压互感器的优点是：结构简单、重量轻、体积小、占地少、成本低，并且电压越高，效果越显著；此外，分压电容还可兼作载波通信的耦合电容，因此，广泛应用于110～500 kV中性点直接接地系统。电容式电压互感器的缺点是：输出容量越小，误差越大，暂态特性不如电磁式电压互感器。

3. 电压互感器的准确级和额定容量

（1）电压互感器的准确级。电压互感器的测量误差用其准确级来表示。电压互感器的准确级是指在规定的一次电压和二次负荷变化范围内，负荷的功率因数为额定值时电压误差的最大值。

电压互感器的测量精度有0.2、0.5、1、3、3P、6P六个准确级，同电流互感器一样，误差过大，会影响测量的准确性，或对继电保护产生不良影响。0.2、0.5、1级的适用范围同电流互感器，3级的用于某些测量仪表和继电保护装置。保护用电压互感器用P表示，常用的有3P

和 6P。

(2) 电压互感器的额定容量。电压互感器的误差与二次负荷有关,因此每个准确级都对应着一个额定容量,但一般来说,电压互感器的额定容量是指最高准确级下的额定容量。电压互感器按最高电压下长期工作允许的发热条件,还规定了最大容量。

与电流互感器一样,要求在某些准确级下测量时,二次负载不应超过该准确级规定的容量,否则准确级将下降,测量误差满足不了要求。

4. 电压互感器的接线方式

在三相电力系统中,通常需要测量的电压有线电压、相对地电压和发生单相接地故障时的零序电压。

(1) 一台单相电压互感器接线如图 2-116 所示,可测量某一相间电压(35 kV 及以下的中性点非直接接地电网)或相对地电压(110 kV 及以上中性点直接接地电网)。

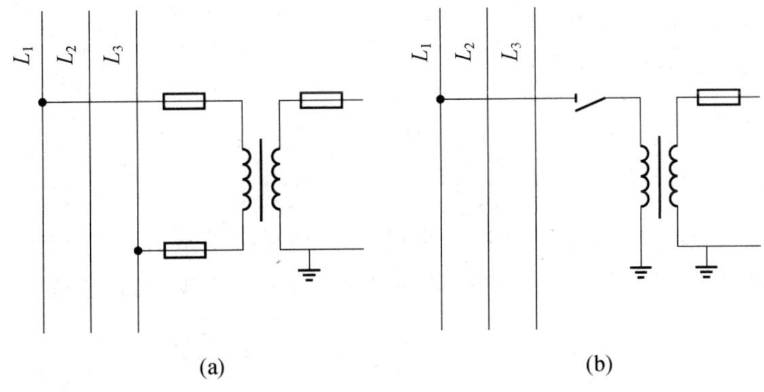

图 2-116 一台单相电压互感器接线

(a)测量一相间电压接线方式 (b)测量相对地间电压接线方式

(2) 如图 2-117 所示,两台单相电压互感器接成 V 形接线,广泛用于 20 kV 及以下中性点不接地或经消弧线圈接地的电网中,可测量线电压,不能测量相电压。

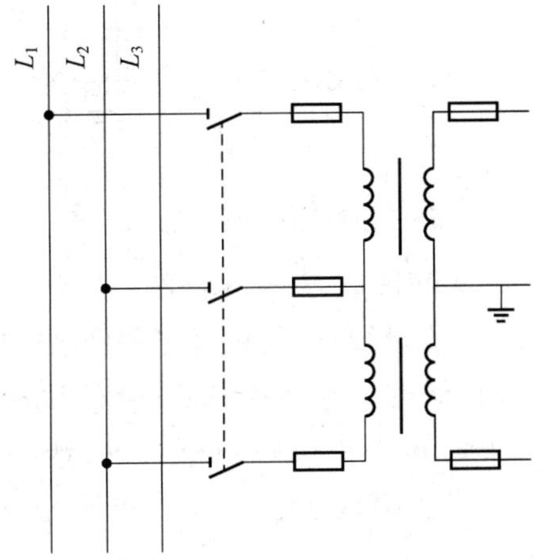

图 2-117 两台单相电压互感器接线(V 形)

(3) 一台三相三柱式电压互感器接成 Y,yn 接线(见图 2-118),所以只能用来测量线电压,不能用来测量相对地电压,因为它的一次侧绕组中性点不能引出,故不能用来监视电网对地绝缘。其原因是中性点非直接接地电网中发生单相接地时,非故障相对地电压会升高,三相对地电压失去平衡,在 3 个铁芯柱中将出现零序磁通。由于零序磁通是同相位的,不能通过 3 个铁芯柱形成闭合回路,而只能通过空气间隙和互感器外壳构成通路,因此磁路磁阻很大,零序励磁电流很大,可能引起电压互感器铁芯过热甚至烧坏。

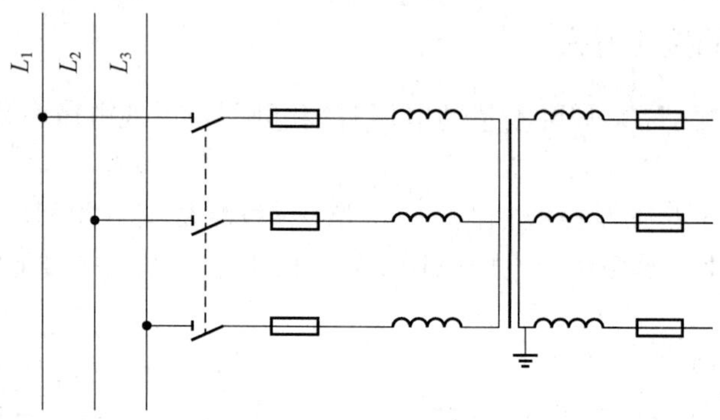

图 2-118 一台三相三柱式电压互感器接线(Y,yn)

(4) 一台三相五柱式电压互感器接成 Y,y,d 接线,如图 2-119 所示。其一次侧绕组、基本二次侧绕组接成星形,且中性点均接地,辅助二次侧绕组接成开口三角形。这种接线可用来测量线电压和相电压,还可用于绝缘监察,故广泛用于小接地电流电网中。

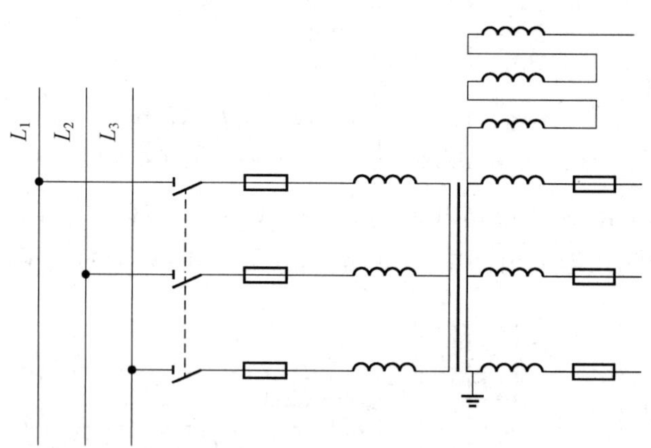

图 2-119 一台三相五柱式电压互感器接线(Y,y,d)

(5) 三台单相三绕组电压互感器接成 Y,y,d 接线,如图 2-120 所示。这种接线形式广泛应用于 35 kV 及以上电网中,可测量线电压、相电压和零序电压。在这种接线形式下发生单相接地时,各相零序磁通以各自的电压互感器铁芯构成回路,因此对电压互感器无影响。这种接线形式的辅助二次侧绕组接成开口三角形,对于 35~60 kV 中性点非直接接地电网,其相电压为 $100/\sqrt{3}$ V;对于中性点直接接地电网,其相电压为 100 V。

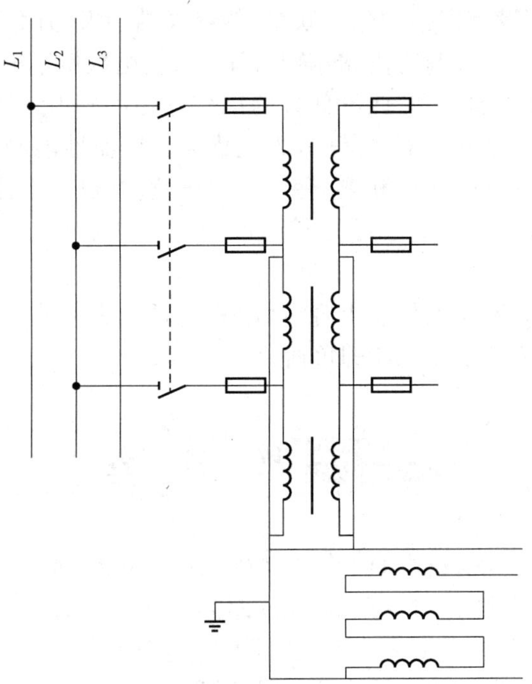

图 2-120 三台单相式电压互感器接线(Y,y,d)

5. 电压互感器的配置

(1) 电压互感器的配置原则。

① 应满足测量、保护、同期和自动装置的要求。

② 保证在运行方式改变时,保护装置不失压,同期点两侧都能方便地取压。

(2) 电压互感器的配置方案。

① 母线。6～220 kV 电压级的每组主母线的三相上应装设电压互感器,旁路母线视回路出线外侧装设电压互感器的需要而确定。

② 线路。当需要监视和检测线路断路器外侧有无电压,供同期和自动重合闸使用时,该侧应装设一台单相电压互感器。

③ 发电机。一般在出口处装两组电压互感器。一组电压互感器(三只单相、双绕组接线)用于自动调节励磁装置;另一组电压互感器供测量仪表、同期和继电保护使用,该组电压互感器采用三相五柱式或三只单相接地专用互感器,接成 Y0,y0 接线,辅助绕组接成开口三角形,供绝缘监察用。当互感器负荷太大时,可增设一组不完全星形连接的互感器,专供测量仪表使用。50 MW 及以上发动机中性点常还设单一相电压互感器,用于 100%定子接地保护。

④ 变压器。在变压器低压侧,有时为了满足同步或继电保护的要求,设有一组电压互感器。

6. 新型互感器

新型互感器的研制与应用使光电子、光纤通信和数字信号处理技术得以发展。新型互感器的特点是:高低压间没有直接的电磁联系,使绝缘结构大为简化;测量过程中不需要消耗很大能量;测量范围宽,暂态响应快,准确度高;二次绕组数量增多,满足多重保护的需要;质量轻、成本低。新型互感器按高、低压部分的耦合方式可分为无线电电磁波耦合互感器、电容耦合互感器和光电耦合互感器。其中,光电耦合互感器性能最佳,研制工作进展很快。其原理是利用石晶材料的磁电效应和电场效应,将被测的电压、电流信号转换成光信号,经光通道传播,由接收装置进行数字化处理,将接收到的光波转变成电信号,并经过放大,供仪表和继电器使用。

非电磁式互感器的共同缺点是输出容量较小,需研制功率更大的放大器或采用小功率的半导体继电保护装置来减小互感器的负荷。

2.8 避　雷　器

电气设备在运行中除承受正常的工作电压外,有时还会遭受过电压,如由雷电引起的雷电过电压、开关操作引起的操作过电压等,由于其数值远远超过工作电压,造成设备绝缘损伤,甚至直接导致损坏,因此,必须采取措施来限制过电压。

避雷器是用来限制过电压的一种保护电器,通常连接于被保护设备的导电端与地之间,既可保护电气设备免受瞬态过电压的危害,又能限制工频续流的持续时间和幅值。

常用的避雷器种类繁多,归纳起来有保护间隙避雷器、管式避雷器、阀式避雷器和氧化锌避雷器。

2.8.1 避雷器概述

1. 避雷器的工作原理

避雷器实质上是一种过电压限制器,并联连接在被保护设备附近。避雷器保护作用原理如图 2-121 所示。避雷器的击穿电压要比被保护设备的低。当过电压波沿线路入侵并超过避雷器的放电电压时,避雷器首先放电将入侵波导入大地,防雷器在几纳秒内导通,并将脉冲电压短路于地泄放,后又恢复为高阻状态,限制了作用于设备上的过电压数值,从而保护了设备绝缘免遭击穿破坏,保证了用户设备的供电。

当入侵波消失后,避雷器应能自行恢复绝缘能力,以免造成工频接地短路事故。

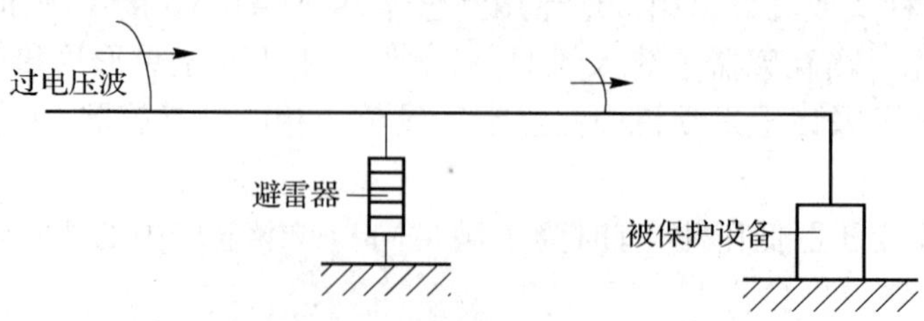

图 2-121　避雷器保护作用原理

2. 避雷器的主要技术指标

(1) 伏秒特性。伏秒特性是指电压与时间的对应关系。伏秒特性曲线是指在冲击电压波形一定的前提下,绝缘的冲击放电电压与相应的放电时间的关系曲线。

(2) 工频续流。工频续流是指雷电压或过电压放电结束,但工频电压仍作用在避雷器上,使其流过的工频短路接地电流。

(3) 绝缘强度自恢复能力。绝缘强度自恢复能力是指电气设备绝缘强度与时间的关系,即恢复到原来绝缘强度的快慢。

(4) 避雷器的额定电压。避雷器的额定电压是指工频续流第一次过零后,间隙所能承受的不至于引起电弧重燃的最大工频电压,又称电弧电压。

3. 对避雷器的基本要求

(1) 避雷器的伏秒特性的上限不得高于电气设备的伏秒特性的下限,如图 2-122 所示。

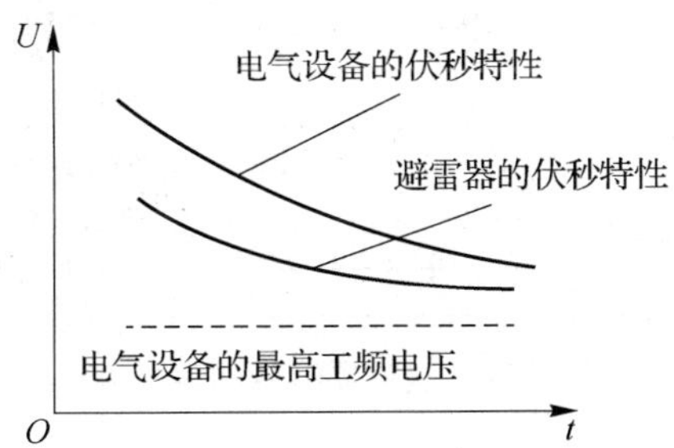

图 2-122 避雷器的伏秒特性曲线

(2) 避雷器间隙绝缘强度的恢复程度应高于避雷器上恢复电压的增长程度,如图 2-123 所示。

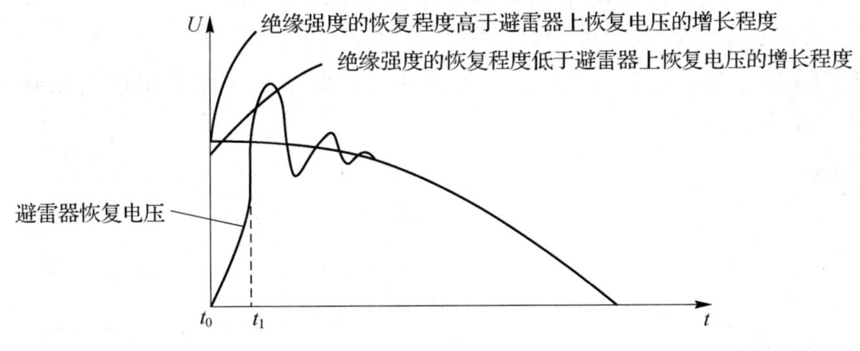

图 2-123 避雷器间隙绝缘强度的恢复曲线

4. 避雷器的型号

避雷器型号的表示方法如图 2-124 所示。

(1) 产品型式。Y 表示交流系统用瓷外套金属氧化物避雷器,YH(HY)表示交流系统用复合外套金属氧化物避雷器。

(2) 标称放电电流。表示交流金属氧化物避雷器的标称放电电流,其单位为 kA。

(3) 结构特征。W 表示无间隙,C 表示串联间隙,B 表示并联间隙。

(4) 使用场所。S 表示适用于配电,Z 表示适用于变电站,R 表示适用于保护电容器组,X 表示适用于输电线路,D 表示适用于旋转电机,T 表示适用于电气化铁道。

(5) 设计序号。设计序号用来反映产品不同的设计和工艺,以阿拉伯数字表示。它既不代表产品的先进性,也不代表某制造厂。

(6) 特征数字。交流金属氧化物避雷器特征数字由避雷器的额定电压(单位为 kV)和标称放电电流下的残压(单位为 kV)两部分组成。

(7) 附加特性。W 表示重污秽地区,G 表示高海拔地区,T 表示湿热带地区,TL 表示避雷器附带脱离器,F 表示带电插拔避雷器,P 表示不带点插拔避雷器。

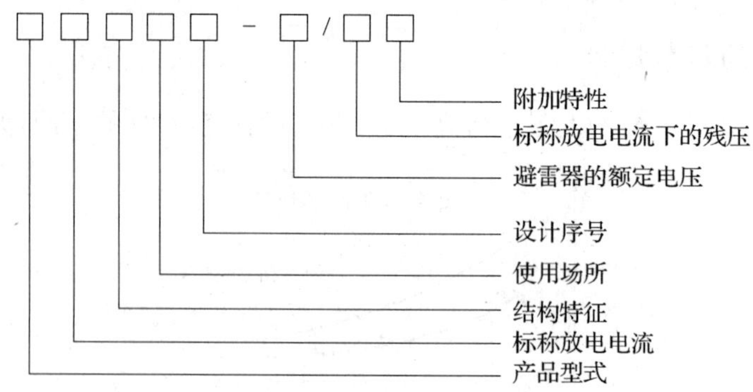

图 2-124　避雷器型号的表示方法

2.8.2　避雷器的主要类型

1. 保护间隙避雷器

常见面形保护间隙避雷器由主间隙和辅助间隙串联构成,如图 2-125 所示。主间隙采用角形,使工频续流电弧在自身电动力和热气流的作用下,易于上升被拉长而自行熄灭。辅助间隙的作用是防止主间隙被外物短接而造成接地短路事故。面形保护间隙避雷器的等效电路如图 2-126 所示。

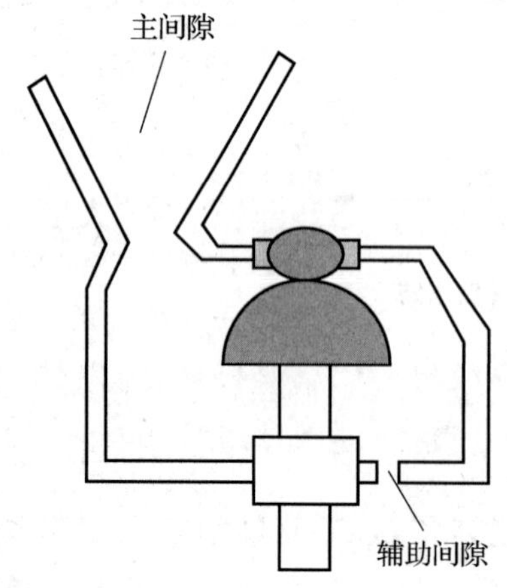

图 2-125　常见面形保护间隙避雷器

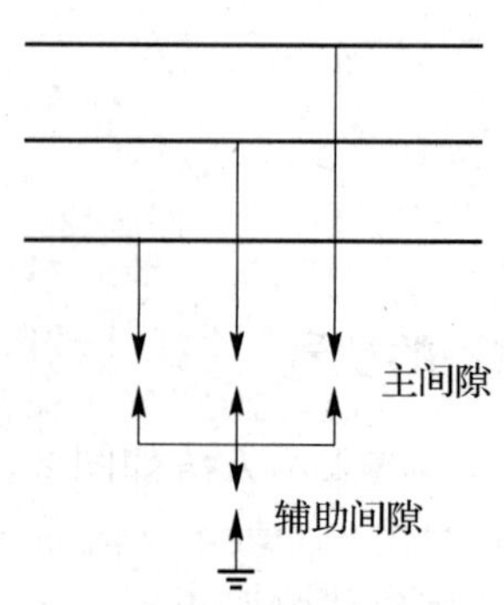

图 2-126　面形保护间隙避雷器的等效电路

保护间隙避雷器可以说是一种最简单的避雷器，按形状可分为棒形避雷器、角形避雷器、环形避雷器、球形避雷器等。

保护间隙避雷器的优点是结构简单、造价低。但是，由于放电间隙暴露在空气中，放电特性受环境影响大，放点分散性大，并且由于一般保护间隙的电场属于极不均匀电场，因此其伏秒特性曲线比较陡，与被保护设备的绝缘配合不理想；同时放电时会产生截波，对有线圈的设备造成危害。保护间隙避雷器另一个严重的缺点是熄弧能力差，强大的冲击电流会造成三相变压器的相间绝缘损坏，对于间隙动作后流过的工频续流往往不能自行熄灭，将引起断路器的跳闸，为了保证安全供电，往往与自动重合闸装置配合使用。因此，保护间隙避雷器主要用于 10 kV 以下的配电线路中，一般安装在高压熔断器的内侧，以减少变电站线路断路器的跳闸次数。

2. 管式避雷器

由于保护间隙避雷器的熄弧能力较差，因此目前使用不多。为了提高熄弧能力，产生了管式避雷器，它实质上是一种具有较高熄弧能力的保护间隙避雷器。管式避雷器也称为排气式避雷器，由产气管、内部间隙（灭弧间隙）、外部间隙三部分组成，并密封在瓷管内，实物如图 2-127 所示，其等效电路如图 2-128 所示。外部间隙的作用是使产气管在正常运作时隔离工作电压和内部电压。内部间隙和产气管的共同作用是产生高压气体吹动电弧，使工频续流第一次过零时熄灭。

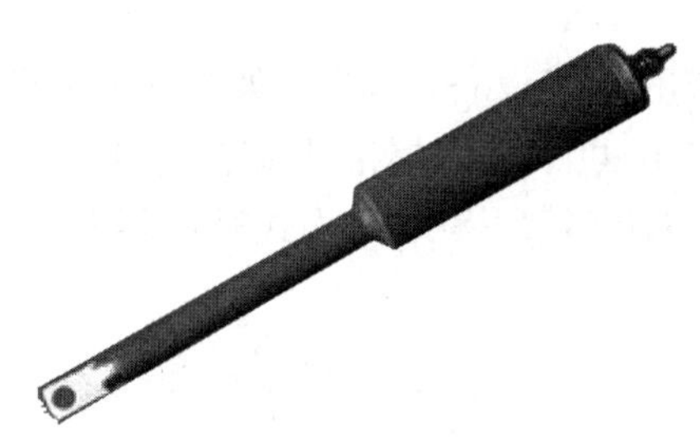

图 2-127　管式避雷器

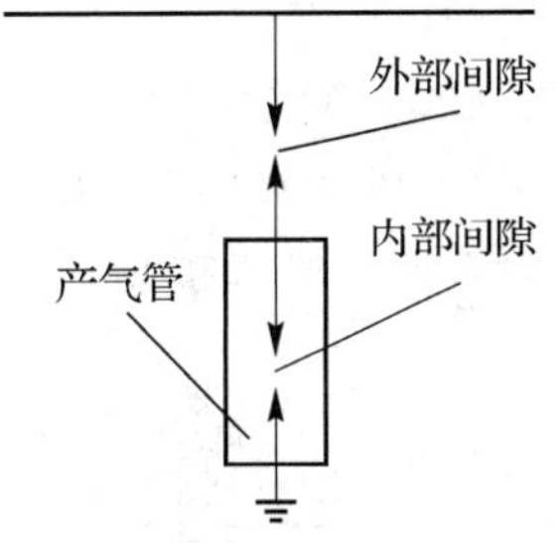

图 2-128　管式避雷器的等效电路

管式避雷器采用了强制熄弧的装置，因此比保护间隙避雷器的熄弧能力强。但由于管式避雷器具有外部间隙，受环境的影响大，故与保护间隙避雷器一样，具有伏秒特性曲线较陡、放电分散性大的缺点，不易与被保护设备实现合理的绝缘配合；同时动作后也会产生截波，不利于变压器等有线圈设备的绝缘。因此，管式避雷器目前只用于输电线路个别地段的保护，如大跨距和交叉档距处，或变电站的进线段保护。

3. 阀式避雷器

阀式避雷器的基本元件是装在密封瓷套中的火花间隙和碳化硅阀片。火花间隙与非线性电阻串联。我国目前生产的阀式避雷器主要分为普通阀式避雷器和磁吹阀式避雷器两大类。普通阀式避雷器有 FS 和 FZ 两种系列，磁吹阀式避雷器有 FCD 和 FCZ 两种系列。

火花间隙是由若干个标准单个火花间隙（间隙电容）串联而成的，并联一组均压电阻，可提高间隙绝缘强度的恢复能力。单个火花间隙由两片电极和一个云母垫圈组成，如图 2-129

所示。云母垫圈的厚度仅为0.5～1 mm，由于电极间的距离很小，电极间的电场比较均匀，因而间隙的伏安特性曲线比较平坦，使避雷器易于与被保护设备实现绝缘配合。火花间隙在正常情况下起隔离作用，以防阀片因长期通过工频电流而损坏；在冲击电压作用下，间隙击穿放电，使雷电流顺利导入大地；在工频恢复电压下，间隙切断工频续流。

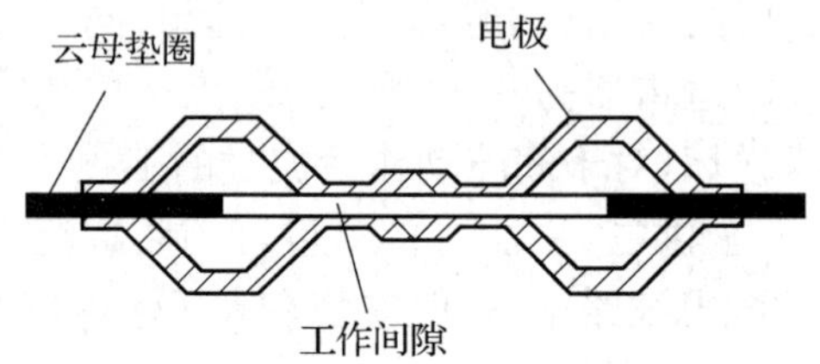

图 2-129　单个火花间隙

阀片是由金刚砂和结合剂（如方解石、玻璃、瓷泥等）在一定的温度下烧结成的直径为5～100 mm的圆柱形阀片。为了使各串联阀片之间保持良好的接触，阀片上下两面用铝粉喷涂。阀片侧面涂以无机绝缘涂料，以防发生沿面闪络。

FS系列阀式避雷器用来保护小容量的配电装置，其额定电压等级为3～10 kV，采用平板间隙和低温阀片，其结构如图2-130所示。火花间隙和阀片装在同一个瓷套内，上部用螺旋形弹簧压紧，弹簧用铜片短接以减小避雷器的感抗。瓷套为密封式，并配有金属连接件。FS系列阀式避雷器所用的阀片直径较小，火花间隙不配分路电阻，所以其通流容量小，伏安特性曲线比较陡。

FZ系列阀式避雷器主要用于保护变电站中的电气设备，其结构如图2-131所示，其额定电压等级为35～220 kV，由多级组合而成。火花间隙采用标准火花间隙组，阀片直径为100 mm，使其通流能力提高，其残压和冲击放电电压都较FS系列阀式避雷器低。

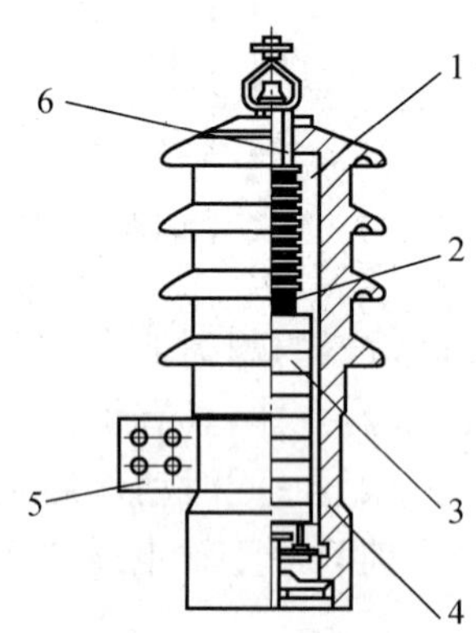

图 2-130　FS系列阀式避雷器的结构

1—密封橡皮；2—火花间隙；3—阀片；4—瓷套；5—安装卡子；6—弹簧

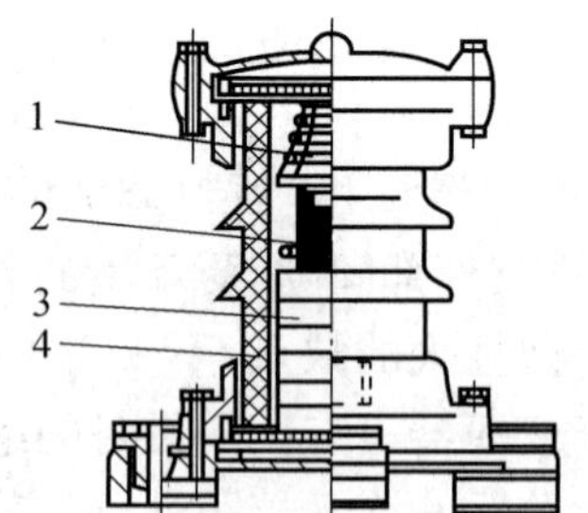

图 2-131　FZ系列阀式避雷器的结构

1—弹簧；2—火花间隙；3—阀片；4—瓷套

为了进一步改善阀式避雷器的性能，采用磁吹间隙，即利用磁场使电弧运动加速去游离，以提高间隙的灭弧能力。常用的磁吹间隙有电弧旋转式和电弧拉长式两种。

为防止磁吹线圈在雷电流作用下发生损坏，通常在磁吹线圈上并接一分流间隙（辅助间隙），其等效电路如图2-132所示。当雷电过电压作用于磁吹阀式避雷器时，主、辅间隙同时被击穿，雷电流不经过磁吹线圈即被引入大地。雷电流泄放入大地之后，工频续流仍然存在，首先辅助间隙中的电弧自动熄灭，同时工频续流流经磁吹线圈并产生磁场，加速主间隙电弧的熄灭。

4. 氧化锌避雷器

氧化锌避雷器与普通阀式避雷器在结构上的主要区别是阀片的材料不同，氧化锌避雷器的阀片是以氧化锌为主体，添加其他少量金属氧化物(如三氧化二铋、三氧化二钴、二氧化锰、三氧化二锑等)，经过粉碎混合后至 1 000 ℃以上高温烧结而成。氧化锌阀片比碳化硅阀片具有更优良的非线性，非线性系数仅为 0.01～0.04，即使在大电流下，非线性系数也不大于 0.1。在正常运行电压下，流过的电流很小，仅 1 mA 左右，不会使阀片过热烧坏，因此可以不用串联间隙来隔离工作电压。而在高电压下，氧化锌阀片的电阻瞬时变得很小，可以通过大量电流，残压也很低。

氧化锌避雷器有无间隙、带并联间隙和带串联间隙三种结构形式，其中无间隙型是主要形式，如图 2-133 所示。

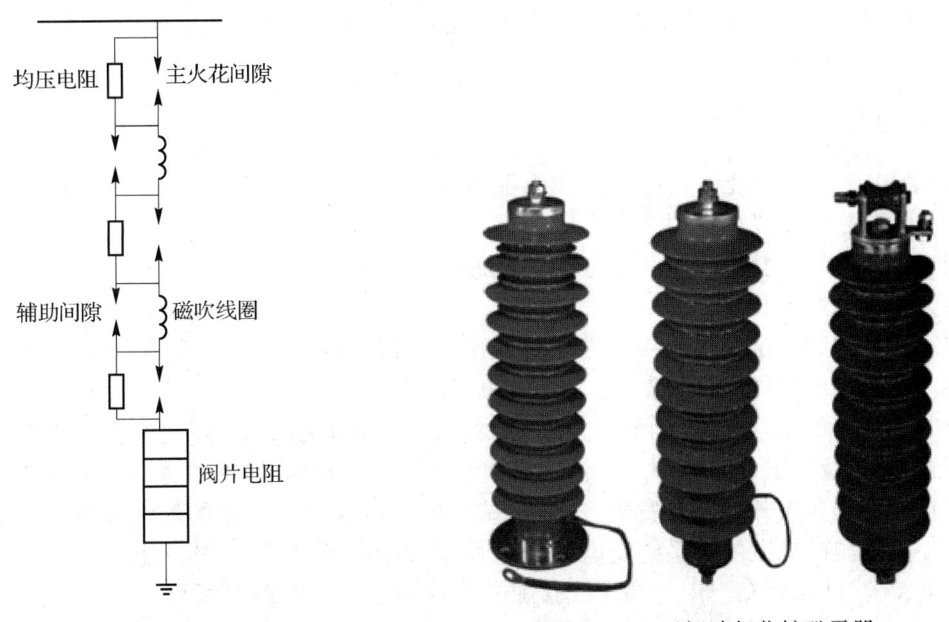

图 2-132 磁吹阀式避雷器的等效电路

图 2-133 无间隙氧化锌避雷器

氧化锌避雷器除了具有结构简单、体积小、质量轻、使用寿命长等优点外，由于没有间隙，因此性能稳定、制造方便，而且不存在直流下灭弧难的问题，因此易于制成直流避雷器。与传统的碳化硅避雷器相比，氧化锌避雷器具有以下特点：

(1) 优异的保护性能。氧化锌避雷器具有很好的非线性特性。

(2) 大的通流能力。氧化锌避雷器具有良好的吸收雷击过电压和暂态过电压的能力。

(3) 较高的运行可靠性。氧化锌避雷器在正常的工作状态下接近绝缘状态，工频续流仅为微安级，能量释放后快速恢复高阻状态，运行可靠性高，抗污秽能力强。

2.9 配电装置

2.9.1 配电装置概述

1. 对配电装置的基本要求

配电装置是按电气主接线的要求，把一、二次电气设备(如开关设备、保护电器、检测仪表、母线)和必要的辅助设备组装在一起构成的在供配电系统中进行接收、分配和控制电能的总体装置。

配电装置应满足以下基本要求：

(1) 设计应符合国家技术经济政策，满足有关规程的要求。

(2) 设备选择合理，技术性能可靠。

(3) 布置整齐、清晰，有足够的安全距离，以保证人身和设备安全，操作、巡视、检修方便。

(4) 在保证安全、可靠的条件下，力求降低造价，减少工程量和占地面积。

(5) 留有发展扩建的余地。

2. 配电装置的分类

(1) 配电装置按安装地点可分为户内配电装置和户外配电装置。为了节约用地，一般35 kV及以下配电装置宜采用户内式。

(2) 配电装置按组装方式可分为装配式配电装置和成套配电装置。电气设备在现场组装的称为装配式配电装置。

在制造厂按照一定的线路接线方案预先把电器组装成柜再运到现场安装，称为成套配电装置。制造厂成套供应的设备，称为组合电器或开关柜。组合电器或开关柜是将电气主电路分成若干个单元，每个单元即一条回路，将每个单元的断路器、隔离开关、电流互感器、电压互感器，以及保护、控制、测量等设备集中装配在一个整体柜(通常称为一面或一个高压开关柜)内，多个高压开关柜在发电厂、变电站或配电所安装后组成的配电装置称为成套配电装置。由于城市轨道供电系统变电站都建在城市中心地带，因而其配电装置都选择采用成套配电装置，并布置在户内。高压成套配电装置的分类如表2-13所示。

表2-13 高压成套配电装置的分类

分类方法	类　型
按主要设备的安装方式	固定式、移开式(手车式)
按开关柜隔室的构成形式	铠装式、间隔式、箱型、半封闭型等
按母线系统	单母线型、单母线带旁路母线型和双母线型
按一次电路安装的主要元器件和用途	断路器柜、负荷开关柜、高压电容器柜、电能计量柜、高压环网柜、熔断器柜、电压互感器柜、隔离开关柜、避雷器柜等
按绝缘介质	AIS、GIS

注：AIS(air insulated switchgear)是以大气绝缘(包括大气与固体绝缘组成的复合绝缘)的开关柜，GIS(gas insulated switchgear)是以SF_6气体为绝缘介质的开关柜。

3. 开关柜的结构设计要求

开关柜在结构设计上要求具有“五防”功能。所谓“五防”，即防止误操作断路器，防止带负荷拉合隔离开关(防止带负荷推拉小车)，防止带电挂接地线(防止带电合接地开关)，防止带接地线(接地开关处于接地位置时)送电，防止误入带电间隔。

城市轨道交通供电系统中，110 kV 及以上开关柜采用 GIS(断路器采用 SF_6 断路器)，35 kV 开关柜采用 GIS(断路器采用真空断路器)，10 kV 开关柜采用 AIS(断路器采用真空断路器)，0.4 kV 开关柜采用 AIS(断路器采用空气断路器)。

4. 配电装置的最小安全净距

配电装置的各种结构尺寸是综合考虑到设备外形尺寸、检修维护和搬运的安全距离、电气绝缘距离等因素决定的。各种间隔距离中最基本的是空气中不同相的带电部分之间或各带电部分对接地部分之间的空间最小安全净距，在《高压配电装置设计技术规程》(DL/T 5352—2006)中称为 A 值。在此距离下，无论是处于正常最高工作电压下，还是处于内外过电压下，空气间隙均不致被击穿。《高压配电装置设计技术规程》(DL/T 5352—2006)规定的屋内、屋外配电装置的最小安全净距如表 2-14 和表 2-15 所示，其中，B、C、D、E 等类的电气距离是在 A 值的基础上考虑运行维护、搬运和检修工具活动范围及施工误差等因素确定的。屋内配电装置的最小安全净距校验如图 2-134 所示。

表 2-14 屋内配电装置的最小安全净距 单位:mm

<table>
<tr><th rowspan="2">符号</th><th rowspan="2">适应范围</th><th colspan="8">系统标称电压/kV</th></tr>
<tr><th>3</th><th>6</th><th>10</th><th>15</th><th>20</th><th>35</th><th>66</th><th>110J</th></tr>
<tr><td rowspan="2">A_1</td><td>带电部分至接地部分之间</td><td rowspan="2">75</td><td rowspan="2">100</td><td rowspan="2">125</td><td rowspan="2">150</td><td rowspan="2">180</td><td rowspan="2">300</td><td rowspan="2">550</td><td rowspan="2">850</td></tr>
<tr><td>网状和板状遮拦向上延伸线距地 2.3 m 处与遮拦上方带电部分之间</td></tr>
<tr><td rowspan="2">A_2</td><td>不同相的带电部分之间</td><td rowspan="2">75</td><td rowspan="2">100</td><td rowspan="2">125</td><td rowspan="2">150</td><td rowspan="2">180</td><td rowspan="2">300</td><td rowspan="2">550</td><td rowspan="2">900</td></tr>
<tr><td>断路器和隔离开关的断口两侧引线带电部分之间</td></tr>
<tr><td rowspan="2">B_1</td><td>栅状遮拦至带电部分之间</td><td rowspan="2">825</td><td rowspan="2">850</td><td rowspan="2">875</td><td rowspan="2">900</td><td rowspan="2">930</td><td rowspan="2">1 050</td><td rowspan="2">1 300</td><td rowspan="2">1 600</td></tr>
<tr><td>交叉的不同时停电检修的无遮拦带电部分之间</td></tr>
<tr><td>B_2</td><td>网状遮拦至带电部分之间</td><td>175</td><td>200</td><td>225</td><td>250</td><td>280</td><td>400</td><td>650</td><td>950</td></tr>
<tr><td>C</td><td>无遮拦裸导体至地(楼)面之间</td><td>2 500</td><td>2 500</td><td>2 500</td><td>2 500</td><td>2 500</td><td>2 600</td><td>2 850</td><td>3 150</td></tr>
<tr><td>D</td><td>平行的不同时停电检修的无遮拦裸导体之间</td><td>1 875</td><td>1 900</td><td>1 925</td><td>1 950</td><td>1 980</td><td>2 100</td><td>2 350</td><td>2 650</td></tr>
<tr><td>E</td><td>通向屋外的出线套管至屋外通道的路面</td><td>4 000</td><td>4 000</td><td>4 000</td><td>4 000</td><td>4 000</td><td>4 000</td><td>4 500</td><td>5 000</td></tr>
</table>

注 1:110J 指中性点有效接地系统。

注 2:海拔超过 1 000 m 时，对 A 值应进行修正。

注 3:通向屋外配电装置的出线套管至屋外地面的距离，不应小于表 2-15 中所列屋外部分之 C 值。

注 4:当为板状遮拦时，其 B_2 值可取(A_1+30)mm。

表 2-15　屋外配电装置的最小安全净距　　单位：mm

符号	适应范围	系统标称电压/kV					
		3～10	15～20	35	66	110J	110
A_1	带电部分至接地部分之间 网状遮拦向上延伸线距地 2.5 m 处与遮拦上方带电部分之间	200	300	400	650	900	1 000
A_2	不同相的带电部分之间 断路器和隔离开关的断口两侧引线带电部分之间	200	300	400	650	1 000	1 100
B_1	设备运输时，其设备外廓至无遮拦带电部分之间 交叉的不同时停电检修的无遮拦带电部分之间 栅状遮拦至绝缘体和带电部分之间 带电作业时带电部分至接地部分之间	950	1 050	1 150	1 400	1 650	1 750
B_2	网状遮拦至带电部分之间	300	400	500	750	1 000	1 100
C	无遮拦裸导体至地面之间 无遮拦裸导体至建筑物、构筑物顶部之间	2 700	2 800	2 900	3 100	3 400	3 500
D	平行的不同时停电检修的无遮拦带电部分之间 带电部分与建筑物、构筑物的边沿部分之间	2 200	2 300	2 400	2 600	2 900	3 000

注 1：110J 指中性点有效接地系统。

注 2：海拔超过 1 000 m 时，对 A 值应进行修正。

注 3：本表所列各值不适用于制造厂的成套配电装置。

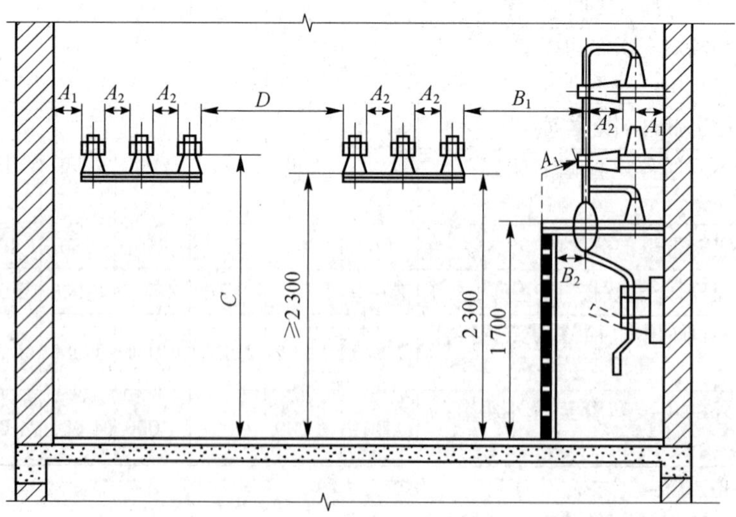

图 2-134　屋内配电装置的最小安全净距校验

屋外配电装置使用软导线时，在不同条件下，带电部分至接地部分和不同相带电部分之间的最小安全净距，应根据表 2-16 进行校验，并采用其中最大数值。配电装置中，相邻带电部分的额定电压不同时，应按较高的额定电压确定其最小安全净距。屋外配电装置带电部分的上面或下面，不应有照明、通信和信号线路架空跨越或穿过；屋内配电装置的带电部分上面不应有明敷的照明、动力线路或管线跨越。

表 2-16　不同条件下的计算风速和安全净距　　单位：mm

条件	校验条件	计算风速 $/(\mathrm{m\cdot s^{-1}})$	A 值	系统标称电压/kV						
				35	66	110J	110	220J	230J	500J
雷电电压	雷电过电压和风偏	10[①]	A_1	400	650	900	1 000	1 800	2 400	3 200
			A_2	400	650	1 000	1 100	2 000	2 600	3 600
操作电压	操作过电压和风偏	最大设计风速的 50%	A_1	—	—	—	—	1 800	2 500	3 500
			A_2	—	—	—	—	2 000	2 800	4 300
工频电压	最大工作电压、短路和风偏(取 10 m/s 风速)	10 或最大设计风速	A_1	150	300	300	450	600	1 100	1 600
	最大工作电压和风偏(取最大设计风速)		A_2	150	300	500	500	900	1 700	2 400

注：①在气象条件恶劣的地区(如最大设计风速为 35 m/s 及以上，以及雷暴时风速较大的地区)用 15 m/s。

2.9.2 GIS 组合电器

1. 定义

GIS 组合电器是将断路器、隔离开关、接地开关、互感器、避雷器、母线、连接件等单元封闭在接地的金属体内组成的。其内部充有一定压力并有优异灭弧和绝缘能力的 SF_6 气体。由于 GIS 组合电器既封闭又组合，故占地面积小，占用空间少，基本不受外界环境的影响，不产生噪声和无线电干扰，运行安全可靠，且维护工作量少，在城网建设和改造工程中得到了广泛的应用。

2. 优点

(1) 最大限度地缩小成套配电装置的占地面积和空间体积，结构十分紧凑。110～220 kV GIS 组合电器的占地面积仅为敞开式变电站(AIS)的 1/10，这在人口高度集中的大都市和密集的负荷中心显得更为重要。

(2) 全封闭的电器结构不受污染、雨雷、尘沙及盐雾等各种恶劣自然条件的影响，减少了发生设备事故的可能性，特别适用于工业污染、气候恶劣及高海拔地区。

(3) 安装方便。GIS 组合电器已向三相共简化、复合化和智能化方向发展，一般由整件或若干单元组成，可大大缩短安装工期。

3. 地铁变电站 8DA10 型 GIS 开关设备

8DA10 型 GIS 是德国西门子公司推出的开关设备，面板如图 2-135 所示，8DA10(3 极)

开关柜的内部设备如图 2-136 所示。其额定电压为 40.5 kV，额定电流为 3 150 A，适用于 100 kA 的最大允许额定短路电流和 40 kA 最大短路分断电流，主要在变电站和配电站中使用，可完成用户变电站的开关任务。

图 2-135　8DA10 型 GIS 开关设备的面板

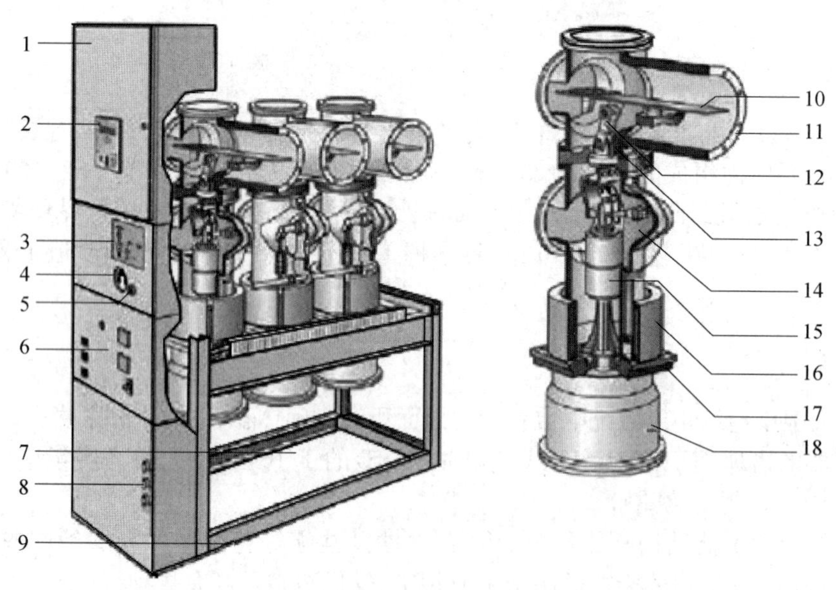

图 2-136　8DA10(3 极)开关柜的内部设备

1—低压室；2—保护继电器；3—用于三位置隔离开关的控制与指示板；4—用于馈线气体室的气体压力指示器；5—气体灌充阀；6—真空断路器的控制与指示板；7—电缆隔室；8—用于电压检测系统的插孔；9—框架；10—母线；11—母线外壳；12—三位置隔离开关；13—上套管；14—断路器外壳；15—真空灭弧室；16—电流互感器；17—下套管；18—开关柜连接外壳

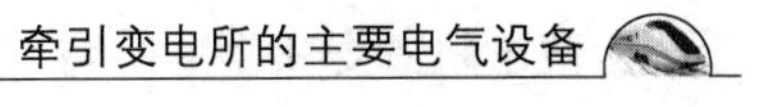

该GIS每相有两个接地的铸铝圆筒外壳，呈T形排列。上部圆筒中装有母线、隔离开关，下部圆筒中装有真空断路器，电流互感器放在圆筒之下，电缆接头由下部引出。采用免维护的真空断路器、紧凑式的三位置隔离开关，断路器的操动机构为弹簧储能操动机构。

8DA10型开关柜为单母线三极开关柜，其结构大致可分为高压断路器柜、高压断路器、操动机构箱、三位置隔离开关、电压互感器、电流互感器、气室等部分。

(1) 高压断路器柜。高压断路器柜具有进线和出线功能。它可携带或分断所有额定母线及馈线电流及相应铭牌上标出的短路电流。高压断路器柜主要由框架、低压室、开关柜极柱等部分组成。

① 框架。框架是开关柜极柱和开关柜前端的支撑件，形成电缆连接隔室。

② 低压室。低压室用于安放保护、控制、测量和计量装置，如保护继电器、用于三位置隔离开关的控制与指示板、断路器位置指示器等。

③ 开关柜极柱。开关柜极柱是前后布置的，一个开关柜极柱包含一个垂直安排的外壳，内设一个真空灭弧室。单极柱的内部结构如图2-137所示。

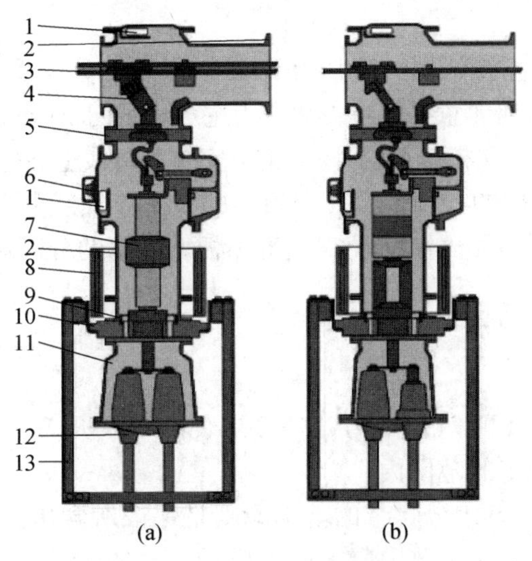

图2-137　单极柱的内部结构

(a)40 kA　(b)31.5 kA

1—干燥剂；2—铸铝腔体；3—母线排；4—三位置开关；5—气密衬套；6—安全隔膜；7—真空灭弧室；8—电流互感器；9—容性耦合电极；10—极柱支撑板；11—柜体连接件；12—内锥式插接件；13—外壳

(2) 高压断路器。真空断路器是开关柜不可分割的一部分，主要由弹簧机构、断路器控制单元、分断杆和开关柜极柱组成。真空断路器与高压开关柜之间设有机械联锁装置，断路器和三位置隔离开关以机械方式进行联锁。安装在极柱内的真空灭弧室如图2-138所示。

(3) 操动机构箱。操动机构箱通过一个可拆卸的前板进行密封。断路器可通过电气方式进行合闸，或者使用ON按钮以机械方式进行合闸。操作动力通过一个操作连杆机构被传输至真空灭弧室。合闸弹簧在合闸之后立即由电机进行重新储能。如果电机电源出现故障，则可手动对合闸弹簧进行储能。弹簧储能状况可从指示器上读出。

图 2-138　安装在极柱内的真空灭弧室

1—套管；2—顶部法兰；3—灭弧室支撑件；4—真空灭弧室；5—电流互感器

(4) 三位置隔离开关。三位置隔离开关将隔离开关与接地开关的功能组合在一起，仅用于无负载操作。

(5) 电压互感器和电流互感器。电压互感器作为法兰分隔器安装在柜接头的上方，或者作为内锥式插入系统插到任意插孔中。电压互感器适用于所有保护和测量功能。

电流互感器可布置在开关柜气箱的外侧，也可安装在母线上、断路器外壳上及柜接头处。

(6) 气室。每段母线排的各相都有一个独立的气室。馈线断路器连同电缆连接采用同一气室。母线排气室和断路器气室间设有气密隔板。气室的分隔利于实现故障定位。

4. GIS开关柜的运行管理

(1) SF_6 气体管理。

① 压力(密度)管理。SF_6 气体压力(密度)是表征 GIS 开关柜性能的宏观标志，必须经常保持在产品技术条件规定的范围内。

② 水分管理。控制 GIS 水分含量的基本原则是保证所含水蒸气的露点在 −5 ℃以下，使固体绝缘件的沿面闪络电压不致因凝露而降低；保证与电弧分解物作用的生成物很少，不致引起设备损坏或性能下降。

③ 纯度管理。充入 GIS 的气体应是经过抽样检查，符合新气纯度指标的合格气体。运行一段时间后，随着空气的侵入，电弧或局部放电等现象的出现，会使气体逐渐被污染，纯度降低。试验表明，当 SF_6 气体含量(体积百分数)在 95%以上时，对绝缘和开断性能影响甚微。

(2) 对开关柜内各主要元件，如断路器、负荷开关、熔断器、隔离开关、接地开关、避雷器、互感器等仍需按各自特性进行巡视检查。

(3) 各测控、保护装置除各自运行良好外，还需保证与 SCADA 系统通信正常。

(4) 开关柜巡视的一般检查项目。

① 设备安装牢固、无倾斜，外壳无严重锈蚀、接地良好，基础、支架应无严重破损剥落。

② 各断路器、隔离开关的显示位置是否与实际位置相符。

③ 各间隔气室的 SF_6 气压表的显示是否在正常范围内。

④ 液压操动机构、气动操动机构的压力表的显示是否在正常范围内，以判断是否有漏

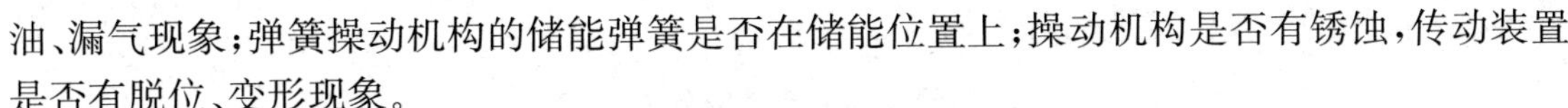

油、漏气现象；弹簧操动机构的储能弹簧是否在储能位置上；操动机构是否有锈蚀，传动装置是否有脱位、变形现象。

⑤ 正常运行时，“当地/远方”控制选择应在“远方”位。

⑥ 正常运行时，相关的联锁不应解锁，电磁锁、机械锁、带电显示装置正常。

⑦ 各测控、保护装置运行是否正常，有无异常的信号显示或弹出告警栏。

⑧ 开关柜外壳接地部分是否良好。

⑨ SF_6 气压防爆装置是否良好，正常巡视时勿在防爆膜附近长时间停留。

⑩ 各类中间继电器、接触器运行是否正常，用于防潮、防凝露的加热器工作是否正常。

2.10 接地装置

2.10.1 接地

1. 接地的相关概念与分类

(1) 接地。电气设备的任何部分与大地之间进行良好的电气连接称为接地。接地的主要功能是维护系统和设备运行的可靠性、稳定性，保护设备和人身安全，防止雷电危害，抑制电磁干扰，等等。接地处理得正确与否，尤其对供电系统安全运行、保护设备绝缘免受异常过电压破坏、防止人身遭受电击有重要的作用。

“地”的概念包括大地，或指范围更加广泛、能用来代替大地的等效导体，如飞机、轮船的金属外壳等。

在城市轨道交通工程中，关于地的概念也很多，有大地、结构地、牵引系统地等，其中牵引系统地即直流牵引供电系统回流用的钢轨。

(2) 接地体。埋入地中并直接与大地接触的金属导体称接地体，或称接地极。专门为接地而人为装设的接地体称为人工接地体。兼作接地体用的直接与大地接触的各种金属构件、金属管道及建筑物的钢筋混凝土基础等称为自然接地体。连接于接地体与电气设备接地部分之间的金属导线称为接地线。接地线与接地体合称为接地装置，如图 2-139 所示。由若干接地体在大地中相互用接地线连接起来的一个整体称为接地网。接地线又分为接地干线和接地支线，接地干线一般应采用不少于两根导体在不同地点与接地网连接。

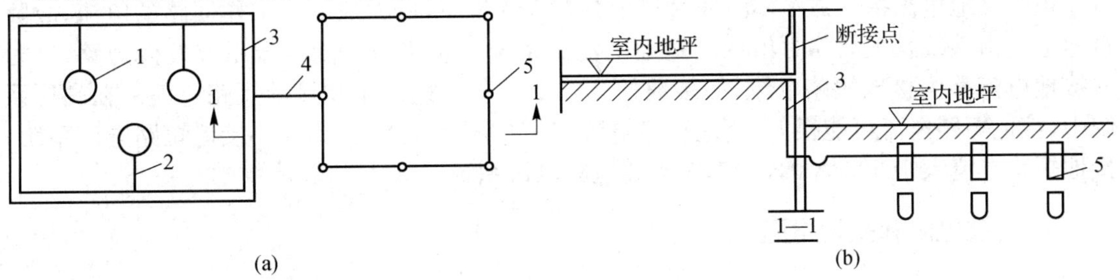

图 2-139 接地装置

1—电气设备；2—接地支线；3—接地干线；4—接地引下线；5—接地体

(3) 接地的分类。接地的分类如表 2-17 所示。

表 2-17　接地的分类

分类方法	类　　型
按供电系统电流制式和频率	① 交流供电系统的工频接地。 ② 直流牵引供电系统的接地。 ③ 雷电及过电压的冲击接地
按供电系统电压等级	① 高压系统的接地。 ② 中压系统的接地。 ③ 低压系统的接地
按作用	① 功能性接地。这是为了系统正常运行的可靠性及异常情况下保障系统的稳定性而设置的,如工作接地、电磁兼容接地等。 ·工作接地。为了保证供电系统的正常运行,防止系统振荡,保证继电保护的可靠性而将系统内电源端带电导体进行的接地称为工作接地。例如,主变压器、配电变压器的中性点接地就属于工作接地。 ·电磁兼容接地。为了避免器件、电路、设备或系统在其电磁环境中构成不能承受的电磁干扰,保证其正常工作而进行的接地称为电磁兼容接地。 ② 保护性接地。保护性接地是以人身和设备安全为目的的,如保护接地、防雷接地、内部过电压设备的接地等。 ·保护接地。为了防止电气设备绝缘损坏或产生漏电时,使正常运行不带电的电气设备、外露可导电部分或电气装置外露可导电部分带电而导致电击危险,对电气设备的金属外壳、配电装置的金属构架等进行的可靠接地称为保护接地。 ·防雷接地。防雷接地为雷电流提供导入大地的通路,防止或减轻建筑物、构筑物、电气设备等遭受雷电流的破坏,防止人身遭受雷击。 ·内部过电压设备的接地。内部过电压保护设备也是避雷器或阻容吸收装置,是为系统运行产生的异常电磁能量提供向大地释放的通路,避免设备绝缘破坏;装置一端接在相线上,另一端接地,当内部过电压超过避雷器的放电值时,避雷器将被击穿,从而保护电气设备绝缘不被损坏

为达到系统或设备的运行要求,各种接地应彼此关联、共同作用。

2. 接地电流与接地短路电流

从带电体流入地下的电流即属于接地电流。接地电流有正常接地电流和故障接地电流。正常接地电流指正常工作时通过接地装置流入地下,借大地形成工作回路的电流;故障接地电流指系统发生故障时出现的接地电流。系统一相接地可能导致系统发生短路,这时的接地电流称为接地短路电流,如接地的 380/220 V 系统的单相接地短路电流。在高压系统中,接地短路电流可能很大,接地短路电流在 200 A 及以下的,称为小接地短路电流系统;接地短路电流大于 500 A 的,称为大接地短路电流系统。

3. 流散电阻和接地电阻

接地电流流入地下以后,就通过接地体向大地呈半球形散开,这一接地电流就称为流散电流 I_K。流散电流在土壤中遇到的全部电阻称为流散电阻,如图 2-140 所示。

接地电阻是接地体的流散电阻与接地线的电阻之和。接地线的电阻一般很小,可以忽略不计。因此,在绝大多数情况下可以认为流散电阻就是接地电阻。

4. 对地电压

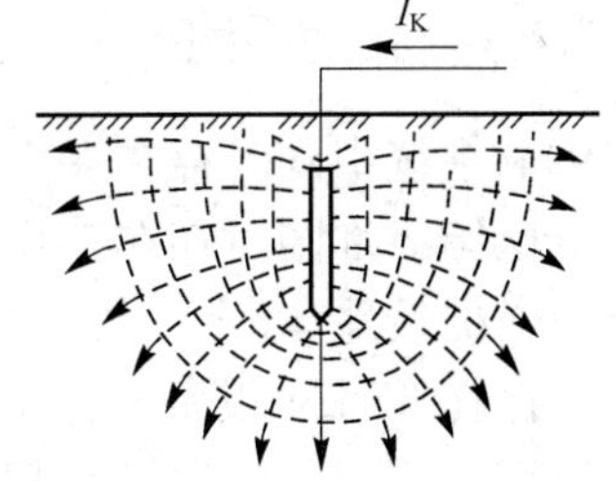

图 2-140　流散电阻

在距接地体越远的地方球面越大,流散电阻越小。一般认为在距离接地体 20 m 以上,电流就不再产生电压降(电压降为零)了。

电气工程上通常所说的"地"就是这里的地,对地电压即带电体与大地之间的电位差,是针对离接地体 20 m 以外的大地而言的。简单地说,对地电压就是带电体与电位为零的大地之间的电位差。显然,对地电压等于接地电流与接地电阻的乘积。如果接地体由多根钢管组成,则当电流自接地体流散时,至电位为零处的距离可能超过 20 m。

从以上的讨论可以知道,当电流通过接地体流入大地时,接地体具有最高的电压;离开接地体后,电压逐渐下降,并且电压降落的速度逐渐降低。

5. 接触电动势和接触电压

接触电动势是指接地电流自接地体流散,在大地表面形成不同电位时,设备外壳、构架或墙壁与水平距离 0.8 m 处之间的电位差。

接触电压是指设备绝缘损坏时,在身体可同时触及的两部分之间出现的电位差。如人在发生接地故障的设备旁边,手触及设备的金属外壳,则手与脚之间所呈现的电位差即接触电压。接触电压通常按人体离开设备 0.8 m 考虑。如图 2-141 所示,a 的接触电压为 U_c,故障设备对地电压为 U_d。

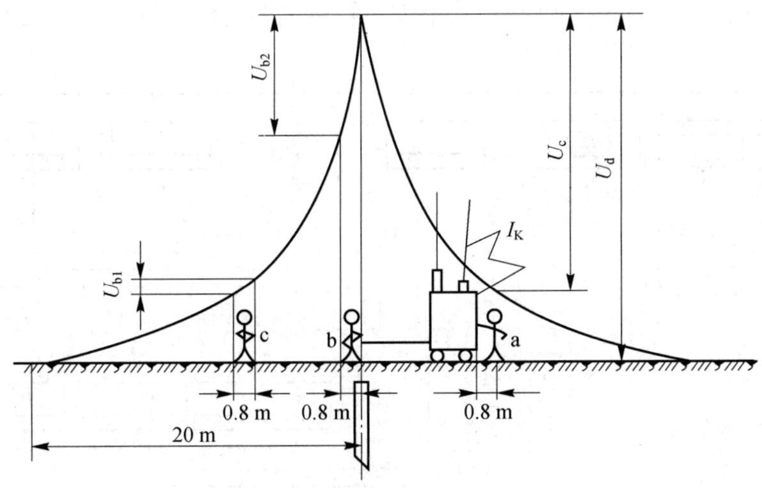

图 2-141　接触电压和跨步电势

6. 跨步电动势和跨步电压

跨步电动势是指地面上水平距离为 0.8 m(人两脚跨开的距离)的两点之间的电位差。跨步电压是指人站立在流过电流的地面上,加于人的两脚之间的电压,如图 2-141 中的 U_{b1}、U_{b2}。图 2-141 中,b 紧靠接地体位置,承受的跨步电压最大,c 远离接地体,承受的跨步电压要小一些。对于垂直埋设的单一接地体,离开接地体 20 m 以外,跨步电压接近于零。考虑人脚底下的流散电阻，实际跨步电压应降低一些。

7. 综合接地系统

供电系统中同时存在多个用于不同目的、不同用途的接地系统。例如，在交流系统中，任一电压等级都同时存在工作接地和保护接地的问题，110/35 kV 主变电站中存在 110 kV 设备的保护接地、35 kV 系统的工作接地、35 kV 设备的保护接地；车站 35/0.4 kV 降压变电站中存在 35 kV 设备的保护接地、0.4 kV 系统的工作接地、0.4 kV 设备的保护接地。城市轨道交通工程中的通信等其他设备系统也需要设置用于设备正常工作及设备和人身安全的工作接地、防雷接地和保护接地。

因此，一个车站内要求接地的系统和设备很多。从接地装置的要求上看，可以共用接地装置，也可以分设，但分设接地装置时，强电接地装置与弱电接地装置需要相距 20 m 以上。当分开设置不同的接地装置时，若距离不能满足要求，则将导致由于接地装置电位不同所带来的不安全因素，不同接地导体之间的耦合影响也难以避免，会引起相互干扰，因此，目前城市轨道交通工程多采用综合接地系统。

综合接地系统是指供电系统与需要接地的其他设备系统的系统接地、保护接地、电磁兼容接地和防雷接地等采用共同的接地装置，并实施等电位联结措施。各类接地可以采用单独的接地线，但接地极和“等电位面”是共用的，不存在不同接地系统接地导体之间的耦合问题，也避免了采用不同接地导体时产生的电位不同问题。综合接地装置的接地电阻值按照接入设备的要求和人身安全防护的要求等方面综合确定，综合接地装置的接地电阻值必须不大于接入设备所要求的最小接地电阻值。

综合接地系统一般由共用接地极引出两个接地母排，即一个强电接地母排和一个弱电接地母排，分别用于供电系统和通信信号等弱电系统的各类接地，如图 2-142 所示。

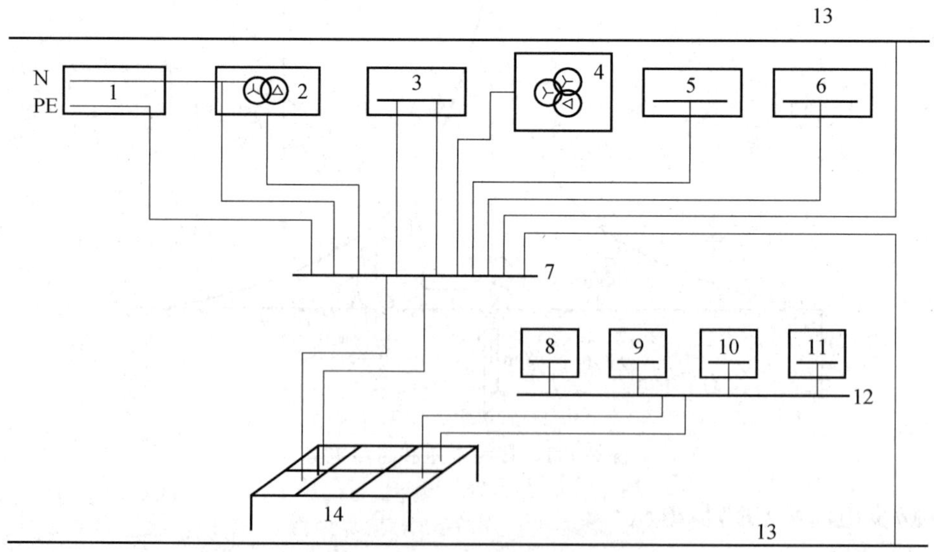

图 2-142　综合接地系统

1—低压交流设备；2—配电变压器；3—中压交流设备；4—牵引变压器；5—直流设备；6—交直流电源屏等；7—变电所接地母排；8—通信设备；9—信号设备；10—车控室设备；11—其他弱电设备；12—弱电接地母排；13—区间接地干线；14—接地网

8. 等电位联结

在电气装置间或某一空间内，将金属可导电部分(包括电气装置外露可导电部分和电气装置外部可导电部分)以恰当的方式互相联结，使其电位相等或相近，此类连接称为等电位联结。

对设备和人身安全造成危害的电气问题，都不是因为电位的高或低引起的，人身遭受电击、电气火灾的发生和电子信息设备的损坏，主要是由电位差引起的放电造成的。消除或减少电位差，是消除此类电气灾害的有效措施。采用等电位联结可以有效消除或减小各部分之间的电位差，有效防止人身遭受电击、电气火灾等事故的发生。

等电位联结可分为总等电位联结、辅助等电位联结和局部等电位联结。

总等电位联结是将下列可导电部分[包括总保护导体、总接地导体或总接地端子，建筑物内的金属管道(通风管、空调管、水管等)]和可利用的建筑物金属部分进行连接，以降低车站、建筑物内间接接触电压和不同金属部件间的电位差，并消除自建筑物外经电气线路和各种金属管道引入危险故障电压的危害。

辅助等电位联结是将可同时触及的两个或几个可导电部分进行电气连通，使它们之间的故障接触电压小于接触电压安全限值。若低压配电系统内部发生接地故障，则接地故障保护应在规定的时间内切除故障回路，当不能满足切除时间要求时，就需要采用辅助等电位联结。

局部等电位联结是在某一个局部电气装置范围内，通过局部等电位联结板将该范围内电气设备外露可导电部分和外部可导电部分等进行电气连通，使该局部范围内的故障接触电压小于接触电压安全限值。对于泵房等潮湿场所，需要增加局部等电位联结，以消除不同金属导体之间可能出现的接触电压。

当变电站中压设备发生漏电时，共用接地极的电位会升高，而且中压接地电流越大，接地装置的电位就越高。当低压配电系统接地型式采用 TN 系统时，高电位将随 PE 或 PKN 传导到低压配电设备，若没有等电位联结，则可能存在人身安全问题。因此，在综合接地系统中，等电位联结是非常重要的。

城市轨道交通供电系统一般采用直流牵引供电并以钢轨作为回流的通道，因此势必存在杂散电流腐蚀影响问题。《杂散电流腐蚀防护技术规程》(CJJ 49—1992)规定，在正常运行杂散电流不超标的情况下，不同结构段之间的结构钢筋是要求绝缘的。地下车站均设置有结构变形缝，变形缝两侧即为不同结构段。车站低压配电系统采用三相四线制配电，PE 或 PEN 线是整个车站贯通的。等电位联结需要对设备金属外壳和外部可导电部分(如空调管线、钢筋混凝土结构)实施电气联结，从而使得不同结构段形成电气连通，这与杂散电流规定将不同结构段绝缘的要求不一致，此问题有待于业内进一步研究。

当城市轨道交通工程采用第四轨回流时，基本没有杂散电流和钢轨电位带来的问题，可以不考虑杂散电流腐蚀防护，也不需要设置钢轨电位限制装置。当城市轨道交通工程采用交流牵引供电时，由于交流电流的交变性，交流杂散电流对金属物体的腐蚀极小，可以不考虑，因此也没有杂散电流腐蚀防护的问题。以上两种情况可以按照交流接地系统和接地安全的要求，考虑采用结构钢筋等自然接地体作为接地装置，并实施等电位联结。

2.10.2 城市轨道交流供电系统的接地

城市轨道交流供电系统的电压等级一般有 110 kV、35 kV、10 kV、0.4 kV 等，其接地内容包括工作接地、电磁兼容接地等功能性接地和电气装置的保护接地、防雷接地、过电压设备的接地等保护性接地。

1. 工作接地

工作接地包括电源中性点、中性线、保护中性线、电流互感器、电压互感器、三工位负荷开关、接地开关等接地。电源中性点、中性线、保护中性线的接地是指主变压器、配电变压器中性点的接地方式，是与变电站接地母排直接连接。电流互感器、电压互感器、三工位负荷开关、接地开关等设备或电气元件均设在成套开关设备中，这些接地不直接与变电站接地母排连接，而是先与开关设备中的接地排相连，再通过设备的保护接地线与变电站接地母排相连。

对于不同电压等级的交流供电系统，其工作接地具有特殊性，而保护性接地的要求和做法是基本相同的。

低压系统的工作接地分为中性点直接接地和不接地两种方式。在具体型式上，我国采用国际电工委员会(IEC)标准，将工作接地和低压电气设备接地进行组合，形成了 TN、TT、IT 三种接地型式。

TN、TT、IT 中的第一个字母表示电源端与地的关系：T 代表电源端有一点直接接地，即中性点直接接地；I 代表电源端所有带电部分不接地或有一点通过阻抗接地，即中性点不接地。

TN、TT、IT 中的第二个字母表示电气装置的外露可导电部分与地的关系：T 代表电气装置的外露可导电部分直接接地，此接地点在电气上独立于电源端的接地点；N 代表电气装置的外露可导电部分与电源接地点有直接电气连接。

下面对由 TN、TT、IT 三种接地型式构成的低压配电系统分别进行介绍。

(1) TN 系统。电源端有一点直接接地，电气装置的外露可导电部分通过中性导体或保护导体连接到此接地点。根据中性导体和保护导体的组合情况，TN 系统有以下三种型式：

① TN-S 系统。整个系统的中性导体和保护导体是分开的，如图 2-143 所示。

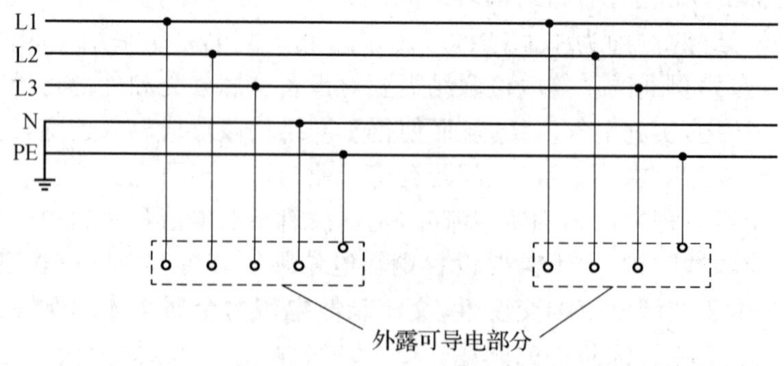

图 2-143 TN-S 系统

TN-S 系统的 PE 线与 N 线分开设置，正常情况下 PE 线不流过电流，电气设备外露可导电部分不带对地电压，但比 TN-C 系统多了 PE 线；PE 线在引入建筑物时，可进行重复接地以减小建筑物内低压系统接地故障时的接触电压；当中压系统发生接地故障时，PE 线传导故障电压；若接地故障电流较大，则过电流保护在满足切断时间要求时，可兼作接地故障保护。

② TN-C 系统。整个系统的中性导体和保护导体是合一的，如图 2-144 所示。

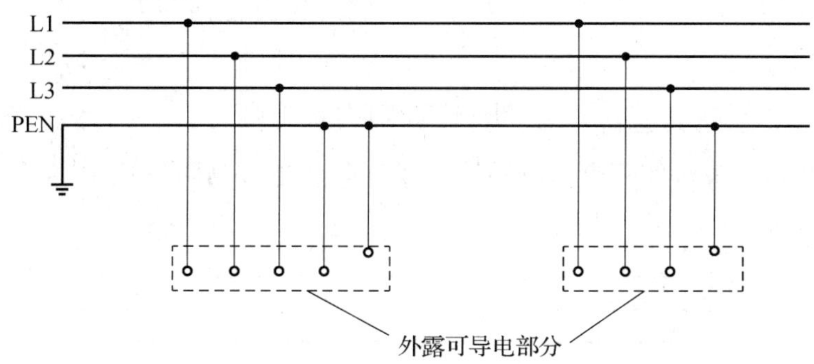

图 2-144 TN-C 系统

TN-C 系统的 PE 线和 N 线合用，PEN 线兼有两者的作用，节省了 PE 线；PEN 线在引入建筑物时，需要进行重复接地，以减小建筑物内低压系统接地故障时的接触电压；正常情况下 PEN 线通过电流，产生电压降，使设备外露可导电部分对地有电压；当中压系统发生接地故障时，PEN 线将传导故障电压；若接地故障电流较大，则过电流保护在满足切断时间要求时，可兼作接地故障保护。

③ TN-C-S 系统。系统中一部分线路的中性导体和保护导体是合一的，如图 2-145 所示。

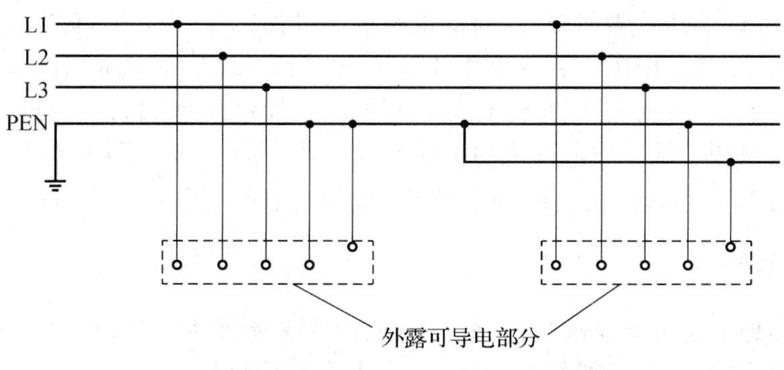

图 2-145 TN-C-S 系统

(2) TT 系统。电源端有一点直接接地，电气装置的外露可导电部分直接接地，此接地点在电气上独立于电源端的接地点，如图 2-146 所示。

TT 系统的电源接地点与设备接地点没有电气联系，电气设备外露可导电部分有独立的接地，不会传导系统故障电压；由于配电系统有两个独立的接地体，发生接地故障时接地故障电流较小，不能采用过电流保护兼作接地故障保护，而需要采用剩余电流保护器；因采用剩余电流保护器保护线路，双电源转换时需要采用四极开关。

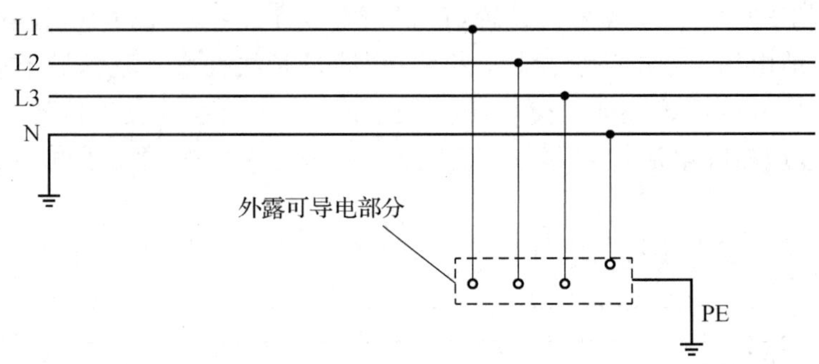

图 2-146　TT 系统

(3) IT 系统。电源端的带电部分不接地或有一点通过高阻抗接地，电气装置的外露可导电部分直接接地，如图 2-147 所示。

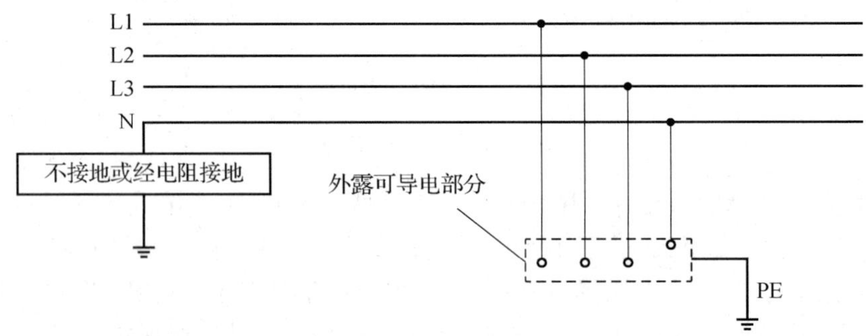

图 2-147　IT 系统

IT 系统(不引出中性线)的电源中性点不接地，当电气设备发生第一次接地故障时，接地故障电流仅为非故障相对地的电容电流，其值很小，电气设备外露可导电部分对地电压不超过 50 V，不需要立即切断故障回路，以保证供电的连续性；但此时，非故障相对地的电压会升高。由于 IT 系统没有引出中性线，为单相 380 V 配电，因此 220 V 负荷需配降压变压器，或由系统外部电源专供。IT 系统需要安装绝缘监察设备，当发生接地故障时，可进行警示。

城市轨道交通车站低压配电系统的接地型式一般采用 TN-S 系统，在车辆段、停车场可采用 TN-C-S 或 TN-S 系统，也可根据工程实际情况，同时采用局部 TT 系统。

2. 电磁兼容接地

电磁兼容接地就是屏蔽层的接地，它具有两面性。所谓两面性，就是针对不同的设备，它体现出的用途不唯一，有功能性接地的成分，也有保护接地的成分。例如，对于继电保护装置金属外壳作为屏蔽层的接地，就是为设备的正常运行而设置的；对于中压开关柜金属外壳的接地，有减小对外电磁干扰的作用，但主要还是保护性接地；对于电缆屏蔽层的接地，主要是减小对外电磁干扰的作用，保证设备正常运行，属于功能性接地。

3. 电气装置的保护接地

交流设备的保护接地就是处理电气装置或电气设备的外露可导电部分，即金属外壳与地的关系。无论系统接地采用什么型式，交流系统电气装置的外露可导电部分均要接地。

实施保护接地可以降低预期接触电压，提供接地故障电流回路，为过电压保护装置接地提供条件，实施等电位联结。

对于变电站内的电气设备，接地做法为外露可导电部分直接通过接地线与接地母排进行电气连接。

交流电气设备的接地范围包括：主变压器、牵引变压器、配电变压器的底座和外壳，交流高压封闭式 GIS 组合电器和箱式变电站的金属箱体，中压、低压开关设备的金属外壳，交直流电源屏的金属外壳，电气用各类金属构架、支架，电缆桥架和金属线槽，电力电缆、控制电缆穿线金属管。

4. 防雷接地及过电压设备的接地

防雷接地是指接闪器通过防雷引下线与大地连接。过电压设备的接地就是为防止过电压击穿设备绝缘而设置的避雷器的接地。避雷器也设在开关设备内，因此避雷器的接地端与开关设备接地排连接，通过开关设备的保护接地线与变电站接地母排连接，实现接地。

2.10.3 城市轨道直流牵引供电系统的接地

城市轨道交通工程的牵引供电制式多采用直流 750 V 或直流 1 500 V，直流牵引供电系统的主要设备有牵引整流器、直流开关设备、上网开关设备、钢轨电位限制装置、接触网和回流轨等。

1. 系统接地方式

城市轨道直流牵引供电系统的负极相当于交流系统的中性点，直流牵引供电的工作接地就是负极对地关系问题。为减少直流杂散电流对金属结构的腐蚀，直流牵引供电的工作接地采用不接地系统，即正常情况下系统设备的所有正极和负极均与地绝缘。这里的“地”包括大地和结构地。

采用钢轨回流，在直流大双边越区供电情况下，钢轨对地电位将高于正常双边供电，有时会超过允许值。另外，在运行过程中，钢轨也可能出现不明原因的电位升高。此时为保护乘客和运行人员的安全，可通过钢轨电位限制装置将钢轨与地进行短时电气连接，以钳制钢轨对地电位。

当钢轨对地电位超过允许限值时，为避免乘客上下车受到跨步电压的影响，钢轨电位限制装置本应将钢轨与结构地短时连接，但考虑到杂散电流，目前的做法是将钢轨与电位同结构地基本相当的外引接地装置短时连接。

2. 牵引变电所内直流牵引供电设备的接地

牵引整流器和直流开关设备(包括直流进线柜、直流馈线柜、负母线柜、钢轨电位限制装置)都安装于牵引变电所内，其外露可导电部分(金属外壳)不与地直接电气连接，而是通过直流框架泄漏保护装置与地形成单点电气连接。

金属外壳与基础槽钢之间设有硬质绝缘板，设备固定采用绝缘安装方法。当系统标称电压为 750 V 时，绝缘电阻一般不小于 50 kΩ；当系统标称电压为 1 500 V 时，绝缘电阻一般不小于 100 kΩ。各设备金属外壳之间采用电缆实现电气连接，一般在负母线柜接地端子单点通过电缆与直流框架泄漏保护装置连接后，接至变电站接地母排，实现变电站内直流牵引供电设备单点接地。

3. 区间直流上网开关设备的接地

区间直流上网开关（包括区间检修线隔离开关设备）的接地可以有以下 4 种方式：

(1) 当上网开关设备设在站台的独立设备房间或牵引变电所内时，被纳入直流开关柜的框架泄漏保护中，在发生设备外壳漏电时，框架保护联跳直流馈出断路器。上网开关设备的安装要求与牵引变电所内直流牵引供电设备相同，金属外壳与基础槽钢之间设置硬质绝缘板。采用这种方式时需增加接地电缆。

(2) 采用非金属绝缘外壳，当柜内发生直流漏电时，设备外壳不会带直流异常电位，也没有杂散电流泄漏问题。采用这种方式时设备投资较高。

(3) 设备外壳与基础槽钢之间设置硬质绝缘板，设备外壳与附近钢轨电气连接，发生直流漏电时会产生系统正负短路，直流馈线保护动作，并切除故障。这种方式要求设备操作维护只能在直流停电后进行，应用受限。

(4) 设备金属外壳直接与附近结构钢筋电气连接，相当于交流低压 IT 系统的接地方式，这种方式需要保证并保持正极对外壳的绝缘，使正常泄漏的直流电流不能对结构钢筋产生腐蚀，并需要在正极碰壳发生时能迅速切除故障或进行报警。

4. 车辆段、停车场直流上网开关等设备的接地

车辆段、停车场范围大，直流上网开关设备与检修设备的数量多、分布广，内部金属管线较多。直流上网开关等设备的接地问题可通过在柜内设置绝缘护板、绝缘电缆支架或采用非金属绝缘外壳等措施解决。

2.10.4 地铁综合接地系统的构成

(1) 地下变电站接地装置利用结构钢筋作为自然接地体，地下车站结构钢筋按杂散电流防护的要求，其横向主筋和纵向辅筋进行焊接，形成一个 50 000 m^3 电位法拉第笼，该等电位法拉第笼深埋于地面 10 m 以下，这就是地铁的“地”，是地铁这个电磁环境中一切电气设备的“地”，它的接地电阻小于 0.5 Ω，无须另设接地装置。

(2) 地下车站结构钢筋形成一个等电位体，是所有电气设备的综合接地装置，在变电站设综合接地母排，并与结构钢筋焊接。变电站内所有电气设备的“地”均接于此。

(3) 地上变电站单独设接地装置，其接地电阻小于 0.5 Ω，是所有电气设备的综合接地装置，需设综合接地母排。

(4) 各地下车站变电站接地网通过接地扁钢连接，形成一个地下综合接地系统。

(5) 各地上变电站接地网通过接地扁钢连接，形成一个地上综合接地系统。

(6) 地上、地下综合接地系统不进行电气连接。

地铁综合接地方式系统如图 2-148 所示。

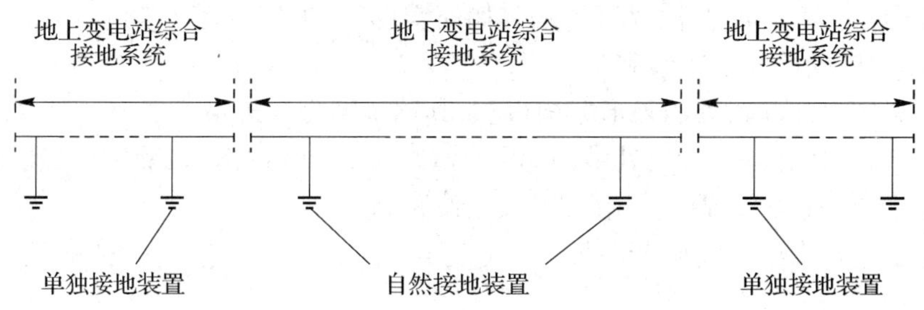

图 2-148 地铁综合接地方式系统

这种地铁接地系统的构成方式与目前国内通行的做法有差异，差异在于是否把地铁结构钢筋作为自然接地装置。

技能实训

技能实训 2-1 高压电器的认识

授课地点：城市轨道交通供电实训中心

授课形式：分组教学

教课教师：校内专任教师、城市轨道企业供电段技术员

1. 实训目的

（1）了解高压电器的基本结构、动作原理、使用方法及主要技术性能等。

（2）掌握高压开关柜的基本结构、柜内主接线方案、主要设备的布置及开关的操作方法等。

2. 实训设备

各种常用的高压电器（包括 RN1、RN2 型高压熔断器，RW 型跌开式熔断器，10 kV 电压等级高压隔离开关、高压负荷开关、高压断路器及各型操动机构）和高压开关柜（固定式或手车式）、高压少油断路器等。

3. 实训内容

（1）高压电器的观察研究。

（2）高压少油断路器的拆装和整定。

4. 实训步骤

（1）高压电器的观察研究。

① 观察各种高压熔断器（包括跌开式熔断器），了解其结构，分析其工作原理，掌握其保护性能和使用方法。

② 观察各种 10 kV 电压等级高压开关（包括隔离开关、负荷开关和断路器）及其操动机构的结构，了解相关电器的工作原理、性能和使用操作要求、操作方法。

③ 观察各种高压电流互感器和电压互感器，了解其结构、工作原理和使用注意事项。

④ 观察高压开关柜，了解其结构、主接线方案和主要设备布置，并通过实际操作，掌握

其运行操作方法。对防误型开关柜,了解其如何实现“五防”要求。

(2) 高压少油断路器的拆装和整定。

① 观察高压少油断路器的外形结构,记录其铭牌型号和规格。

② 拆开断路器的油筒,拆出其中的导电杆(动触头)、固定插座(静触头)和灭弧室等,了解它们的结构和装配关系,着重了解其灭弧工作原理。

③ 根据工艺要求组装复原断路器,确认无误后进行三相合闸同时性的检查,并根据检查结果调整触头位置。

5. 注意事项

(1) 严格按照作业标准进行检修作业,以防发生意外。

(2) 作业完毕,恢复断路器至原位。

技能实训 2-2　变压器有载分接开关的检测

授课地点:牵引降压混合变电所、城市轨道交通供电实训中心

授课形式:分组教学

教课教师:校内专任教师、城市轨道企业供电段技术员

1. 实训目的

(1) 掌握变压器有载分接开关的结构组成。

(2) 掌握有载分接开关测试仪的使用方法。

(3) 掌握单臂电桥、双臂电桥、直流电阻测试仪的使用方法。

(4) 掌握绝缘电阻测试仪、变压比测试仪的使用方法。

2. 实训设备

(1) 实验仪器。有载分接开关测试仪、绝缘电阻测试仪、变压比测试仪、万用表、单臂电桥、双臂电桥、直流电阻测试仪等。

(2) 实验工具。电源拖线盘、放电棒、干湿温度计、安全帽、安全带、接地线、安全遮拦、标示牌等。

3. 实训内容

(1) 过渡电阻值的测量。

(2) 接触电阻的测量。

(3) 过渡时间、过渡波形的测量。

(4) 有载分接开关动作顺序的测量。

(5) 连同分接开关的变压器绕组绝缘电阻的测量。

(6) 连同分接开关的变压器绕组回路直流电阻的测量。

(7) 连同分接开关的变压器绕组变比的测量。

(8) 辅助回路的绝缘试验。

4. 实训步骤

(1) 过渡电阻值的测量。分接开关的过渡电阻安装在开关切换部分的辅助触头与工作触头之间,每相有两个过渡电阻($U_{单}$、$U_{双}$、$V_{单}$、$V_{双}$、$W_{单}$、$W_{双}$)。过渡电阻值的测量一般在交

接时、大修时、吊芯检查时进行，标准要求是与铭牌值比较偏差不大于±10%。

将单臂电桥的测试端子用测试线分别与分接开关的辅助触头、工作触头相连接，如图 2-149 所示，分别测量 $U_{单}$、$U_{双}$、$V_{单}$、$V_{双}$、$W_{单}$、$W_{双}$ 的过渡电阻值，共测 6 次，记录相关数据。

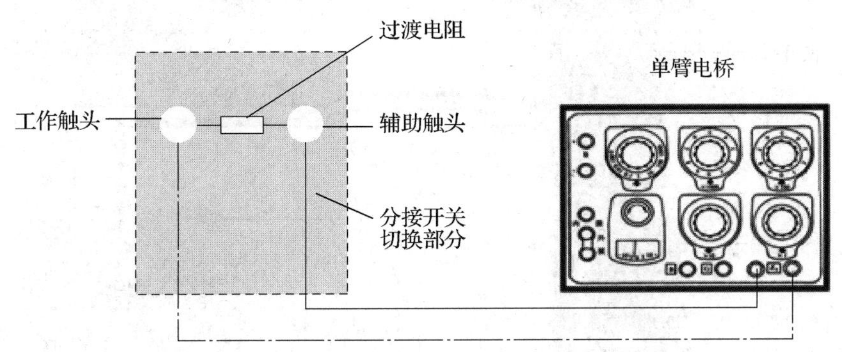

图 2-149　过渡电阻值测量实验接线

(2) 接触电阻的测量。将双臂电桥 P_1 和 C_1 测量端子用测试线接在开关切换部分中性点上，P_2 和 C_2 测量端子用测试线接在工作触头上(见图 2-150)，分别测量 $U_{单}$、$V_{单}$、$W_{单}$，测试完毕后，将分接开关进行切换，再分别测量 $U_{双}$、$V_{双}$、$W_{双}$，共测 6 次，并记录数据。接触电阻的测量标准要求是每对触头的接触电阻不大于 500 $\mu\Omega$。

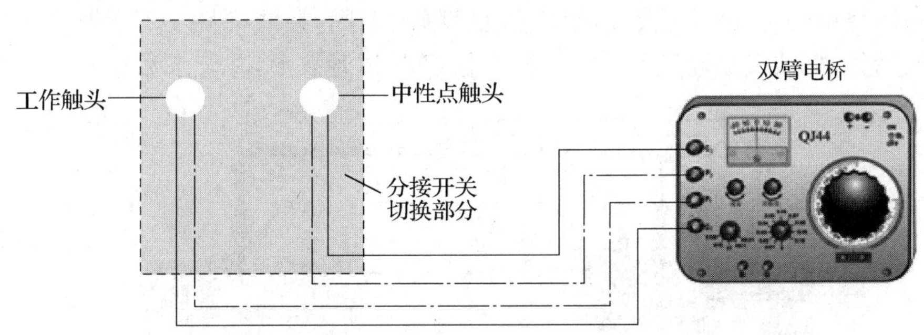

图 2-150　接触电阻测量实验接线

(3) 过渡时间、过渡波形的测量。

① 单独对分接开关进行过渡波形和过渡时间的测量。首先将分接开关 U_1 与 U_2、V_1 与 V_2、W_1 与 W_2 的端子分别进行短接，将有载分接开关测试仪的接地端子良好接地，测试线按黄①、绿②、红③颜色顺序分别对应接在分接开关 U_1、V_1、W_1 的三相触头上，黑色测试线④接在中性点端子上，要求接触良好并牢固，接线如图 2-151 所示。避免在分接开关切换动作时，线夹松动或脱落。

测试线连接完毕后，首先打开测试仪电源，选择波形测试，调整仪器对应开关所处的挡位(N-1 或 1-N)，按键至测试仪进入测量(待触发)状态，用电动方式进行分接开关的切换，此时测试仪自动显示出分接开关的过渡波形。需要分别测出单→双、双→单的过渡波形和过渡时间，并记录数据。

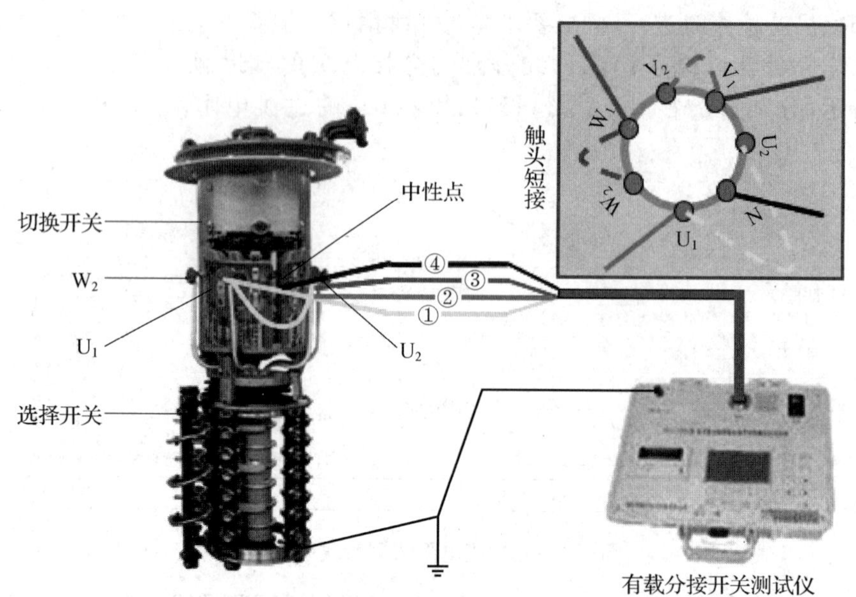

图 2-151　单独对分接开关进行过渡波形、过渡时间测量实验接线

② 连同变压器绕组一起测量分接开关的过渡波形。将有载分接开关测试仪的测试线按黄①、绿②、红③颜色顺序分别对应接在变压器高压绕组 A、B、C 三相的套管上，黑色测试线④接在高压绕组的中性点套管上，要求接触良好、牢固，接线如图 2-152 所示。避免在分接开关切换动作时，线夹松动、脱落。测量过渡时间、过渡波形，并记录数据。

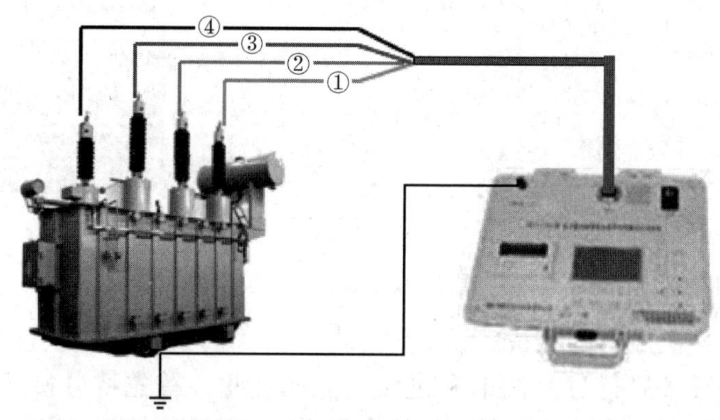

图 2-152　连同变压器绕组一起测量分接开关过渡波形、过渡时间实验接线

(4) 有载分接开关动作顺序的测量。有载(最好是红线)出现，则完成挡位变换过程，并记录摇手柄转动的圈数。为了准确地测量分接开关的动作顺序，应从 1→N 和 N→1 各测量 4 个挡位变换，记录每挡变换的圈数，便于分析。

(5) 连同分接开关的变压器绕组绝缘电阻的测量。一般连同变压器绕组一并进行，有条件时，单独测量对地、相间及触头间绝缘电阻值；一般在交接、大修、吊芯检查时进行，标准要求在单独测量时不做规定，例行试验时按照变压器的规定。

(6) 连同分接开关的变压器绕组回路直流电阻的测量。主要检查变压器各相绕组的引线与分接开关的连接，各分接开关的触头接触是否良好，以及分接开关各挡位是否正确。

一般测量所有分接位置，如在切换开关吊芯检查复装后，在转换选择器工作位置不变的情况下至少测量3个连续分接位置。测量前应分接变换3个循环。标准要求是：与出厂值比较（或不同时期测量值比较），1 600 kV·A以上变压器的相电阻不大于2%，线电阻不大于1%；1 600 kV·A及以下变压器的相电阻不大于4%，线电阻不大于2%；不应出现相邻两个分接位置直流电阻相同或2倍级电阻的情况。

（7）连同分接开关的变压器绕组变比的测量。检查有载分接开关各挡位是否正确，一般在交接、大修时进行。标准要求是：额定分接电压比偏差在±0.5%以内，其他分接的电压比偏差在阻抗的1/10以内，但不超过±1%，对于35 kV级以下、电压比小于3的变压器，偏差为±1%。

（8）辅助回路的绝缘试验。检查分接开关电动操动机构二次回路的绝缘状况，一般选用500～1 000 V兆欧表测量，当回路绝缘电阻在10 MΩ以上时，可用2 500 V兆欧表代替，交流耐压持续1 min。在例行试验时仅测量二次回路的绝缘电阻。

标准要求是：绝缘电阻不小于1 MΩ，工频交流耐压1 000 V，持续1 min。

5. 注意事项

（1）为消除感应电压的影响，测量波形时应拆除变压器引流线。

（2）为消除静电及剩余电荷的影响，非测试绕组应短路接地。

（3）为消除触头表面油膜及杂质对接触电阻的影响，测量前分接开关需进行多个循环的切换。

（4）过渡电阻测量应包含整个回路，应检查电阻与连线及触头之间有无螺栓松动、脱落等现象。

（5）用双臂电桥测量开关接触电阻时，测试线应等长，电流线的截面积应不小于2.5 mm^2，电压线的截面积应不小于1.5 mm^2，被测电阻与电桥连接导线电阻应不大于0.01 Ω。

（6）测量分接开关动作顺序时，必须退出机构的操作电源，记录圈数时不考虑电机空转的圈数。

退出开关机构箱的操作电源，利用摇手柄慢慢摇动进行挡位变换，静听开关选择器分开时发出的声音，并记录转动的圈数。继续转动摇手柄，静听开关选择器合上时发出的声音，记录转动的圈数。继续转动摇手柄，此时会听到一声清脆的响声（切换开关动作），记录转动的圈数。继续转动摇手柄，观察机构箱中计数器盘上的窗口显示，直到计数器盘上的窗口中出现绿线，完成挡位的变换过程。

技能实训2-3 干式变压器的检修

授课地点：牵引降压混合变电所、城市轨道交通供电实训中心

授课形式：分组教学

教课教师：校内专任教师、城市轨道企业供电段技术员

1. 实训目的

（1）掌握干式变压器的结构组成。

（2）了解干式变压器的检修项目。

（3）掌握相关工具、仪表的使用方法。

2. 实训设备

(1) 实验仪器。兆欧表、万用表。

(2) 实验工具。钢丝钳、尖嘴钳、斜口钳、压线钳、剥线钳、测电笔、螺丝刀、吹风机、力矩扳手。

3. 实训内容

(1) 干式变压器基础、支架及机柜检修。

(2) 干式变压器铁轭、铁芯、穿心螺杆检修。

(3) 干式变压器高低压侧连接部件检修。

(4) 接地系统检修。

(5) 高、低压绕组检修。

(6) 绝缘子、支撑件、上下部绝缘衬垫块检修。

4. 实训步骤

(1) 干式变压器基础、支架及机柜检修。

① 用水平尺检查基础、支架及机柜的倾斜度是否满足设计标准,若不满足,则应对其进行相应调整,使之满足设备运行要求。

② 机柜、基础、支架等锈蚀破损部分,用除锈剂或细砂纸进行除锈。对个别部位破损严重的部件应进行整体更换。标准要求是设备安装牢固、无倾斜、无锈蚀,基础支架表面无破损剥落。

③ 电缆穿孔用防火泥进行封堵,孔洞封堵应符合要求。

④ 外罩清洁。用吸尘器或抹布对外罩进行清洁处理。

(2) 干式变压器铁轭、铁芯、穿心螺杆检修。

① 检查螺母是否有松动,若有松动,则用力矩扳手进行紧固处理,切勿用活扳手,以防用劲过大,造成螺杆滑丝。

② 检查铁芯和铁轭是否有脱漆、锈蚀,若有锈蚀,则用细砂纸进行研磨除锈。

③ 检查铁芯和铁轭是否有变形,如果有变形,则应进行硅钢片调整或部分更换或整体更换。铁芯和铁轭外表应平整无翘片,无严重波浪状,叠片紧密;检修后的硅钢片叠片接缝间隙不应超过 0.5 mm。

(3) 干式变压器高低压侧连接部件检修。

① 检查电气连接部件(高压连接杆、高压连接片、高压端子等)是否有锈蚀、松动、放电现象。如果有锈蚀,则用砂纸打磨除锈;如果松动,则用力矩扳手紧固,确保其接触良好;如果有放电现象,则在连接部位涂抹导电膏。

② 检查高压侧电缆终端头导电部位的机械强度、变形与接触情况,检查高压侧电缆终端头绝缘硅胶是否有放电、爬电现象,如果有上述现象,检查原因,必要时进行整体更换。

③ 硅胶绝缘裙边结构(终端冷缩头)应用干净的布擦拭干净。

④ 检查高压侧电缆终端头的地线是否绑扎牢固,防止高压侧导体对电缆终端头地线短路。

⑤ 用力矩扳手检查无载调压连接片是否连接紧固,同时对连接片进行除锈处理。

⑥ 检查干式变压器低压侧与低压开关柜的连接导体是否有变形、放电、烧灼、松动现象;用细砂纸打磨除锈,涂抹导电膏;对软连接要注意查看是否有散股、松动、断股现象,如果

有此现象应进行绑扎、固定、加强处理，必要时进行整体更换。

(4) 接地系统检修。

① 检查外罩、底座、箱体和铁芯是否可靠接地，确保铁芯单点接地。

② 接地部分若有锈蚀现象，则应用除锈剂对其进行除锈处理。

(5) 高、低压绕组检修。

① 对高、低压绕组的表面进行清洁处理。

② 高、低压绕组间的通风道的灰尘处理。用不大于 100 kPa 的干燥压缩空气往通风道里吹(与通风的方向相反)；在用抹布进行清理时，切勿用棉质抹布，以防棉线粘在物体表面，造成放电现象。

③ 高压绕组表面爬弧、放电处理。对爬电部位，用细砂纸轻轻打磨其表面的发黑部分；对龟裂部位，采用环氧树脂绝缘填充胶进行填充，最后涂抹绝缘漆。

(6) 绝缘子、支撑件、上下部绝缘衬垫块检修。

① 用抹布或吸尘器对绝缘子、支撑件、上下部绝缘衬垫块进行除尘处理。

② 检查各部件是否有放电痕迹。

③ 检查绝缘子或绝缘衬垫块是否有开裂、破损现象，有则进行更换。

④ 检查绝缘子或绝缘衬垫块是否有移位松动，有则进行位移调整，使之满足运行要求。

5. 注意事项

(1) 严禁直接用手触摸变压器主体，以防发生意外。

(2) 正确使用湿毛巾清理变压器上的灰尘。

(3) 正确使用工具及仪器。

技能实训 2-4 整流器的日常维护

授课地点：牵引降压混合变电所、城市轨道交通供电实训中心

授课形式：分组教学

教课教师：校内专任教师、城市轨道企业供电段技术员

1. 实训目的

(1) 掌握整流器的结构组成。

(2) 了解整流器的维护项目。

(3) 掌握相关工具、仪表的使用方法。

2. 实训设备

(1) 实验仪器。兆欧表、万用表、阻容电表。

(2) 实验工具。钢丝钳、尖嘴钳、斜口钳、压线钳、剥线钳、测电笔、螺丝刀、吹风机、套筒扳手、活扳手、开口扳手等。

3. 实训内容

(1) 外观检查。

(2) 元器件检查。

(3) 保护显示动作检查。

4. 实训步骤

(1) 外观检查。

① 按图样检查主电路和辅助电路的接线是否正确。

② 检查所有紧固件是否紧固，弹簧垫圈是否压平。

③ 检查母线有无过热发黑，电阻器、电容器有无过热烧焦，以及电流互感器绝缘包有无过热变色现象。

④ 清扫屏柜通风网孔的灰尘。

⑤ 用毛刷或吸尘器清扫绝缘子、二极管、熔断器、电容器表面的灰尘。

(2) 元器件检查。

① 用万用表电阻挡检查各二极管的正反向电阻值有无异常现象。

② 用阻容电表或万用表检查保护电阻电容参数有无异常，是否接入电路。

(3) 保护显示动作检查。

① 辅助电路接入 DC 110 V 和 AC 220 V 电源，检查控制电源是否工作，开门时照明灯是否亮，关门时照明灯是否熄。

② 人工抠出一个熔断器的红色报警牌，使辅助触点闭合，观察显示屏有无相应桥臂报警信号显示；抠出两个报警牌，观察显示屏有无跳闸信号显示。

③ 解开电流互感器二次端子，从外面加入 DC 50～DC 60 V 电压，观察显示屏有无逆流跳闸信号显示。

④ 在条形散热器的顶部解开一个温度继电器的二芯插座，短接其输出端，观察显示屏有无相应的报警、跳闸信号显示。

⑤ 检查凝露控制器手动工作是否能使加热板工作。

5. 注意事项

(1) 严禁直接用手触摸整流器主体，以防发生意外。

(2) 正确使用湿毛巾清理整流器上的灰尘。

(3) 正确使用工具及仪器。

技能实训 2-5　整流器的二极管更换

授课地点：牵引降压混合变电所、城市轨道交通供电实训中心

授课形式：分组教学

教课教师：校内专任教师、城市轨道企业供电段技术员

1. 实训目的

(1) 掌握整流器二极管的结构组成。

(2) 掌握二极管的更换方法。

2. 实训设备

(1) 实验仪器。兆欧表、万用表、阻容电表。

(2) 实验工具。M16 套筒扳手、M16～M18 扳手、导电脂、分析纯酒精、药用纱布。

3. 实训内容

(1) 准备与整流器相同等级的二极管备品。

(2) 更换二极管。

4. 实训步骤

(1) 准备与整流器相同等级的二极管备品。从整流器出厂履历本找出损坏二极管的峰

值电压 V_{FM} 或压降分级，并从备品中找出与其相同等级的二极管，对该二极管在反向测试仪上施加反向重复峰值电压，其反向重复峰值电流 I_{RRM} 不大于出厂值的 2 倍即可使用。

（2）更换二极管。

① 拆下装在块状散热器前的快速熔断器和与母排的连接线。

② 从块状散热器端用 M16 套筒扳手松开螺母。

③ 退出螺母、弹簧垫圈、平垫圈和压块。

④ 用左手托住中间的二极管，并夹紧两根双头螺杆。

⑤ 用右手把块状散热器、绝缘垫块、导柱和碟形垫圈向外移出一定距离，使损坏的二极管刚好能取出，新的能放入。

注意：外移块状散热器时，双头螺杆不能向左移动，否则置于条状散热器后的钢珠、垫块等可能掉落。

⑥ 用纱布蘸酒精将块状散热器和条状散热器与二极管接触的台面擦干净，晾干。注意勿将棉纱遗留在台面上。同理，用酒精把要换上的二极管两边台面擦干净，注意擦干净后，手指不能再触及台面。

⑦ 把备品二极管按原来的极性方向放入散热器之间，注意二极管极性，大裙边是阴极，小裙边是阳极。极性千万不能放错，否则通电后就会发生短路。

⑧ 将各附件按原来的顺序逐个放入，并使用 M16 套筒扳手拧紧螺母。拧紧时，要用扳手加压到一定程度后，改用力矩扳手施压，每个螺母压力保持在 23～25 kN。

⑨ 把快速熔断器、与母排的连接线装上，恢复原位。

5. 注意事项

（1）严格按照工作票制度作业，以防发生意外。

（2）正确使用工具及仪器。

技能实训 2-6 真空断路器的检修

授课地点：牵引降压混合变电所、城市轨道交通供电实训中心

授课形式：分组教学

教课教师：校内专任教师、城市轨道企业供电段技术员

1. 实训目的

（1）掌握整流器真空断路器的结构组成。

（2）掌握真空断路器的检修方法。

2. 实训设备

（1）实验仪器。直流验电笔、2 500 V 摇表、500 V 摇表、直流继电保护仪器、高压继电保护仪器、变压器直流电阻测试仪器。

（2）实验工具。电源线、绝缘手套、线轴、射灯充电器、接地线、大套筒工具、小套筒工具、扭力扳手、工具箱（包括棘轮 12 个、六角扳手 1 套、塞尺 1 把、导电膏 1 盒）。

3. 实训内容

（1）真空灭弧室的检修。

（2）高压带电部分的检修。

（3）分合闸缓冲器的检修。

4. 实训步骤

(1) 真空灭弧室的检修。

① 外观无异常,外表面无污损。若绝缘外壳表面有沾污,则应用干布擦拭干净。

② 检查动、静触头累积磨损厚度,若累积磨损厚度超过 3 mm,则应更换真空管。

③ 用工频耐压法检查真空度,在真空灭弧管的触头间加上规定的预防性工频试验电压,持续 1 min,中间无异常为合格。

④ 检查触头开距、压缩行程、三相同期性是否符合标准要求。

(2) 高压带电部分的检修。

① 检查导电部分有无变色、断裂、锈蚀,固定连接部分的元件有无松动,绝缘有无破损、污损。

② 检查主回路相对地、相对相之间及绝缘提升杆的绝缘电阻,不小于规定值即符合标准要求,否则予以更换。

③ 在断路器分、合闸状态下,分别进行主回路相对相、相间及断口的交流耐压试验,持续 1 min,无异常为合格;绝缘提升杆在更换或干燥后,必须进行耐压试验。

④ 测试真空灭弧室两端之间、主回路两端之间的绝缘电阻,不小于规定值即符合标准要求,否则予以更换。

(3) 分合闸缓冲器的检修。真空断路器分合闸缓冲器用于减轻分闸、合闸时的冲击力,同时用来限制动、静触头的开距,缩短合闸的弹跳时间,要求其性能可靠。为了保证缓冲效果,动、静触头接触后,静触头必须跟着动触头继续前进一段缓冲距离,从而导致真空灭弧室内静触头外壳与静触头的整体强烈震动,很容易导致真空灭弧室外壳与静触头连接处损伤。检修分合闸缓冲器时,要注意观察真空灭弧室外壳与静触头连接处是否存在损伤。

5. 注意事项

(1) 严格按照作业标准进行检修作业,以防发生意外。

(2) 作业完毕,恢复断路器至原位。

技能实训 2-7　直流断路器的检修

授课地点:城市轨道交通供电实训中心

授课形式:分组教学

教课教师:校内专任教师、城市轨道企业供电段技术员

1. 实训目的

(1) 掌握直流断路器的结构组成。

(2) 掌握直流断路器的检修方法。

2. 实训设备

(1) 实验仪器。直流验电笔、2 500 V 摇表、500 V 摇表、直流继电保护仪器、高压继电保护仪器、变压器直流电阻测试仪器。

(2) 实验工具。电源线、绝缘手套、线轴、射灯充电器、接地线、大套筒工具、小套筒工具、扭力扳手、工具箱(包括棘轮 12 个、六角扳手 1 套、塞尺 1 把、导电膏 1 盒)。

3. 实训内容

(1) 断路器灭弧罩的解体检修。

(2) 断路器与小车的分离及外观检查。

(3) 上顶板的拆卸和动、静触头,左、右隔弧板及两极板的检查及更换。

(4) 断路器框架的拆卸及检查。

(5) 断路器主体机构的解体检查。

4. 实训步骤

(1) 断路器灭弧罩的解体检修。

① 用扳手松开位于灭弧罩两端及两极板端部的连接搭扣,并旋转 90°松开角形导弧板。

② 用扳手松开灭弧罩与断路器的 2 个固定螺钉。

③ 卸下灭弧罩并放置在工作台上,检查灭弧罩外壳有无弧黑和积灰,若有则用干抹布擦拭干净。若灭弧罩上的单面裂纹长度超过 1 cm 或双面对应处出现裂纹,则应对其进行更换。

④ 用套筒扳手松开灭弧罩外壳 6 个固定螺栓和顶部手柄 4 个固定螺钉和垫圈。

⑤ 将灭弧罩侧翻 180°,拆下灭弧罩一侧的盖板,逐一取出灭弧罩内的每片大、小树脂灭弧栅片和偏转铁板,检查大、小树脂灭弧栅片表面有无弧黑和积灰,若有则用干抹布擦拭干净。

⑥ 当灭弧罩局部烧毁留下的标记厚度大于 1/2 原始厚度(2.5 mm)或出现裂纹时,需及时更换。检查角形导弧板,当其横截面积达到其原始面积(20 mm×4 mm)的 1/2 时需及时更换。

(2) 断路器与小车的分离及外观检查。

① 拆除断路器与计数器的连接线。

② 拆下断路器与小车支架的连接地线螺钉。

③ 拆下连接断路器与小车支架的 4 个螺栓。保存好所有的螺栓、螺母、弹簧垫圈。

④ 将断路器拆下放于工作台上,进行外观检查。

(3) 上顶板的拆卸和动、静触头,左、右隔弧板及两极板的检查及更换。

① 将左、右隔弧板从断路器中取出,检查有无弧黑和积灰并使用干抹布擦拭干净。当局部烧毁留下的标记厚度达到其原始厚度(20 mm)的 1/2 时,需及时更换该零件。

② 用内六角扳手拆下静触头上固定 2 个散热片的螺钉,并取下散热片。

③ 用套筒扳手拆下连接前极板与框架连接板的 2 个螺钉和垫圈。

④ 用内六角扳手拆下断路器上顶板的 6 个螺钉和垫圈。

⑤ 将上顶板放于工作台上,检查上接线端子铜排表面。上接线端子铜排表面应光滑,无过流痕迹。

⑥ 检查动、静触头有无明显烧损,有无熔银,有无弧黑和积灰。动、静触头表面应无麻点,如果有,则必须用砂纸将其打磨光滑,以确保动、静触头接触良好。

⑦ 检查两极板有无熔银、弧黑和积灰,若有则用干抹布擦拭干净。当两极板的横截面积达到其原始面积(20 mm×4 mm)的 1/2 时,需及时更换该零件。

⑧ 两极板的更换。拆卸后极板与静触头连接的螺钉和垫圈;拆卸两边连接搭扣的固定螺钉和垫圈,取下连接搭扣;拆下前、后两块极板的装备螺栓,取下前、后两块极板。

⑨ 测量触头磨损尺寸 W 值。W 值必须在断路器处于合闸状态下测量，不同型号规格的断路器 W 值的测量方法不同，应遵照厂家说明书执行。

(4) 断路器框架的拆卸及检查。

① 用内六角扳手拆下前挡板上的螺钉和垫圈，取下前挡板；用扳手拆下 2 根引弧导线与框架支撑板连接的螺栓，取下框架支撑板。

② 用内六角扳手拆下框架支撑板与左、右盖板连接的螺钉。

③ 用内六角扳手拆下左、右盖板与断路器主体部分连接的螺钉和垫圈。

④ 用一字旋具撬下左、右盖板上用于固定螺钉的 4 个橡胶托座。

⑤ 用内六角扳手拆下框架底部及两端固定的螺栓和垫圈。

⑥ 将断路器框架侧翻，打开左、右盖板，取出断路器的主体部分，将其与左、右盖板置于工作台上。检查左、右盖板有无积灰，若有则用干抹布擦拭干净。若左、右盖板上的单面裂纹长度超过 1 cm 或双面对应处出现裂纹，则需对其进行更换。

(5) 断路器主体机构的解体检查。

① 用扳手拆下 2 根引弧导线与框架支撑板连接的螺栓。

② 用内六角扳手拆下减震器的固定螺钉和垫圈，用手推动动触头，取下减震器。

③ 取下透明外盖。

④ 用十字旋具拆下弹簧驱动装置轴承上的螺钉，用内六角扳手拆下条形导向块上的螺钉和垫圈，然后用手推动动触头，微微撬起弹簧片使动触头的棘轮杆释放，取下弹簧驱动装置；检查储能弹簧和弹簧驱动装置的各个组件。

⑤ 用弹簧钳拆下固定动触头棘轮杆的转轴两端的弹簧圈，取出弹簧圈和垫圈，把动触头推到合适位置，用小的十字旋具推动转轴，取出转轴，卸下棘轮杆；检查转轴。

⑥ 用内六角扳手拆下主体部分上盖板的固定螺栓。

⑦ 用内六角扳手拆下固定合闸线圈的螺钉和固定限位板，拆下合闸线圈电源连线及可见到的连接点并做好标记，取下合闸线圈；检查合闸线圈表面有无积灰，若有则用干抹布擦拭干净；检查合闸顶杆动作是否灵活；测量合闸线圈的电阻。

⑧ 卸下辅助接点外壳上的螺钉，取下辅助接点外壳，使用干抹布擦拭干净。

⑨ 用内六角扳手拆下大电流脱扣整定装置上的螺钉，取下整定装置。

⑩ 拆开断路器主体机构的上外壳；检查下接线端子铜排表面；检查下接线端子与动触头的连接(软连接)；检查大电流脱扣可动铁轭与分闸顶杆动作过程。

5. 注意事项

(1) 严格按照作业标准进行检修作业，以防发生意外。

(2) 作业完毕，恢复断路器至原位。

技能实训 2-8　接触网隔离开关的检修

授课地点：城市轨道交通车辆段接触网实训场

授课形式：分组教学

教课教师：校内专任教师、城市轨道企业供电段技术员

1. 实训目的

(1) 掌握直流隔离开关的结构组成。

（2）掌握直流隔离开关的检修方法。

2. 实训设备

（1）实验仪器。2 500 V 兆欧表。

（2）实验工具及材料。力矩扳手、吊绳、砂布、钢丝刷、塞尺（规格为 0.05 mm×10 mm）、锉刀、钢卷尺、开关钥匙、等位线、隔离开关操作棒、安全用具、防护用具等。

3. 实训内容

（1）结构及外观检查、测量与调整处理。

（2）隔离开关主刀闸缺陷处理。

（3）分、合闸角度的测量与调整。

（4）操动机构的检查与调整。

（5）接地刀闸的检查与调整。

（6）绝缘子的检查与更换。

4. 实训步骤

（1）结构及外观检查、测量与调整处理。

① 将开关倒至分闸位置，测量分闸角度、分闸止钉间隙及触头情况。

② 将开关倒至合闸位置，检查合闸是否成直线（两刀闸中心线是否吻合、水平），合闸止钉间隙及触头接触情况，有无旁击现象。

③ 测量带接地刀闸的隔离开关在合、分闸过程中带电部分与接地部分的瞬时间隙，检查接地刀闸是否密贴。

④ 检查操动机构转动是否灵活，若不灵活则在转动部分加注润滑油。检查带接地刀闸隔离开关操动机构的联动、闭锁是否正确、可靠。

⑤ 清扫支持绝缘子，检查瓷体有无破损，测量支持绝缘子的绝缘电阻是否符合规定。

⑥ 检查开关引线及电连接有无散股、断股，测量开关引线与接地体之间的距离和引线与被跨悬挂间的距离。

⑦ 紧固各部螺栓及转动关节，铁件除锈涂漆。

⑧ 有电或无电表示标志牌是否清晰，安装位置及方向是否正确。

（2）隔离开关主刀闸缺陷处理。

① 刀闸接触面有烧伤、麻点及灰尘，可用砂布打磨、抹布擦净，涂一层电力复合脂。

② 刀闸接触面不密贴：刀片弯曲时可用扳手将刀片校正，弹簧压力不够时调整触头的弹簧压力。

③ 触头与刀片（高差造成）旁击：可略搬动刀片，直至合适，必要时可在支持绝缘子与底座间加垫片。

（3）分、合闸角度的测量与调整。

① 分闸角度的测量。用钢卷尺测量两端中心距离，如图 2-153 所示。

分闸角度的计算公式为

$$S=D+0.0349L$$

式中，S 为分闸时距主闸刀根部距离为 L 处两刀闸间的距离（mm）；D 为分闸时两主闸刀根部的距离（mm）；L 为 D 与 S 间的距离（mm）；0.034 9=2sin 1。

分闸角度应满足 $D \leqslant S=D+0.0349L$。

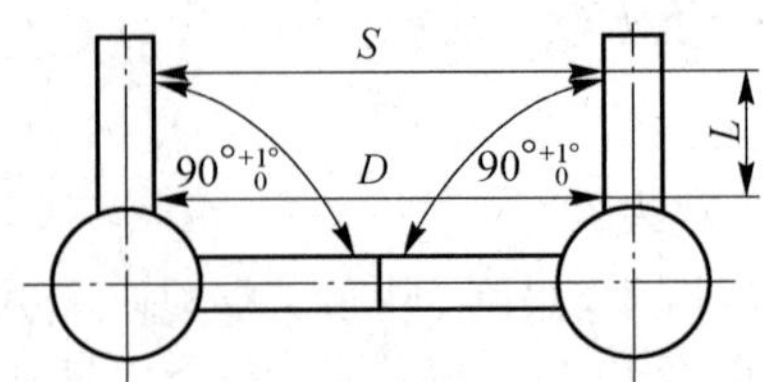

图 2-153　隔离开关分闸角度测量

② 开关分闸(或合闸)到位、而合闸(或分闸)不到位。调整分闸(或合闸)止钉或连动杆;当调整止钉或连动杆不能满足要求时,可能是操作杆止孔的位置不对,应改变操作杆止孔的位置。

③ 分、合闸均不到位。将开关至合闸位置,卸下连动杆,使刀闸合闸成直线,然后调节止钉间隙,最后调好连动杆的长度,并与转动板连接,合闸调整好后将开关至分闸状态,调整分闸止钉间隙。

(4) 操动机构的检查与调整。

① 当操作杆弯曲造成隔离开关本体转轴与操动杆或操动机构的中轴线不对应时,应进行调整或校正。

② 活动关节若缺润滑油,则应涂机油润滑。

③ 上、下托架歪斜时,应矫正。

(5) 接地刀闸的检查与调整。

① 接地刀闸合闸后不到位或过位,可以调整接地刀闸传动拐臂的角度及接地连杆的长度来改变其合闸状态。

② 刀闸接触不密贴或过紧,可调整触头弹簧片的压力或更换触头弹簧片。

(6) 绝缘子的检查与更换。当支持绝缘子破损超过 300 mm^2、绝缘电阻不符合规定时,应更换支持绝缘子。

5. 注意事项

(1) 开关引线紧松适当,调整时应考虑到极限温度变化。

(2) 检修隔离开关进行分、合闸操作时,上、下作业人员应呼唤应答,配合得当,防止误伤。

(3) 在试验开关分、合时,检修人员要处在安全位置,防止刀闸在开合过程中碰伤身体。

(4) 用兆欧表检测绝缘时必须先短接支持绝缘子两端,消除感应电再接触开关本体。

(5) 检修隔离开关时,不宜在操动杆一侧攀登支柱。

(6) 作业完毕,恢复开关至原位。

思考与练习

(1) 简述牵引变电所的特点。

(2) 简述牵引变电所的工作原理。

(3) 简述牵引变电所的设备分类。

(4) 简述干式变压器的优点。

(5) 简述干式变压器的性能特点。

(6) 简述电弧放电的特征及危害。
(7) 简述电弧产生的根本原因。
(8) 简述产生电弧的游离方式。
(9) 简述电弧的去游离形式。
(10) 简述影响去游离的因素。
(11) 简述直流电弧的熄灭方法。
(12) 简述开关电器中常用的灭弧方法。
(13) 简述高压断路器的作用。
(14) 简述高压断路器的基本要求。
(15) 简述高压断路器的类型。
(16) 简述 SF_6 断路器的结构类型。
(17) 简述落地罐式 SF_6 断路器的优点。
(18) 简述真空断路器的分类。
(19) 简述真空断路器的安装要求。
(20) 简述真空断路器的优缺点。
(21) 简述隔离开关的用途。
(22) 简述隔离开关的技术要求。
(23) 简述隔离开关的结构组成。
(24) 简述高压负荷开关的分类。
(25) 简述高压熔断器的特点。
(26) 简述操动机构的结构。
(27) 简述操动机构的类型。
(28) 简述弹簧操动机构的特点。
(29) 简述互感器的作用。
(30) 简述电流互感器的分类。
(31) 简述电流互感器的技术参数。
(32) 简述电流互感器的接线方式。
(33) 简述电磁式电压互感器的分类。
(34) 简述电压互感器的配置原则。
(35) 简述避雷器的主要技术指标。
(36) 简述氧化锌避雷器的特点。
(37) 简述配电装置应满足的基本要求。
(38) 简述 GIS 组合电器的优点。
(39) 简述交流电气设备的接地范围。
(40) 简述接地的主要功能。

模块 3 变电站电气接线

知识目标

(1) 掌握电气主接线的基本要求。
(2) 掌握常见电气接线的类型及特点。
(3) 掌握控制电路的功能及基本要求。
(4) 掌握信号电路的功能。
(5) 掌握继电保护的定义及任务。
(6) 掌握继电保护装置的基本要求。
(7) 掌握继电保护装置的基本构成及工作原理。
(8) 掌握主变电站、牵引变电所、牵引降压混合变电所、降压变电站自用电配置。

技能目标

(1) 会识别常用的电气设备图形符号和文字符号。
(2) 会区分不同形式的电气主接线。
(3) 能看懂牵引变电所、降压变电站、牵引降压混合变电所电气主接线图和二次接线图。
(4) 会分析主接线和二次接线的原理。

3.1 电气主接线概述

在变电站内，各种电气设备之间主要依靠电气主接线传输电能，电气主接线是牵引变电所的主体部分。为满足预定的功率传送和运行要求，电气主接线的形式必须满足供电可靠性、运行灵活性、经济合理性的要求，能够反映正常和事故情况下的供送电情况。电气主接线反映变电站的基本结构和性能，在运行中表明电能的输送和分配关系。一次设备的运行方式是电气主接线实际检修维护的依据。

变电站的电气主接线是指由断路器、隔离开关、互感器、避雷器、主变压器、母线和电缆等高压一次设备，按一定的顺序连接起来用于表示接收和分配电能的电路。

3.1.1 电气主接线的基本要求及分类

1. 电气主接线的基本要求

电气主接线的选择正确与否对电力系统的安全、经济运行，对电力系统的稳定性和调度的灵活性，以及对电气设备的选择、配电装置的布置、继电保护及控制方式的拟定等都有重大的影响。在选择电气主接线时，应注意发电厂或变电站在电力系统中的地位、进出线回路数、电压等级、设备特点及负荷性质等条件，并满足下列基本要求：

（1）保证必要的供电可靠性和电能的质量。这是电气主接线应满足的最基本要求。主接线的供电可靠性主要是指将主电路故障或检修所带来的不利影响限制在一定范围内，以提高供电的能力和电能的质量。一般从以下几个方面对主接线的供电可靠性进行定性分析：

① 断路器检修时能否不影响供电。

② 断路器或母线故障及母线检修时，尽量减少停运的回路数和停运时间，并要保证对重要用户的供电。

③ 尽量避免发电厂、变电站全部停运的可能性。

④ 大机组、超高压电气主接线应满足可靠性的特殊要求。

（2）具有一定的灵活性和方便性。应能灵活地投入和切除某些机组、变压器或线路，从而达到调配电源和负荷的目的；能满足电力系统在事故运行方式、检修运行方式和特殊运行方式下的调度要求；当需要进行检修时，应能够很方便地使断路器、母线及继电保护设备退出运行进行检修，而不致影响电力网的运行或停止对用户供电；必须能够容易地从初期接线过渡到最终接线，以满足扩建的要求。

（3）具有一定的经济性。应力求简单，以节省断路器、隔离开关、电流互感器、电压互感器及避雷器等一次设备的投资；要尽可能地简化继电保护和二次回路，以节省二次设备和控制电缆；应采取限制短路电流的措施，以便选择轻型的电器和小截面的载流导体；要为配电装置的布置创造条件，以节约用地和节省有色金属、钢材和水泥等基建材料；应经济合理地选择主变压器的型式、容量和台数，要避免出现两次变压，以减少变压器的电能损耗。

2. 电气主接线的分类

母线是接收和分配电能的装置，是电气主接线和配电装置的重要环节。电气主接线一般按有无母线分类，即分为有母线和无母线两大类，具体如表 3-1 所示。

表 3-1 电气主接线的分类

分类方式	具体类型	
有母线的主接线形式	单母线	单母线无分段
		单母线有分段
		单母线分段带旁路母线
	双母线	普通双母线
		双母线分段
		3/2 断路器(一台半断路器)
		双母线及带旁路母线的双母线
无母线的主接线形式	单元接线	
	桥形接线	
	角形接线	

3.1.2 电气主接线图

主接线图一般用单线图表示。单线图是表示三相相同的交流电气装置中一相连接顺序的图;当三相不完全相同时,用多线图表示。

主接线图应使用国标文字及图形符号进行绘制,而电气设备的状态按正常状态画出。所谓正常状态,就是指电路中无电压和外力作用下开关的状态,即断开状态。例如,隔离开关都是以断开状态画出的,如果有特殊情况则应注明。在供安装使用的电气主接线图中,要标出主要电气设备的规格型号。主接线图常用的电气设备图形符号和文字符号如表 3-2 所示。

表 3-2 主接线图常用的电气设备图形符号和文字符号

电气设备名称	图形符号	文字符号	电气设备名称	图形符号	文字符号
刀开关(自动开关)		QK	母线、导线、线路		W
断路器		QF	三相导线		WL
隔离开关		QS	端子		X
负荷开关		QL	电缆及其终端头		
熔断器		FU	交流发电机	G	G

（续表）

电气设备名称	图形符号	文字符号	电气设备名称	图形符号	文字符号
熔断式开关		S	交流电动机		M
阀式避雷器		F	单相变压器		T
三角变星型三相变压器		T	电压互感器		TV
星型三相变压器		T	三绕组变压器		T
电流互感器（具有一个二次绕组）		TA	三绕组电压互感器		TV
电流互感器(具有两个铁芯、两个二次绕组)		TA	电抗器		L
			电容器		C

3.1.3 电气主接线中开关电器的配置原则

当线路或高压配电装置检修时，需要有明显可见的断口，以保证检修人员及设备的安全。故在电气回路中，在断路器可能出现电源的一侧或两侧均应配置隔离开关。若馈线的用户侧没有电源，则断路器通往用户的那一侧可以不装设隔离开关。若电源是发电机，则发电与出口断路器之间可以不装隔离开关。但有时为了便于对发电机单独进行调整和试验，也可以装设隔离开关或设置可拆卸点。

当电压在 110 kV 及以上时，断路器两侧的隔离开关和线路隔离开关的线路侧均应配置接地开关。对 35 kV 及以上的母线，在每段母线上亦应设置 1～2 组接地开关，以保证电器和母线检修时的安全。

3.1.4 倒闸操作注意事项

（1）明确主接线倒闸作业前后的运行方式，特别掌握电源的供电情况和各开关设备的通断情况。

（2）明确倒闸操作中相应的继电保护及自动装置的调整和转换。

（3）停电时，从负荷侧开始，先分负荷侧开关，后分电源侧开关；送电时，先合电源侧开关，后合负荷侧开关。这样使开合的电流最小，万一发生操作失误，可以将影响面减到最小。

(4) 隔离开关与断路器串联时，隔离开关应先合后分；隔离开关与断路器并联时，隔离开关应先分后合。隔离开关无论是分闸还是合闸都是在断路器闭合的状态下进行的，从而保证了隔离开关不带负荷操作。

(5) 隔离开关带接地刀闸时，送电时应先断接地闸刀，后合主刀闸；停电时应先断主刀闸，后合接地刀。否则会造成接地短路。

3.1.5 变电站的类型

本变电站的母线上有其他变电站的负荷电流通过，称为系统功率穿越。根据变电站在电网中的位置、重要程度和从电力系统取得电源的方式不同，变电站可分为中心变电站、中间(或终端)变电站等几种形式，如图 3-1 所示。

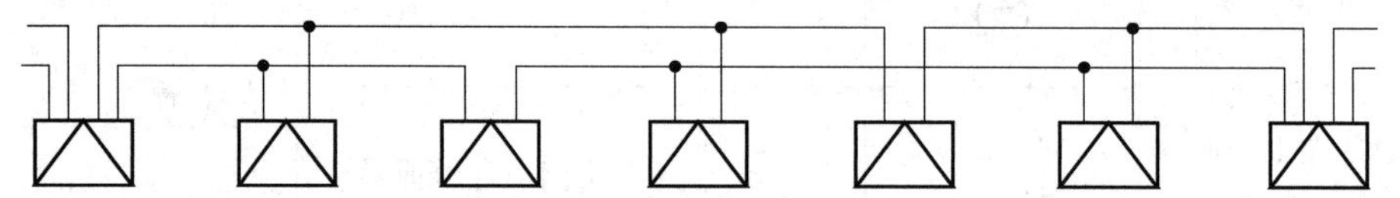

图 3-1 变电站的类型

(1) 中心变电站。它具有 4 路及以上电源进线并有系统功率穿越，除了实现一般变电站的功能外，还向其他变电站供电。

(2) 中间(或终端)变电站。有 2 路电源进线的变电站为中间(或终端)变电站，其中，有系统功率穿越的称为通过式变电站，没有系统功率穿越的称为分接式变电站。

3.2 常见电气主接线

3.2.1 桥形接线

当只有两台主变压器和两条电源进线线路时，可以采用图 3-2 所示的接线方式。这种接线称为桥形接线。

桥形接线的桥臂由断路器及其两侧隔离开关组成，正常运行时处于接通或断开状态(由系统的运行方式决定)。根据桥臂的位置不同，桥形接线可分为内桥接线、外桥接线和双断路器桥形接线三种形式。

1. 内桥接线

内桥接线如图 3-2(a)所示，桥臂置于线路断路器的内侧，靠近主变压器。其特点如下：

(1) 线路发生故障时，仅故障线路的断路器跳闸，其余 3 条支路可继续工作，并保持相互间的联系。

(2) 变压器故障时，联络断路器及与故障变压器同侧的线路断路器均自动跳闸，使未故障线路的供电受到影响，需经倒闸操作后，方可恢复对该线路的供电。

(3) 线路运行时变压器操作复杂。

内桥接线适用于输电线路较长、线路故障率较高、穿越功率小和变压器不需要经常改变运行方式的场合。

2. 外桥接线

外桥接线如图 3-2(b)所示，桥臂置于线路断路器的外侧。外桥接线的特点如下：

(1) 变压器发生故障时，仅跳故障变压器支路的断路器，其余支路可继续工作，并保持相互间的联系。

(2) 线路发生故障时，联络断路器及与故障线路同侧的变压器支路的断路器均自动跳闸，需经倒闸操作后，方可恢复被切除变压器的工作。

(3) 线路投入与切除时，操作复杂，影响变压器的运行。

外桥接线适用于线路较短、故障率较低、主变压器需按经济运行要求经常投切，以及电力系统有较大的穿越功率通过桥臂回路的场合。

3. 双断路器桥形接线

桥形接线属于无母线的接线形式，简单清晰，设备少，造价低，也易于发展过渡为单母线分段或双母线接线。但因内桥接线中变压器的投入与切除要影响到线路的正常运行，外桥接线中线路的投入与切除要影响到变压器的运行，而且更改运行方式时需利用隔离开关作为操作电器，故桥形接线的工作可靠性和灵活性较差。

为了提高供电可靠性，克服内、外桥形接线的不足，使运行方式的调度操作更为方便，确保安全、可靠地供电，可在高压母线与主变压器进线之间增设断路器，双断路器桥形接线如图 3-2(c)所示。这种接线方式在 35/10 kV 的变电站中大量应用。

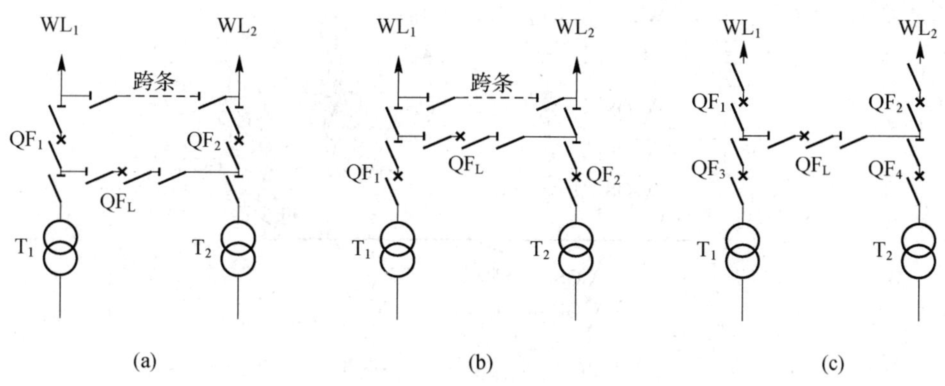

图 3-2 桥形接线

(a)内桥接线 (b)外桥接线 (c)双断路器桥形接线

3.2.2 单母线接线

为使每台主变压器能从任一电源回路获得电能，需要设置汇流母线，以便将各电源回路电能汇集起来，再分配到各个用电回路上，以提高供电的可靠性和经济性。

如果电源回路和用电回路都通过断路器、隔离开关接在同一套母线上，则构成单母线接线，如图 3-3 所示。

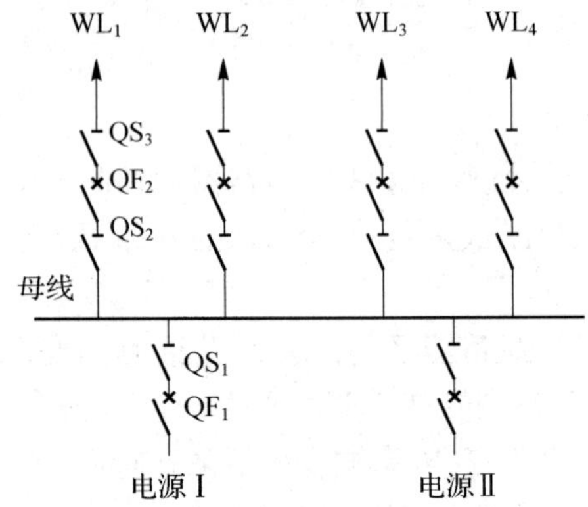

图 3-3　单母线接线

单母线接线的优点是接线简单、投资少、操作方便、容易扩建。单母线接线的缺点是检修母线或母线隔离开关时全厂(所)需停电；母线或母线隔离开关故障时全厂(所)需停电；检修出线断路器时，该回路必须停电。

因此，单母线接线只适用于小容量和用户对供电可靠性要求不高的发电厂或变电站。为了克服以上缺点，可采用母线分段和加旁路母线的措施。

1. 单母线分段接线

(1) 单母线隔离开关分段接线。如图 3-4 所示，当任一段母线及其母线隔离开关停电检修时，可以通过事先断开分段隔离开关 QS_d，使另一段母线的工作不受影响。

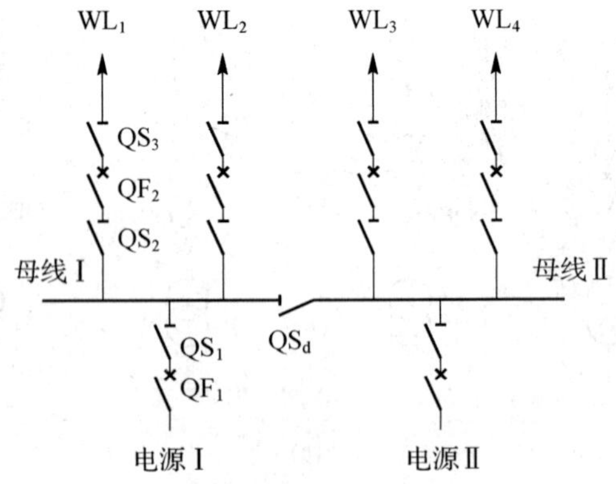

图 3-4　单母线隔离开关分段接线

但当分段隔离开关 QS_d 投入，两段母线同时运行期间，若任一段母线发生故障，则仍将造成整个配电装置的短时停电。只有使与母线相连的所有断路器跳闸，才可以用分段隔离开关 QS_d 将故障段母线隔开，方能恢复非故障段母线的运行。

(2) 单母线断路器分段接线。如图 3-5 所示，当分段断路器 QF_d 接通运行时，任一段母线发生故障，在继电保护的作用下，分段断路器和接在故障段上的电源回路断路器便自动断开。这使非故障段母线可以继续运行，缩小了母线故障的停电范围。

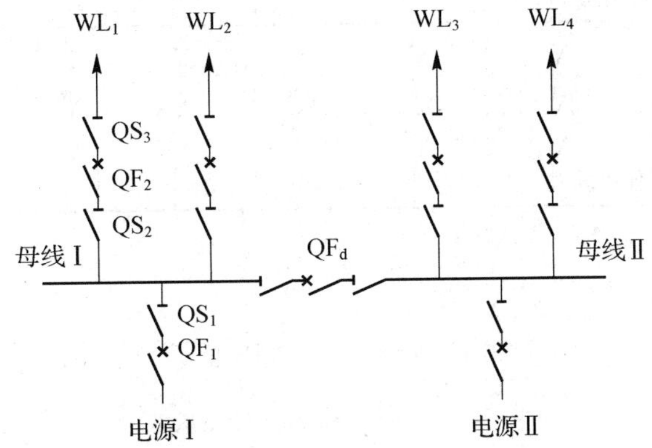

图 3-5 单母线断路器分段接线

当分段断路器断开运行时，其除应装有继电保护装置外，还应装有备用电源自动投入装置。分段断路器断开运行，有利于限制短路电流。

① 以断路器分段的优点。

· 在正常情况下检修母线时，可不中断另一段母线的运行。

· 当任一段母线发生故障时，在继电保护装置的作用下，母线分段断路器断开，从而保证了非故障段母线的不间断供电。

· 可满足采用双回线路供电的重要用户供电可靠性的要求。

② 以断路器分段的缺点。

· 当一段母线或母线隔离开关故障或检修时，该段母线上的所有回路都要在检修期间内停电。

· 当采用接于不同段母线的双回线路供电时，常使架空线路出现交叉跨越。

· 扩建时需要向两个方向均衡扩建。

单母线分段的数目取决于电源的数目、电网的接线及主接线的运行方式，一般以 2～3 段为宜。其连接的回路数一般比不分段的单母线接线增加 1 倍，但仍不宜过多。

单母线分段接线主要应用于中、小容量发电厂的电气主接线，以及各类发电厂的厂用电接线及进出线数量比较多的 6～220 kV 变电站中。

2. 单母线带旁路母线接线

如图 3-6 所示，在工作母线外侧增设一组旁路母线，并经旁路隔离开关引接到各线路的外侧。另设一组旁路断路器 QF_p（两侧带隔离开关）跨接于工作母线与旁路母线之间。

当任一回路的断路器需要停电检修时，该回路可经旁路隔离开关 QS_p 绕道旁路母线，再经旁路断路器 QF_p 及其两侧的隔离开关从工作母线取得电源。此途径即旁路回路，简称旁路。

平时，旁路断路器和隔离开关均处于分闸位置，旁路母线不带电。当需检修某线路断路器时，首先合上旁路断路器两侧的隔离开关，然后合上旁路断路器向旁路母线空载升压，检查旁路母线无故障后，再合上该线路的旁路隔离开关。此后，断开该出线断路器及其两侧的隔离开关，这样就由旁路断路器代替了该出线断路器工作。

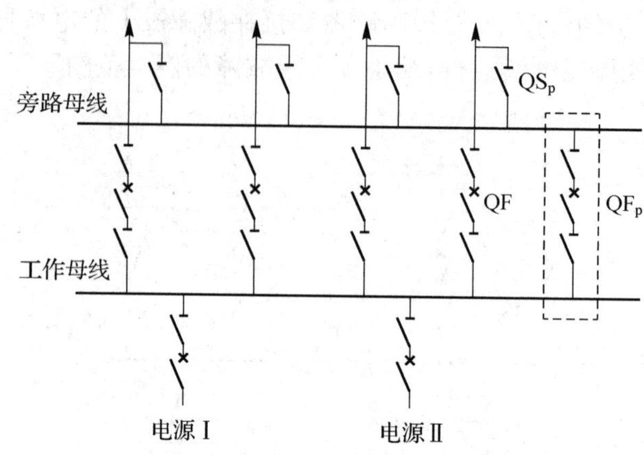

图 3-6　单母线带旁路母线接线

单母线带旁路母线接线方式的最大优点是供电可靠性高。断路器故障维修时，可不停电进行检修，停电可靠，运用灵活，适用于向重要用户供电，出线回路较多的变电站尤为适用，该接线方式仅适用于 110 kV 及以下电压等级的母线。

旁路断路器在同一时间只能代替一个线路断路器的工作，故当母线出现故障或检修时，仍会造成整个主母线停止工作。为了解决这个问题，可以采用带旁路母线的单母线分段接线。

3. 单母线带旁路母线分段接线

单母线带旁路母线分段接线方式兼顾旁路母线和母线分段两方面的优点。为了减少投资，可不专设旁路断路器，而用母线分段断路器兼作旁路断路器，常用的接线如图 3-7 所示。这种接线方式供电的可靠性高，一般用于 35～110 kV 的变电站母线。在正常工作时，靠旁路母线侧的隔离开关 QS_3、QS_4 断开，而隔离开关 QS_1、QS_2 和分段断路器 QF_d 处于合闸位置(这时 QS_d 是断开的)，主接线系统按单母线分段方式运行。当需要检修某一出线断路器(如 WL_1 回路中的 QF_1)时，可通过倒闸操作将分段断路器作为旁路断路器(QF_p)使用，即由 QS_1、QF_p、QS_4 从母线Ⅰ接至旁路母线，或经 QS_2、QF_d、QS_3 从母线Ⅱ接至旁路母线，再经过 QS_{p1} 构成向 WL_1 供电的旁路。此时分段隔离开关 QS_d 是接通的，以保持两段母线并列运行。

现以检修 QF_1 为例，简述其倒闸操作步骤。

(1) 向旁路母线充电，检查其是否完好。合上 QS_d；断开 QF_p 和 QS_2；合上 QS_4；再合上 QF_p，使旁路母线空载升压，若旁路母线完好，则 QF_d 不会自动跳闸。

(2) 接通 WL_1 的旁路回路，合上 QS_{p1}。这时有两条并列的向 WL_1 供电的通电回路。

(3) 将线路 WL_1 切换至旁路母线上运行。断开断路器 QF_1 及其两侧的隔离开关，并在靠近断路器一侧进行可靠接地。这时，断路器 QF_1 退出运行，进行检修，但线路 WL_1 继续正常供电。

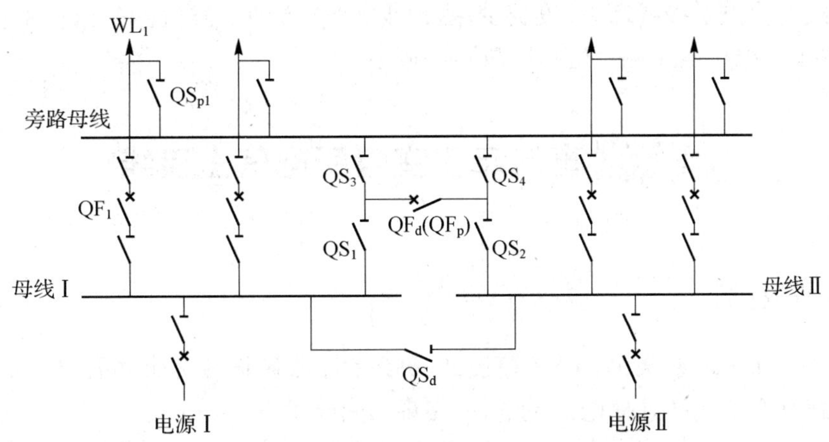

图 3-7　单母线带旁路母线分段接线

3.2.3　单元接线

如图 3-8(a)、(b)所示，电源线路(或发电机)与变压器直接连接成一个单元，组成线路(发电机)变压器组，称为单元接线。其中，图 3-8(a)是发电机双绕组变压器单元接线，发电机出口处除了接有厂用电分支外，不设母线，也不装出口断路器。发电机和变压器的容量相匹配，必须同时工作，发电机发出的电能直接经过主变压器送往升高电压电网。发电机出口处可装一组隔离开关，以便单独对发电机进行试验，200 MW 及以上的发电机由于采用了分相封闭母线，故不宜装设隔离开关，但应有可拆连接点。图 3-8(b)是发电机三绕组变压器单元接线，为了保证在发电机停止工作时变压器的高压侧和中压侧仍能保持联系，发电机与变压器之间应装设断路器和隔离开关。

为了减少变压器及其高压侧断路器的台数，节约投资与占地面积，可采用图 3-8(c)、(d)所示的扩大单元接线。图 3-8(c)是两台发电机与一台双绕组变压器的扩大单元接线；图 3-8(d)是两台发电机与一台低压分裂绕组变压器的扩大单元接线，这种接线可限制变压器低压侧的短路电流。扩大单元接线的缺点是运行灵活性较差。

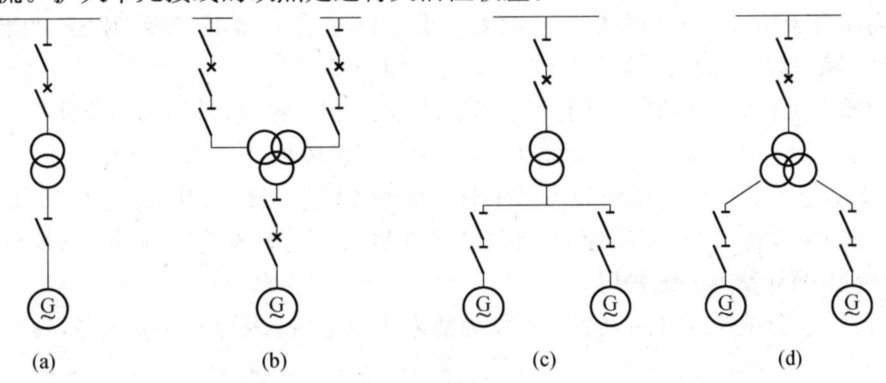

图 3-8　单元接线与扩大单元接线

(a)发电机双绕组变压器单元接线　(b)发电机三绕组变压器单元接线

(c)发电机与变压器的扩大单元接线　(d)发电机与低压分裂绕组变压器的扩大单元接线

单元接线的优点是接线简单、投资少、占地少、操作方便、经济性好，由于不设发电机电压母线，减少了发电机电压侧发生短路故障的概率。

3.3 直流牵引变电所电气主接线

3.3.1 主变电站

城市轨道交通供电系统按一类负荷设计，每条轨道线路设置 2 个主变电站，每个主变电站平时由 2 路互为备用的独立电源供电，以实现不间断供电。

1. 主变电站的功能与类型

主变电站从发电厂或城市电网区域变电站获得高压（如 110 kV）电源，经降压形成 35(33)kV 或 10 kV 以中压环网形式向布置在沿线的牵引变电所、降压变电站输送电能。每个主变电站的主变容量设计满足最大高峰小时负荷的要求，并满足当一个主变电站发生故障（不含中压母线故障）时，另一个主变电站能承担全线牵引负荷及全线动力Ⅰ、Ⅱ级负荷的供电要求。电缆载流量也满足最大高峰小时负荷的要求，同时当主变电站正常运行、环网中一条电缆故障时，能保证地铁正常运行。

按照电气主接线的不同，目前城市轨道交通供电系统中的主变电站有两种类型：内桥接线主变电站和线路-变压器组接线主变电站。

2. 主变电站的主要电气设备

(1) 主变压器。主变电站使用的主变压器为三相油浸电力变压器，带有载调压开关和自动调压装置，主变压器下方设置储油设施。

(2) 开关柜。主变电站使用的开关柜主要有高压（110 kV）开关柜和中压（35 kV 或 10 kV）开关柜。

① 高压开关柜。高压开关柜是户内安装的 GIS 组合电器，一般采用 SF_6 断路器、液压操动机构。除母线为三相共箱式外，其余均为三相分箱式。

② 中压开关柜。中压开关柜也采用 GIS，均为三相分箱式，采用真空断路器。中压开关柜的操动机构为弹簧贮能式或液压弹簧式，采用三工位隔离开关和接地刀闸。

(3) 接地电阻。接地电阻作为主变压器二次侧中性点接地电阻，放置在专门的房间内。

(4) 控制室设备。控制室设备主要包括控制屏、信号屏、交(直)流屏，以及按照要求安装在控制室内的计量屏和保护屏。

(5) 自用电变压器。自用电变压器作为所内用电电源，多为干式变压器，安装在单独的房间内。

3. 主变电站的电气主接线及其运行方式

城市轨道交通主变电站的两路高压电源进线（110 kV），可以设专线，也可以设一路专线,另一路 T 接高压侧。设置 2 台主变压器,变压器的接线形式均选用三相 Y,d 接线,大部分采用110 kV/35 kV 两线圈变压器,少数城市由于历史原因采用 110/10 kV 两线圈变压器。2 台主变压器互为备用,正常情况下并列运行,各承担约 50%的用电负荷。

主变电站按照其 110 kV 侧的电气主接线结构,可以分为线路-变压器组接线的主变电站和内桥接线的主变电站。

(1) 线路-变压器组接线的主变电站。某线路-变压器组接线的主变电站的电气主接线如图 3-9 所示。

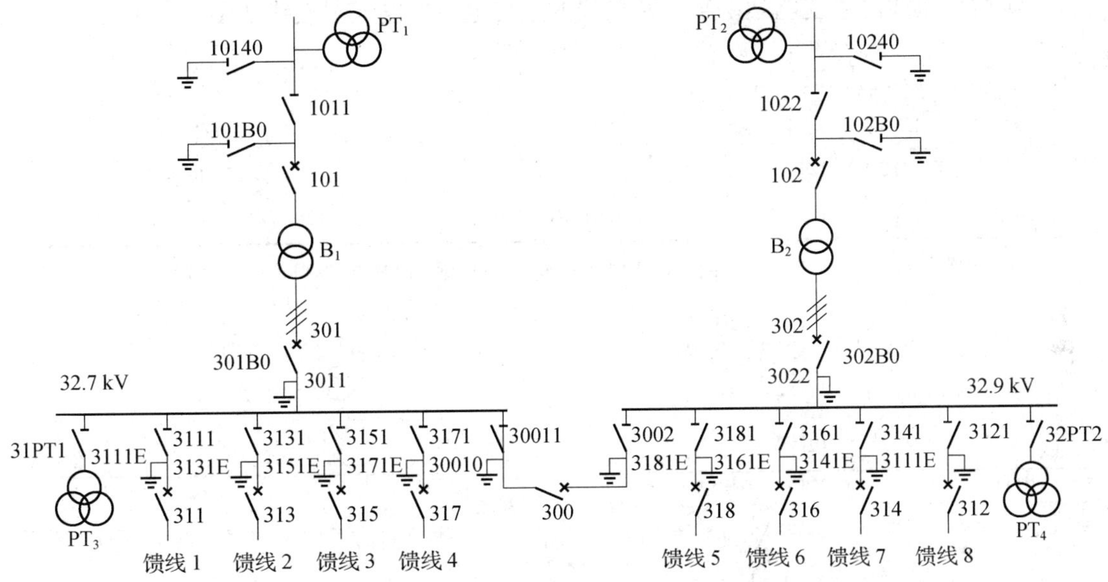

图 3-9 某线路-变压器组接线的主变电站的电气主接线

① 高压侧电气主接线。线路-变压器组接线就是电源线路和变压器直接相连,是一种最简单的接线方式。正常运行方式下,两条线路各带一台主变压器,即 1 号进线电源通过隔离开关 1011 和断路器 101 为 1 号变压器 B_1 提供电能;2 号进线电源通过隔离开关 1022 和断路器 102 为 2 号变压器 B_2 提供电能。

在主变压器一、二级负荷的负载率较低,系统发生故障的情况下,恢复供电操作十分方便。当一台主变压器或一条电源线路故障退出运行时,只需在主变电站中压侧做转移负荷操作,由另一路进线电源的主变压器承担本变电站范围内的全部一、二级用电负荷,如图 3-9 中闭合母线分段断路器(简称母联断路器)300 即可实现,对相邻变电站无影响。但当主变压器一、二级负荷的负载率高,一台主变压器或一条电源线路故障退出运行时,需要通过相邻主变电站联络来转移部分负荷,实现相互支援。

线路-变压器组接线只配置 2 个设备单元,断路器少,接线简单,系统接线简单,运行可靠、经济,有利于变电站实现自动化、无人化,造价省。但是,线路故障检修停运时,变压器将被迫停运,对变电站的供电负荷影响较大。

② 中压侧电气主接线。主变电站中压侧均采用单母线断路器分段接线。图 3-9 中,母联断路器 300 将母线分成两段,分别称为Ⅰ段母线和Ⅱ段母线。1 号变压器 B_1 通过断路器 301 和隔离开关 3011 将中压电能输送至Ⅰ段母线,并通过馈线断路器 311、313、315、317 分

别将中压电能输送至地铁沿线的降压变电站和牵引降压混合变电所。2 号变压器 B_2 通过断路器 302 和隔离开关 3022 将中压电能输送至Ⅱ段母线,并通过馈线断路器 312、314、316、318 分别将中压电能输送至地铁沿线的降压变电站和牵引降压混合变电所。

正常情况下,两段母线分列运行,即母联断路器 300 断开。降压变电站和牵引降压混合变电所可以从不同的母线段取得中压电源;当主变电站一段中压母线失电时,通过闭合母联断路器 300,另一段中压母线可以迅速恢复对降压变电站和牵引降压混合变电所的供电。

(2) 内桥接线的主变电站。某内桥接线的主变电站的电气主接线如图 3-10 所示。

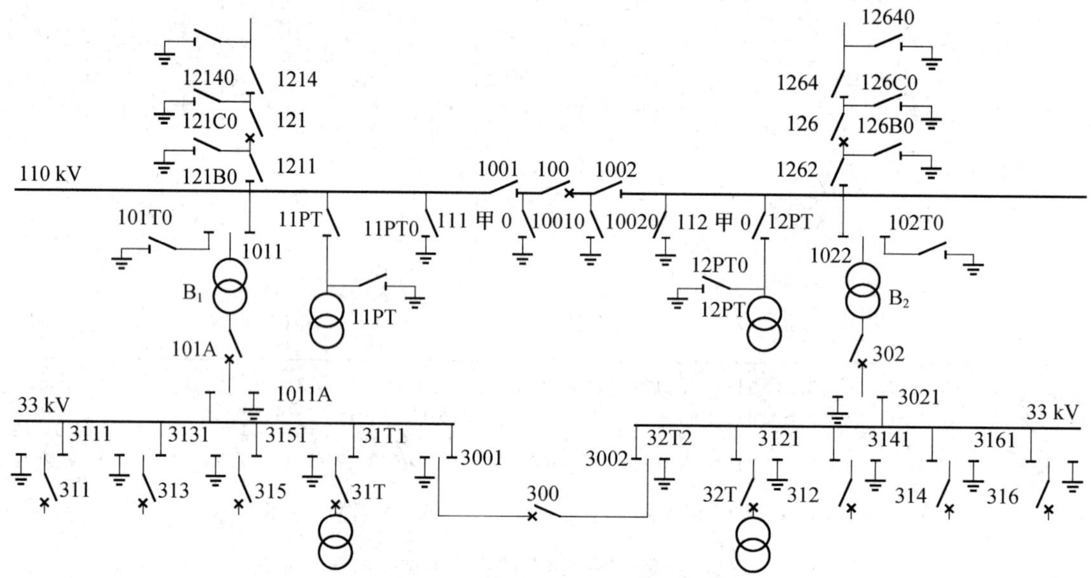

图 3-10　某内桥接线的主变电站的电气主接线

① 高压侧电气主接线。该主变电站 110 kV 电源采用内桥接线,即在 110 kV 进线电源中,1 号电源经过隔离开关 1214、断路器 121、隔离开关 1211 和 1011 联络 1 号主变压器 B_1,形成 1 号系统;2 号电源经过隔离开关 1264、断路器 126、隔离开关 1262 和 1022 联络 2 号主变压器 B_2,形成 2 号系统;在 1 号系统和 2 号系统之间,由隔离开关 1001、断路器 100 和隔离开关 1002 形成连接桥,构成内桥接线。

正常运行时,桥断路器 100 断开,类似于线路-变压器组接线,两条线路各带一台主变压器。

因内桥接线线路侧装有断路器,线路的投入和切除十分方便,故当送电线路发生故障时,只需断开故障线路的断路器,而不会影响另一回路的正常运行。需要时也可以合上内桥上的断路器,由一路进线带 2 台主变压器。但当主变压器故障时,与该变压器连接的 2 台断路器都要断开,从而会影响未故障线路的正常运行。另外,内桥上的断路器检修时,电源线路需较长时间停运;出线断路器检修时,电源线路也需较长时间停运。

② 中压侧电气主接线。该主变电站中压侧也采用单母线断路器分段接线。其结构与运行类似于线路-变压器组接线的主变电站。

3.3.2 降压变电站

1. 降压变电站的结构与功能

城市轨道交通供电系统中的降压变电站的主要结构基本和设备与工业民用建筑降压变电站一样，所不同的就是设有钢轨电位限制装置。

降压变电站为除城市轨道交通列车以外的其他所有地铁用电负荷提供电能，其中包括通信、信号、事故照明和计算机系统等许多一级负荷。这些一级负荷均与城市轨道交通正常运营密不可分。城市轨道交通供电系统中的降压变电站与城网 10 kV 变电站一样，都是将中压电经变压器变为 380 V/220 V 电源供动力照明负荷用电。在引入电源方面，每座降压变电站均从中压环网引入两路电源，有条件时还应从相邻变电站或市电引一路备用电源，对于特别重要的负荷(如控制系统、计算机设备等负荷)还应设蓄电池作为备用电源。

2. 降压变电站的电气主接线及其运行方式

降压变电站的电气主接线如图 3-11 所示。35 kV 侧为单母线分段，而除跟随式降压变电站外，0.4 kV 均为单母线分段。每个降压变电站均设两台动力变压器，分别负责向本变电站所在半个车站及半个区间内的动力照明负荷供电。正常运行时，两台动力变压器分别运行，同时供电，当其中一台动力变压器因故障退出运行时，通过联络开关由另一台动力变压器负担全站一、二级动力照明负荷。

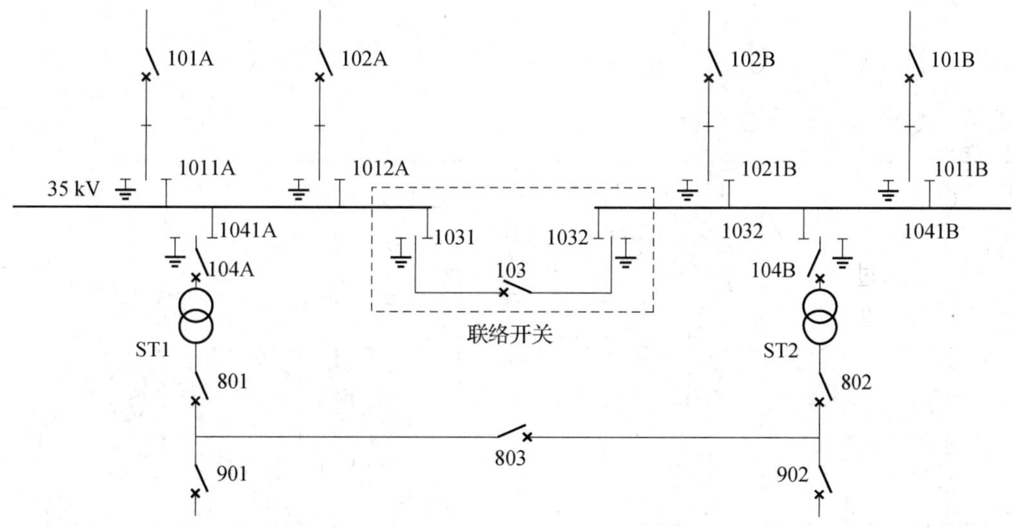

图 3-11 降压变电站的电气主接线

3.3.3 牵引降压混合变电所

在城市轨道交通牵引供电系统中，电能从牵引变电所经馈电线、接触网输送给电动列车，再从电动列车经钢轨(轨道回路)、回流线流回牵引变电所。牵引变电所是牵引供电系统的核心。牵引变电所的数量、容量和设置的距离是根据牵引计算的结果，并经过经济、技术比较后确定的。牵引变电所一般设置在城市轨道交通沿线若干车站及车辆段附近。每个牵引变电所按其所需容量设置两组牵引整流机组并列运行，当沿线任一牵引变电所故障解列时，将由其两侧相邻的牵引变电所共同承担该区段的全部牵引负荷。

牵引变电所往往与降压变电站合建为牵引降压混合变电所。

1. 牵引降压混合变电所的主要电气设备

牵引降压混合变电所的主要电气设备包括以下几种：

(1) 35(33)kV/0.4 kV 动力变压器。动力变压器采用户内环氧树脂浇注变压器，无载调压，自然风冷，变比为(31.35～34.65)kV/0.4 kV，连接组别为△/Y-11。动力变压器的保护由热敏电阻组成的温度保护、过流保护及热过载继电保护构成。

(2) 开关柜。牵引降压混合变电所使用的开关柜主要有中压交流开关柜、0.4 kV 低压交流开关柜，以及 1 500 V 直流开关柜、排流柜、钢轨电位限制装置、负极柜等。中压交流开关柜采用 GIS 开关柜，其余均采用 AIS 开关柜，即空气开关柜。1 500 V 直流开关柜采用直流快速断路器，操动机构采用电保持型。

(3) 整流机组。整流机组是牵引降压混合变电所的重点设备，它包括整流变压器和整流器。整流变压器采用户内环氧树脂浇注变压器，无载调压。

2. 牵引降压混合变电所的电气主接线及其运行方式

某牵引降压混合变电所的电气主接线如图 3-12 所示，35 kV 侧和 0.4 kV 侧均为单母线分段。

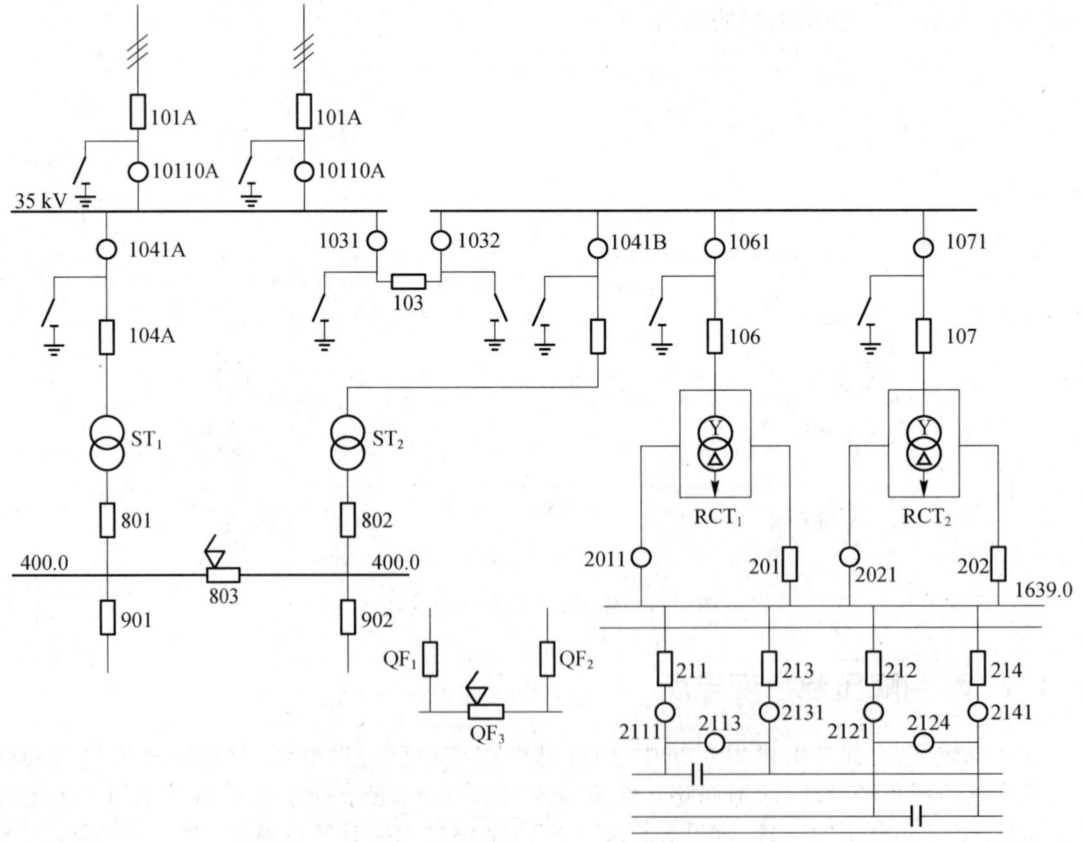

图 3-12 某牵引降压混合变电所的电气主接线

以降压变压器 ST_1 和 ST_2 为核心构成的降压所部分的结构与运行方式同降压变电站。

每个牵引降压混合变电所按其所需容量设置 2 套整流机组(RCT_1、RCT_2)并列运行。2 套整流机组均由相同的整流变压器和整流器组成,它们的直流侧并联工作。为使并联时的直流电压相等和直流电流相近,交流中压侧(35 kV)采用不分段的单母线。此整流机组采用 12 相全波脉动整流,多相整流可获得比较平滑的直流电,并可减少对电网的谐波污染。整流器输出的直流电正极经断路器接到正母线,负极经隔离开关接到负母线。正母线经馈线直流断路器及隔离开关后再送到接触网上;负母线经回流线与钢轨相连。电动车组的受电弓与接触网接触滑行时,其牵引电动机就可从整流机组获得 1 500 V 的直流电。

当其中一套整流机组因故退出运行时,另一套整流机组在具备运行条件的情况下不应退出运行。该运行条件是指整流机组过负荷满足要求,谐波含量满足要求,不影响故障机组的检修。如果这些条件能满足,那么一套整流机组维持运行,既可保持列车运行,又可降低能耗和轨电位,减小杂散电流的影响。

3.3.4 中压供电网络

通过中压电缆,纵向把上级主变电站和下级牵引变电所、降压变电站连接起来,横向把全线的各个牵引变电所、降压变电站连接起来,便构成了中压供电网络。中压供电网络是供电系统设计的核心内容,涉及外部电源方案、主变电站的位置及数量、牵引变电所及降压变电站的主接线等。中压供电网络有构成形式和电压等级两大属性。考虑到轨道交通牵引负荷的重要性,目前中压供电网络国内均采用双环网链式结构,每个车站的变电站均有两回电源进行供电,根据主变电站的设置位置进行合理分区。

1. 中压供电网络的电压等级

我国现行中压配电标准电压等级有 35 kV、20 kV、10 kV、6 kV 和 3 kV。国际标准规定的中压配电标准电压等级有 33 kV 和 20 kV。城市轨道交通中压供电网络电压等级是采用 35 kV,还是采用 33 kV、20 kV 或 10 kV,要结合外部电源、线路走向、运能、站点设置、设备供应情况等诸多因素,进行技术经济比较后确定。国内外轨道交通的中压供电网络一般有 35(33)kV、20 kV、10 kV 三个电压等级。一般集中供电采用的电压等级较高,上海、广州等城市地铁采用 35(33)kV、33 kV 电压等级,北京、长春、大连等城市地铁采用 10 kV 电压等级,其他城市地铁均采用 35 kV 电压等级。不同电压等级的中压供电网络的比较如表 3-3 所示。

表 3-3 不同电压等级的中压供电网络的比较

项　目	35 kV	20 kV	10 kV
输电容量	大	中	小
输电距离	长	适中	短

（续表）

项　　目	35 kV	20 kV	10 kV
电能损耗	小	较小	大
设备价格	高	中	低
设备体积及占地面积	大	中	小
国内生产环网柜	核心部分需进口	有	有
国内城市电网应用	拟取消	有，很少	广泛应用
国内地铁及城市轨道应用	有	无	有
适用标准	国家标准	国际标准	国家、国际标准

2. 中压供电网络的类型

根据中压供电网络功能的不同，中压供电网络分为牵引供电网络（为牵引变电所供电的中压供电网络，简称牵引网络）和动力照明供电网络（为降压变电站供电的中压供电网络，简称动力照明网络）。目前，国内城市轨道交通工程经常采用的形式有牵引动力照明混合网络和牵引动力照明独立网络。

牵引动力照明混合网络采用同一电压等级，并通过公用电源电缆同时向牵引变电所、降压变电站提供中压电能，供电系统的整体性比较好。牵引动力照明独立网络既可采用不同的电压等级，又可采用同一个电压级，牵引网络与动力照明网络相对独立，彼此影响较小。

对于集中式供电系统，牵引网络和动力照明网络既可以采用相对独立的形式，即牵引动力照明独立网络，也可以共用混合网络。对于分散式供电系统，则采用牵引动力照明混合网络。目前，这两种供电系统在国内外均被广泛采用，由于分散式供电系统对城市电网的要求较高，因此目前国内除北京、天津（部分线路）采用该种系统外，其他大部分城市（如上海、广州、深圳、南京、杭州、成都、苏州、西安、郑州及长沙等）均以采用集中式供电系统为主。

3. 某市地铁 1 号线中压供电网络举例

如图 3-13 所示，某市地铁 1 号线的高（中）压供电系统均采用 110/35 kV 二级电压制，集中供电方式，即每条地铁线路均建设有 2 个 110/35 kV 主变电站，每个主变电站均从城市电网引入 2 路 110 kV 电源，设置 2 台 110/35 kV 主变压器，将 110 kV 电源降压到 35 kV，再通过 35 kV 中压供电网络将电源分配给地铁车站（车辆段、控制中心）的牵引变电所和降压变电站。

35 kV 侧均采用单母线分段的接线形式，根据每条地铁线路车站变电站数量进行分区供电，并配置了适当数量的馈出断路器。35 kV 环网电缆配备有导引线差动保护作为主保护，延时过电流保护作为后备保护。

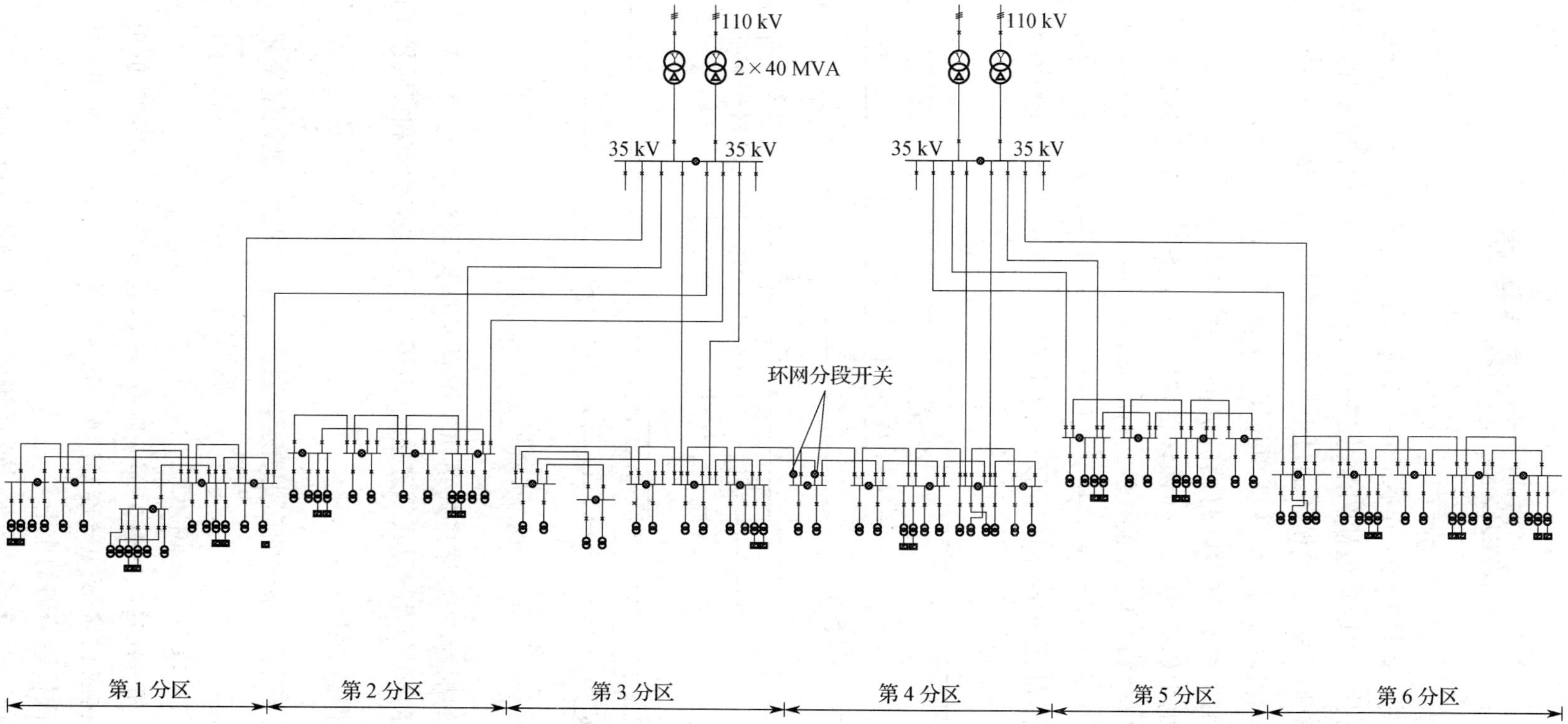

110 kV
2×40 MVA
35 kV
35 kV
110 kV
35 kV
35 kV
环网分段开关

第1分区 第2分区 第3分区 第4分区 第5分区 第6分区

图 3-13 某市地铁 1 号线中压供电网络

3.4 二次接线概述

二次设备是指对一次设备的工作状态进行控制、保护、监视和测量的一系列低压、弱电设备，又称辅助设备。二次设备包括测量、控制和信号装置，继电保护装置，自动装置，操作电源，控制电缆及熔断器等。二次设备通过电压互感器和电流互感器与一次设备取得电的联系。变电站中的二次设备按一定顺序相互连接而成的电路称为二次电路，也称为二次接线。二次接线是供电系统电气接线的重要组成部分，附属于一次接线或一次设备，其基本任务是反映一次设备的工作状况，控制一次设备，当一次设备发生故障时，能使故障部分迅速退出工作，从而保证电力系统处于最佳的运行状态。

二次接线按电流制分为直流回路和交流回路。二次回路按功能分为控制回路、合闸回路、信号回路、测量回路、保护回路及远动装置回路等。二次回路的功能如图 3-14 所示。

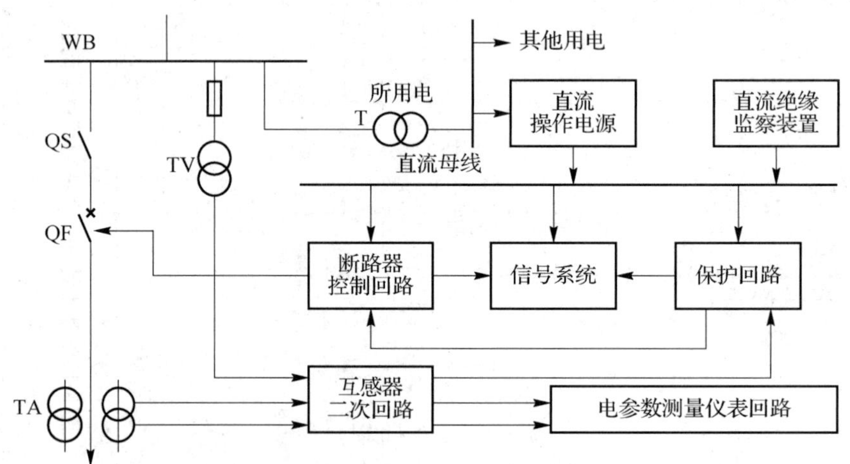

图 3-14 二次回路的功能

反映二次设备的配置、相互连接关系和工作原理的电气接线图称为二次接线图。按照用途，一般将二次接线图分为归总式原理接线图、展开式原理接线图和安装接线图。

1. 归总式原理接线图

归总式原理接线图是以整体的形式表示各二次设备之间的电气连接及其工作原理的接线图。

(1) 归总式原理接线图的主要特点。

① 将二次接线和一次接线的有关部分画在一起，且电气元件以整体的形式来表示，能表明各二次设备的构成、数量及电气连接情况，图形直观形象，便于设计和记忆，并可清晰地表明二次接线对一次接线的辅助作用。

② 用统一的图形和文字符号表示，按动作顺序画出，便于分析整套装置的动作原理，能

使我们对整套保护装置的工作原理有一个整体概念。归总式原理接线图是绘制展开式原理接线图等其他工程图的原始依据。

③ 其缺点是将交、直流回路画在一起，连线交叉零乱，又没有元件间的内部连线、端子号码和回路的标号等，对于较复杂的装置很难用原理接线图表现出来，即使画出了图，也很难看清楚，安装接线时容易出错，不便于现场查找回路及进行调试，依靠它排除故障较困难。

(2) 举例说明。下面以图 3-15 所示的某输电线路过电流保护原理接线为例，说明这种接线图的特点。

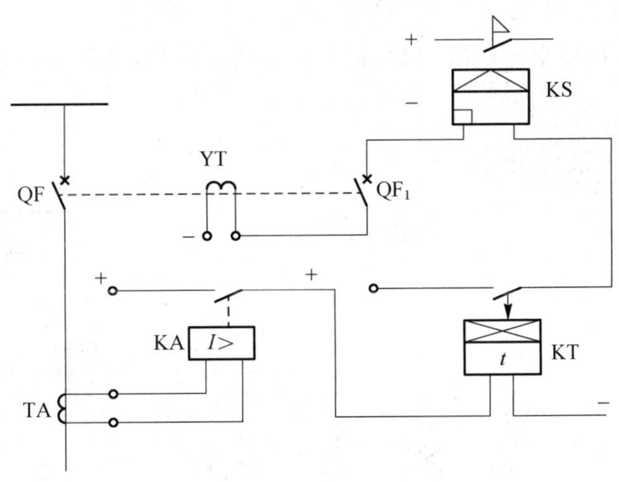

图 3-15 某输电线路过电流保护原理接线

如图 3-15 所示，过电流保护装置由一个过电流继电器 KA、时间继电器 KT、信号继电器 KS 组成，并通过电流互感器 TA 和断路器分闸线圈 YT 与主电路联系在一起。正常时，由于负荷电流经电流互感器变流后流入电流继电器线圈的电流值小于 KA 的动作值，因而导致各继电器均处于正常状态，常开接点断开。断路器处于合闸位置的动作状态，其常开辅助接点闭合。

当一次电路发生短路故障时，馈线电流增大，TA 的二次电流也随之增大。当二次电流增大至 KA 的整定动作值时，KA 动作，其常开接点闭合，接通了 KT 线圈的直流回路，其带时限的常开接点延时闭合，使直流电源的正极经 KT 的常开接点、KS 的线圈、断路器常开辅助接点、分闸线圈与直流电源的负极接通，分闸线圈受电，断路器操动机构动作，使断路器跳闸，自动切除故障线路。同时，信号继电器受电动作，其接点转换，发出分闸信号。

2. 展开式原理接线图

展开式原理接线图是将二次设备按其线圈和接点的接线回路展开并分别画出，将整体形式的二次电路按其供电电源的性质不同，分解成交流电压回路、交流电流回路和直流回路等相对独立的部分，组成多个独立回路。表示二次电路设备配置、连接关系和工作原理的二次接线图，简称展开图。

(1) 展开图的结构及特点。展开图的主要特点是以分散的形式表示二次设备之间的电气连接。

① 按不同的电源回路划分成多个独立回路。例如，直流回路与交流回路分开绘制，直流回路又分控制回路、测量回路、保护回路和信号回路等，交流回路又分电流回路和电压回路。

② 同一元件的线圈、接点按其通过电流性质的不同，分别绘入对应的直流回路和交流回路中。例如，交流电流线圈绘入电流回路，交流电压线圈绘入电压回路。为了避免看图时产生混淆，属于同一元件的线圈和接点标有相同的文字符号。

图 3-16 为在图 3-15 的基础上绘制的某输电线路电流保护展开式原理接线。该馈线过电流保护装置的接线可用交流电流回路、直流回路两部分图来表示，同样能说明该保护装置的工作原理。

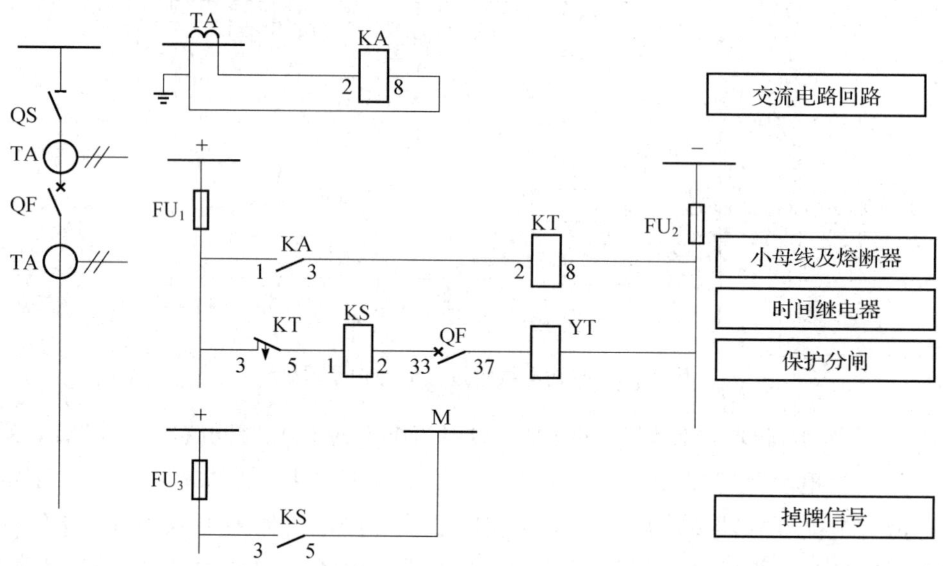

图 3-16　某输电线路电流保护展开式原理接线

展开图中，属于同一性质电路内的线圈、接点按电流通过的方向顺序（该顺序应便于接线）连接构成各自的回路。在同一回路中，继电器的线圈、接点及其他二次设备按电流流通的顺序从左至右依次连接，称为展开图的"行"。在各行的右侧标出回路作用的文字说明。各回路的排列顺序一般是先交流电流回路、交流电压回路，后直流回路。在每个回路中，对交流回路来说，按 U、V、W、N 相序分行排列；对直流回路来说，按各元件动作的先后顺序由上而下逐行垂直排列。

比较图 3-15 和图 3-16 可见，图 3-16 接线清楚，全图从左到右、从上到下层次清楚，动作顺序层次分明，便于读图和分析，特别在复杂电路中优点更为突出。

(2) 展开图的阅读方法。展开图的逻辑性很强，在绘制时遵循着一定的规律，所以看图时若能抓住规律则很容易看懂。看图的基本方法如下：

① 根据展开图右侧的文字说明，了解各回路的性质，然后从上到下看通逐个回路。

② 先交流、后直流。交流看电源，直流找线圈，抓住接点不放松，一个一个全查清。

③ 先线圈,后接点。先查启动元件,后查启动元件的接点通断的电路。

④ 先上后下、先左后右,盘外设备一个也不漏。

3. 安装接线图

安装接线图是生产厂家制造控制盘、保护盘及现场施工安装接线所依据的主要图纸,也是变电站运行维护等项工作的主要参考图。它反映的是二次回路中各电气元件的安装位置、内部接线及元件间的线路关系。二次接线安装图包括屏面元件布置图、屏背面接线图和端子板接线图等几个部分。屏面元件布置图是按照一定的比例尺寸将屏面上各个元件和仪表的排列位置及其相互间的距离尺寸标在图样上。屏柜外形尺寸参考国家标准屏柜尺寸,以便与其他控制屏并列时整齐美观。

3.5 控制、信号电路

3.5.1 控制、信号电路概述

1. 控制电路

变电站在运行时,由于负荷的变化或系统运行方式的改变,经常需要操作切换断路器和隔离开关等设备。断路器的操作是通过其操动机构来完成的,而控制电路就是用来控制操动机构动作的电气回路。

按照控制地点的不同,控制电路可分为就地控制电路和控制室集中控制电路。车间变电站和容量较小的总降压变电站的 6～10 kV 断路器的操作,一般多在配电装置旁手动进行,也就是就地控制。总降压变电站的主变压器和电压为 35 kV 以上的进出线断路器及出线回路较多的 6～10 kV 断路器,采用就地控制很不安全,容易引起误操作,故可采用由控制室远方集中控制。

按照对控制电路监视方式的不同,控制电路可分为灯光监视控制电路和音响监视控制电路。由控制室集中控制及就地控制的断路器,一般多采用灯光监视控制电路,只在重要情况下才采用音响监视控制电路。

控制电路应达到以下基本要求:

(1) 由于断路器操动机构的合闸与跳闸线圈都是按短时通过电流进行设计的,因此控制电路在操作过程中只允许短时通电,操作停止后即自动断电。

(2) 能够准确地指示断路器的分、合闸位置。

(3) 断路器不仅能用控制开关及控制电路进行跳闸及合闸操作,而且能由继电器保护及自动装置实现跳闸及合闸操作。

(4) 能够对控制电源及控制电路进行实时监视。

（5）断路器操动机构的控制电路要有机械“防跳”装置或电气“防跳”措施。

2. 信号电路

在变电站运行的各种电气设备，随时都可能发生不正常的工作状态。在变电站装设的中央信号装置，主要用来示警和显示电气设备的工作状态，以便运行人员及时了解，采取措施。

中央信号装置按形式的不同分为灯光信号和音响信号。灯光信号表明不正常工作状态的性质地点，而音响信号的作用在于引起运行人员的注意。灯光信号通过装设在各控制屏上的信号灯和光字牌，表明各种电气设备的情况；音响信号通过蜂鸣器和警铃的声响来实现，设置在控制室内。由全所共用的音响信号称为中央音响信号装置。

中央信号装置按用途的不同分为事故信号、预告信号和位置信号。

事故信号表示供电系统在运行中发生了某种故障而使继电保护动作。例如，高压断路器因线路发生短路而自动跳闸后给出的信号即事故信号。

预告信号表示供电系统运行中发生了某种异常情况，但并不要求系统中断运行，只要求给出指示信号，通知值班人员及时处理即可。例如，变压器保护装置发出的变压器过负荷信号即预告信号。

位置信号用以指示电气设备的工作状态。例如，断路器的合闸指示灯、跳闸指示灯均为位置信号。

3.5.2 高压断路器的控制、信号回路

图 3-17 为 LW2-Z 型控制开关触点表（×表示接通）。图 3-18 为常用高压断路器的控制回路和信号回路。

在“跳闸后”位置的手柄（正面）的样式和触点盒（背面）接线图			1 2 4 3		5 6 8 7		9 10 12 11			13 14 16 15			17 18 20 19			21 22 24 23		
手柄和触点盒形式		F_8	1a		4		6a			40			20			20		
触点号		–	1-3	2-4	5-8	6-7	9-10	9-12	10-11	13-14	14-15	13-16	17-19	17-18	18-20	21-23	21-22	22-24
位置	跳闸后		—	×	—	—	—	—	×	—	×	—	—	—	×	—	—	×
	预备合闸		×	—	—	—	×	—	—	×	—	—	—	×	—	—	×	—
	合闸		—	—	×	—	—	×	—	—	—	×	×	—	—	×	—	—
	合闸后		×	—	—	—	×	—	—	—	—	×	×	—	—	×	—	—
	预备跳闸		—	×	—	—	—	—	×	×	—	—	—	×	—	—	×	—
	跳闸		—	—	—	×	—	—	×	—	×	—	—	—	×	—	—	×

图 3-17　LW2-Z 型控制开关触点表

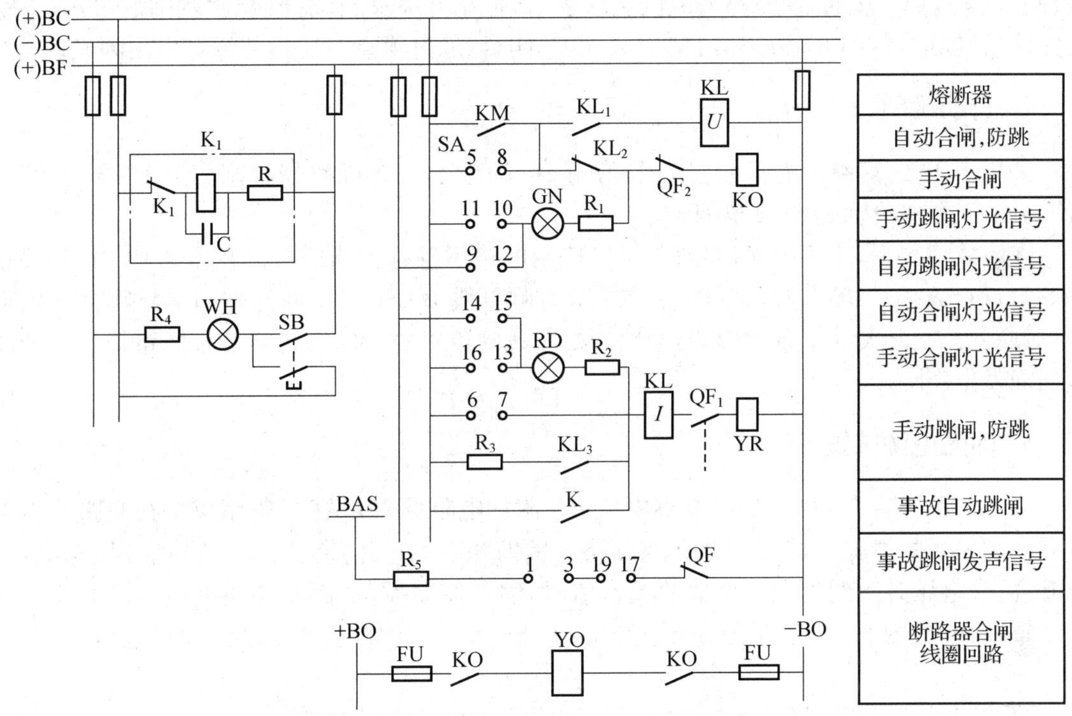

图 3-18 常用高压断路器的控制回路和信号回路

常用高压断路器的控制回路和信号回路的动作原理如下。

1. 手动合闸

手动合闸前,断路器处于“跳闸后”的位置,断路器的辅助触点 QF_2 闭合。由图 3-17 可知 SA_{10-11} 闭合,绿灯 GN 回路接通发亮。但由于限流电阻 R_1 限流,不足以使合闸接触器 KO 动作,绿灯亮表示断路器处于跳闸位置,而且控制电源和合闸回路完好。

当控制开关被扳到“预备合闸”位置时,触点 SA_{9-10} 闭合,绿灯 GN 改接在 BF 母线上,发出绿色闪光,说明情况正常,可以合闸。当将控制开关旋至“合闸”位置时,触点 SA_{5-8} 接通,合闸接触器 KO 动作使合闸线圈 YO 通电,断路器合闸。合闸完成后,辅助触点 QF_2 断开,切断合闸电源,同时 QF_1 闭合。

当操作人员将手柄放开后,在弹簧的作用下,控制开关回到“合闸后”位置,触点 SA_{13-16} 闭合,红灯 RD 电路接通。红灯亮表示断路器处于合闸状态。

2. 自动合闸

控制开关在“跳闸后”位置,若自动装置的中间继电器接点 KM 闭合,将使合闸接触器 KO 动作合闸。自动合闸后,信号回路控制开关中 SA_{14-15}、红灯 RD、辅助触点 QF_1 与闪光母线接通,RD 发出红色闪光,表示断路器是自动合闸的,只有当运行人员将控制开关扳到“合闸后”位置时,RD 才发出平光。

3. 手动跳闸

首先将控制开关扳到“预备跳闸”位置,SA_{13-14} 接通,RD 发出闪光。再将控制开关扳到

“跳闸”位置，SA_{6-7}接通，使断路器跳闸。松手后，控制开关又自动弹回到“跳闸后”位置。跳闸完成后，辅助触点 QF_1 断开，红灯熄灭，QF_2 闭合，通过触点 SA_{10-11} 使绿灯发出闪光。

4. 自动跳闸

如果由于故障，继电保护装置动作，使触点 K 闭合，引起断路器合闸。由于“合闸后”位置 SA_{9-10} 已接通，因而绿灯发出闪光。

在事故情况下，除用闪光信号显示外，控制电路还备有音响信号。在图 3-18 中，开关触点 SA_{1-3} 和 SA_{19-17} 与触点 QF 串联，接在事故音响母线 BAS 上，当断路器因事故跳闸而出现“不对应”（控制开关处于合闸位置，断路器处于跳闸位置）关系时，音响信号回路的触点全部接通而发出声响。

5. 闪光电源装置

闪光电源装置由 DX-3 型闪光继电器 K_1、附加电阻 R 和电容 C 等组成。在断路器出现“不对应”关系的情况下，触点 SA_{9-10} 与断路器辅助触点 QF_2 仍接通，电容器 C 开始充电，电压升高，当电压升高到闪光继电器的动作值时，继电器动作，从而断开通电回路。上述循环不断重复，继电器 K_1 的触点也不断地开闭，闪光母线（+）BF 上便出现断续正电压，使绿灯闪光。

“预备合闸”“预备跳闸”和自动投入时，也同样能启动闪光继电器，使相应的指示灯发出闪光。

SB 为试验按钮，按下时白信号灯 WH 亮，表示本装置电源正常。

6. 防跳装置

断路器的“跳跃”是指运行人员在发生故障时手动合闸断路器，断路器又被继电保护动作跳闸，但由于控制开关位于“合闸”位置，因此引起断路器重新合闸。为了防止这一现象发生，断路器控制回路设有防止跳跃的电气联锁装置。

图 3-18 中的 KL 为防跳闭锁继电器，它具有电流和电压两个线圈，电流线圈接在跳闸线圈 YR 之前，电压线圈经过其本身的常开触点 KL_1 与合闸接触器线圈 KO 并联。当继电器保护装置动作，即触点 K 闭合使断路器跳闸线圈 YR 接通时，同时也接通了 KL 的电流线圈并使之启动。于是，防跳闭锁继电器的常闭触点 KL_2 断开，将 KO 回路断开，避免了断路器再次合闸，同时常开触点 KL_1 闭合，通过 SA_{5-8} 或自动装置触点 KM 使 KL 的电压线圈接通并自锁，从而防止断路器“跳跃”。触点 KL_3 与继电器触点 K 并联，用来保护防跳闭锁继电器，使其不致断开超过其触点容量的跳闸线圈电流。

3.5.3 隔离开关的控制、信号回路

电动操作的隔离开关的控制、信号回路原理如图 3-19 所示。

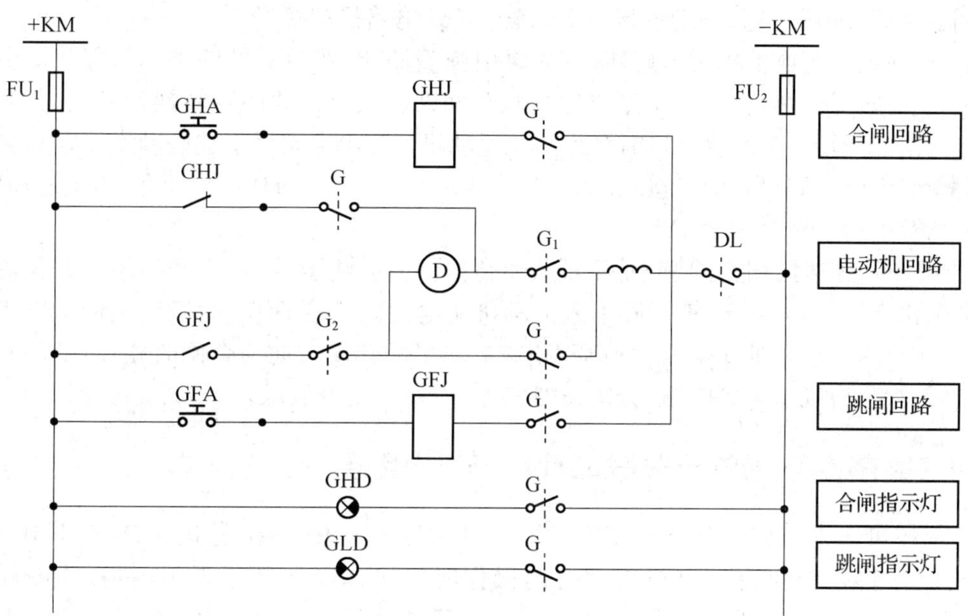

图 3-19 电动操作的隔离开关的控制、信号回路原理

1. 电路的特点

(1) 其电动操动机构由直流串激电动机 D 带动储能弹簧装置,靠弹簧释放过程的能量驱动隔离开关合、跳闸。

(2) 合、分闸操作电动机的转向相反,由隔离开关的联动辅助正、反接点来改变电动机转子绕组的受电极性和电动机的转向。

(3) 合、分闸的控制操作由合闸按钮 GHA 或分闸按钮 GFA 使相应的合闸继电器 GHJ 或分闸继电器 GFJ 受电动作并保持,以实现对直流串激电动机的供电。

(4) 合、分闸操作过程完成后,依靠隔离开关的联动辅助触点 G 的转换,自动切断电动机受电回路。

(5) 隔离开关与断路器的状态的联锁由断路器的位置联动辅助反接点 DL 串接入隔离开关的控制电路中构成。断路器处于分闸状态时,该联动辅助反接点 DL 闭合,这时允许对隔离开关进行合、分闸操作。若断路器处于合闸状态,则隔离开关的控制电路因该联动辅助反接点的开断而闭锁。

(6) 隔离开关的合、分闸状态分别由红、绿色两只信号灯 GHD、GLD 显示。信号灯的受电回路由隔离开关的联动辅助正、反接点 G 的相应闭合来接通。

2. 隔离开关的操作控制过程

(1) 当合闸操作时,隔离开关处在分闸状态,按下合闸按钮 GHA;若断路器处于分闸状态,则+KM 经 GHA、GHJ、辅助反接点 G 和 DL 至−KM 电路接通。故隔离开关的合闸继电器 GHJ 受电动作,其正接点闭合,将合闸按钮 GHA 的接点旁路接通,并实现本身的自保持动作。此后即使 GHA 接点返回,仍将有+KM 经 GHJ、G、电动机 D 转子绕组、辅助反接点 G、电动机 D 激励绕组、辅助反接点 DL 至－KM 电路保持接通。

这时，直流串流电动机受电旋转，首先牵引弹簧储能，然后引导储能弹簧释放能量推动隔离开关动作合闸。当合闸操作完成后其联动辅助反接点由原闭合转换为开断，其联动辅助正接点由开断转换为闭合。这时操作直流电动机的受电通路因上述联动反接点 G 的开断而自动断路失电。同时联动正接点 G 闭合，合闸位置信号灯 GHD 的电源回路接通而发光，显示隔离开关运行于合闸状态。

（2）分闸操作时的电路工作过程与上述类似。但应注意的是，分闸时隔离开关的两对联动分闸接点 G_1、G_2 闭合，使直流串激电动机受电回路接通，而其激磁绕组的受电极性未变，仅电动机转子绕组的受电极性改变，故该电动机的转动方向与合闸时相反，分闸动作过程完成后，操作电动机自动断电，分闸位置信号灯 GLD 受电显示。

3.5.4 断路器与隔离开关联动控制、信号电路

通常还可以采用使断路器与相应的隔离开关联动操作控制，这时两者的控制电路应能保证自动实现正确的操作顺序，即合闸操作时先操作隔离开关合闸，再操作断路器合闸；分闸操作时先操作断路器分闸，再操作隔离开关分闸。这种联动操作控制的电路原理如图 3-20 所示。

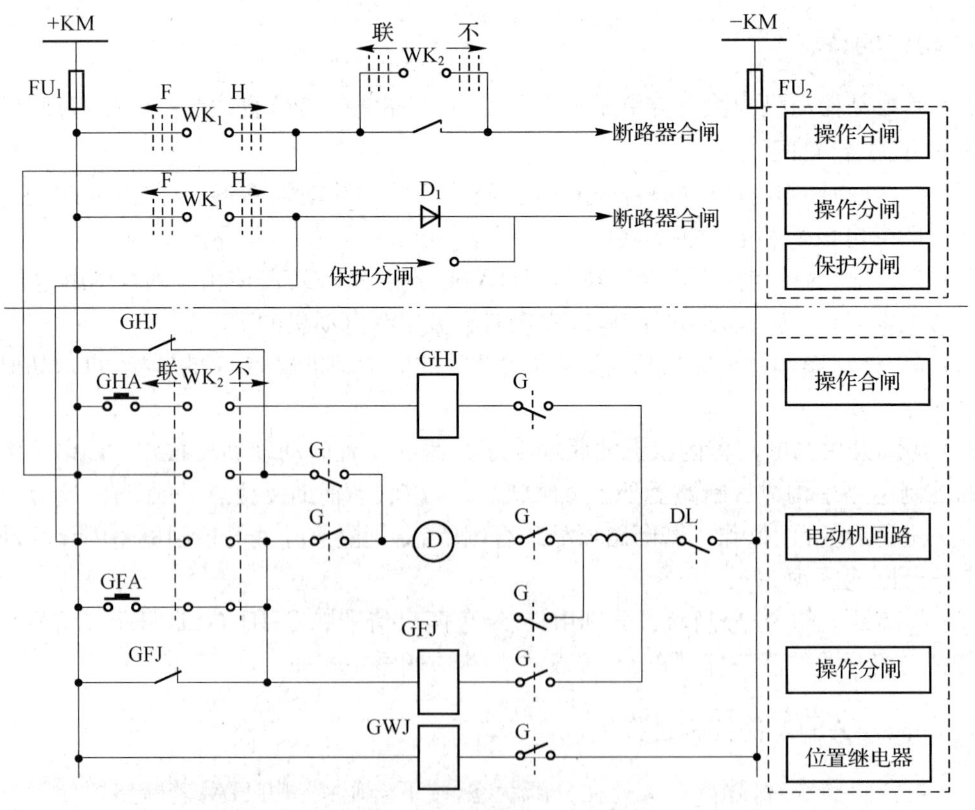

图 3-20　断路器与隔离开关联动操作控制的电路原理

图 3-20 中，WK_1 为合、分闸控制开关，WK_2 为实现联动操作控制或分别操作控制的转换开关。当联动操作控制合闸时，由于在断路器合闸回路中串入了隔离开关位置继电器

GWJ 的正接点，因而只有在隔离开关合闸完毕，GWJ 受电动作，其正接点闭合后，才能连通断路器的合闸回路。这就保证了先合隔离开关，再闭合断路器的合闸程序要求，当联动操作分闸时，由于断路器的分闸动作时限远较隔离开关电动分闸过程时限为短，故无须采取附加措施已能保证分闸操作程序的要求。

应该指出，因系统故障，保护动作导致断路器分闸时，不应使联动隔离开关随之分闸。为此，在操作分闸与保护分闸电路间串以二极管 D_1 加以隔离，当保护动作使断路器分闸时不会引起隔离开关相继分闸。

3.6 继电保护系统概述

电力系统在运行中可能发生各种故障和不正常运行状态，最常见也是最危险的故障是各种类型的短路。发生短路时可能产生以下后果：通过故障点的短路电流和所燃起的电弧使故障设备或线路损坏；短路电流通过非故障设备时，由于发热和电动力的作用，引起电气设备损伤或损坏，导致其使用寿命大大缩减；电力系统中部分地区的电压大大降低，破坏用户工作的稳定性或影响产品的质量；破坏电力系统并列运行的稳定性，引起系统振荡，甚至导致整个系统瓦解。

电力系统中最常见的不正常运行情况是过负荷。长时间过负荷使电气设备的载流部分和绝缘材料过度发热，从而使其绝缘加速老化，甚至破坏，引起故障。此外，系统中出现功率缺额而引起的频率降低，发电机突然甩负荷而产生的过电压等，都属于不正常运行状态。

电力系统中发生故障和出现不正常运行情况时，可能引起系统全部或部分正常运行遭到破坏，电能质量变化到不能容许的程度，以致造成对用户的停止供电或少供电，甚至造成人身伤亡和设备的损坏，这种情况就称为发生了事故。为了避免或减少事故的发生，提高电力系统运行的可靠性，必须改进设备的设计和制造技术，保证设计安装和检修的质量，提高运行管理的水平，采取预防事故的措施，尽可能地消除发生事故的可能性。一旦电气设备或输电线路发生故障，就必须采取措施，尽快地将故障设备或线路从系统中切除，以保证非故障部分继续安全运行，避免事故的发生，或缩小事故的范围和影响。

3.6.1 继电保护装置的定义及任务

由于电力系统是一个整体，电能的生产、传输、分配和使用同时实现，各设备之间又都有电或磁的联系，因此，当某一设备或线路发生短路故障时，在很短的时间内就会影响到整个电力系统。为此要求切除故障设备或输电线路的时间必须很短，通常切除故障的时间小到十分之几秒到百分之几秒。显然要在这样短的时间内由运行人员及时发现并手动将故障切除是绝对不可能的，只有借助装设在每个电气设备或线路上的自动装置（继电保护装置）才能实现。

继电保护装置就是指能反映电力系统中电气元件发生故障或不正常的运行状态，并动作于断路器跳闸或发出信号的一种自动装置。它的基本任务如下：

（1）自动、迅速和有选择地将故障元件从电力系统中切除，使故障元件免于继续遭到破坏，保证其他无故障部分迅速地恢复正常运行。

(2) 反映电气元件的不正常运行状态，并根据运行维护的条件(如有无经常值班人员)而动作于信号，以便值班员及时处理，或由装置自动进行调整，或将那些继续运行就会引起损坏或发展成为事故的电气设备切除。此时一般不要求保护动作迅速，而是根据对电力系统及其元件的危害程度规定一定的延时，以免不必要的动作和由于干扰而引起的误动作。

由此可见，继电保护装置在电力系统中的主要作用是通过预防事故或缩小事故范围来提高系统运行的可靠性，最大限度地保证向用户安全连续供电。因此，继电保护装置是电力系统的重要组成部分，是保证电力系统安全可靠运行的必不可少的技术措施。在现代的电力系统中，如果没有专门的继电保护装置，要想维持系统的正常运行是根本不可能的。

3.6.2 继电保护装置的基本要求

继电保护装置在设计、生产、施工、运行等过程中，在技术上应该满足选择性、速动性、灵敏性、可靠性四个方面的基本要求。

1. 选择性

继电保护装置的选择性是指电力系统中某电器设备产生短路故障时，应该有选择地使继电保护装置动作并切除故障设备，使停电范围最小。

电力系统中装备有许多不同原理和功能的继电保护装置，用来对不同的电器设备建立保护，甚至有些电器设备会同时装设多种继电保护装置。因此，考虑继电保护装置动作的选择性是非常必要的。选择性由合理地采用继电保护方式与正确地进行整定计算、调试、运行维护来保证。

2. 速动性

继电保护装置的速动性是指当电力系统中的电器设备发生短路故障时，继电保护装置应当尽快地动作，及时将故障设备切除。考虑继电保护装置的速动性，其主要目的是:缩短用户在电压降低的情况下工作的时间，减轻电气设备可能受损坏的程度，防止故障扩展，有利于提高电力系统并列运行的稳定性。

对发生不正常运行状态时只需要发出信号的继电保护装置，一般不要求迅速动作，而是按照选择性的要求发出信号。

3. 灵敏性

继电保护装置的灵敏性(灵敏度)是指在它的保护范围内的电器设备发生短路或不正常状态时，保护装置应该具有足够灵敏的反应能力。

4. 可靠性

继电保护装置的可靠性是指装置自身要求处于良好的工作状态，工作可靠，不应该出现拒动或误动现象。

拒动现象是指在继电保护装置的保护范围内发生属于其应该动作的短路时，由于继电保护装置本身有缺陷而拒绝动作;误动现象是指当发生任何不应该由继电保护装置动作的短路时，或者没有发生短路时，由于继电保护装置本身有缺陷而误动作。

提高继电保护装置的可靠性应该做到以下几点：

(1) 设计时，选择的保护装置应合乎科学，采用的继电器及触点应尽可能少，选择的继电器和其他元件应当质量高、动作可靠，并且对其应正确地进行整定计算。

(2) 装配、施工时，应正确无误，保证质量。

(3) 合理调整试验，加强运行维护管理。

3.6.3 继电保护装置的基本构成及工作原理

1. 基本构成

继电保护装置的基本构成包括变换电路、测量比较元件和执行操作电路。

(1) 变换电路。变换电路将电流互感器、电压互感器二次侧的电流、电压变换为测量比较元件所需要的输入量。

(2) 测量比较元件。测量比较元件用于完成电器设备运行参数的检测与比较判定。例如，利用电流继电器、阻抗继电器等元件完成被测物理量与整定值的比较，当被测物理量符合整定值条件时，测量比较元件动作。

(3) 执行操作电路。执行操作电路完成继电保护动作命令的执行，是一种实现一定控制要求的直流电路，利用它来接通所需要的跳闸电路和信号电路。

2. 工作原理

图 3-21 所示为最简单的电流保护工作原理。

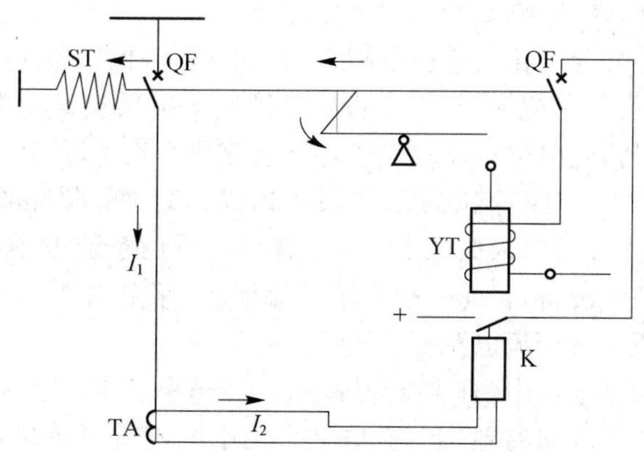

图 3-21 最简单的电流保护工作原理

当保护范围内发生短路时，电流互感器 TA 的一次电流 I_1 增大，因而二次侧流入继电器 K 中的电流 I_2 也增大，如果超过给定值(在继电保护中称为整定值)，则继电器 K 的衔铁动作，触点闭合，使断路器跳闸线圈 YT 受电，铁芯被向上吸动，顶开脱扣机构，使断路器跳闸。断路器跳闸后，它的辅助触点 QF 断开，YT 断电。在正常运行时，如 I_2 小于整定值，继电器不动作。

可见，这种继电保护装置的核心是电流继电器，它通过电流互感器受电，经常测量着线路电流值的变化，并与整定值进行比较，一旦超过整定值就动作，向断路器跳闸机构发出跳闸命令。

3.6.4 继电保护装置的分类

继电保护装置一般按照保护装置反映的参数、保护装置的构成元件、保护的设备对象、保护的主备位置等进行分类，具体如表 3-4 所示。

表 3-4 继电保护装置的分类

分类方式	具体类别
按保护装置反映的参数	电流保护、低电压保护、距离保护、差动保护
按保护装置的构成元件	电磁型保护、感应型保护、整流型保护、晶体管型保护、集成电路型保护、微型计算机保护
按保护的设备对象	线路保护、母线保护、变压器保护、牵引网保护
按保护的主备位置	主保护、后备保护、辅助保护

3.7 自用电系统

3.7.1 自用电系统概述

变电站设备及附属设备的正常运行需要低压电源，这些设备的用电称为变电站自用电。变电站自用电的可靠性直接影响变电站的可靠运行。

变电站自用电设备分为交流用电设备和直流用电设备，供电电压等级为 220 V 及以下。

变电站照明、开关设备电加热、开关设备内部照明等需要交流电源；变电站内开关设备操动机构、继电保护设备、变电站自动化设备等一般需要直流电源。

变电站自用电系统由交(直)流电源屏等设备构成。交流电源屏的主接线一般为单母线接线，通过电源自动转换装置引入低压电源。直流电源屏由整流设备和蓄电池组成，整流设备以往采用三相桥式整流设备，目前一般采用整流模块，并采用 $N+1$ 冗余配置。直流电源屏的交流输入电源一般引自交流电源屏。

在城市轨道交通供电系统中，有主变电站、牵引变电所和降压变电站。变电站位置的不同使自用电内容和供电要求略有差别。变电站自用电的配置要满足各级负荷的供电要求，满足负荷所需电流制式、电压等级要求，满足负荷对电源切换时间的要求，满足负荷容量的要求，满足负荷所需供电时间的要求。主变电站和独立牵引变电所没有配电变压器及其低压配电设备，自用电系统需要设置站用变压器，以得到低压交流电源；牵引降压混合变电所或降压变电站的所用低压交流电源可由所内低压配电设备提供。低压电源均引至交流电源屏。

应急照明是在正常照明因故熄灭的情况下，供暂时继续工作、保障安全或人员疏散用的照明，包括疏散照明、备用照明等。疏散照明用于正常电源失电时，为乘客安全撤离出车站提供条件；另外当发生火灾时，保障乘客及管理人员安全撤离。变电站、通信和信号机房内的应急照明属于备用照明，用于在正常电源故障时，进行故障检修或灾害情况下维持机房设备的继续运行。

应急照明是一级负荷中的特别重要负荷，除要求正常双路电源外，还需要有独立于正常电源的备用电源。备用电源根据不同的负荷性质、负荷容量和电源切换时间的要求，可采用独立于正常电源的其他交流电源、蓄电池或发电机组等。

应急照明的正常电源引自车站低压配电系统，备用电源可引自相邻车站的低压配电系统或采用蓄电池供电。蓄电池的安装形式可分为分散式安装和集中式安装。分散式安装即应急照明灯具自带蓄电池；集中式安装即将蓄电池集中设置，构成应急照明电源系统，分别为各应急照明回路提供电源。

变电站自用电系统中开关设备的控制、信号、保护等电源采用直流供电，负荷等级为一级负荷中的特别重要负荷，备用电源多采用蓄电池组。因直流操作电源和集中式应急照明电源的备用电源均可采用蓄电池组，从设备资源共享的角度出发，变电站中直流电源屏和集中式应急照明电源存在整合的条件，可将整流器和蓄电池部分进行共享设置，馈出部分各自独立。若要实现交流供电应急照明回路，则需要设置逆变器。

3.7.2 主变电站自用电配置

地面或地下城市轨道主变电站自用电设备内容有所不同，主要差异在于地下变电站设置有气体灭火系统。

主变电站电气设备主要有高压交流开关设备、中压交流开关设备、有载调压主变压器、接地变压器等。自用电的服务对象为主变电站操作电源、检修电源、照明系统、通风系统、主变电站综合自动化系统等。

1. 自用电设备的种类

主变电站自用电设备包括变电站的照明、变电站的通风设备、变电站的空调、变电站的检修设备、开关柜内的照明及电加热器、温控器、开关设备的操作与继电保护的电源、综合自动化设备、火灾报警设备、气体灭火及排气设备(仅地下主变电站设置)。

2. 自用电设备负荷分级和供电制式

照明包括正常照明和应急照明(备用照明)，采用交流供电，其中，地面主变电站正常照明为二级负荷，地下主变电站正常照明为一级负荷。应急照明为一级负荷中的特别重要负荷。应急照明在正常照明失效时应能保证主变电站正常运行和设备检修所需要的照度要求。

通风设备为二级负荷，采用交流供电，正常的通风条件可保证主变电站电气设备正常运行的温度、湿度环境要求。

空调为二级负荷，采用交流供电。空调一般设于值班控制室和蓄电池室内，用于保障运行人员的工作环境条件，保持蓄电池室适宜的环境温度，维持蓄电池的正常使用寿命。

检修设备为二级负荷，采用交流供电，当电气设备出现故障时，为维护、检修提供电源，及时解决电气设备的故障，保证电气设备运行的冗余度。

开关柜内的照明及电加热器为二级负荷，采用交流供电，为设备维护检查、查找故障隐患提供视觉条件；电加热器用于开关设备除湿，保障设备正常运行。

温控器为一级负荷，属于继电保护的基础设备，采用交流供电，为变压器的温度保护提供报警和跳闸信号。

开关设备的操作和继电保护的电源属于一级负荷中的特别重要负荷，采用直流供电。其具体设备有高压和中压开关设备的电动操动机构、微机综合保护装置、各种信号指示等。

综合自动化设备为一级负荷，采用交流供电，为远方电力调度中心的控制、监视及故障的判断处理提供条件。

火灾报警设备为一级负荷中的特别重要负荷，属于消防设备，正常时采用交流供电，报警主机设有直流备用电源，发生火灾时及时报警和控制火情，为避免或减少生命与财产损失创造条件。

气体灭火及排气设备为一级负荷，属于消防设备，采用交流供电，用于电气设备发生火灾时的灭火和火灾后灭火气体的排出。

3. 自用电设备的供电

自用电设备均为低压供电，交流供电设备的负荷等级为一级负荷，因此需要两路低压电源。由于主变电站没有低压开关设备，因此自用电所需要的交流低压电源需要设置站用变压器。

因自用电中有一级用电负荷，这对电源可靠性的要求很高，故主变电站需设置 2 台站用变压器。2 台站用变压器分接在中压配电系统的不同母线上，变压器中性点直接接地。站用变压器低压侧接至交流电源屏，作为两路交流进线电源。

根据主变电站自用电设备中存在消防负荷的情况，低压交流接线一般采用单母线分段接线。每段母线为消防负荷提供一路电源，消防末级配电设备实施双电源切换。

各自用电设备的馈出回路独立设置，为三相四线制放射式配电。进线开关与各馈出开关具备馈出回路过负荷和短路情况下的全选择性。低压配电接地型式采用 TN-S。

为消防设备配电的馈出开关，消防设备启用时消防末级配电设备只报警、不跳闸。

对于一级负荷中的特别重要负荷，增设蓄电池作为备用电源，如开关设备所需的直流操作电源、继电保护装置电源由设置的直流电源屏提供。

交流电源屏为直流电源屏提供交流电源，直流电源屏采用高频开关电源模块将交流电源整流为所需的直流电源，增设的蓄电池组正常处于在线浮充状态，待交流电源全部失电时，蓄电池放电实现不间断供电。

交流电源全部失电，蓄电池容量应满足规定时间内全站直流设备运行的容量要求，且应满足在蓄电池放电末期最大冲击负荷容量的要求。按照《35 kV～110 kV 变电站设计规范》(GB 50059—2011)的规定，蓄电池组的容量应符合下列要求：

(1) 有人值班变电站应为全站事故停电 1 h 的放电容量。

(2) 无人值班变电站应为全站事故停电 2 h 的放电容量。

(3) 应满足事故放电末期最大冲击负荷的要求。

主变电站自用电接线如图 3-22 所示。

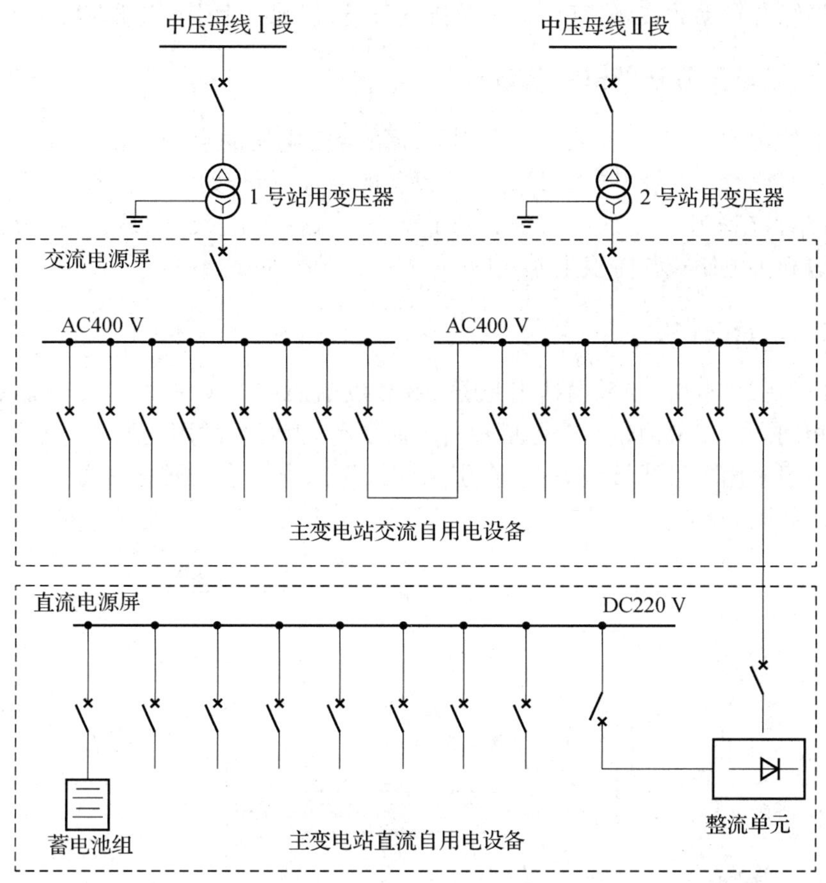

图 3-22 主变电站自用电接线

3.7.3 牵引变电所自用电配置

牵引变电所可独立设置或与车站、车辆段、停车场降压变电站合建为牵引降压混合变电所，牵引变电所既可设于地面，也可设于地下。地面牵引变电所可独立设置或采用箱式牵引变电所。不同的设置方式，自用电的内容也不同。

牵引变电所的主要电气设备有中压交流开关设备、牵引变压器、整流器、直流开关设备。若合建为牵引降压混合变电所，电气设备还有配电变压器和低压开关设备。

牵引变电所自用电的服务对象为牵引变电所操作电源、检修电源、牵引变电所综合自动化系统等。

1. 自用电设备

牵引变电所自用电设备包括变电站的照明，变电站的通风设备(仅独立牵引变电所设置)，变电站的空调(仅独立牵引变电所设置)，变电站的检修设备，开关柜内的照明及电加热器，牵引变压器温控器，整流器温控设备，配电变压器温控器(仅牵引降压混合变电所设置)，中压、直流开关设备的操作与继电保护，低压开关设备的操动机构(仅牵引降压混合变电所设置)，变电站综合自动化设备，气体灭火及排气设备(仅地下牵引变电所设置)。

2. 自用电设备负荷分级和供电制式

与主变电站相比较，牵引变电所或牵引降压混合变电所的自用电设备没有火灾自动报警设备，其余的负荷种类是相同的，只是有些设备的名称不同，如温控设备，在主变电站中为主变压器温控器，在牵引变电所中为牵引变压器、整流器和配电变压器的温控设备。同类负荷的负荷等级和供电制式与主变电站相同。

3. 自用电设备的供电

对独立的牵引变电所，当采用站用变压器提供交流所用电源时，站用变压器的设置情况与主变电站相同。由于地面牵引变电所没有消防负荷，由两个站用变压器分别引入电源，因此低压接线一般采用单母线接线方式，在引入端设置双电源自动转换装置。独立牵引变电所自用电接线如图 3-23 所示。

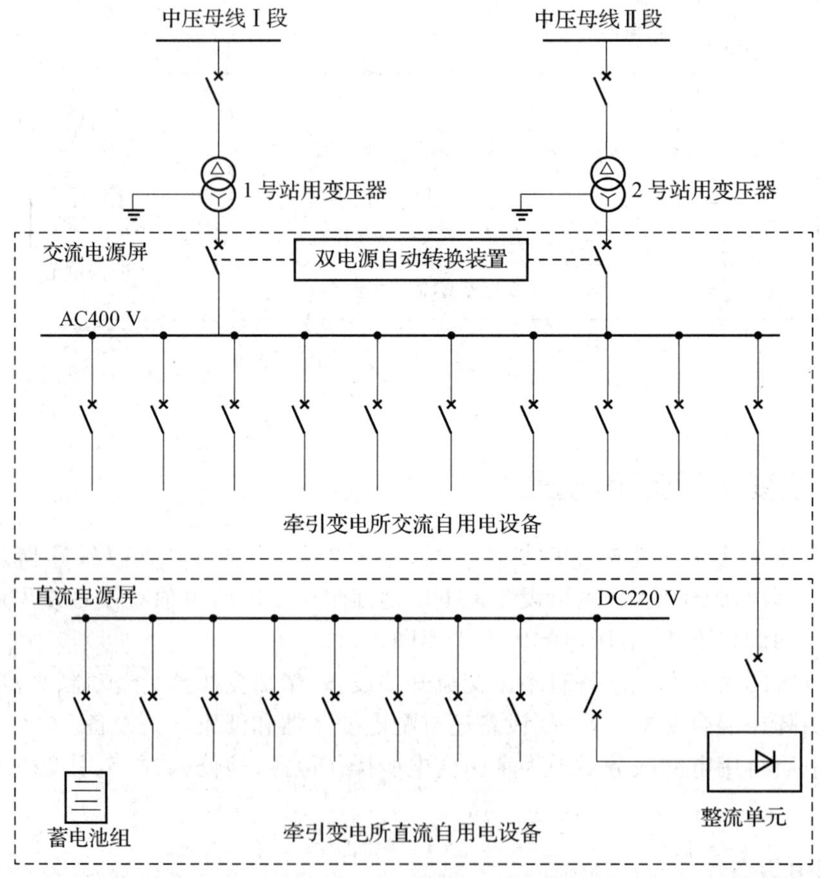

图 3-23　独立牵引变电所自用电接线

牵引降压混合变电所自用电的交流电源引自所内低压开关设备的不同母线，一般采用单母线接线方式，在引入端设置双电源自动转换装置。牵引降压混合变电所自用电接线如图 3-24 所示，其余内容同主变电站。

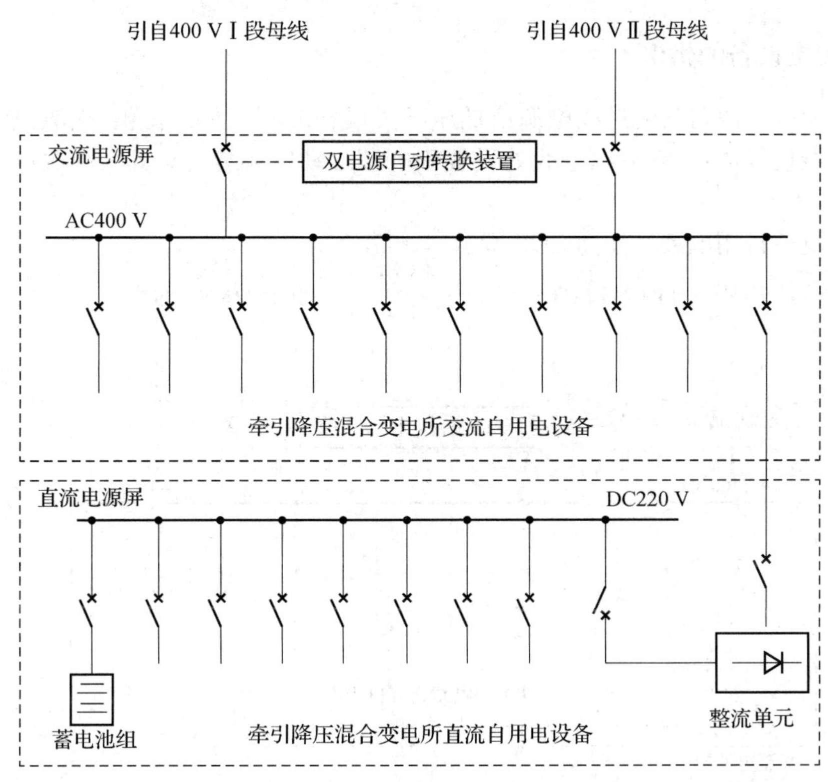

图 3-24 牵引降压混合变电所自用电接线

3.7.4 降压变电站自用电配置

城市轨道交通工程中的降压变电站的土建工程一般不独立建设，而设于车站内和车辆段、停车场的某个建筑物内。

降压变电站的电气设备主要有中压、低压交流开关设备，配电变压器等。

降压变电站自用电的服务对象为变电站操作电源、变电站综合自动化系统等。

1. 自用电设备

降压变电站的自用电设备包括变电站的检修设备、开关柜内的照明及电加热器、配电变压器温控器、中压开关设备的操作与继电保护（采用断路器）、变电站综合自动化设备、气体灭火及排气设备（仅地下变电站设置）。

2. 自用电设备负荷分级和供电制式

与主变电站相比较，降压变电站的自用电设备减少了火灾报警系统、变电站照明、通风和空调设备等。中压开关设备，当采用断路器作为分断设备时，其操作和继电保护的电源属于一级负荷中的特别重要负荷，采用直流供电；若采用电动隔离开关，则其操作电源为一级负荷，可采用交流供电。其余的负荷种类是相同的。同类负荷的负荷等级和供电制式与主变电站相同。

3. 自用电设备的供电

交流电源屏的两路交流进线电源由低压开关设备的不同母线提供，交流电源屏低压接线采用单母线接线形式，在电源进线处设置双电源自动转换装置。其余相关内容与主变电站相同。

降压变电站自用电接线如图 3-25 所示。

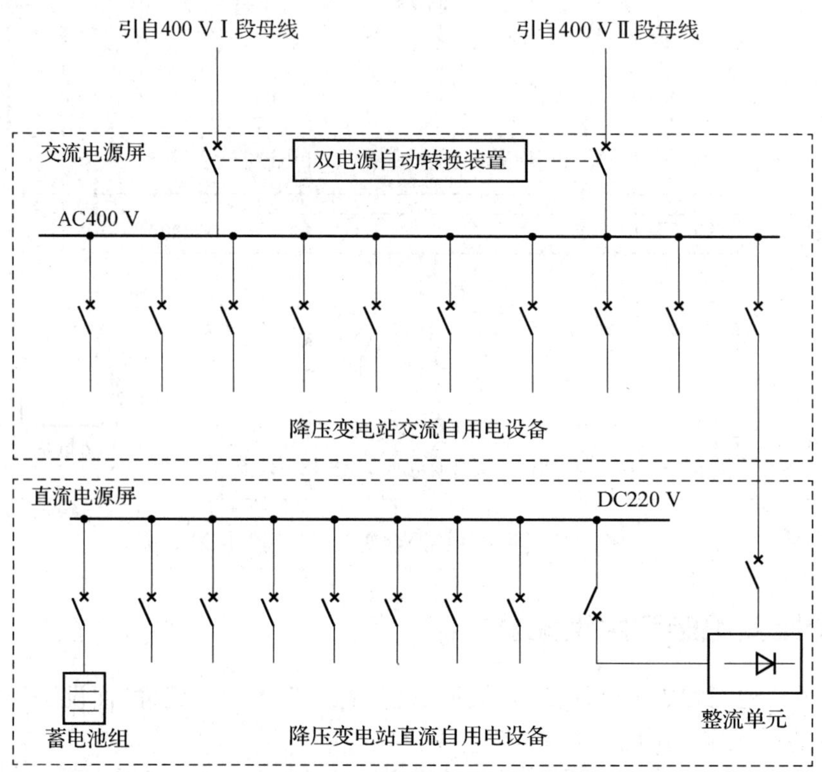

图 3-25　降压变电站自用电接线

技能实训

技能实训 3-1　断路器控制回路实验

授课地点：城市轨道交通供电实训中心

授课形式：分组教学

教课教师：校内专任教师

1. 实训目的

（1）掌握断路器控制回路的基本原理、回路的功能和特性。

（2）理解装设跳跃闭锁继电器的断路器控制回路，掌握该电路需满足的基本要求。

（3）学会断路器控制回路的接线和实验操作方法。

2. 实训设备

断路器控制回路实验设备如表 3-5 所示。

表 3-5 断路器控制回路实验设备

序　号	设备名称	使用仪器名称	数　量
1	ZB01	断路器触点及控制回路模拟箱	1 只
2	ZB02	LD 信号灯、HD 信号灯	各 1 只
3	DZB01	直流操作电源	1 路
4	ZB06	光字牌	4 个
5	ZB12	DS-22 时间继电器	1 只
6	ZB14	DZ-31B 中间继电器	1 只
		DZB-14B 跳跃闭锁继电器	1 只
7	DZB01-2	万能转换开关 LW2-Z-1a、4、6a、40、20/F8	1 只
8	DZB01-1	SB 按钮开关	1 只

3. 实训内容

(1) 按图 3-26 进行接线。

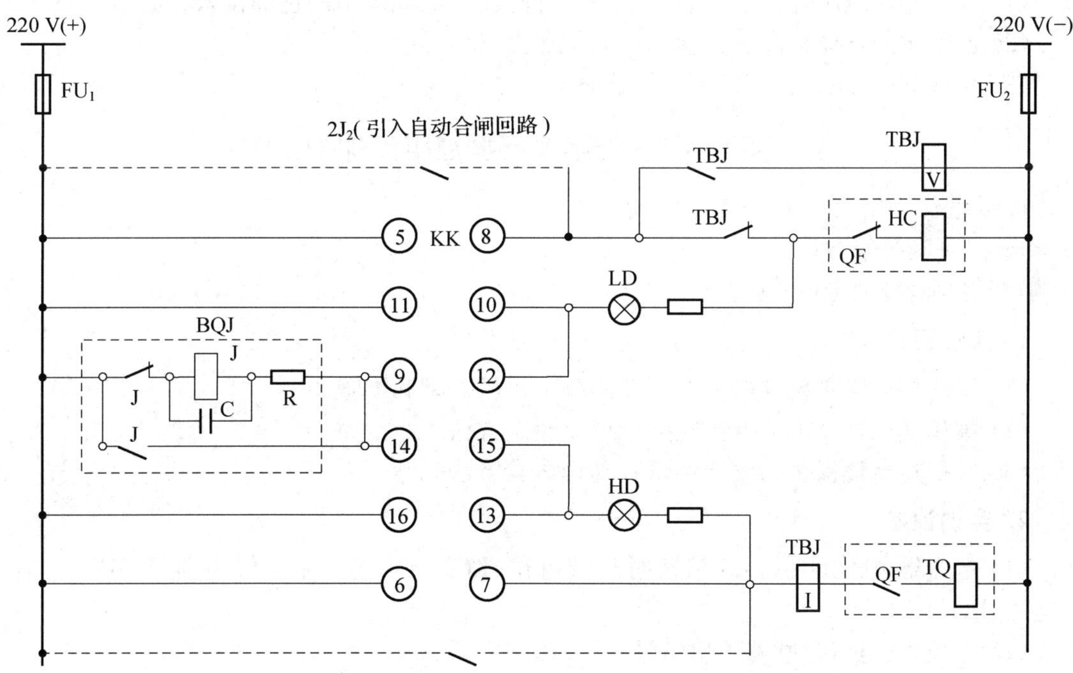

图 3-26 装设跳跃闭锁继电器的断路器控制回路接线

(2) 检查上述接线的正确性。

(3) 断路器的控制操作。

4. 实训步骤

(1) 按图 3-26 进行接线。

(2) 检查上述接线的正确性，确定无误后，接入电源进行控制回路操作试验，通过操作与观察，深入理解装设跳跃闭锁继电器同时具有灯光监视的断路器控制回路的工作原理、电路中各元器件及接点的作用。

(3) 断路器的控制操作。

① 合闸操作。设断路器处于跳闸状态，此时控制开关 KK 处于“跳闸后”位置，其触点 $KK_{10\text{-}11}$ 通，QF_1 闭合，LD 绿灯亮，表明断路器是断开状态，又表明控制回路的熔断器 FU_1 和 FU_2 完好及合闸回路完好。

断路器进行合闸操作时，把 KK 手柄先转到“预备合闸”位置，触点 $KK_{9\text{-}10}$ 通，将信号灯接于闪光小母线(+)WF 上，绿灯 HG 闪光；再转到“合闸”位置，触点 $KK_{5\text{-}8}$ 接通，将绿灯 LD 和附加电阻短接，回路电压全降在线圈 HC 上，则 HC 动作，接通合闸线圈 HQ 回路，将断路器合闸，红灯 HD 发出平光。随后，将 KK 手柄放开，使其弹回到“合闸后”位置，触点 $KK_{5\text{-}8}$ 断开，触点 $KK_{16\text{-}13}$ 仍接通，红灯继续发出平光。

② 跳闸操作。断路器进行跳闸操作时，把 KK 手柄先转到“预备跳闸”位置，触点 $KK_{13\text{-}14}$ 接通闪光母线，使红灯 HD 发出闪光；再转到“跳闸”位置，这时触点 $KK_{6\text{-}7}$ 接通，断路器跳闸，绿灯 LD 发出平光。

5. 注意事项

(1) 在操作接线中要特别注意跳跃闭锁继电器的电流线圈的正确接入。

(2) 严格按照作业标准进行检修作业，以防发生意外。

(3) 作业完毕，将设备恢复到初始状态。

技能实训 3-2 配电变压器过电流保护实验

授课地点：城市轨道交通供电实训中心

授课形式：分组教学

教课教师：校内专任教师

1. 实训目的

(1) 了解供配电系统中电力变压器的继电保护类型和配置。

(2) 掌握变压器过电流保护电路原理及整定方法。

(3) 掌握过电流保护的整定调试和动作试验方法。

2. 实训设备

(1) 电流继电器组件(LGP01)、时间继电器(LGP04)、出口中间继电器(LGP05)、信号继电器(LGP06)。

(2) 监控台(电流互感器二次信号)。

3. 实训内容

(1) 选择电流继电器和时间继电器。

(2) 对电流继电器和时间继电器进行整定调试。

(3) 按图进行接线。

(4) 依次合上电气控制模拟屏的开关元件，使低压母线的线电压为 380 V。

(5) 分别设置 AB、BC、CA 相间短路，观察保护设备动作情况并记录。

4. 实训步骤

(1) 选择电流继电器和时间继电器，选用 DL-23C/6 电流继电器，其整定电流为 2 A；选用 DS-23 时间继电器，其整定时间为 5 s。

(2) 对电流继电器和时间继电器进行整定调试。

(3) 按图 3-27 进行接线。图中，KA 选用 DL-23C/6，KT 选用 DS-23，KS 选用 JX21-A/T，KM 选用 ZJ3-3A。

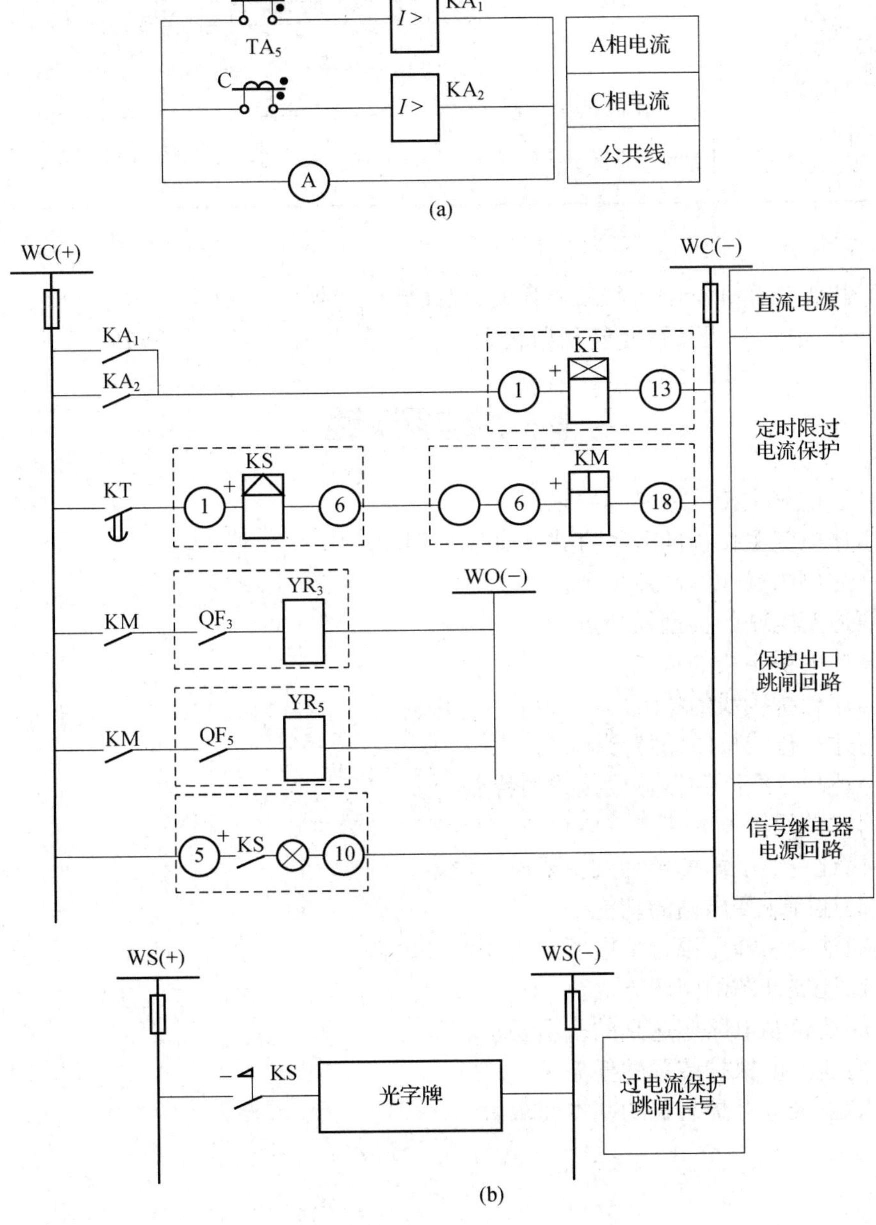

图 3-27 变压器过电流保护实验接线

(a)交流回路 (b)直流回路

(4) 依次合上电气控制模拟屏的 QS_1、QF_1、QS_3、QS_7、QS_{10}、QF_5、QF_7、QF_{12}，断开其他开关元件，调节调压器使1号低压母线的线电压为380 V。

(5) 分别设置AB、BC、CA相间短路，短路点分别设置在末端和80%，将短路设置投入，观察保护设备动作情况并将相关数据记录到表3-6中。

表3-6　配电变压器过电流保护实验数据

短路类型	短路点最大短路电流(高压一次侧)		保护设备是否动作
	末　端	80%	
AB相间短路			
BC相间短路			
CA相间短路			
三相短路			

5. 注意事项

(1) 严格按照作业标准进行检修作业，以防发生意外。

(2) 作业完毕，将设备恢复到初始状态。

思考与练习

(1) 简述电气主接线的基本要求。

(2) 简述电气主接线的分类方式及具体类别。

(3) 简述倒闸操作的注意事项。

(4) 简述变电站的类型及特点。

(5) 简述内桥接线的特点。

(6) 简述外桥接线的特点。

(7) 简述单母线接线的特点。

(8) 简述单母线断路器分段接线的特点。

(9) 简述单元接线的特点。

(10) 简述主变电站的类型及主要电气设备。

(11) 简述降压变电站的功能。

(12) 简述牵引降压混合变电所的主要电气设备。

(13) 简述展开图的阅读方法。

(14) 简述控制电路应达到的基本要求。

(15) 简述继电保护装置的任务。

(16) 简述继电保护装置的基本要求。

模块 4 接触网

知识目标

(1) 了解城市轨道交通接触网的供电制式。
(2) 掌握接触网的类型。
(3) 掌握接触网的基本要求。
(4) 掌握城市轨道交通接触网的供电方式。
(5) 掌握柔性接触网的基本结构。
(6) 掌握刚性接触网的基本结构。
(7) 掌握接触轨系统的基本结构。

技能目标

(1) 会区分不同类型的接触网。
(2) 会识别柔性接触网的各个组成部分。
(3) 会识别刚性接触网的各个组成部分。
(4) 会识别接触轨系统的各个组成部分。
(5) 会介绍接触网各组成部分的功能。

4.1 接触网概述

接触网是电力牵引系统重要的组成部分,架设在轨道的上方或一侧,是一种特殊的输电线。在我国广泛使用的城市轨道交通接触网为柔性接触网、刚性接触网和接触轨。

4.1.1 接触网的供电制式

接触网系统是指从牵引变电所出来的电能通过电动列车受电弓传送给车辆的整个送电系统,是牵引供电系统中唯一无备用的设备。接触网的供电制式主要指电流制、电压等级和馈电方式。

铁路上采用交流供电制式，供电电压为 27.5 kV，而城市轨道交通基本都采用直流供电制式，原因有三个：其一是城市轨道交通运输的列车功率并不是很大，其供电半径（范围）也不大，因此供电电压不需要太高；其二是没有电抗压降，在同样电压等级下直流制的电压损失比交流制的小；其三是城市内的轨道交通，供电线路都处在城市建筑群之间，供电电压不宜太高，以确保安全。基于以上原因，世界各国城市轨道交通的供电电压都为 DC 550～DC 1 500 V，但其挡级很多，这是由各种不同交通形式、不同发展历史时期造成的。现在国际电工委员会（IEC）拟定的电压标准为 600 V、750 V 和 1 500 V 三种。我国《城市轨道交通直流牵引供电系统》（GB/T 10411—2005）规定牵引供电系统直流标称电压应采用 750 V 或 1 500 V，其波动范围应符合表 4-1 的规定。

表 4-1　牵引供电系统直流标称电压　　单位：V

系统标称电压	系统最低电压	系统最高电压
750	500	900
1 500	1 000	1 800

接触网的馈电方式有架空式接触网和接触轨（第三轨）两种方式。接触轨主要用于地铁、轻轨；架空式接触网除用于地铁外，还用于铁路干线、工矿、城市地面等。

电压等级与馈电方式是接触网供电制式中的关键点，两者密切相关。对于一个具体的城市，电压等级与馈电方式的选择应统一考虑。例如，我国北京和天津的地铁均采用的是 DC 750 V 第三轨馈电方式，而上海、广州等城市的地铁采用的是 DC 1 500 V 架空接触网馈电方式。

4.1.2　接触网的类型

城市轨道交通接触网按安装位置和接触导线的不同分为架空式、接触轨式和跨座式三大类型，如图 4-1 所示。

(a)　(b)　(c)

图 4-1　接触网的类型

(a)架空式　(b)接触轨式　(c)跨座式

1. 架空式接触网

架空式接触网沿轨道线路上方架设，通过与电动列车受电弓可靠地直接滑行接触，将电能持续不断地传送给电动列车，再经钢轨回到牵引变电所。架空式接触网根据接触悬挂的不同分为刚性接触网和柔性接触网，如图 4-2 所示。刚性接触网将接触线夹装在回流排中，依靠回流排自身的刚性保持接触线的固定位置，使接触线不因重力而产生弛度。刚性接触网具有占用净空小、结构简单、无外加张力、维护量小等优点，适用于隧道段。柔性接触网采用柔性线索作为导体，具有较好的弹性，跨距大，用于铁路和城市轨道交通已有多年的历史，运行经验丰富，人们习惯上将其简称为接触网。

(a)

(b)

图 4-2 架空式接触网

(a)刚性接触网 (b)柔性接触网

2. 接触轨式接触网

电动列车通过安装在车辆转向架两侧的集电靴和接触轨的滑动接触取得电能。接触轨式接触网的主要结构形式有第三轨和第四轨两种。

第三轨指在原有钢轨一侧新增一条轨道供电，车辆利用集电靴获得电力，电流经车轮和钢轨形成回流。第三轨形式比较常见，如北京地铁 1 号线工程、北京地铁 2 号线(环线)工程、天津地铁 1 号线中段、武汉轨道交通 1 号线一期工程等都采用了 DC 750 V 第三轨形式。

第四轨指在原有钢轨基础上增设两条轨道各供应直流电正负两极，第三条轨用于供电，第四条轨用于回流。第四轨比较少见，只在伦敦地铁和意大利米兰市的地铁 A 线中使用。

接触轨的安装高度低，载流能力强，结构简单，施工方便，造价较低，使用寿命长，有利于城市景观。但是，由于接触轨处于人员比较容易接触到的位置，带来了安全问题，因此规定了系统电压等级一般不能高于 1 500 V。目前，接触轨多用于城市轨道交通，在铁路中没有采用。

3. 跨座式接触网

跨座式接触网就是通过单根轨道梁来支承、稳定和导向，车体骑跨在轨道梁上运行的铁路。它能有效地利用城市道路空间，爬坡和曲线通过能力强，噪声和景观影响小，是一种独特的中等运量城市轨道交通系统。跨座式单轨通常为高架，高架单轨具有成本低，工期短，占地少，污染小，能有效地利用道路中央隔离带，适用于建筑物密度大的狭窄街区的优点。此外，单轨列车和轨道容易检查与维修养护。因此，单轨不失为大城市客流中等的交通线路和中等城市主要交通线路的较好选择，特别是在地形条件复杂、利用其他交通工具比较困难的情况下，最能体现出其优越性。单轨按照走行模式和结构的不同，主要分成悬挂式单轨和跨座式单轨两类。悬挂式单轨的列车(空中轨道列车)悬挂在轨道之下，如德国的 H-Bahn 空轨，如图 4-3(a)所示；跨座式单轨比较常见，其列车跨座在路轨之上，两旁盖过路轨，如重庆的 2 号线和 3 号线，如图 4-3(b)所示。

(a)

(b)

图 4-3 单轨
(a)悬挂式单轨 (b)跨座式单轨

4. 不同类型接触网的比较

不同类型接触网的特点及使用情况如表 4-2 所示。

表 4-2 不同类型接触网的特点及使用情况

<table>
<tr><th colspan="2">类 型</th><th>主要优点</th><th>主要缺点</th><th>应用范围</th><th>使用的国家或城市</th></tr>
<tr><td rowspan="2">架空式</td><td>柔性接触网</td><td>弹性大、安全性好、运行经验丰富等</td><td>影响市容</td><td>地下线、地面线、高架线</td><td>上海等</td></tr>
<tr><td>刚性接触网</td><td>净空小、维护量小等</td><td>安装精度高、运行经验少</td><td>地下线</td><td>上海、广州等</td></tr>
<tr><td rowspan="2">接触轨式</td><td>第三轨</td><td>安装高度低、施工方便、寿命长等</td><td rowspan="2">人身安全问题，电压偏低</td><td rowspan="2">地下线、地面线、高架线</td><td>北京、武汉等</td></tr>
<tr><td>第四轨</td><td>较高的可靠性，降低信号系统的复杂性等</td><td>伦敦、米兰</td></tr>
<tr><td rowspan="2">跨座式</td><td>悬挂式单轨</td><td>建设成本最低，工程建设最快，占地面积最小，环保、低噪声、节能等</td><td>承载量有限，对突发情况无法快速处理等</td><td>高架线</td><td>德国、日本</td></tr>
<tr><td>跨座式单轨</td><td>适应性强、噪声低、转弯半径小、爬坡能力非常强</td><td>道岔结构复杂，能耗较大</td><td>高架线</td><td>重庆</td></tr>
</table>

4.1.3 接触网的基本要求

接触网是一种无备用又易损耗的户外供电装置，经常受冰、雨、雪、风等恶劣气候条件和周围环境的影响，一旦发生故障将中断牵引供电，影响电动列车的正常运行。因此，对接触网在设计方面和日常维护方面提出以下基本要求：

(1) 在任何条件下，接触网均不应对人员和设备构成安全威胁，接触网带电体与非带电体之间必须有充分的电气绝缘间隙，并具有能有效防止人员触电的措施和方法。

(2) 与一般架空电力输电线相比，接触网的电负荷具有很大的波动性和不确定性，接触网系统发生短路事故的概率更大一些。因此，接触网系统应有充足的过负荷能力和承载短路电流的能力。

(3) 接触网的供电电压和电能损失必须控制在可承受的范围内，馈线上网点电压和供电臂末端电压不应超出系统所允许的最高电压值和最低电压值。

(4) 接触网的线索和设备均要承受一定的机械负荷，在接触网寿命期内，线索和设备在设计条件下均应处于安全状态。

(5) 接触网唯一的服务对象是受电弓，弓网之间有严格的机电匹配关系，不同型号的弓网配合会表现出不同的相互作用特性，在进行弓网系统设计时，应考虑弓网间彼此相适应的结构形式和机电特性，当选定受电弓后，接触网就应有与该型号受电弓相适应的结构形式和机电特性；与之相对应，当接触网设计施工完成后，就应由与之相适应的受电弓来运行，受电弓的静态特性、有效工作范围、弓头几何尺寸、滑板特性、运营方式均应与已有的接触网相适应。

(6) 接触网是露天供电设施，气候及环境污染对接触网的技术性能有决定性影响，接触网必须能适应气候的变化，在设计条件下，温度、湿度、雪雨风霜、冰雾雷电均不应造成接触网设备的损坏，也不应影响接触网功能的正常发挥。

(7) 接触网是无备用设备，组成接触网的线索和设备及接触网整体都必须具备良好的可靠性、可用性和安全性。

(8) 接触网的几何参数是以轨道线路中心线和轨平面构成的直角坐标系为基准的，轨道线路的位置、曲线半径、外轨超高、竖曲线半径、线路坡度及其变化率、钢轨不平顺度等参数对弓网相互作用有重大影响。线路参数和接触网参数的调整必须相互协调、同步进行。接触网所有设备的安装位置均应满足铁路限界和绝缘安全要求。

(9) 接触网应与四周的环境相协调，对动物、植物及自然环境和文化环境应有必要且合理的防护与保护措施。

总而言之，要求接触网无论在任何条件下，都能给电动列车提供符合要求的电能，使电动列车安全可靠地运行。在符合上述要求的情况下，接触网应尽可能做到零件标准化、结构简约化、施工精细化、维修简便化、投资减低化，且便于新技术的应用。

4.1.4 接触网的供电方式

接触网的供电方式有单边供电、双边供电和越区供电等。

每个供电分区只从一端的牵引变电所获得电能的供电方式称为单边供电。每个供电分区同时从两个牵引变电所获得电能的供电方式称为双边供电，如图 4-4(a)所示。正常工作状态下，正线接触网即采用双边供电方式。若遇到特殊情况(某中间牵引变电所退出运行)，牵引变电所越过自己的供电分区而给另外变电站的供电分区进行供电的方式称为越区供电，也称为大双边供电，如图 4-4(b)所示。

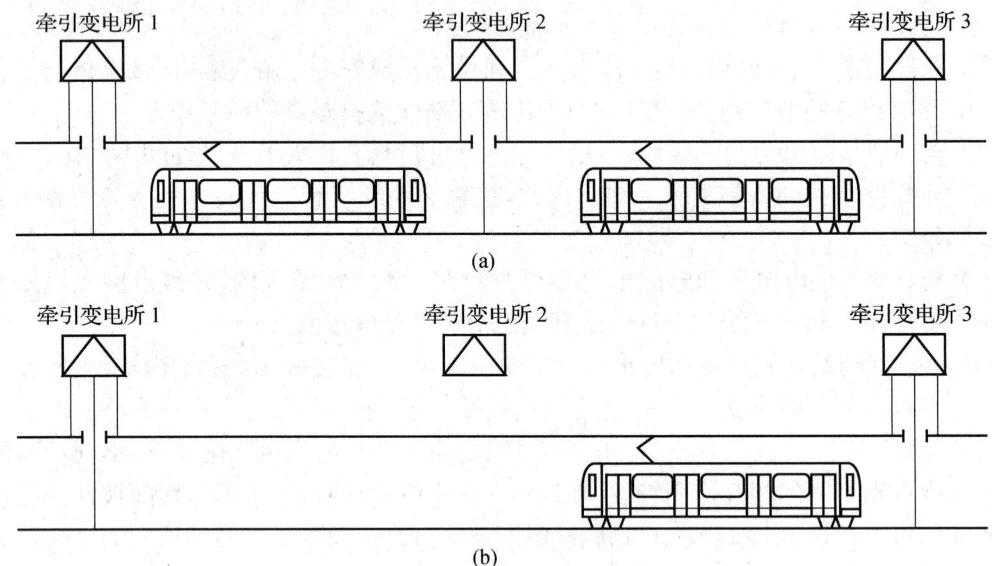

图 4-4　双边供电和越区供电
(a)双边供电　(b)越区供电

三种供电方式的工作原理、优点及缺点如表 4-3 所示。

表 4-3　三种供电方式的工作原理、优点及缺点

供电方式	工作原理	优　点	缺　点
单边	每个供电分区只从一端牵引变电所获得电能	供电分区电气独立、运行灵活、故障范围小，牵引变电所馈线保护装置较简单	供电可靠性相对较差
双边	每个供电分区同时从两个牵引变电所获得电能	提高接触网电压水平，减少电能损耗	故障范围大，供电保护设备复杂
大双边	越过自己的供电分区而给另外变电站的供电分区进行供电	解决了变电站因故障而造成的停电问题	增大了变电站的负荷，对设备安全和供电质量影响较大

4.2 柔性接触网

柔性接触网主要由支柱和基础、支持装置、接触悬挂、定位装置及其他设备组成。

4.2.1 支柱和基础

1. 支柱

支柱作为接触网结构中应用最广泛的支撑设备，主要用于承受支持装置、定位装置和接触悬挂的负荷，并将接触悬挂固定在规定高度上。支柱也是一种无备用的户外供电支持装置，经常受到风、雨、雪等恶劣天气的影响，一旦发生故障或事故，将直接影响列车的运行，因此接触网支柱的选型要考虑结构的简单性、受力的安全性、材料的经济性、维护的方便性等。

支柱按其使用材质可分为预应力钢筋混凝土支柱（简称钢筋混凝土支柱）、钢支柱和钢管混凝土支柱。与钢支柱相比，钢筋混凝土支柱具有节省钢材、造价低廉、整体性强、使用寿命长、运营中无须进行维护等优点，但同时也具有重量大、运费高、经不起碰撞等缺点，因此在运输、安装、施工中应小心谨慎，尤其是高架桥上使用受限制，损坏后不易更换。钢筋混凝土支柱按外观形态可分为 H 型钢筋混凝土支柱和等径圆形钢筋混凝土支柱。

在接触网工程中，钢支柱被大量利用，普遍应用于高架线路、软横跨、硬横跨中。钢支柱主要分为等径钢管柱、锥形钢管柱、H 型钢柱、格构式钢柱等。

钢管混凝土支柱的外层是薄壁钢管，内层是通过高速离心力作用后形成的具有一定厚度的混凝土。钢管混凝土支柱具有外形美观、节省钢材、造价低的优点，但自重大，外壁需要进行防腐处理，生产工艺相对复杂，多用于电力系统的输电线路塔杆、变电所架构及通信工程中的发射塔等。

支柱按用途可分为中间支柱、转换支柱、中心支柱、锚柱、定位支柱、道岔支柱、软横跨支柱、硬横跨支柱等。图 4-5 所示为各种支柱的安设位置。

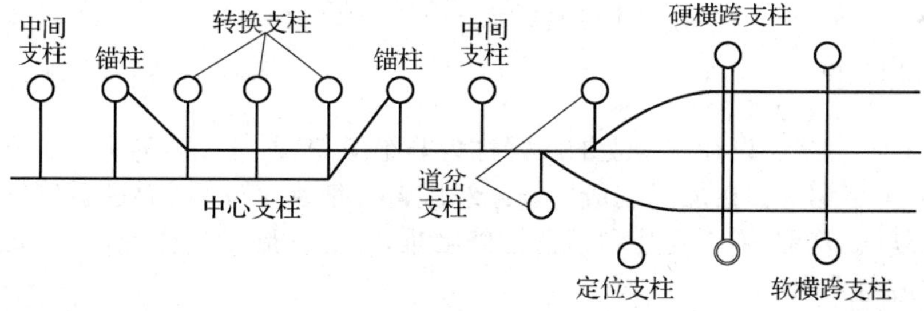

图 4-5 各种支柱的安设位置

2. 基础

基础承受支柱所传递的力矩并传给土体，起支持作用。基础是对钢支柱而言的，即钢支柱通过地脚螺栓固定在钢筋混凝土制成的基础上，由基础承受支柱传给的全部负荷，并保证支柱的稳定性。钢筋混凝土支柱采用直埋式基础，它的地下部分代替了基础的作用。

4.2.2 支持装置

支持装置用以支持接触悬挂，并将其负荷传给支柱或其他悬挂的全部设备。支持装置可分为腕臂形式、软横跨形式和硬横跨形式。其中，软横跨形式和硬横跨形式多在站场中使用,可避免因为支柱过多,影响工作人员的瞭望度。在多股道间,接触悬挂通过横向承力索挂在线路两侧的支柱上的装配形式称为软横跨,接触悬挂通过金属桁架架设在线路两侧的支柱上的装配形式称为硬横跨。

腕臂应具有足够的机械强度,结构尽量简单、轻巧,易于施工安装和维修更换。腕臂的选用应保证技术要求,并力求经济合理。根据腕臂与支柱之间是否绝缘,可将腕臂分为绝缘腕臂和非绝缘腕臂两类。

1. 绝缘腕臂

绝缘腕臂是目前广泛采用的结构形式。平腕臂或水平拉杆、斜腕臂均通过绝缘子与支柱绝缘,故称为绝缘腕臂。绝缘腕臂用圆形钢管加工制成,结构简单,技术性能好,施工安装和运营维护方便,方便带电作业,由于绝缘子安装在靠近支柱侧,降低了对支柱容量和高度的要求,从而降低了成本。绝缘腕臂不易被污染,减少了绝缘子的清扫和维护工作量。绝缘腕臂的常见结构有平腕臂结构和水平拉杆结构,如图 4-6 所示。

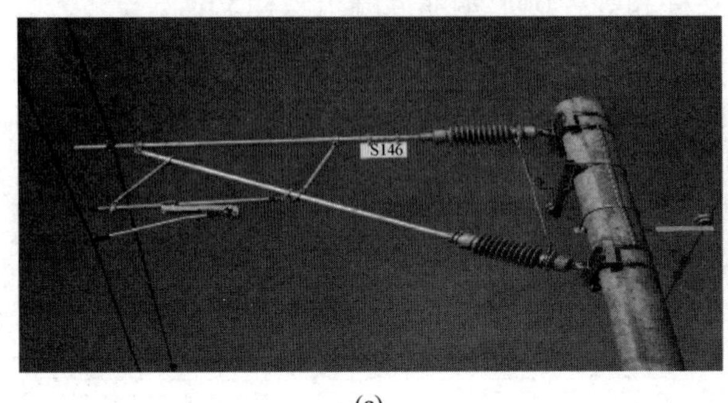

(a)

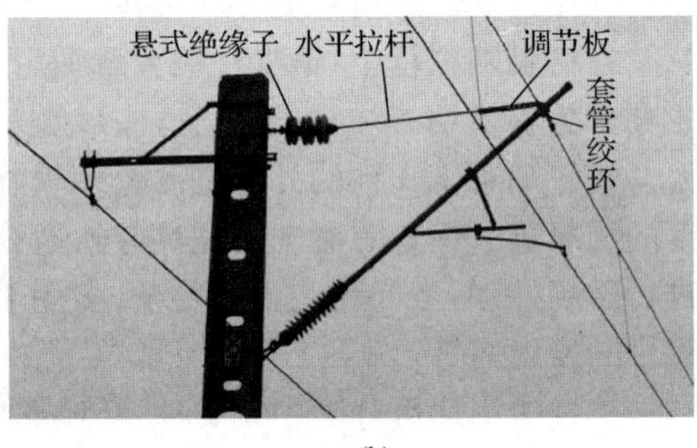

(b)

图 4-6 绝缘腕臂的常见结构

(a)平腕臂结构 (b)水平拉杆结构

2. 非绝缘腕臂

不经绝缘子、直接装设在支柱上的腕臂称为非绝缘腕臂,如图 4-7 所示。非绝缘腕臂可用角钢、槽钢、工字钢等焊接加工制成。非绝缘腕臂一般水平安设,通过斜拉杆固定在支柱上,其结构较复杂、笨重,施工安装和运营维修困难,不便开展带电作业,而且要求支柱容量高,故应尽量避免采用。

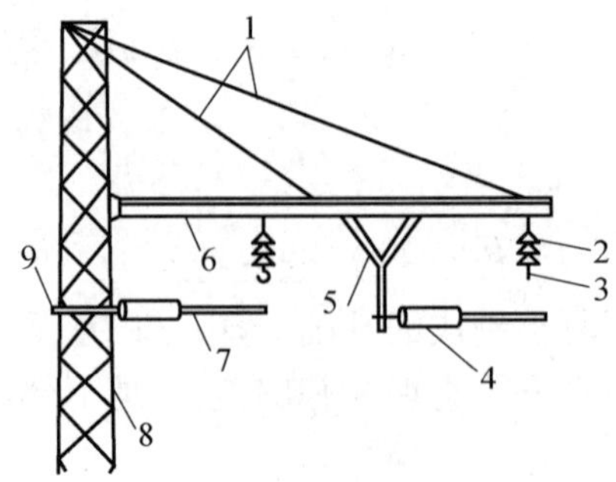

图 4-7 非绝缘腕臂

1—斜拉杆;2—悬式绝缘子;3—承力索;4—棒式绝缘子;5—定位支架;6—直腕臂;7—定位器;8—钢柱;9—定位肩架

4.2.3 接触悬挂

接触悬挂通过支持装置架设在支柱上，其作用是将电能传递给电动车组。

1. 接触悬挂的结构

接触悬挂包括接触线、承力索、吊弦、补偿装置及连接零件(锚段与锚段关节、中心锚结、线岔)。

(1) 接触线。接触线是接触网中直接和受电弓滑板摩擦取流的部分，需保证电动列车从接触线上获得良好的电能，因此接触线的材质、工艺及性能对接触网起着重要作用。接触线需满足抗拉强度高、电阻系数低、耐热性能好、耐磨性能好和制造长度长等特点。

接触线制成上部带沟槽的圆柱状，设沟槽是为了便于安装接触线的线夹；接触线底面与受电弓接触的部分呈圆弧状，称为接触线的工作面。常用的接触线的截面形状如图 4-8 所示，不同类型和截面的接触线适用于不同的使用场所，接触线的截面积的选择主要取决于所需的电流、电压的稳定性和施加的张力。

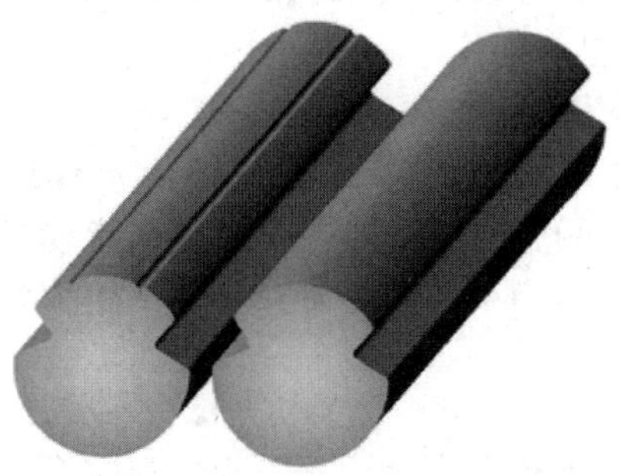

图 4-8 常用的接触线的截面形状

① 接触线的分类及特点。接触线按照材质主要分为铜接触线、铜合金接触线和钢铝接触线。铜具有导电性和施工性好的优点，但也具有抗拉力差、耐磨性差等缺点，故近年来研制在铜内掺加镁、银等其他金属。铜合金接触线的导电性能虽然下降，但是强度和耐磨性大大提高了。综合来看，铜及铜合金接触线还是现在轨道交通中主要应用的材质类型。钢铝接触线由于两种材质线膨胀系数不同，在使用过程中易出现接触线分离的现象，因而影响了其应用和发展。

② 接触线的磨耗。接触线在运行过程中与受电弓的摩擦会造成接触线截面积减小，称为接触线的磨耗。接触线的磨耗会使接触线的截面积减小，影响到接触线的强度安全系数。运营中，要求每年至少进行一次接触线的磨耗测量，当接触线磨耗达到一定限度时应局部补强或更换。当发现全锚段接触线平均磨耗超过该接触线截面积的 20%时，应全部更换；当局部磨耗超过 30%时可进行补强；当局部磨耗达到 40%时应切换做接头。

(2) 承力索。承力索的作用是通过吊弦将接触线悬挂起来，要求能够承受较大的张力和具有抗腐蚀能力，并且在温度变化时驰度变化较小。承力索根据材质可分为铜承力索、钢承力索和铝包钢承力索。

铜承力索的导电性能好，可做牵引电流的通道之一，与接触线并联供电，降低了压损和能耗，提高了抗腐蚀性能。铜承力索的主要型号有 TJ-95、TJ-120 等。

钢承力索用镀锌钢绞线制成，强度高，耐张力大，安装弛度小且弛度变化也小，既节省有色金属，又降低造价。但其缺点为电阻大，导电性能差，一般为非载流承力索。钢承力索的常用规格有 GJ-100、GJ-80、GJ-70 等。

(3) 吊弦。吊弦是接触网链形悬挂类型中承力索悬吊接触线所用的部件，它将接触线吊挂在承力索上，将接触线的自重及附加负载传递到承力索上。

通过安设吊弦，增加了对接触线的悬挂点，使接触线的弛度和弹性得到了改善，保证了接触线距轨面的高度，提高了受电弓的受流质量。

吊弦根据其结构形式可分为环节吊弦和整体吊弦。其中，整体吊弦的安装精度高、强度高、耐腐蚀、寿命长，在城市轨道交通中使用广泛。根据吊弦线夹与承力索之间能否相对移动，吊弦可分为固定吊弦和滑动吊弦；根据用途，吊弦可分为跨中吊弦、定位吊弦、弹性吊弦、软横跨吊弦、隧道内吊弦和防风吊弦。

接触网对吊弦的要求是在任何温度下吊弦应与顺线路方向垂直，垂直于线路方向的斜率不大于 1/10，且吊弦安装长度的允许误差为 2 mm。

(4) 补偿装置。补偿装置是接触网的重要设备，又称张力自动补偿器，它安装在锚段的两端，并且串接在接触线或承力索内，它的作用是补偿线索内的张力变化，使张力保持恒定。

接触网对张力自动补偿装置的要求是：补偿装置应灵活，当线索内的张力发生缓慢变化时，应能及时补偿，传送效率不应小于 97%；具有快速制动作用。

接触网补偿装置主要有滑轮式补偿装置、棘轮式补偿装置、弹簧式补偿装置、鼓轮式补偿装置等。城市轨道交通中常用的是棘轮式补偿装置，如图 4-9 和图 4-10 所示。

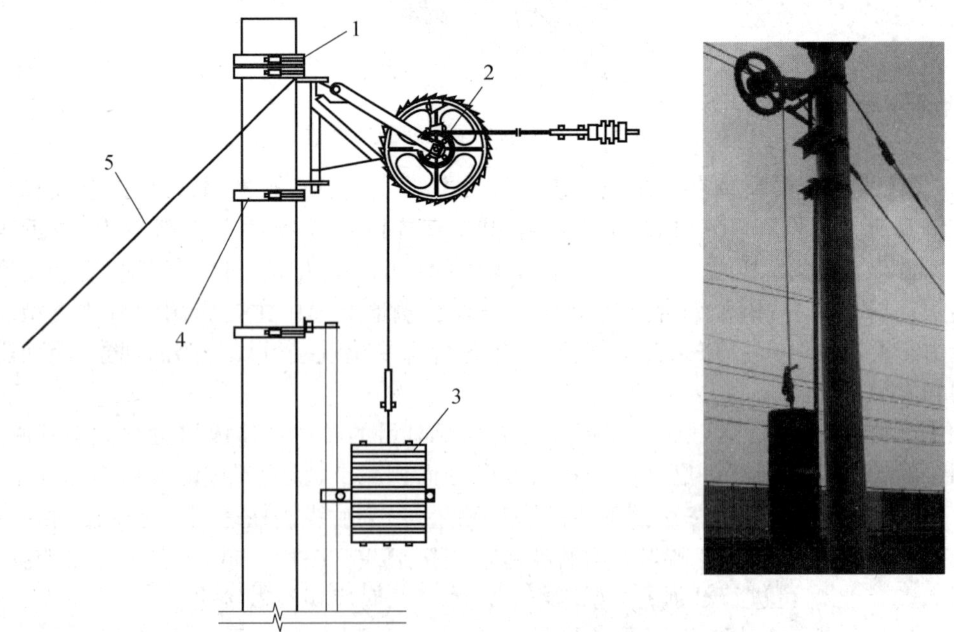

图 4-9　棘轮式补偿装置

1—上承锚底座；2—棘轮装置；3—铁坠砣 32 块(800 kg)；4—下承锚底座；5—下锚拉线

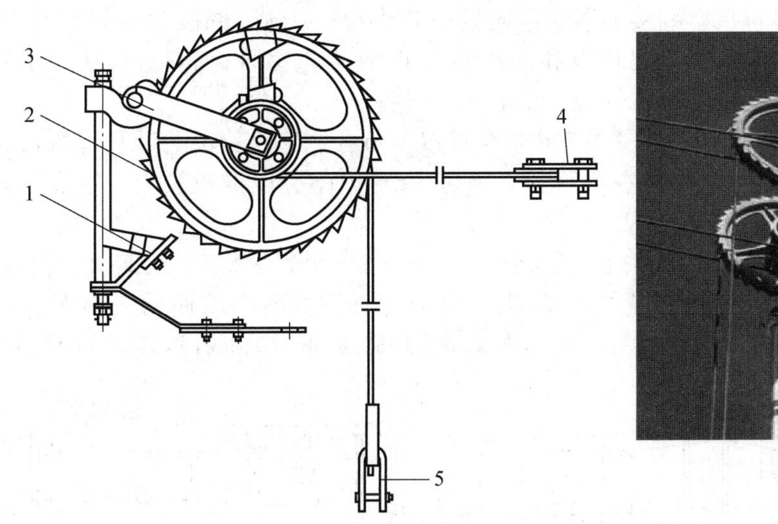

图 4-10 棘轮本体结构

1—制动卡块；2—棘轮本体；3—框架；4—线索端；5—坠砣端

棘轮式补偿装置与滑轮式补偿装置相比小很多，它的棘轮与其他工作轮共为一体，没有连接复杂的滑轮组，具有占用空间少、转动灵活、传动效率高、防腐性能好、使用寿命长等优点，但由于棘轮本体形状复杂、轮径大、薄壁部位多，对生产制造设备和工艺要求较高，因此价格偏高。

棘轮式补偿装置的传动比为 1∶3。在正常状态下，补偿绳与坠砣串拉力相平衡，使得棘轮处于悬空状态。当接触网出现松弛时，补偿绳与坠砣可以自动调整。当接触线断线时，连接接触线线索的补偿绳失去了对棘轮轴的拉力，此时坠砣串的重力将使棘轮被下拉，棘轮就会在转动的瞬间被制动卡块卡住，防止了接触网设备的大面积损坏。

(5) 锚段与锚段关节。

① 锚段。为满足供电和机械受力方面的需要，可将接触悬挂分成若干一定长度且相互独立的分段，这种独立的分段称为锚段，如图 4-11 所示。设置锚段可以缩小事故范围。当发生断线或支柱折断等事故时，由于各锚段间在机械受力上是独立的，因此可将事故限制在一个锚段内，缩小了事故范围；便于在接触线和承力索上设置补偿装置，以调整线索的弛度与张力；有利于供电分段，配合开关设备，满足供电方式的需要。

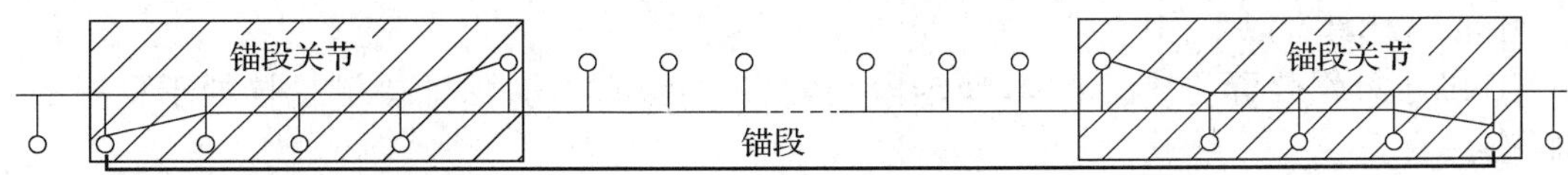

图 4-11 锚段与锚段关节

锚段一般分为三种类型：长锚段(750～1 600 m，两个张力自动补偿装置、一个中心锚结和若干跨距)、短锚段(150～<750 m，一个张力自动补偿装置、一个硬锚和若干跨距)、小锚段(<150 m，一个张力自动补偿装置、一个硬锚和若干跨距)。

柔性接触网锚段两端的承力索及接触线分别拉出在支柱上、下锚，两端都设补偿装置；当锚段长度较短时，一端设硬锚，另一端设补偿装置。

② 锚段关节。相邻两个锚段互相衔接的部分称锚段关节，如图 4-11 所示。锚段关节结

构复杂，其工作状态的好坏直接影响接触网供电质量和电动列车取流。锚段关节的作用有：实现接触网的机械和电气分段，以满足供电和受流的要求；使受电弓平稳、安全地从一个锚段过渡到另一个锚段；便于在接触网中安装必要的机电设备。

锚段关节按作用可分为非绝缘锚段关节和绝缘锚段关节。非绝缘锚段关节只起机械分段的作用，不进行电分段，即两个锚段在电路上不绝缘，又称电不分段锚段关节。绝缘锚段关节既起电分段作用又起机械分段作用。

锚段关节按结构可分为二跨锚段关节、三跨锚段关节、四跨锚段关节等。目前，常用的是三跨锚段关节和四跨锚段关节。三跨锚段关节的立面图和平面图如图 4-12 所示，三跨锚段关节包括两根锚柱和两根转换柱及电连接线，通过这些设备实现锚段的衔接和过渡，共有 3 个跨距。

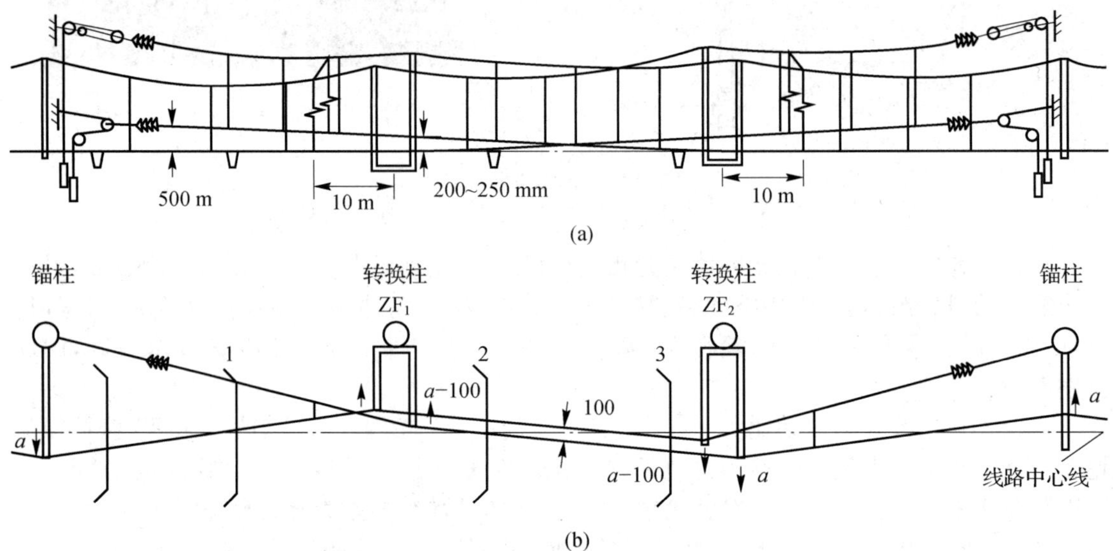

图 4-12　三跨锚段关节的立面图和平面图

(a)立面图　(b)平面图

锚段关节内有两组接触悬挂，其中一组接触悬挂的接触线与受电弓实现受流的称为工作支，另一组接触悬挂的接触线通过抬高脱离受电弓接触后下锚的称为非工作支。

(6) 中心锚结。在锚段中部，接触线对于承力索、承力索对于锚柱进行锚固的方式，称为中心锚结。要求在两端装有补偿装置的锚段中，必须加设中心锚结。

中心锚结具有以下作用：

① 缩小补偿装置的补偿范围，使锚段线索张力比较均匀，保证接触悬挂处于良好的工作状态。

② 缩小事故范围，即当一侧发生断线事故时不至影响中心锚结另一侧悬挂线路，有利于抢修事故和缩短事故抢修时间。

③ 防止线索在外力作用下向一侧串动，如风力、受电弓摩擦力、因坡度和自身重力引起的串动力。

每个锚段中心锚结的安设应根据线路情况和线索的张力增量计算确定。一般情况下，设置中心锚结时，为了保证中心锚结固定点两侧线索的张力尽量相等，在直线区段尽量设置在锚段的中间部位，当含有曲线时，中心锚结应靠近曲线较多、曲线半径小的一侧。

(7) 线岔。线岔是安装于道岔上方，连接并固定两条汇交接触线的装置。线岔的作用是保证电动列车受电弓安全平滑地由一根接触线过渡到另一根接触线，达到转换线路的目的。

交叉线岔由两根相交接触线、限制管、定位线夹及连接零件组成，如图 4-13 所示。限制管两端用定位线夹固定在正线接触线上，并能使侧线接触线在限制管和正线接触线间有一定的间隙，使其自由移动。限制管的主要作用是当一组接触悬挂被受电弓抬高时，另一组接触悬挂的接触线也能同时被抬高，避免出现刮弓现象。

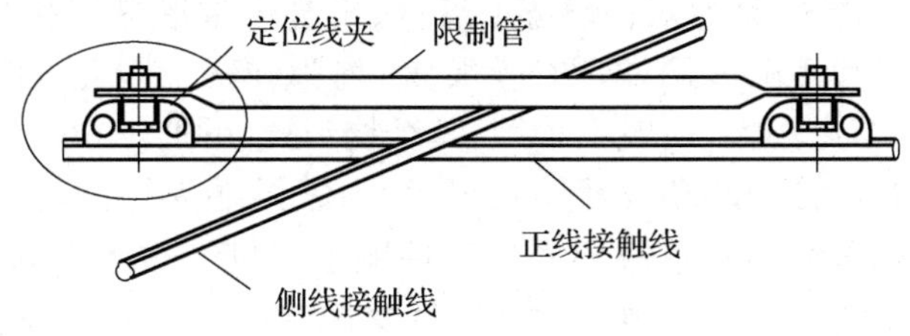

图 4-13　交叉线岔的结构

2. 接触悬挂的类型

接触悬挂的类型是对接触网的每个锚段而言的。接触悬挂的种类较多，一般根据其结构的不同分成简单接触悬挂和链形接触悬挂两大类。

(1) 简单接触悬挂。简单接触悬挂(简称简单悬挂)由一根或两根平行的接触线直接固定在支柱支持装置上的接触悬挂形式。简单悬挂一般用于车速较低的线路。简单悬挂无承力索，要求的支柱高度较低，建设投资低，施工检修方便。其缺点是驰度大，弹性不均匀，不利于受电弓取流。简单悬挂在发展中经历了未补偿简单悬挂(见图 4-14)和带补偿装置及弹性吊索式简单悬挂(见图 4-15)两种形式。

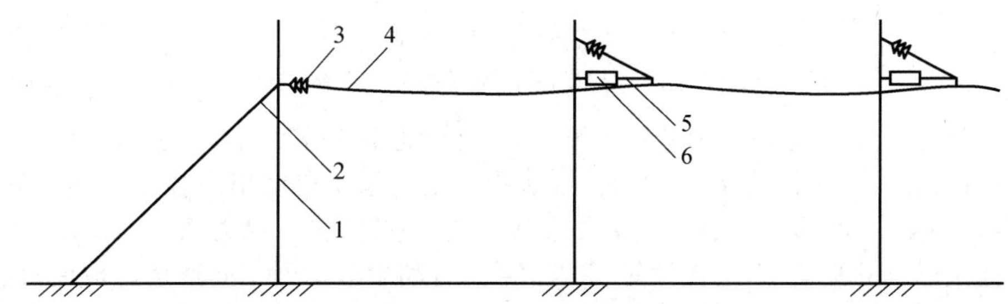

图 4-14　未补偿简单悬挂

1—支柱；2—拉线；3—绝缘子串；4—接触线；5—腕臂；6—棒式绝缘子

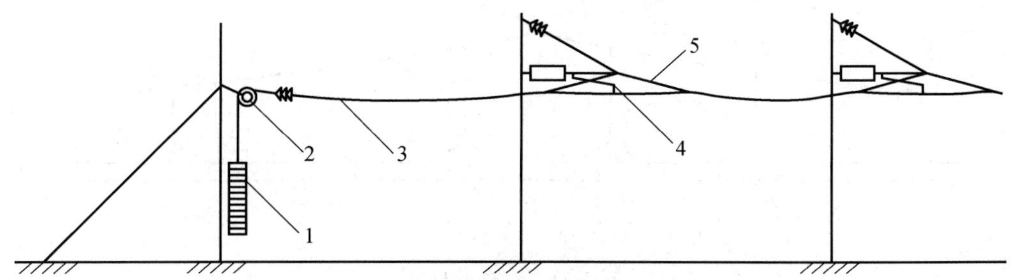

图 4-15　带补偿装置及弹性吊索式简单悬挂

1—坠砣；2—补偿滑轮；3—接触线；4—定位器；5—弹性吊弦

(2) 链形接触悬挂。链形接触悬挂(简称链形悬挂)的接触线是通过吊弦悬挂在承力索上的。承力索通过钩头鞍子、承力索座或悬吊滑轮悬挂于支持装置的腕臂上,使接触线在不增加支柱的情况下增加了悬挂点,通过调整吊弦长度使接触线在整个跨距内对轨面的距离基本保持一致。链形悬挂减小了接触线在跨距中间的弛度,改善了弹性,增加了悬挂重量,提高了稳定性,可以满足电动列车高速运行取流的要求。在城市轨道交通中,最常见的是简单悬挂。

① 链形悬挂按补偿方式分为未补偿链形悬挂、半补偿链形悬挂和全补偿链形悬挂。未补偿链形悬挂的承力索和接触线两端无补偿装置,均为硬锚。因此,在温度变化时,承力索和接触线的张力、弛度变化较大,一般不采用,其结构形式如图 4-16(a)所示。

半补偿链形悬挂的接触线两端设补偿装置,承力索两端为硬锚,如图 4-16(b)所示。半补偿简单链形悬挂相比未补偿简单链形悬挂在性能上得到了很大改善,但由于承力索为硬锚,当温度变化时,承力索的张力和弛度随之发生变化,对接触线产生一定的影响,因此只用于行车速度不高的车站侧线和支线上。

全补偿链形悬挂的承力索和接触线两端下锚处均装设补偿装置,如图 4-16(c)所示。全补偿链形悬挂在温度变化时由于补偿装置的作用,承力索和接触线的张力基本不发生变化,弹性比较均匀,有利于电动列车取流,因此在轨道交通线路中得到广泛的使用。

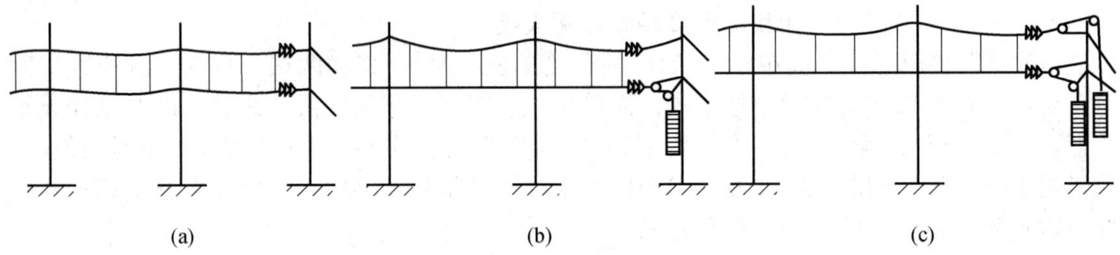

图 4-16　链形悬挂按补偿方式的分类

(a)未补偿链形悬挂　(b)半补偿链形悬挂　(c)全补偿链形悬挂

② 链形悬挂按悬挂链数分为单链形悬挂、双链形悬挂和多链形(三链形)悬挂。单链形悬挂只有一根承力索,结构简单,造价低,目前我国主要采用单链形悬挂。双链形悬挂的接触线经短吊弦悬挂在辅助吊索上,辅助吊索又通过吊弦悬挂在承力索上,如图 4-17 所示。双链形悬挂接触线的弛度小、稳定性好、弹性均匀,有利于电动列车高速运行取流;但结构较复杂,投资及维修费用高,我国仅在个别地段试用。双链形悬挂及其他悬挂类型由于结构复杂、不易施工、维修困难、设计烦琐、造价高等原因,目前没有得到广泛的应用。

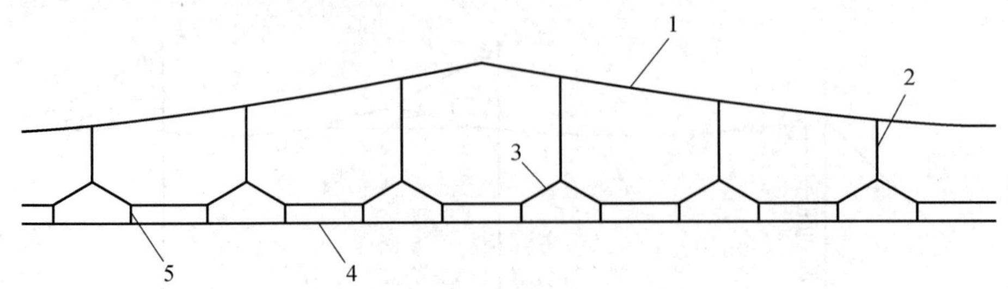

图 4-17　双链形悬挂

1—承力索；2—吊弦；3—辅助吊索；4—接触线；5—短吊弦

③ 链形悬挂按悬挂点处吊弦类型分为简单链形悬挂和弹性链形悬挂。弹性链形悬挂与简单链形悬挂的区别在于悬挂点两侧采用弹性吊索固定承力索，这样就增加了支柱处接触线固定点的弹性，使一个跨距内接触线的弹性均匀，有利于列车受电弓取流，可用于行车速度在 100 km/h 及以上的正线。

④ 链形悬挂按接触线与承力索在空间中的位置关系分为直链形悬挂、半斜链形悬挂和斜链形悬挂。

直链形悬挂是承力索和接触线布置在同一垂直平面内，它们在水平面上的投影是一条直线。直链形悬挂的风稳定性较差，在大风作用下接触线易产生横向摆动，造成接触线与受电弓脱离而发生事故(简称脱弓事故)。目前，这种悬挂形式主要出现在线路曲线段，即在支柱定位点处，为保证受电弓磨耗均匀，接触线向曲线外侧拉出一定距离，承力索则布置在接触线的正上方。

半斜链形悬挂是承力索与接触线不在同一垂直平面内，接触线在每一支柱定位点处通过定位装置被布置成“之”字形，承力索则布置在线路中心线的正下方。半斜链形悬挂的风稳定性好，施工方便。

斜链形悬挂是接触线和承力索在水平面上的投影有一个较大的偏移。在直线区段支柱处，接触线和承力索均布置成方向相反的“之”字形。在曲线区段，承力索对线路中心线向外侧有一个较大的偏移，吊弦的倾斜角较大。这种悬挂的风稳定性最好，结构复杂，设计计算烦琐，施工和检修困难，造价较高，我国尚未推广使用。

4.2.4 定位装置

定位装置是用来实现定位点处对接触线相对于线路中心位置进行横向定位的装置。在直线区段，相对于线路中心把接触线拉成“之”字形，如图 4-18 所示；在曲线区段，相对于受电弓中心运行轨迹把接触线拉成切线或割线，使接触线始终在受电弓滑板的工作范围内，保证受电弓的磨耗均匀、良好取流。同时，定位装置承担着接触线的水平负载，并将其传递给腕臂。

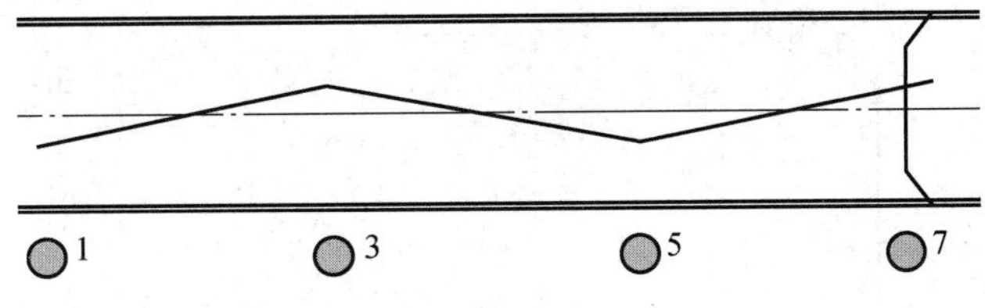

图 4-18 直线区段定位点位置

定位装置由定位管、定位器、定位线夹、定位支座、定位环、定位管支撑及连接零件组成，如图 4-19 所示。

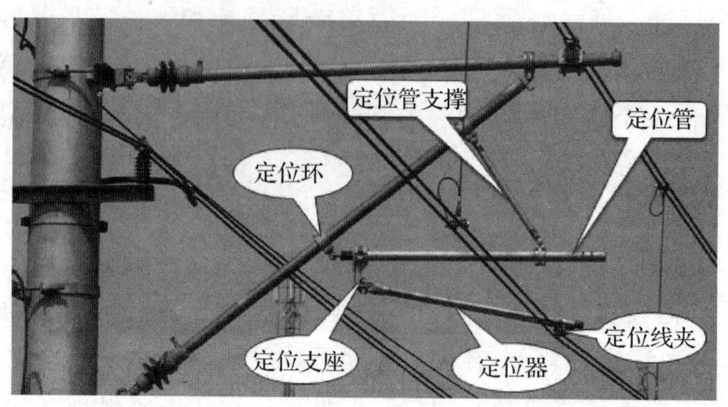

图 4 19　定位装置

1. 定位方式

根据支柱所在位置及受力情况，定位装置一般有正定位、反定位、软定位、组合定位等多种定位方式。

(1) 正定位。通过定位管和定位器将接触线拉向支柱侧的定位方式称为正定位。这种定位方式应用十分广泛，在直线区段或曲线半径较大的区段均采用此种方式。直线区段中间支柱正定位如图 4-20 所示。

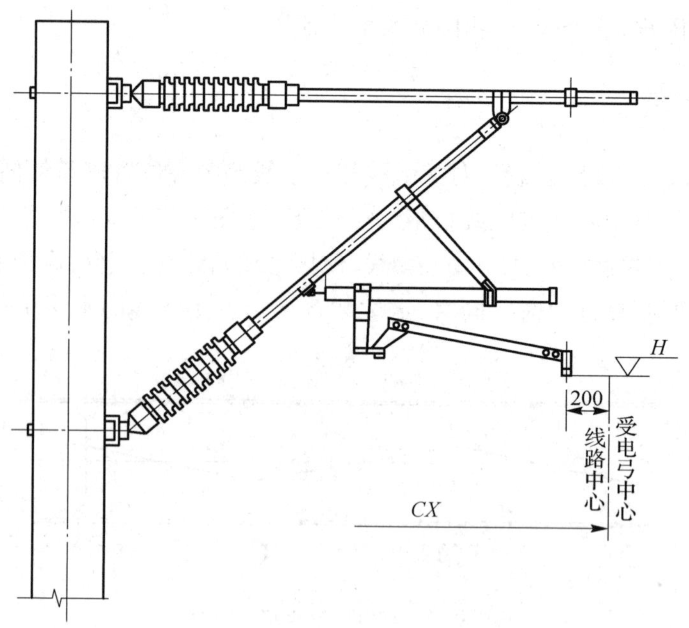

图 4-20　直线区段中间支柱正定位

CX—支柱侧面限界(支柱内侧边缘与线路中心的距离)；*H*—导线高度(接触线与轨面的垂直距离)

(2) 反定位。反定位一般用于曲线内侧支柱或直线区段“之”字值方向与支柱位置相反的位置。定位器附挂在较长的定位管上，呈水平工作状态。直线区段中间支柱反定位如图 4-21 所示。

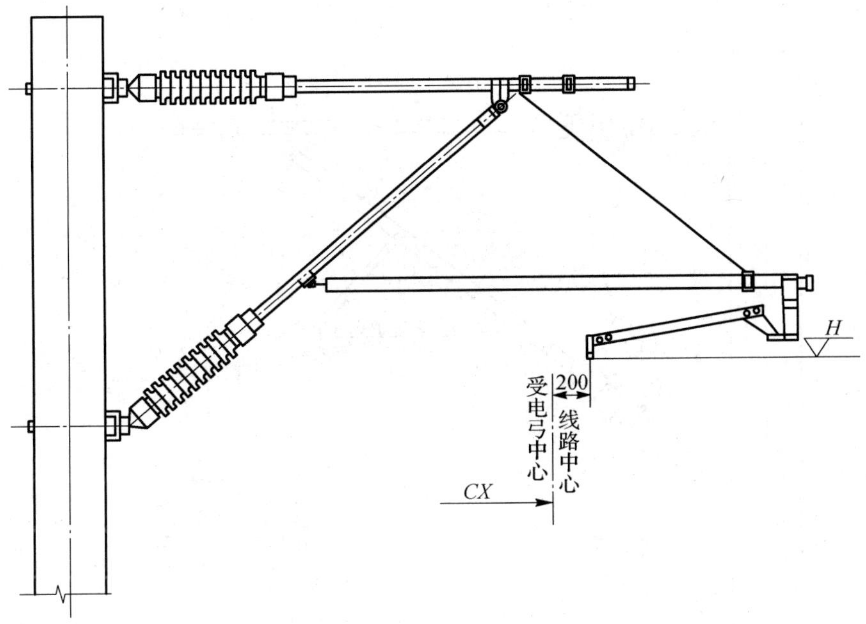

图 4-21　直线区段中间支柱反定位

(3) 软定位。软定位是由一根弯管定位器通过两股 $\phi4$ 的镀锌铁丝拧成的"软尾巴"固定在绝缘腕臂的定位环里。中间支柱软定位如图 4-22 所示。软定位只能承受拉力,不能承受压力,它一般用于小曲线半径的曲线外侧支柱上。

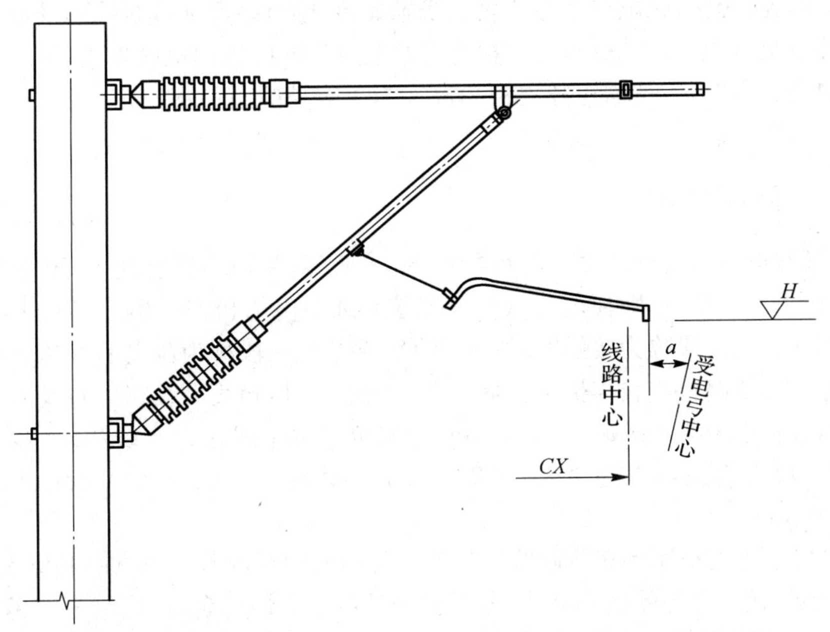

图 4-22　中间支柱软定位

(4) 组合定位。组合定位用在锚段关节的转换支柱、中心柱及站场线岔处的定位。这些地方均有两根接触线在同一支柱处被分别固定在要求的位置上。道岔柱的双定位如图 4-23

所示。

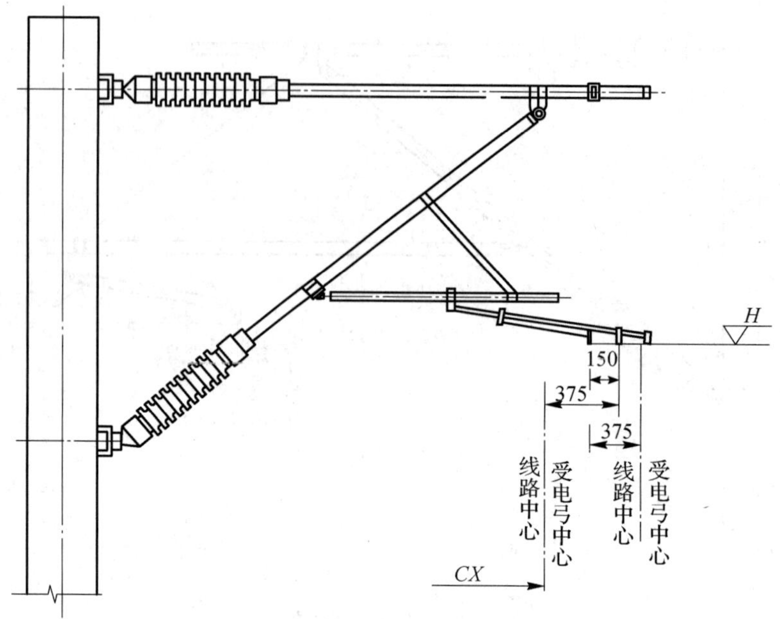

图 4-23　道岔柱的双定位

2. 定位坡度

在机车运行过程中，受电弓始终给接触线施加抬升力，以保证接触线和受电弓之间可靠接触，机车能够良好地取流。受电弓的抬升力对接触悬挂产生的机械作用，不仅使接触线抬高，而且通过定位点时，定位器也随之被抬高。为了避免受电弓撞击定位器，一般要求定位器安装时有一定的倾斜度，我国规定为 1∶10～1∶5，定位器向上抬升量不小于 150 mm。

3. “之”字值与拉出值

为了保证受电弓与接触线之间的可靠接触、不脱线，受电弓磨耗均匀，要求接触线在线路上按技术要求固定位置，即在定位点处保证接触线与电力机车受电弓滑板中心有一定的距离，该距离在直线区段称为接触网的“之”字值，在曲线区段称为拉出值，一般用 a 表示。

在直线区段，线路中心线与机车受电弓中心线重合，接触线沿线路中心线上空成“之”字形对称布置，其标准值为±200～±300 mm(当定位点位于线路中心线和支柱之间时，记为正，否则记为负)，在线路行车速度大于 120 km/h 的线路上，“之”字值一般选±200 mm，允许误差为±30 mm。

在曲线区段，电力机车的车身随线路的外轨超高向曲线内侧(简称曲内)倾斜，受电弓也呈倾斜状，线路中心线与受电弓中心线不重合，随曲线半径不同，拉出值有差异，一般为 150～400 mm。拉出值的允许误差为±30 mm。

4. 对定位装置的要求

(1) 定位装置应保证将接触线固定在要求的位置上。

(2) 动作要灵活。当温度发生变化,接触线沿顺线路方向移动时,定位装置应能灵活地随接触线沿线路方向相应移动。

(3) 重量应尽量轻,定位点弹性良好。当电动机车受电弓通过时,能使接触线均匀抬升,不形成硬点。

(4) 具有一定的风稳定性。当受风时,能保证定位状态的稳定性。

4.2.5 其他设备

1. 电连接

电连接的作用是保证接触网各导线之间、各分段之间、各股道接触网悬挂之间电流的通畅,以增大导线截面,减小电阻,降低能耗。电连接一般采用软铜绞线或多股铝绞线,如型号TRJ-120 mm^2,其中,TR表示软铜材质,J表示绞线,120 mm^2 表示横截面积。

电连接根据其作用位置分为横向电连接、股道电连接、道岔电连接、锚段关节电连接等。

2. 分段绝缘器

分段绝缘器是接触网进行电分段时采用的绝缘设备,主要用于各供电分区的电气分隔和机械连接,是接触网的主要设备。在正常的情况下,电动机车受电弓带电滑行通过。当某一侧接触网发生故障或因检修需要停电时,可打开分段绝缘器处的隔离开关,将该部分的接触网断电,以便于在该独立区段上进行施工或停电作业,而其他部分的接触网仍然能正常供电,从而提高了接触网运行的可靠性和灵活性。

3. 隔离开关

接触网中使用的隔离开关主要用于隔离电源、倒换母线和切合小电流线路。常用的隔离开关主要有电动隔离开关、手动隔离开关和带接地刀闸的手动隔离开关三种类型。电动隔离开关主要用于接触网上网点、正线供电分区联络处;手动隔离开关主要用于车辆段各供电分区的联络处、折返线和存车线与正线间联络处;带接地刀闸的手动隔离开关主要用于车库、列检库及洗车库电分段处。

4. 避雷器

避雷器又称过电压保护器或电压限制器,能释放雷电或兼能释放电力系统操作过电压能量,保护接触网或变电站等供电设备免受瞬时过电压危害。

避雷器通常接于带电导线与地之间,与被保护设备并联。当系统出现大气过电压或操作过电压时,避雷器呈低阻状态,将有害过电压的能量迅速泄入大地,使与之相并联的供电设备免受过电压的损害。接触网中产生的过电压会造成绝缘子闪络、击穿、短路等事故,造成接触网设备损坏,安装避雷器后能及时将雷电引入大地。

5. 架空地线

架空地线(保护线)可确保接触网在短路等异常情况下,及时使泄漏电流流回牵引所,使保护装置动作,迅速切断电源,保护设备和人身的安全。

4.3 刚性接触网

刚性接触网主要用于地下铁道，一般采用具有相应刚度的导电轨或具有相应刚度的汇流排与接触线。刚性接触网有两种典型代表(以汇流排的形状分)，即以日本为代表的T形刚性接触网和以法国、瑞士等国为代表的Π形刚性接触网。

1895年，刚性接触网首次在美国巴尔的摩第一条电气化铁路中应用。1961年，T形刚性接触网在日本营团城市轨道日比谷线投入使用。1983年，Π形刚性接触网在法国巴黎RATPA线投入使用。广州地铁2号线自2003年6月28日正式对外运营以来，整个系统的良好性能表现为刚性接触网在我国轨道交通领域的广泛推广打下了基础。

4.3.1 刚性接触网的结构

刚性接触网主要由支持和定位装置、绝缘部件、接触悬挂及其他设备组成。

1. 支持和定位装置

支持和定位装置的作用是通过绝缘子把铝合金汇流排、接触线等固定在隧道顶或隧道壁的规定位置上。其安装形式有腕臂结构、门型结构和低净空安装结构等。

(1) 腕臂结构(见图4-24)。腕臂结构主要由可调节式绝缘腕臂、汇流排线夹、腕臂底座、倒立柱或支柱等组成，其特点是调节灵活、外形美观，但结构复杂，成本高。此种结构主要用于隧道净空较高或地面上的线路。

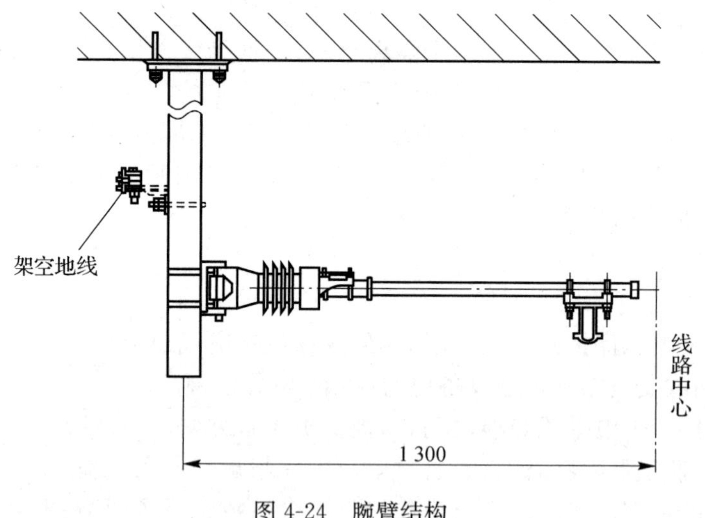

图4-24 腕臂结构

(2) 门型结构(见图4-25)。门型结构主要由悬吊螺栓、横担槽钢、绝缘子及汇流排线夹等组成。其特点是结构简单、可靠，但调节较困难。此种结构大量用于隧道内。

(3) 低净空安装结构(见图4-26)。低净空安装结构主要由锚杆螺栓、绝缘横撑、定位线夹、刚性悬挂绝缘子等组成，应用于净空小于4 400 mm的隧道。其特点是安装空间小、结构简单、可靠。

图 4-25 门形结构

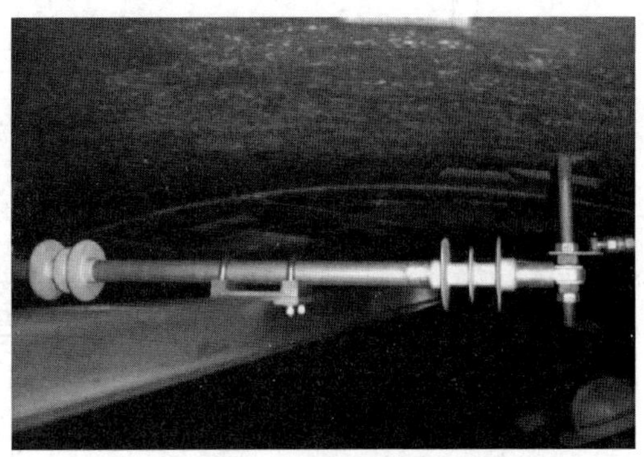

图 4-26 低净空安装结构

2. 绝缘部件

绝缘部件一般采用公称泄露距离不小于 250 mm 的表面上釉的瓷质绝缘子(高为 100 mm，直径为 200 mm)。绝缘子下部为内胶装的 M16 内螺纹式不锈钢附件，上部为内胶装的 M16 外露螺杆，外露螺纹的有效长度为 55 mm，螺杆材质为不锈钢，如图 4-27 所示。

图 4-27 绝缘子结构

3. 接触悬挂

刚性接触悬挂主要有 Π 形刚性悬挂和 T 形刚性悬挂，通过支持和定位装置安装于隧道顶或隧道壁上。以 Π 形刚性悬挂为例，刚性接触悬挂由汇流排及其附件、接触线、伸缩部件、中心锚结等组成，如图 4-28 所示。

(1) 汇流排。汇流排是地下区段刚性接触网的关键部件，既是接触线的悬挂支持体，又是接触网的主要载流导体。汇流排一般用铝合金材料制成，其一般做成 T 形和 Π 形。

T 形汇流排采用长夹板和螺栓固定接触导线，结构比较复杂，安装、维修极不方便，当需要更换接触导线时，必须松开所有与其相关的螺栓，既费工，又费时。Π 形汇流排利用其自身的弹性固定导线及汇流排底部设计特殊的工作导槽，使得专用的、将弹性钳口张开的放线小车可以沿汇流排运行，大大提高了放、换线速度。

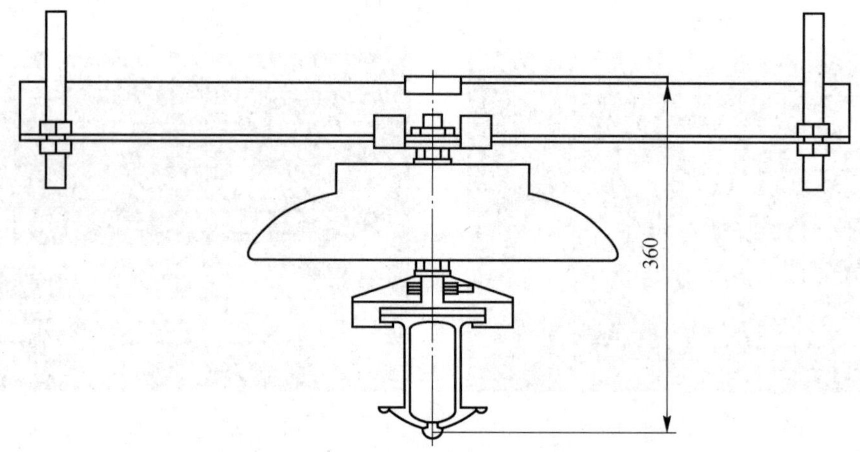

图 4-28　Π形刚性悬挂的安装

Π形汇流排主要由标准型汇流排、汇流排终端、刚柔过渡元件等附件组成。

① 标准型汇流。标准型汇流排如图 4-29 所示，一般有 PAC110 和 PAC80 两种型号，其长度一般被制成 10 m 或 12 m，主要作用是夹持、固定接触线，承载和传输电能。

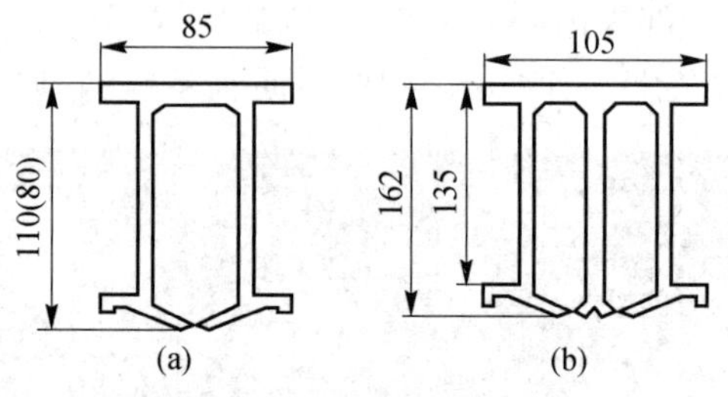

图 4-29　标准型汇流排

(a)单接触线式　(b)双接触线式

② 汇流排终端。汇流排终端安装在每段汇流排的终端，也称汇流排弯头，如图 4-30 所示。弯头由一端弯曲的 7.5 m 的汇流排制成。弯头的斜面长 1 500 mm，端部抬高 70 mm，这是为了满足最大斜度不超过 1/20 的要求。弯曲处的半径是 6 m。弯曲时必须保证汇流排夹口的开口在 4.7～5.3 mm。在弯头另一端钻有连接用孔。

汇流排终端用于锚段关节、线岔及刚柔过渡处，其作用是保证锚段关节、线岔及刚柔过渡处平滑、顺畅。

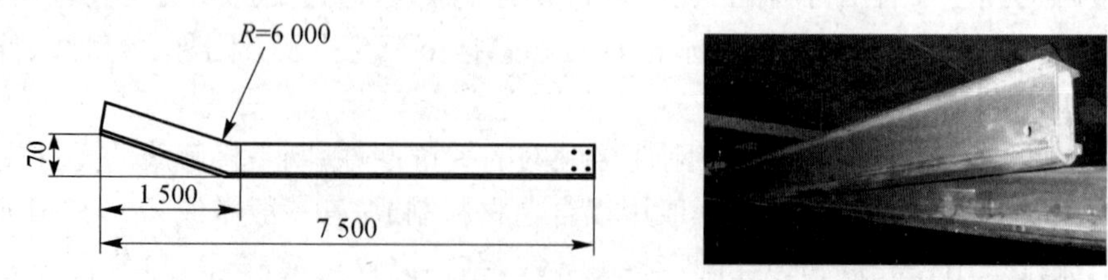

图 4-30　汇流排终端

③ 刚柔过渡元件。刚柔过渡是指刚性接触悬挂与柔性接触悬挂的衔接过渡。刚柔过渡元件的长度为 5 m，如图 4-31 所示。过渡元件的顶面被加工成不同深度的切槽(截面积逐

渐减小)，以逐步减小惯量和增加末端的弹性，其作用是保证刚性接触悬挂和柔性接触悬挂的平滑、顺畅过渡，避免产生硬点。

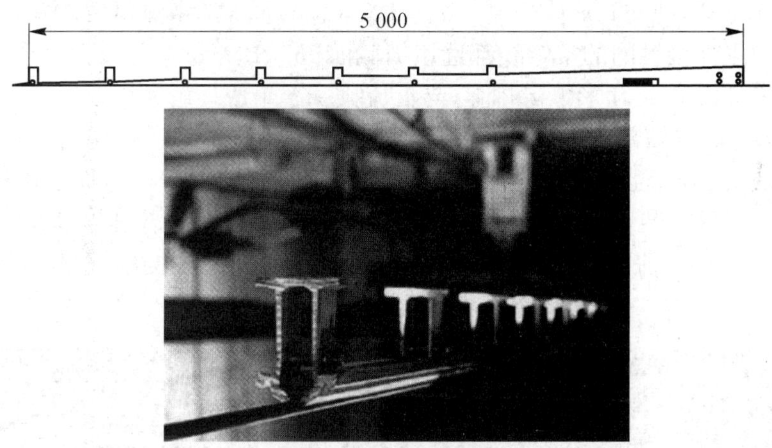

图 4-31 刚柔过渡元件

(2) 汇流排中间接头。每段汇流排之间用汇流排中间接头连接，如图 4-32 所示。汇流排中间接头主要由汇流排接头连接板和螺栓组成，既保证了被连接的两根汇流排在机械上良好对接，又保证有足够大的接触面积，确保导电性能良好。

图 4-32 汇流排中间接头

(3) 防护罩。防护罩(见图 4-33)直接安装在汇流排或刚柔过渡本体上，用于隧道口处汇流排的防尘、防雨等或隧道内漏水严重的区段。

图 4-33 防护罩

(4) 接触线。目前，国内常使用银铜合金接触线、纯铜接触线和镁铜合金接触线三种接触线，但由于银铜合金的耐磨性、导电性和耐腐蚀性都较高，故一般采用横截面积为 120 mm^2 或 150 mm^2 的银铜导线，即 CTAH120 和 CTAH150(符号同柔性接触网的接触线)。广州、成都等城市建成的刚性接触网的接触线都选用横截面积为 120 mm^2 的银铜合金接触线。接触线通过特殊的机械镶嵌于 Π 形汇流排上，与汇流排一起组成接触悬挂。

(5) 伸缩部件。伸缩部件如图 4-34 所示，其功能是能在一定范围内自由伸缩，同时又能满足电气性能的要求，既能保证电气上的良好接触和导电的需要，又能保证机械上的良好伸缩性。一般一个锚段安装一个膨胀元件，其作用是补偿铝合金汇流排与银铜接触线因热胀系数不同而产生的热膨胀误差。根据计算，半个锚段汇流排与接触线的热胀差值大概是 70 mm。

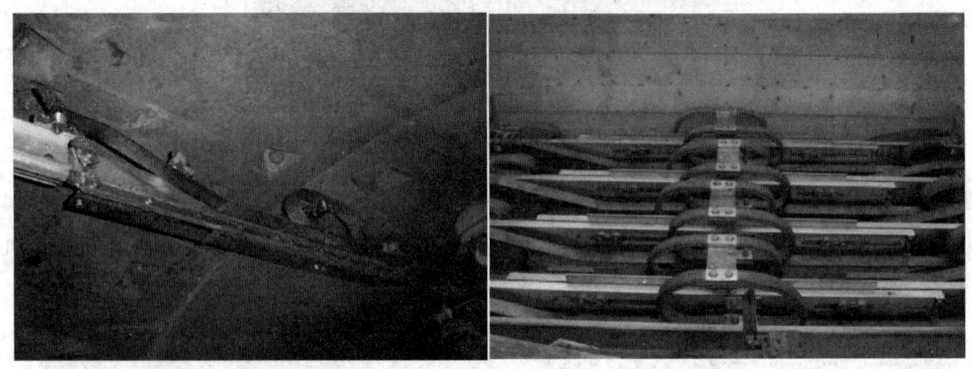

图 4-34 伸缩部件

(6) 中心锚结。刚性接触网的中心锚结主要由中心锚结线夹、绝缘线索、调节螺栓及下锚底座组成。其作用是防止接触悬挂窜动。图 4-35 为单接触线式 Π 形刚性接触网中心锚结。

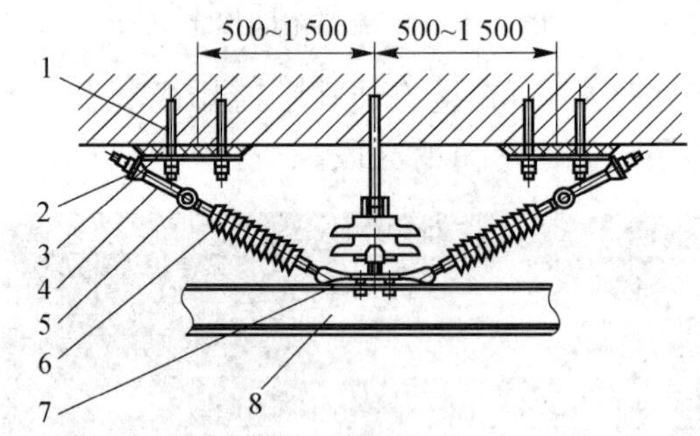

图 4-35 单接触线式 Π 形刚性接触网中心锚结

1—锚栓；2—调节螺栓；3—下锚底座；4—调整螺杆；5—销钉；6—绝缘子；7—中心锚结线夹；8—汇流排

4. 其他设备

(1) 锚段关节。刚性接触网中的锚段和锚段关节与柔性接触网中的锚段和锚段关节的功能相似，都是为了缩小停电范围，方便故障查找，灵活安排作业，实现锚段间的平稳过渡。

刚性接触网中的锚段关节从功能上可分为绝缘锚段关节(见图 4-36)和非绝缘锚段关节(见图 4-37)。

图 4-36 绝缘锚段关节

图 4-37 非绝缘锚段关节

在受电弓的始触点处,非工作支比工作支高出 0～4 mm,受电弓双向通过时平滑无撞击,不得出现固定拉弧点。非绝缘锚段关节两支悬挂的拉出值一般分别为±100 mm,两线之间的距离为 200 mm,允许误差为±20 mm。绝缘锚段关节两支悬挂的拉出值一般分别为±150 mm,两线之间的距离为 300 mm,允许误差为±20 mm。

(2) 线岔。刚性接触网的线岔为无交叉线岔,平面布置如图 4-38 所示。

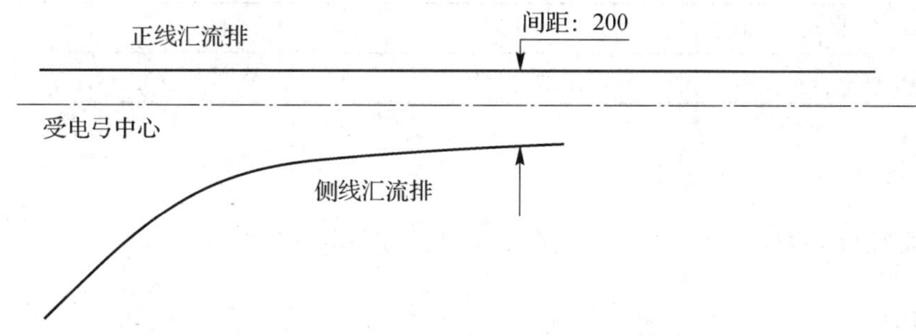

图 4-38 刚性接触网线岔的平面布置

单开道岔处,两接触悬挂之间的间距为 200 mm,允许误差为±20 mm,平行段长度为 2 000 mm;交叉渡线道岔处的线岔,在交叉渡线处两线路中心的交叉点处,两支悬挂的汇流排中心线分别距交叉点 100 mm,允许误差为±20 mm。

(3) 电连接。在刚性接触网中,把接触网不同设备之间相互连通提供电流通路的设备称为电连接,如图 4-39 所示。在汇流排上安装汇流排电连接线夹,铜铝过渡线夹安装在汇流排电连接线夹上,再与铜芯电缆相连接。每根电缆的最大横截面积为 150 mm^2。电连接按安装位置的不同分为锚段关节电连接、道岔电连接、隔离开关电连接等。

(4) 分段绝缘器。刚性接触网也可用分段绝缘器来进行电分段。在正线间的渡线(上下行线之间的连接线)上安装分段绝缘器,以实现电分段。

刚性悬挂分段绝缘器主要由玻璃纤维绝缘棒和可以使受电弓在两边滑动的悬臂组成。滑动部分的悬臂能更好地消除发生在受电弓通过时的电弧。分段绝缘器安装在受电弓中心位置，两个尾部均应精确对准，避免设备发生扭转，如图 4-40 所示。

图 4-39　电连接

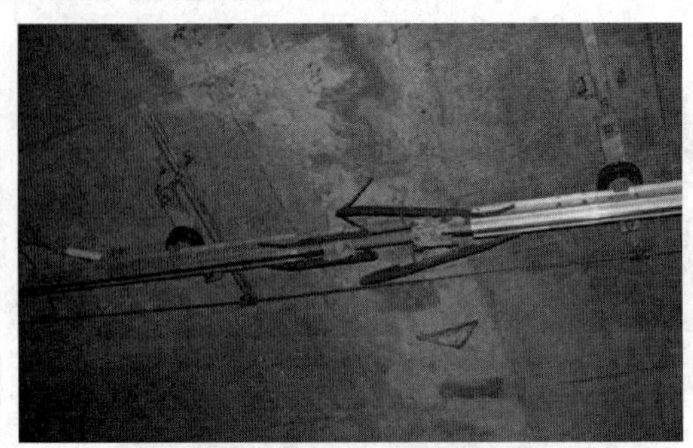

图 4-40　分段绝缘器

4.3.2　刚性接触网的技术参数要求

1. 跨距

刚性接触网悬挂点的跨距一般为 6～12 m，曲线区段为 6～8 m，直线区段为 8～12 m，相邻两跨距之比不宜大于 1∶1.25。行车速度与跨距有密切的关系，如表 4-4 所示。

表 4-4　行车速度与跨距的关系

行车速度/($km \cdot h^{-1}$)	60	70	80	90	100	110	120
跨距/m	12	11	10	9	8	7	6

2. 锚段长度

每个锚段长度一般为 200～250 m，最大锚段长度不超过 300 m。

3. 拉出值

刚性接触网的拉出值一般为±100～±150 mm。刚性接触悬挂布置成正弦波的形状，一个锚段形成半个正弦波，如图 4-41 所示。

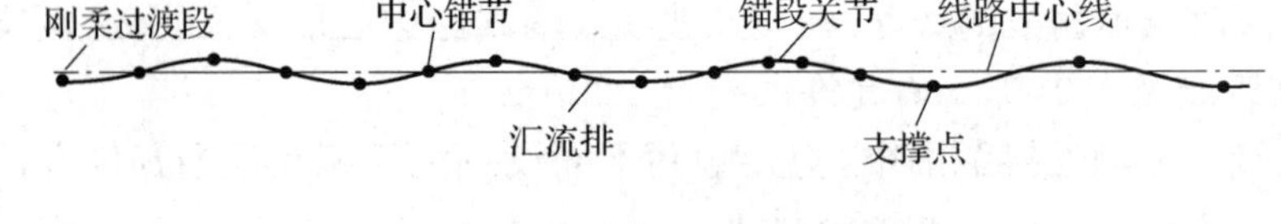

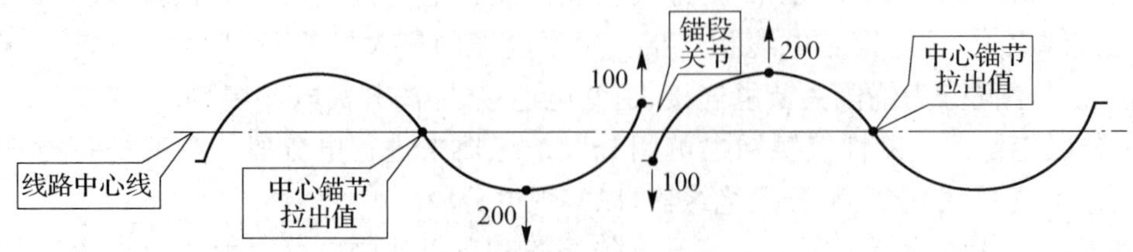

图 4-41　刚性接触悬挂布置

4. 锚段关节

刚性锚段关节重叠区域一般为 6.6 m，非绝缘锚段关节两线之间的距离为 200 mm，绝缘锚段关节两线之间的距离为 300 mm，允许误差为±20 mm。

5. 接触线坡度与高度

刚性接触网接触线坡度不宜大于 2‰，高度一般为 4 040 mm，不得低于 4 000 mm。

6. 汇流排的材质

汇流排的导电材料是铝合金，其特点是电阻率低，适用于承载大电流负荷的场合，耐腐蚀性能好，材料经热处理硬化及强度提升后具有优良的机械性能，有利于降低汇流排的弛度，从而增大悬挂支撑点的跨度，减少悬挂的数量，节省工程材料。

4.3.3 刚性接触网的特点

刚性接触网具有以下特点：

(1) 刚性悬挂能满足最大离线时间、传输功率、电压电流、受电弓单弓受流电流及最大行车速度的要求。

(2) 刚性汇流排和接触线无轴向力，不存在断排或断线的可能，从而避免了钻弓、烧融、不均匀磨耗及受电弓故障造成的断线故障。刚性悬挂的故障是点故障，所以刚性悬挂事故范围小。

(3) 刚性悬挂的锚段关节简单，锚段长度短，因此，固定金具窜动回转范围小，相应地提高了运行中的安全性和适应性。

(4) 实际运营中，受电弓的维修周期长。从磨耗情况看，接触线的使用寿命约为 20 年。

(5) 刚性接触网是一种没有弹性的接触网形式，适于在隧道内安装，设计速度一般不大于 160 km/h。

4.4 接 触 轨

接触轨是沿线路敷设、与轨道平行、供给电动车组电能的特殊输电设备，被形象地称为第三轨。接触轨的功能和架空接触网一样，能将电能输送给电动车组；不同点在于，电动车组通过与伸出的受电靴接触而获得电能。

接触轨最早出现在伦敦地铁，从 20 世纪 80 年代开始，接触轨开始广泛应用于城市轨道交通。接触轨在国内最早应用于 1969 年建成并试运营的北京地铁 1 号线，接触轨安装于线路行车方向的左侧，集电靴采用上部接触方式。目前，我国有很多城市的地铁线路采用了接触轨系统，如北京地铁 1 号线、2 号线、13 号线、八通线，天津地铁 1 号线，武汉轨道交通 1 号线，广州地铁 4 号线。另外，由中国援建的朝鲜平壤地铁和由中国承建的伊朗德黑兰地铁 1 号线、2 号线，也都采用了接触轨系统。

伴随着我国地铁建设事业的发展，接触轨技术不断发展，具体表现为：安装方式由单一的上部接触受流方式，发展为上部接触受流方式与下部接触受流方式并存；导电轨由低碳钢材料发展成钢铝复合材料；防护罩及支架由木板材料发展成玻璃钢材料；绝缘子材料除电瓷外还开发出环氧树脂材料和硅橡胶材料，相应的施工方法也有所改进。目前，DC1 500 V 接触轨系统也在积极研发之中，设备国产化进程加快。

接触轨具有结构简单、安装方便、节省净空、减少投资和维修量、使用寿命长、架设方式不影响周围景观等优点。

4.4.1 接触轨的分类

1. 按电压等级分类

目前，世界上城市轨道交通中的直流牵引电压等级繁多，接触轨系统的电压等级有 600 V、630 V、700 V、750 V、825 V、900 V、1 000 V、1 200 V、1 500 V 等。国外接触轨的标称电压一般在 1 000 V 以下，一般趋向为 DC 600 V、DC 750 V。国内接触轨系统的标称电压为 DC 750 V、DC 1 500 V。

2. 按导电轨材料分类

导电轨材料有低碳钢材料和不锈钢-铝合金复合材料，因此接触轨按导电轨材料可分为低碳钢导电轨和钢-铝复合接触轨。

(1) 低碳钢接触轨。低碳钢接触轨的主要特点是磨耗小、制作工艺成熟、价格较低，主要规格有 DU-48 型和 JU-52 型。北京地铁的上接触式接触轨使用的是我国自行生产的 JU-52 型渗铝低碳钢接触轨。

低碳钢接触轨的技术参数是：单位重量为 51.36 kg/m，单位长度电阻为 1.91×10^{-5} Ω/m (+15 ℃)，标准轨长为 12.5 m。

低碳钢接触轨的特点是构造简单，维护方便；运行 30 年，上表面仅磨耗 3～5 mm，约占接触轨截面的 6%，运行良好。

(2) 钢-铝复合接触轨。钢-铝复合接触轨由钢和铝组合而成，其工作面是钢，而其他部分是铝。其主要特点是导电率高、重量轻、磨耗小、电能损耗低且接触面光滑、耐磨耗。

钢-铝复合接触轨的技术参数是：以载流量为 3 500 A 的复合接触轨为例，单位重量为 11.16 kg/m；截面积约为 3 705 mm^2(其中，铝合金轨体截面积为 3 485 mm^2，不锈钢轨体截面积为 220 mm^2)；单位长度电阻为 0.91×10^{-5} Ω/m(+20 ℃)；标准轨长为 15 m。

钢-铝复合接触轨由轨头、轨腰和轨底三部分构成。轨头部分与受电靴接触部位的材料一般为不锈钢，轨的主体材料为铝合金。不同制造厂家的钢-铝复合接触轨在整体结构、钢铝结合的形式、不锈钢带厚度、截面积等方面有所不同。典型的钢-铝复合接触轨从整体结构上可以归为两大类，即 C 型和工字型。

3. 按受流位置分类

接触轨按受流位置可分为上接触式接触轨、下接触式接触轨和侧面接触式接触轨，如

图 4-42 所示。

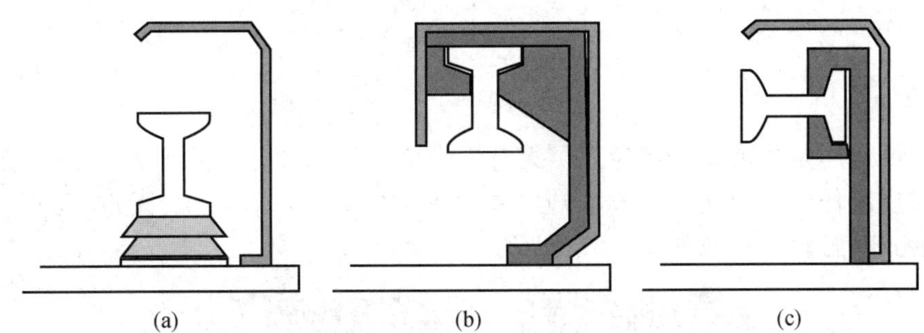

图 4-42 接触轨按受流位置分类

(a)上接触式接触轨 (b)下接触式接触轨 (c)侧面接触式接触轨

(1) 上接触式接触轨。上接触式是指接触轨的工作面朝上固定安装在绝缘子式绝缘支座上,并且由固定在枕木上的弓形肩架予以支持。受电靴从上压向接触轨轨头顶面取流。接触轨的上方和一侧有防护罩保护,对人员接近和冰雪侵扰有一定的防护作用。

上接触式接触轨的优点是稳定可靠、安装维护方便、受流方式简单,且造价相对较低;缺点是防护不够严密,安全性稍差,接触轨表面容易附着杂物、粉尘、冰雪等,对列车取流会产生一定的影响。

(2) 下接触式接触轨。下接触式接触轨的工作面朝下安装在整体绝缘支座上。下接触式接触轨的优点是受气候条件影响小,安全性高,美观且耐候性较好;缺点是结构复杂,运行维护工作量大,相应的费用较高。

(3) 侧面接触式接触轨。侧面接触式接触轨类似于上接触式接触轨,接触轨的工作面朝向钢轨,受流器从侧面受流。侧面接触式接触轨具有以下优点:

① 接触轨的终端弯头向侧面外弯,不占下部空间,离积雪较远,也不占上部空间,容易处理与车体的距离关系;在线间距较宽的道岔区,它可以顺道岔导曲线延伸,缩短道岔区的无电区长度。

② 接触轨所受到的受流器侧向压力较为稳定,不会因为受流器脱轨而对接触轨和支架产生过大的侧向推力,运行更加可靠。

4.4.2 接触轨系统的结构

接触轨系统主要由接触轨、绝缘支座、防护罩、中间接头、端部弯头、中心锚结等组成。其中,接触轨、绝缘支座、防护罩是接触轨系统中送电、支撑、防护的三大件。

1. 接触轨

接触轨是接触轨系统中的导电轨,早期的接触轨一般由低碳钢制成,新建线路采用的多为钢-铝复合导电轨。

2. 绝缘支座

绝缘支座是接触轨系统中支撑接触轨并起绝缘作用的装置,一般有普通绝缘子式和整体绝缘支架式两种,其中,上接触式接触轨的整体绝缘支架与下接触式接触轨的又不相同。

接触轨按照标定距离(3～5 m)置于绝缘支座的上面,绝缘支座又通过相配套的底座安装固定在道床上。

3. 防护罩

防护罩的作用是尽可能地避免人员无意中触碰到带电设备。防护罩一般采用玻璃纤维增强树脂材质制作。要求防护罩载荷能力好,并在高温下具有自熄、无毒、无烟、耐火等性能。下接触式接触轨防护罩如图 4-43 所示。

图 4-43　下接触式接触轨防护罩

4. 中间接头

(1) 普通接头。普通接头适用于固定连接相邻接触轨并传导电流。普通接头采用本体毛坯挤压成型,表面强度高,粗糙度低,外形尺寸准确,加工时只需根据需要长度锯断,并打孔即可。每套普通中间接头(见图 4-44)配有紧固件 4 套,每套包括螺栓、碟形弹垫各 1 个,螺母、平垫各 2 个。螺栓、螺母的规格为 M16。

普通中间接头本体上有 4 个 ϕ17 孔,且对称分布,并预先在工厂加工好,安装方便,无安装方向要求。

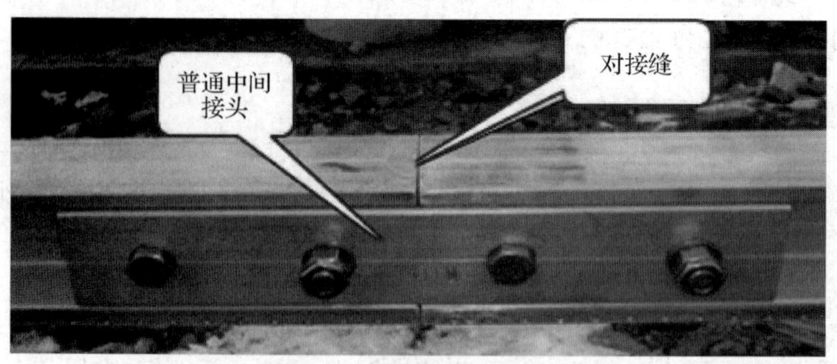

图 4-44　普通中间接头

接触轨接缝部位要求安装平齐,保证覆不锈钢带一侧安装平齐,不允许有高低不平或扭转现象,安装精度为 0.5 mm。

(2) 电连接用中间接头。电连接用中间接头除用于连接两根独立的钢-铝复合接触轨外,还用于将外部电流引入接触轨,如图 4-45 所示。每个中间接头可以连接 8～12 根 240 mm^2 的导线。导线必须留有足够的余量，避免向复合接触轨施加额外的力，从而阻碍复合接触轨在纵向移动。

图 4-45　电连接用中间接头

电连接用中间接头能安装在接触轨的任何位置，如牵引变电所出口、接头、弯头、电分断或道岔处。要求电连接用中间接头的截面积足够大，可以承载接触轨系统的持续电流，保证输送满负荷接触轨额定电流时不过热。

(3) 膨胀接头。膨胀接头的主要作用是克服接触轨随温度变化引起的伸缩，隧道内接触轨的自由伸缩长度按照 100 m 考虑，地面及高架线路接触轨的自由伸缩长度按照 80 m 考虑。

5. 端部弯头

端部弯头主要是为了保证集电靴顺利、平滑地通过接触轨断轨处而设置的设备，一般采用与系统所用类型相同的接触轨加工制造而成。端部弯头按照正线和车场线分为两种，正线弯头长度为 5.2 m，端部弯头两端的高度差不小于 126 mm；车场线弯头长度为 3.4 m，端部弯头两端的高度差不小于 129 mm，端部弯头同接触轨之间采用普通接头连接。

端部弯头采用两个绝缘支架进行支撑，端部弯头一般与接触轨有相同的截面和形状，能与任意成品接触轨断面相匹配，可通过电连接用中间接头或普通中间接头进行连接，连接部位没有坡度，因此能够保证端部弯头与接触轨之间密贴，而不会形成高低差，保证受电靴顺利通过。

6. 中心锚结

中心锚结是接触轨锚段中部用于防止接触轨纵向移动的装置，可防止接触轨向两侧不均匀窜动，保持膨胀区段的中点位置。中心锚结一般分为普通中心锚结和大坡度中心锚结，一般情况下中心锚结采用普通中心锚结；当线路纵向坡度超过一定数值(如 2%)时，用大坡度中心锚结。

技能实训

技能实训 4-1　接触网设备认识与常用工具使用

授课地点：城市轨道交通车辆段接触网实训场

授课形式：分组教学

教课教师：校内专任教师、城市轨道企业供电段技术员

1. 实训目的

（1）掌握接触网设备的结构。

（2）掌握接触线、承力索、拉线、绝缘子、吊弦、支柱的结构特点。

（3）掌握分段绝缘器的基本组成。

（4）掌握卷尺、断线钳的使用方法。

（5）掌握安全带、安全帽的佩戴方法。

2. 实训设备

（1）实验仪器。接触网设备、分段绝缘器。

（2）实验工具及材料。验电器、接地线、安全用具、防护用具、钢卷尺、激光测量仪等。

3. 实训内容

（1）认识接触网的各组成部分。

（2）认识菱形滑道式分段绝缘器。

（3）认识与测量腕臂绝缘子。

4. 实训步骤

（1）认识接触网的各组成部分，并填写表 4-5。

表 4-5　认识接触网的各组成部分

设备名称	分　类	应　用	特　点
腕臂	绝缘腕臂		
	非绝缘腕臂		
支柱	钢筋混凝土支柱		
	钢柱		
绝缘子	复合绝缘子		
	瓷绝缘子		

（2）认识菱形滑道式分段绝缘器，并填写表 4-6。

表 4-6　认识菱形滑道式分段绝缘器

设备名称	材　质	长度/cm
菱形滑道式分段绝缘器		
桥绝缘子		
防闪络角隙		
导流板		
绝缘元件		
承力索绝缘子		

(3) 认识与测量腕臂绝缘子,并填写表 4-7。

表 4-7 认识与测量腕臂绝缘子

设备名称	材　　质	长度/cm	安装形式
平腕臂绝缘子			
斜腕臂绝缘子			

5. 注意事项

(1) 严格按照工作票制度操作。
(2) 禁止在设备带电状态下工作。
(3) 正确使用相关仪器设备与工具。

技能实训 4-2 导线高度、“之”字值、拉出值的测量与调整

授课地点:城市轨道交通车辆段接触网实训场
授课形式:分组教学
教课教师:校内专任教师、城市轨道企业供电段技术员

1. 实训目的

(1) 掌握接触网导线高度的测量方法。
(2) 掌握“之”字值、拉出值的测量与调整方法。
(3) 会使用轨距尺、线坠及游标卡尺等常用工具。

2. 实训设备

(1) 实验仪器。接触网设备、分段绝缘器。
(2) 实验工具及材料。验电器、接地线、安全用具、防护用具、钢卷尺、激光测量仪等。

3. 实训内容

(1) 直线区段导线高度的调整。
(2) 直线区段“之”字值的测量、调整。
(3) 曲线区段导线高度的调整。
(4) 曲线区段拉出值的测量、调整。

4. 实训步骤

(1) 调整直线区段导线的高度,并填写表 4-8。

表 4-8 直线区段导线高度的调整

定 位 点	支柱侧面限界	结构高度/mm	导线高度/mm	导线标准高度/mm	是否需要调整	向哪个方向调整多少
定位点 1						
定位点 2						

(2) 测量、调整直线区段“之”字值,并填写表 4-9。

表 4-9　直线区段“之”字值的测量、调整

定 位 点	跨距/mm	“之”字值/mm	标准“之”字值/mm	是否需要调整	向哪个方向调整多少
定位点 1					
定位点 2					

（3）调整曲线区段导线的高度，并填写表 4-10。

表 4-10　曲线区段导线高度的调整

定 位 点	支柱侧面限界	结构高度/mm	导线高度/mm	导线标准高度/mm	是否需要调整	向哪个方向调整多少
定位点 1						
定位点 2						

（4）测量、调整曲线区段的拉出值，并填写表 4-11。在曲线区段，为解决列车运行时产生的离心力，将外轨面抬高，称为外轨超高。曲线外轨超高值与列车运行速度和曲线半径大小有关，在现场，超高值一般标记在曲线内侧。

表 4-11　曲线区段拉出值的测量、调整

定 位 点	外轨超高/mm	拉出值 a/mm	标准拉出值/mm	是否需要调整	向哪个方向调整多少
定位点 1					
定位点 2					

5. 注意事项

（1）严格按照工作票制度操作。

（2）禁止在设备带电状态下工作。

（3）正确使用相关仪器设备与工具。

技能实训 4-3　环节吊弦的制作

授课地点：城市轨道交通车辆段接触网实训场

授课形式：分组教学

教课教师：校内专任教师、城市轨道企业供电段技术员

1. 实训目的

（1）掌握环节吊弦的制作方法。

（2）掌握吊弦的安装方法。

（3）会使用相关工具。

2. 实训设备

（1）实验仪器。接触网设备。

（2）实验工具及材料。实验用具为验电器、接地线、安全用具、防护用具、力矩扳手、克丝钳、卷尺等。实验材料为 $\phi4$ 铁线、接触线、承力索及相关线夹。

3. 实训内容

（1）环节吊弦的制作。

（2）吊弦的检调。

（3）吊弦的更换。

4. 实训步骤

（1）环节吊弦的制作。

① 制作一根三节吊弦，其标准长度为 600 mm＋300 mm＋900 mm，下料长度为 900 mm＋600 mm＋1 000 mm，单节吊弦允许误差为±10 mm。

② 吊弦环缠绕圈数为 2.5～3 圈（从交叉处算起），缠绕的第一圈交叉后应够 90°，匝间应密贴，双环时两环互相垂直，缠绕余头应不超过 100 mm。环孔呈水滴状，长为 25～40 mm，宽为 20～25 mm，误差为±5 mm，收口处线头不得上翘。

③ 吊弦不得有明显伤痕，手不得有刮伤、划伤现象，必须戴手套操作。

④ 吊弦顺直，两端有环的两环互相垂直。

（2）吊弦的检调。

① 检查吊弦。吊弦处于受力状态，无偏磨，无散股和锈蚀现象。吊弦垂直于线路方向，偏移角度和方向应符合技术要求。吊弦线鼻无松动、拉脱现象，心形环完好，方向一致，无侵界现象。

② 检查吊弦线夹。吊弦线夹无裂纹和烧伤痕迹，紧固螺栓无松动。

（3）吊弦的更换。

① 测量吊弦处的导高，做好记录。

② 拆除旧吊弦，拧松吊弦的承力索与导线线夹螺栓，取下旧吊弦。

③ 安装新吊弦。取出承力锁吊弦线夹，松开线夹螺栓，把线夹卡到承力索上，拿起预制好的吊弦，穿上线夹螺栓，拧紧螺母。理顺吊弦线，上好吊弦线夹，将线夹卡在导线上，拧紧螺栓。

④ 调整。按照受力、偏移和螺栓紧固力矩进行调整。

5. 注意事项

（1）严格按照工作票制度操作。

（2）禁止在设备带电状态下工作。

（3）正确使用相关仪器设备与工具。

技能实训 4-4　承力索回头的制作与安装

授课地点：城市轨道交通车辆段接触网实训场

授课形式：分组教学

教课教师：校内专任教师、城市轨道企业供电段技术员

1. 实训目的

（1）掌握承力索回头的制作方法。

（2）掌握承力索的安装方法。

（3）会使用相关工具。

2. 实训设备

(1) 实验仪器。接触网设备。

(2) 实验工具及材料。实验用具为验电器、接地线、安全用具、防护用具、力矩扳手、克丝钳、卷尺等。实验材料为承力索、楔形线夹。

3. 实训内容

(1) 承力索回头的制作。

(2) 承力索的安装。

4. 实训步骤

(1) 承力索回头的制作。

① 承力索回头从线夹边沿算起 450～500 mm。

② 钢绞线在线夹内的回头应与楔子密贴,楔子必须打紧。

③ 承力索不得散股和扭劲。

④ 线夹与承力索回头不得有重伤。

⑤ 对回头端部进行绑扎,如绑扎一处,则从离回头端部 50 mm 处开始,绑扎长度为 100 mm;如绑扎两处,则每处绑扎 20 mm,相距 100～150 mm 扎第二处,回头露 50 mm。

⑥ 工序正确,无返工现象。

⑦ 不得戴手套握手锤,手和腿无碰伤,操作正确。

⑧ 线夹受力面不能装反。

(2) 承力索的安装。

① 检查旧承力索的工作状态。

② 拆解旧承力索。

③ 安装新承力索。

5. 注意事项

(1) 严格按照工作票制度操作。

(2) 禁止在设备带电状态下工作。

(3) 正确使用相关仪器设备与工具。

思考与练习

(1) 举例说明我国城市轨道交通接触网的供电制式。

(2) 举例说明城市轨道交通接触网的类型及不同类型接触网的特点。

(3) 简述接触网的基本要求。

(4) 简述城市轨道交通接触网的供电方式及不同供电方式的优缺点。

(5) 支柱按用途分为哪几种? 试绘制它们的位置分布图。

(6) 简述绝缘腕臂和非绝缘腕臂的结构特点。

(7) 简述定位装置的作用及主要的零部件。

(8) 简述接触线常见的定位方式。

(9) 什么是接触悬挂? 接触悬挂按照结构可以分为哪几种类型?

(10) 接触悬挂按照补偿方式可以分为哪几种类型?
(11) 链形接触悬挂按照接触线和承力索在空间的位置关系可以分为哪几种类型?
(12) 简述接触线的分类及特点。
(13) 举例说明承力索的类型及特点。
(14) 简述吊弦的作用。
(15) 简述补偿装置的作用和要求。
(16) 简述锚段关节、中心锚结的作用。
(17) 简述线岔的作用及结构。
(18) 简述刚性接触网的结构。
(19) 简述汇流排的作用、外形结构形式及种类。
(20) 举例说明刚性接触网支持和定位装置的典型结构。
(21) 简述接触轨的常见安装方式。
(22) 简述接触轨系统的主要结构部件。
(23) 简述接触轨系统防护罩的作用。
(24) 简述接触轨系统中心锚结的作用。

模块 5 SCADA 系统

知识目标

(1) 掌握 SCADA 系统的主要作用。
(2) 掌握城市轨道交通 SCADA 系统的监控对象。
(3) 了解城市轨道交通 SCADA 系统的主要特点。
(4) 掌握城市轨道交通 SCADA 系统的结构及原理。
(5) 掌握监控主站的功能及组成。
(6) 掌握被控站的功能及组成。
(7) 了解城市轨道交通变电站的自动化系统。

技能目标

(1) 能区分城市轨道交通 SCADA 系统的监控对象。
(2) 能识别并区分监控主站设备。
(3) 能识别并区分被控站设备。

5.1 SCADA 系统概述

随着生产过程自动化程度的日益提高，人们不断谋求对生产过程，特别是对于分散状态的生产过程的集中监视、控制和统计管理。为达到上述目的，SCADA 系统在综合自动控制理论、计算机技术和现代通信技术的基础上迅速发展起来。

SCADA 系统可能是一个很简单的单一控制对象，也可能是一个很大的综合系统。例如，供电系统设有电力调度所，统一指挥供电系统在正常及事故情况下的运行工作，并集中管理沿城市轨道交通线分布的许多牵引变电所、分区亭和开闭所中的电力设备。为了保证供电系统运行的可靠性和经济性，电力调度所必须及时地掌握系统的实际运行情况。从电力调度工作出发，一方面需要收集信息，要求变电站能将断路器的位置信号、事故信号及主要运行参数等迅速、正确、可靠地反映给调度所；另一方面，调度所了解到系统的运行情况并进行判断处理后，应对变电站（包括分区亭、开闭所等）下达命令，去直接操作某些设备或调整某些参量，或完成实时控制任务。

5.1.1 SCADA 系统的主要作用

SCADA 系统的作用是保证调度人员在控制中心对供电系统中的主变电站、牵引供电系统及供配电系统的供电设备的运行状态进行监视、控制及数据采集，直观了解所有运行设备的工作状况，使供电系统安全、可靠、经济地运行。SCADA 系统的主要作用体现在以下三个方面：

（1）对供电系统安全运行状态进行在线集中监控。城市轨道交通供电系统正常运行时，通过调度管理人员对电网的电压、潮流、负荷、设备运行状态及各项工况指标的监视和控制，保证供电质量和用户的用电要求。

（2）对供电系统运行实现经济调度。在实现对供电系统安全监控的基础上，通过 SCADA 系统实现电网的经济调度，达到降低损耗、节约电能的目的。

（3）对供电系统运行实现安全分析和事故处理。对供电系统发生事故之前、之后或发生事故时的信息进行及时采集、分析和处理，缩小事故范围；提供事故处理对策和相应的监控手段，防患于未然；及时处理事故或故障，以减小事故或故障造成的损失。

5.1.2 城市轨道交通 SCADA 系统的监控对象

城市轨道交通 SCADA 系统的监控对象包括遥控对象、遥调对象、遥信对象和遥测对象。

1. 遥控对象

遥控是指调度中心向城市轨道交通沿线各被控变电站中的开关电器设备发送“合闸”“分闸”指令，实行远距离控制操作。遥控对象应包括下列基本内容：

（1）主变电站、开闭所、中心降压变电站、牵引变电所、降压变电站内 1 kV 及以上电压等级的断路器、负荷开关及系统用电动隔离开关。

（2）牵引变电所的直流快速断路器、直流电源总隔离开关，降压变电站的低压进线断路器、低压母联断路器、三级负荷低压总开关。

（3）接触网电源隔离开关。

（4）有载调压变压器的调压开关。

2. 遥调对象

遥调是指监控主站通过命令直接对被控站某些牵引供电设备的工作参数进行远距离调整，如调整变压器的原边电压等。

3. 遥信对象

遥信是指调度中心对城市轨道交通沿线各变电站中被控对象（如开关电器等）的工作状态信号进行监视。遥信对象应包括下列基本内容：

(1) 遥信对象的位置信号,如开关电器设备所处的“分闸”“合闸”位置信号。

(2) 高(中)压断路器、直流快速断路器的各种故障跳闸信号。

(3) 变压器、整流器的故障信号。

(4) 交(直)流电源系统的故障信号。

(5) 降压变电站低压进线断路器、母联断路器的故障跳闸信号。

(6) 钢轨电位限制装置的动作信号。

(7) 预告信号。

(8) 断路器手车位置信号。

(9) 无人值班变电站的大门开启信号。

(10) 控制方式。

4. 遥测对象

遥测是指调度中心对城市轨道交通沿线各变电站中的工作状态参数进行远距离的测量。遥测对象应包括下列基本内容:

(1) 主变电站进线电压、电流、功率、电能。

(2) 变电站中压母线电压、电流、功率、电能。

(3) 牵引变电所直流母线电压。

(4) 牵引整流机组电流与电能、牵引馈线电流、负极柜回流电流。

(5) 变电站交(直)流操作电源的母线电压。

5.1.3 城市轨道交通 SCADA 系统的主要特点

城市轨道交通 SCADA 系统也称牵引供电系统,是电力系统的一个特殊用户,它的特殊性决定了城市轨道交通 SCADA 系统与电力系统中的 SCADA 系统既有共性,又有区别。它们的基本功能和作用是一样的,但拓扑结构、系统功能和容量及一些具体技术和要求不尽相同。

1. 拓扑结构

城市轨道交通牵引供电系统采用直流供电,其牵引变电所中的整流机组在采用晶闸管整流的过程中不可避免地会产生谐波成分。这些谐波,对与接触网相距不远的电力监控通道有相当严重的谐波干扰。因此,在设计城市轨道交通 SCADA 系统时,必须采取强力有效的措施(包括硬件抗干扰措施和软件抗干扰措施)来克服这种通信干扰。

而在电力系统中,各变电站、发电厂(站)的地理布局大多为辐射状的分散布局,因此,其相应的 SCADA 系统的通道结构也多为星形辐射状结构。在牵引供电系统中,各变电站、分区亭、开闭所则是沿铁路线分布的,其通信线路呈相应的分布。因此,城市轨道交通信道为适应这种特点,大多采用链形结构、环形结构、总线型结构,有时也采用星形结构。对于链形结构和环形结构,必须考虑信号的中继转发、实时性及误码累积等问题,这在星形结构中是不需特别考虑的。

2. 系统功能和容量

从系统功能和容量上进行分析,城市轨道交通 SCADA 系统与电力系统中的 SCADA 系统也有不同。在电力系统中,侧重的是对遥测量的采集和监视,要求遥测数量大、采集精度高，而对遥控开关的控制数量少，操作频率低。在牵引供电系统中，由于每天都需要对接触网进行停电检修，因此，对变电站开关的操作频繁，开关数量多，且可靠性要求极高，以确保行车安全和检修人员的人身安全。

3. 通信媒介

从通信媒介上看，电力系统中的SCADA系统多采用电力线载波作为信道，而城市轨道交通SCADA系统多采用音频实回线、载波电缆或光纤作为信道。这是因为城市轨道交通的电力线(接触网)存在大量的谐波，这些谐波的存在严重影响到用电力线作为传输通道的通信质量，从而影响SCADA系统的可靠性。此外，城市轨道交通SCADA系统的管辖范围常包括多个变电站、分区亭等，电力线是分段不同相供电的。在不同相的交会处，电力线是不连通的。如何有效地在交会处进行载波传输，也是一个问题。因此，城市轨道交通SCADA系统都不采用电力线载波的方式。

4. 可靠性和实时性

由于城市轨道交通牵引供电系统的负荷——电动车组，是一个移动冲击性负荷，与电力系统的静止负荷相比，电气量变化幅度大，更容易造成牵引供电网故障，因而要求城市轨道交通SCADA系统具有更高的可靠性和实时性，以便及时、准确地将故障信息传送到控制中心进行处理，并及时进行相应的操作控制，以缩短事故的影响时间。

5.2 SCADA系统的结构及功能

5.2.1 城市轨道交通SCADA系统的结构及原理

1. 总体结构

城市轨道交通SCADA系统主要由三大部分组成，即装设于调度所(控制中心)的监控主站(调度端)、装设于城市轨道交通沿线牵引(降压)变电所的远程监控终端(remote terminal unit，RTU，也称被控站或执行端)及从城市轨道交通通信系统中分离出来的信道，如图5-1所示。监控主站和被控站以信道为桥梁有机配合，共同实现对牵引供电设备遥控、遥信、遥测、遥调等功能。

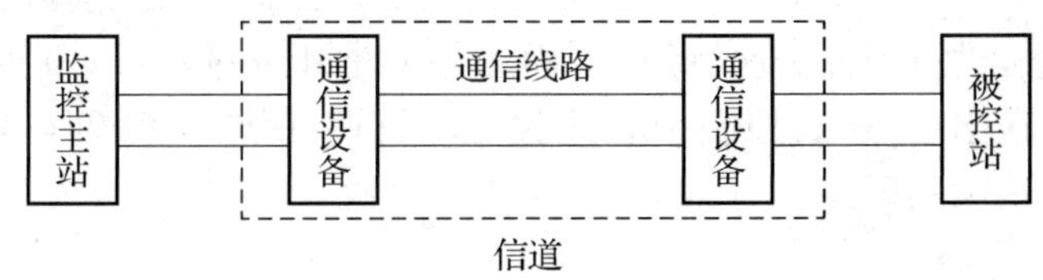

图5-1 城市轨道交通SCADA系统的总体结构

从结构上讲，SCADA系统与一般自动化系统最大的区别就在于信道的存在。由于

SCADA 系统中存在着信道，那么被传达的命令也应该被转换成适合于在信道中传送的最好形式。这种形式往往与一般自动化系统中命令的形式有很大区别，因此在 SCADA 系统中就需要一些特殊的转换设备来转换命令。

2. 基本原理

SCADA 系统的结构千变万化，但基本原理是相似的，如图 5-2 所示。

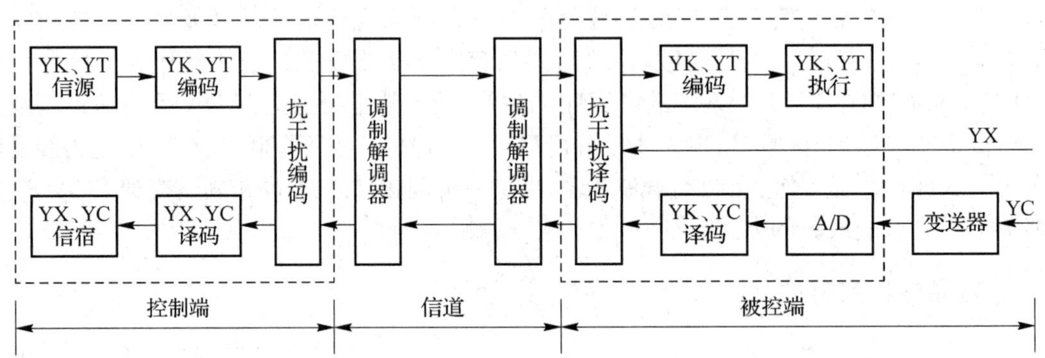

图 5-2 SCADA 系统的基本原理

YK—遥控；YX—遥信；YC—遥测；YT—遥调

进行控制的一侧称为控制端(调度端)，被控制的一侧称为被控端(执行端)。这两端由信道连接起来，从控制端向被控端发送的信号称为下行信号；反之，从被控端向控制端发送的信号称为上行信号。

设在调度所的控制端要将遥控、遥调命令送到被控端去执行，先要将其编成数字信号。在 SCADA 系统中传送的信号在传输过程中会受到各种干扰，可能使信号发生差错。为提高传输的可靠性，对遥控、遥调的数字信息要进行抗干扰编码，以减少由于干扰而引起的差错。由于数字脉冲信号一般不适宜直接传输，当利用电话线路作为信号传输的通道时，线路的电感、电容会使脉冲信号产生很大的衰减和变形，所以要用通信设备部分的调制解调器把数字脉冲信号变成适合传输的信号，如正弦信号。这样，控制端就把经过调制后的遥控、遥调信号发送出去，送到被控端接收。

被控端首先用通信设备中的调制解调器把正弦信号还原成原来的数字信号，再经抗干扰译码进行检错，检查信号在传输过程中是否因干扰的影响而发生错码。检查出错误的码组就拒绝执行，正确时则遥控、遥调译码后分别执行。

被控端要将遥测量、遥信量送到控制中心去显示或记录。遥测量是电量或非电量，经过变送器后，通常变成 0～5 V 的直流模拟电压，被输入模数转换器。模数转换器将输入的模拟电压转换成数字量，进行遥测、遥信编码。而遥信量是开关量，可以直接编码；再进行抗干扰编码，经调制后发送出去，送到控制中心接收端经解调和抗干扰译码进行检查，检查出错的码组就放弃不用，正确的码组则分别显示或指示。

5.2.2 监控主站的功能及组成

监控主站(习惯称为调度端)是微机监控系统乃至牵引供电系统的调度指挥中心。装设于此的调度管理自动化系统为直观实现调度管理意图提供了强有力的技术支持。

1. 调度端的主要功能

调度端不仅能收集 RTU 的数据，还能进行大量的数据处理，其具体功能如下：

(1) 数据收集。调度端可收集 RTU 发送来的数据，实现对供电系统设备运行状态的实时监视和故障报警。

(2) 数据处理。调度端可对有功功率总和 $\sum P$、无功功率总和 $\sum Q$、电度量的总价、越限告警、连续模拟量输出记录(电压、电流曲线)进行数据处理。

(3) 控制与调节。调度端可遥控操作断路器，完成系统故障查找、开关事故变位、事故画面优先显示、事故顺序记录、事故追忆。遥控分选点式控制、选站式控制、选线式控制三种。

(4) 人机联系——显示、制表、打印。调度端可实现汉化的屏幕画面显示、模拟盘显示或其他方式显示，以及运行和故障记录信息的打印；实现电能统计等日报、月报表的打印；以友好的人机界面实现系统维护功能。

2. 调度端的硬件构成

调度端设备主要由冗余配置的主机系统(MC)、冗余配置的操作工作站(OW)、冗余配置的通信前置处理机(CC)、数据维护工作站(DW)、工程师终端(ET)、数据终端通信控制器(DTC)、大幅面模拟屏(MNP)、流水记录打印机(LP)、报表打印机(RP)、拷屏打印机(CP)、电源系统(UPS 及配电盘)、连接电缆等部分组成，如图 5-3 所示。

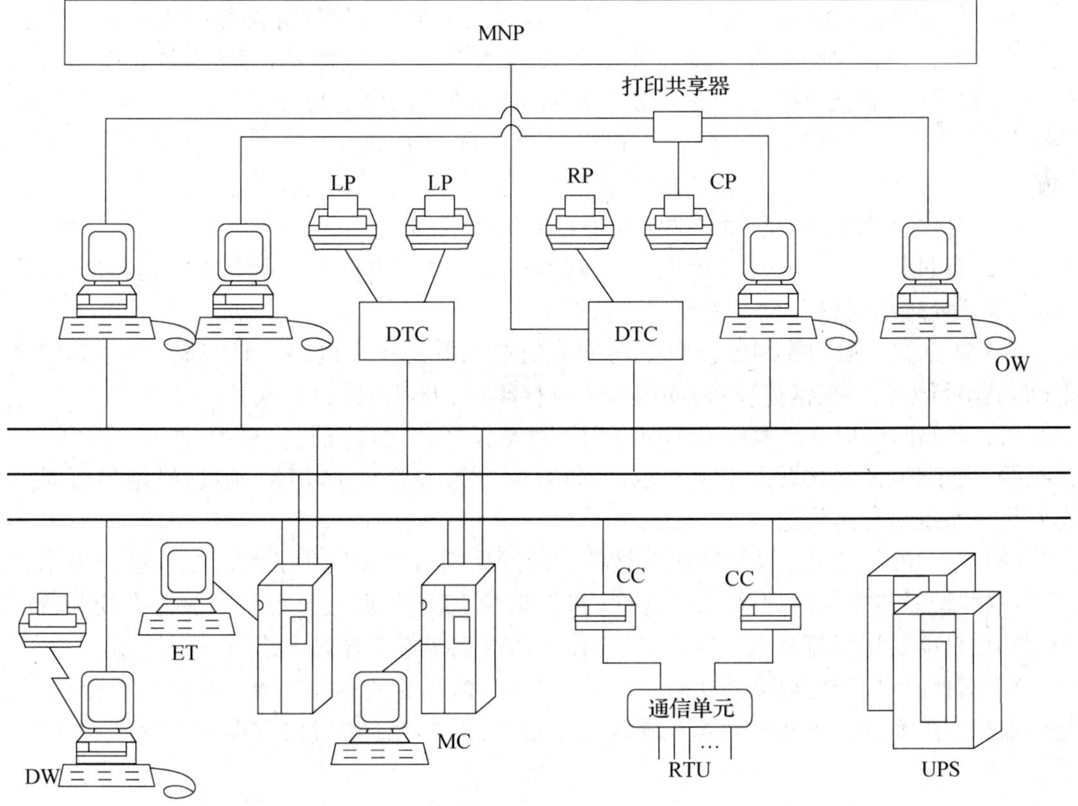

图 5-3 调度端的硬件配置

监控主站调度管理自动化系统以主机为核心，通过网络与操作工作站、数据维护工作站、通信前置处理机、DTC 等设备进行数据交换，并对各设备的工作状态进行监视管理；流水记录打印机、报表打印机、模拟屏等慢速设备与 DTC 进行串口通信，由 DTC 统一管理，通过 DTC 上网与主机相连；操作工作站通过打印共享器共享拷屏打印机资源。

(1) 主机系统。主机系统主要用于数据和网络服务及定时任务管理，进行数据的后台处理，管理实时数据和部分历史数据，负责网上节点资源的分配、管理和网络信息的交换，进行网络信息汇总、组织和派发，为数据维护工作站、操作工作站提供初加工数据。

(2) 操作工作站。操作工作站是实施调度作业的人机界面，可集中反映调度意图和效果，监视牵引供电设备的运营状态。每个调度台配备两套操作工作站(互为备用)，远动操作尤其是遥控(包括单控、程控)操作时互锁。操作工作站由高可靠性的工业控制用 PC 机(配网卡)、大屏幕彩色显示器、鼠标和键盘等人机接口设备、计算机操作系统等相应软件构成。

(3) 通信前置处理机。通信前置处理机及信道线路和设备是连接监控主站与被控站的桥梁，是监控站与被控站的信息纽带。它主要用来进行远动信息发送、接收和处理，以及与其他计算机系统的通信控制等，从而可以减轻主机的负担，使其腾出更多的时间承担更复杂的任务，加快运算速度，以满足实时控制的要求。

每个监控站可配备两套通信前置处理机，互为备用。通信前置处理机由高可靠性的工业控制用 PC 机(配网卡、多串口卡等)、彩色显示器、鼠标和键盘等人机接口设备、计算机操作系统等相应软件、主站调制解调器等构成。

(4) 数据维护工作站。数据维护工作站是系统基础数据库(静态数据库)的人机接口，主要实现数据编辑、画面编辑、数据库界面(如报表等)生成管理、调度端系统设备状态的监视显示等功能。数据维护工作站由高可靠性的工业控制用 PC 机(配网卡)、大屏幕彩色显示器、鼠标和键盘等人机接口设备及打印机、计算机操作系统及数据库管理软件等相应软件构成。

(5) 工程师终端。工程师终端实际上是主机系统的一部分，用于主机应用软件的开发。在系统运行过程中，通过工程师终端命令观察开发人员或维护人员所关心的运行进程、通信数据、部分处理结果提示及一些异常信息提示。

(6) 数据终端通信控制器。数据终端通信控制器是一个网络接口设备，通过其网络口上网，其串行通信口接慢速设备，如流水记录打印机、报表打印机和模拟屏等。

(7) 大幅面模拟屏。大幅面模拟屏用于对被控站状态进行同步显示，并有音响报警、闪光报警、光字牌提示、接触网带电显示、时钟及安全系数等显示功能。通过模拟屏可对整个牵引供电系统进行全线监视。

(8) 打印机。流水记录打印机对被控站所发生的事件按发生的时间顺序进行流水打印记录，这些记录包括事故记录、预告记录、操作记录、故测数据记录等。一般每个控制台配备一台彩色打印机用于流水记录打印，其工作状态可在操作工作站上进行命令控制。

报表打印机用于定时或随机打印报表，也可根据调度员的指令随机打印所需分类记录。整个监控主站系统可配备一台彩色报表打印机，其工作状态也可由调度员进行命令设置。

3. 调度端的软件构成

调度端的软件系统主要以实时数据库为核心，以网络通信子系统、实时数据库系统、关系数据库管理系统为主线，包含图形子系统、画面生成与显示模块、实时柱状图模块、各类报警模块、实时数据库生成模块、曲线显示模块等。其结构如图 5-4 所示。

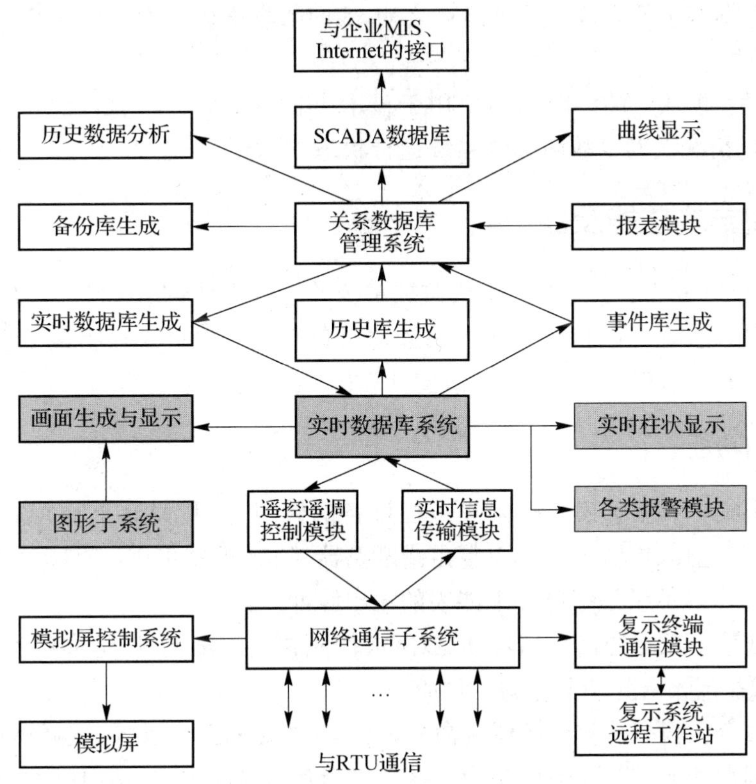

图 5-4 调度端软件系统的结构

(1) 网络通信子系统。网络通信子系统主要与通信工作站以网络报文规约格式进行通信，通信包括两个方面：一是通信工作站将现场报文转换成的网络报文及其他广播信息传送到调度工作站；二是调度工作站需要遥控、遥测时，通过网络报文模块生成网络报文发出到通信工作站。

(2) 实时数据库系统。实时数据库为调度主机的核心，它主要记录现场各类量的属性，规定各类量的操作方式，如系统中报警、操作允许、操作警告(如两条进线不能同时拉开等)。实时数据库分为状态量、模拟量、脉冲(数字)量及对应的关系量。

(3) 关系数据库管理系统。关系数据库管理系统管理和维护 SCADA 数据库，完成用户对数据库提出的各种操作查询请求。调度工作站设有对数据库进行维护、整理与备份的功能，此功能在数据库服务器和维护工作站上。

(4) 图形子系统。调度工作站图形子系统的功能主要是显示各类图形，如被控站所主接线图画面、实时柱状图画面、电流电压功率电度量等监视图画面等。

(5) 画面生成与显示模块。画面生成与显示模块用于将以专用格式存放的图形文件进行显示并且实现与实时数据库的连接，动态反映系统的运行情况。

(6) 实时柱状图模块。实时柱状图模块以柱状图的方式显示遥测量的值与实时变化情况。

(7) 各类报警模块。各类报警模块能够对现场的故障进行报警，能够判断越限，记录故障标定，能够将报警的数据送往模拟屏。

(8) 实时数据库生成模块。系统运行之初，实时数据库生成模块可从 SCADA 数据库中生成实时数据库。

(9) 曲线显示模块。曲线显示模块用于显示今日数据库的内容，反映今日系统运行的各遥测量的变化情况及发生故障时的系统运行状态，等等。

5.2.3 被控站的功能及组成

被控站(RTU)是城市轨道交通微机监控系统的重要组成部分，主要负责对牵引供电系统的数据采集和操作命令的执行。被控站远动设备装设于轨道交通沿线牵引变电所、分区亭或开闭所内。RTU 实际上就是一个微型计算机，称为远方数据终端。

1. RTU 的功能

(1) 数据采集。数据采集包括采集被控设备的模拟量、开关量及脉冲量。模拟量包括温度、湿度、功率、电压、电流等。开关量是指断路器、隔离开关的开合、自动装置及继电保护装置的工作状态。脉冲量是指脉冲电能表的输出脉冲。

(2) 数据通信。数据通信包括自动循环(或按照相应调度要求)地向调度端发送所采集的被控站数据，并接收调度端下达的各种命令。

(3) 执行命令。根据接收到的调度命令，完成对指定对象的遥控、遥调操作。

(4) 其他辅助功能。其他辅助功能包括人机交互、自检、告警、站内事件顺序记录功能。

2. RTU 的硬件组成

RTU 远动设备从外观上看，主要包括控制柜、变送器柜和连接电缆三大部分。两柜采用自立式结构、钢柜架、双开门，具有足够的机械强度(确保设备安装后无晃动、盘架无变形)，同时可装备检测用照明灯。柜内端子排的设计应确保运行、检修、调试方便，与电缆连接可靠。

RTU 柜内设备主要由如下几部分组成：

(1) 控制处理子系统。控制处理子系统采用字长不低于 16 位的工业控制用微处理器，并配有足够的内存容量及实时数据采集、管理软件和相应数据库，实现对各 I/O 模块的实时管理及数据处理。

(2) 遥控输出子系统。遥控输出子系统接收控制输出命令并通过遥控出口继电器执行，直接与被控站配电盘接口。输出接口界面采取光电隔离措施，并对控制输出接口进行监测。

(3) 遥信输入子系统。遥信输入子系统与配电盘直接接口，采集来自现场监视对象的实时状态信息，包括位置遥信和非位置遥信。遥信输入采用无源接点方式，输入接口界面采取光电隔离措施及防止监视对象接点抖动干扰。

(4) 模拟量输入接口。模拟量输入接口用于遥测、接收来自模拟量变送器设备的信息，核心设备 A/D 转换板可采用智能板。模拟量输入可采用电流型或电压型。输入接口界面采取一定的抗干扰及隔离措施。

(5) 电度量输入接口。电度量输入接口接收来自电度量变送器设备的信息，用于电度测量。输入接口界面也要采取一定的抗干扰及隔离措施。

(6) 故障点参数接口。故障点参数接口接收来自故障点标定设备(故测仪)的信息，向该设备传送有关控制信息。故障点参数接口采用 RS232 串行接口或并行数据接口。

(7) 通信接口子系统。通信接口子系统采用冗余结构双重接口配置方式，采取抗干扰编码等措施确保通信可靠，主要用于完成远动数据的发送和接收。

(8) 电源子系统。电源子系统包括 RTU 内各模板电源及 RTU 附属设备电源，可接入交流或直流两种外部电源，并设置过电压保护，确保 RTU 设备安全。

3. RTU 的软件组成

RTU 的软件结构如图 5-5 所示。其中，数据采集软件用来采集模拟量、开关量、数字量和脉冲量等数据；数据处理软件用来进行数字滤波、越限判断、BCD 码转换等；控制软件用来执行收到的遥控、遥调命令；通信软件用来根据约定的通信规约，与调度中心(可能有多个)相互通信；本地人机交互软件用来处理键盘、屏显及打印等操作。

RTU 软件结构主程序框图如图 5-6 所示。

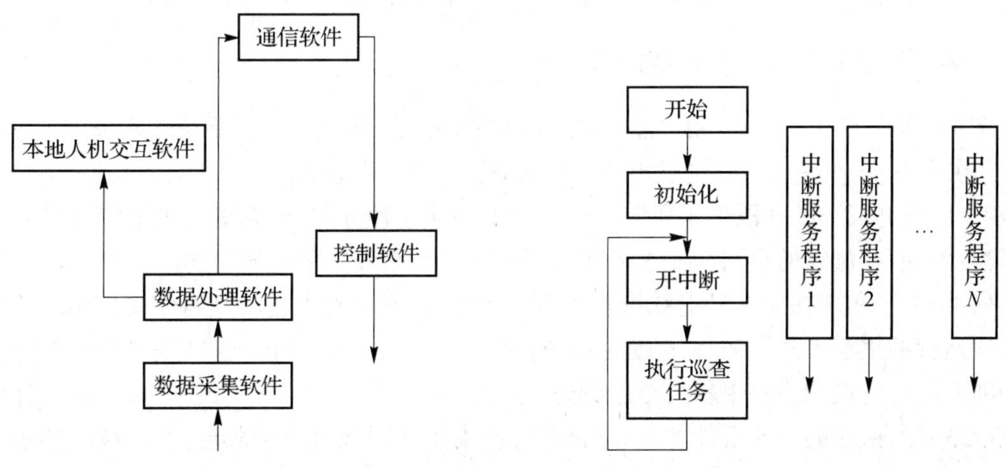

图 5-5 RTU 的软件结构

图 5-6 RTU 软件结构主程序框图

(1) 初始化。加电开机，先使各外设接口和公用 RAM 初始化。

(2) 开中断。对于实时性要求较高的任务，如发送、接收、开关动作等，都利用中断方式使其运行最快。

(3) 中断服务程序。如果有中断请求，则立刻挂起巡查任务，并进入相应的中断服务程序处理。例如，“接收满”“发送空”等中断信息。

值得注意的是,中断本身有优先级区别,高级别的任务可以中断低级别的任务。

(4) 执行巡查任务。根据程序约定,巡查任务一般是指定时处理的一些非关键任务,如显示、自检等。

5.3 城市轨道交通供电系统自动化

城市轨道交通变电站的自动化系统是实现变电系统电气设备按行业或用户要求而自动按设定程序动作的控制系统。随着微机技术的发展,变电站自动化系统已经成为 SCADA 监控系统的重要组成部分,它通过与 SCADA 系统接口,实现与监控中心调度系统信息的交互。信息交互的程度与系统的设计及设备的自动化程度有关。

5.3.1 城市轨道交通供电系统变电站电气设备的自动化需求

城市轨道交通供电系统与普通电网相比有相似性,同时也有其自身的特点,相似性主要表现在交流供电方面,它与其他普通电网基本相同;不同的部分则主要体现在直流牵引供电方面。作为城市交通中的大运能交通工具,城市轨道交通对一个城市的交通状况有着极其重要的影响。城市轨道交通供电系统作为城市轨道交通系统中的重要组成部分,为车站及各类设施设备的运行提供了各种电力服务,如车站、区间的照明、动力,隧道及地下车站的环控用电,各类机房内重要设备的用电、售检票系统及列车的牵引用电等。因此,城市轨道交通供电系统对供电可靠性的要求比其他常规供电系统要高。

1. 400 V 系统的自动化功能需求

在 400 V 系统上,为减少用户停电时间,城市轨道交通供电 400 V 系统普遍采用了单母线分段的供电方式,在任何一路进线出现失电时,通过 400 V 系统自切功能,能迅速实现 400 V 母线"Ⅰ段带Ⅱ段"或"Ⅱ段带Ⅰ段"。当然,考虑到在这种方式下,系统的供电能力受到了一定影响,因此,在母线的自切功能中还加入了使三类负荷开关跳闸的功能。

另外,为了实现在 400 V 进线恢复正常后,400 V 系统能快速恢复到母线自切之前正常的分段运行的供电模式,400 V 自动化系统在设计时往往还应考虑增设"来电自复"功能,这种功能在较早建设的线路中较少被用到,这主要是因为早期线路的 400 V 系统在设计时是按变电站有人值守的方式设计的,系统自动化程度也相对较低。但随着 PLC 技术的不断发展,在近年建设的城市轨道交通线路 400 V 系统中,普遍采用了 PLC 控制,就上海而言,从 3 号线开始,"来电自复"功能已被纳入 400 V 自动化系统的设计方案之中。

2. 10 kV 或 35 kV 系统的自动化功能需求

与 400 V 自动化系统不同的是,10 kV 及 35 kV 自动化系统未选择"来电自复"功能,而仅考虑了母线的分段自切,这样做的目的主要是降低环网供电模式下逻辑配合关系的复杂程度。

在20世纪90年代末开始建设的城市轨道交通线路中，由于35 kV牵引供电系统采用了相邻站联络供电的方式，因此，在该类型系统中相邻站35 kV进线及联络线开关还采用了“四投三”的自动切换方式。不过，随着城市轨道交通新近建设线路供电系统设计方式的改变，“四投三”的方式在新线路中已不再被采用。

3. 1 500 V直流系统的自动化功能需求

城市轨道交通牵引供电系统1 500 V直流系统担负着为列车供电的重任，为提高城市轨道交通牵引供电的可靠性，城市轨道交通供电牵引1 500 V系统在设计上采用了接触网分段双边供电的方式，在开关的动作方式上考虑了双边联跳及自动重合闸功能，其中重合闸功能的起动与否由直流保护根据相关的跳闸参数进行逻辑分析后做出判断。主站PLC还按系统设定的固有逻辑对牵引供电系统的有关保护动作反应形成相应的闭锁。

与SCADA系统进行接口的方式，目前主要有两种：一种是通过硬接线方式，另一种是通过通信方式。随着通信技术的发展，将来也许有可能实现与SCADA系统的无线传输。

5.3.2 城市轨道交通供电系统变电站自动化系统的表现形式

城市轨道交通供电系统变电站自动化系统作为SCADA综合监控系统中的重要组成部分，担负着各自系统的不同功能。在400 V系统中，自动化系统完成的是400 V系统的“分段自切/自复”、400 V系统重要信息与SCADA系统之间的交换等功能；10 kV、35 kV乃至1 500 V直流系统也一样，所不同的是自动化系统所完成的功能与各自供电系统密切相关。

但在系统的表现形式上，目前各供电子系统的自动化系统不外乎两种方式：一种是传统的通过二次接线构建的电气自动化系统，另一种是通过辅助现代化的计算机技术构建的自动化系统。两种方式各有利弊，传统的通过二次接线构建的电气自动化系统的优点是可视性强，上手容易，不足之处是二次接线过于复杂、繁多。通过基于现代化计算机技术构建的自动化系统则不同，由于采用了通信方式传输相关信息，二次接线大为减少，从而大大减少了二次接线的难度和工作量，控制柜简洁、美观，但不足之处是对维护人员的总体素质提出了更高的要求，它要求维护人员不仅要掌握传统的电气知识，同时必须掌握有关的工业控制计算机知识。

5.3.3 总线的运用

目前，在城市轨道交通供电系统中使用得较多的有MODBUS总线和PROFIBUS总线。其中，MODBUS总线是一种按主/从关系通信的总线，系统最多可以有247个从站节点，数据传输有ASCII和RTU两种模式。在城市轨道交通供电系统中，MODBUS总线已广泛用于400 V控制系统，典型的配置模式是采用一台小型PLC作为其主站（MASTER），通过主站PLC的MODBUS总线接口将400 V开关的相关信息传送至主站（PLC），各开关柜配置有逻辑微处理器并支持MODBUS通信，作为400 V自动化系统中的从站节点。图5-7为城市轨道交通400 V自动化系统的典型结构。

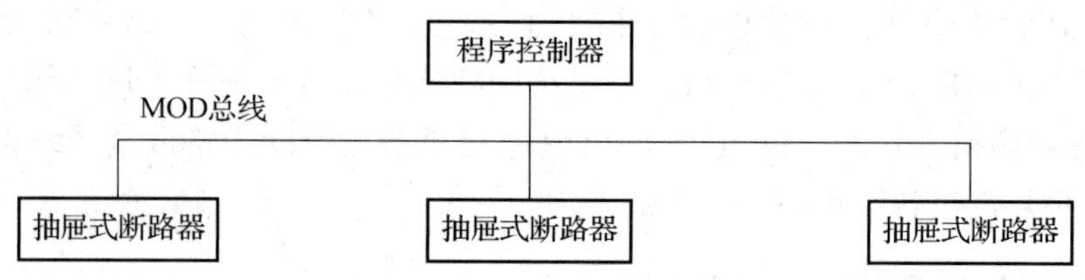

图 5-7　城市轨道交通 400 V 自动化系统的典型结构

PROFIBUS 是一种具有广泛应用范围的、开放的数字通信系统，特别适用于工厂自动化和过程自动化领域。PROFIBUS 适用于快速、时间要求严格的应用和复杂的通信任务。PROFIBUS 包含有 PROFIBUS-DP、PROFIBUS-PA、PROFIBUS-FMS 等子协议。

图 5-8 为城市轨道交通牵引供电系统普遍采用的 PROFIBUS 网络系统典型配置。其中，SIMATICS7/300PLC 为系统的主站，DPU96 为系统的从站，主/从站之间遵从 PROFIBUS-DP 通信协议。主站 PLC 通过以太网通信卡与上层以太网进行通信，实时完成数据的传输。

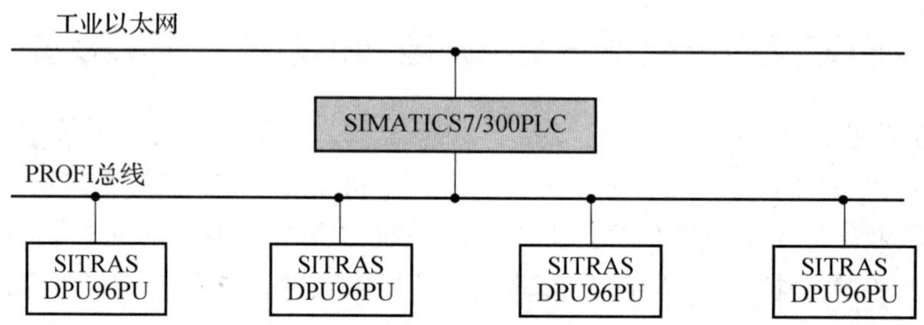

图 5-8　城市轨道交通牵引供电系统普遍采用的 PROFIBUS 网络系统典型配置

技能实训

技能实训 5-1　城市轨道交通 SCADA 系统监控主站认知

授课地点：城市轨道交通控制中心

授课形式：分组教学

教课教师：校内专任教师、城市轨道交通供电系统调度员

1. 实训目的

(1) 掌握 SCADA 系统监控主站的组成及功能。

(2) 了解 SCADA 系统的结构。

(3) 培养自主学习能力，提高安全意识与责任意识。

2. 实训设备

城市轨道交通 SCADA 系统监控主站设备。

3. 实训内容

(1) SCADA 系统监控主站设备的组成。

(2) SCADA 系统监控主站设备的功能。

4. 实训步骤

(1) SCADA 系统监控主站设备的组成。通过企业师傅(校内专任教师)的讲解,了解SCADA 系统监控主站设备操作员工作站、系统维护工作站、服务器及磁盘阵列、打印机等设备的工作原理,并画出 SCADA 系统监控主站设备的系统结构图。

(2) SCADA 系统监控主站设备的功能。通过企业师傅(校内专任教师)的讲解,了解SCADA 系统监控主站设备操作员工作站、系统维护工作站、服务器及磁盘阵列、打印机等设备的功能,并完成表 5-1。

表 5-1 城市轨道交通 SCADA 系统监控主站认知

序　号	设　备	功　能
1	操作员工作站	
2	系统维护工作站	
3	服务器及磁盘阵列	
4	打印机	

5. 注意事项

(1) 按照企业要求观摩控制中心 SCADA 系统。

(2) 不得随意操作控制中心 SCADA 系统监控主站设备。

技能实训 5-2 城市轨道交通 SCADA 系统被控站认知

授课地点:城市轨道交通牵引变电所/车辆段供电检修车间

授课形式:分组教学

教课教师:校内专任教师、城市轨道交通供电技术员

1. 实训目的

(1) 掌握 SCADA 系统被控站的组成及功能。

(2) 培养自主学习能力,提高安全意识与责任意识。

2. 实训设备

城市轨道交通 SCADA 系统被控站设备。

3. 实训内容

(1) SCADA 系统被控站设备的组成及功能。

(2) SCADA 系统被控站软件操作。

4. 实训步骤

(1) SCADA 系统被控站设备的组成及功能。通过企业师傅(校内专任教师)的讲解,了解 SCADA 系统被控站设备的组成及工作原理,掌握相应设备的功能,并填写表 5-2。

表 5-2　城市轨道交通 SCADA 系统被控站认知

序　　号	设　　备	功　　能
1	控制处理子系统	
2	遥控输出子系统	
3	遥信输入子系统	
4	模拟量输入接口	
5	电度量输入接口	
6	故障点参数接口	
7	通信接口子系统	
8	电源子系统	

(2) SCADA 系统被控站软件操作。通过企业师傅(校内专任教师)的讲解，了解 SCADA 系统被控站设备软件操作的基础知识，并将简单的操作命令记录在实训报告中。

5. 注意事项

(1) 按照企业要求观摩牵引变电所/车辆段供电检修车间 SCADA 系统被控站。

(2) 不得随意操作控制中心 SCADA 系统被控站设备。

思考与练习

(1) 简述 SCADA 系统的主要作用。

(2) 城市轨道交通 SCADA 系统的监控对象由哪几部分组成?

(3) 简述城市轨道交通 SCADA 系统的结构。

(4) 简述 SCADA 系统监控主站调度端的主要功能。

(5) 简述 SCADA 系统监控主站的硬件构成。

(6) 简述 SCADA 系统被控站的功能。

(7) 简述 SCADA 系统被控站的硬件组成。

模块 6 城市轨道交通供电系统的运行管理

知识目标

(1) 了解城市轨道交通供电管理的任务。
(2) 掌握城市轨道交通供电管理的方针。
(3) 了解城市轨道交通供电系统运行管理的工作要点。
(4) 了解城市轨道交通供电系统各级运行检修人员的职责。
(5) 掌握变电站管理规程与制度。
(6) 掌握接触网管理规程与制度。
(7) 掌握 SCADA 系统管理规程与制度。

技能目标

(1) 能完成城市轨道交通各项运行管理工作。
(2) 能以供电系统各级运行检修人员的身份参与设备的运行管理及检修工作。
(3) 会按照作业防护标准执行检修作业。
(4) 会按照倒闸作业标准进行倒闸作业。

6.1 城市轨道交通供电管理

6.1.1 运行管理的任务和内容

城市轨道交通供电系统运行管理工作实行“三定、四化、记名检修”,贯彻落实“质量第一、修养并重、预防为主”的方针,并逐步向“定期检测、状态维修、限值管理、寿命管理”的方针过渡。“三定、四化、记名检修”的具体内容如表 6-1 所示。

表 6-1 “三定、四化、记名检修”的具体内容

方　针	含　义	具体内容
三定	定设备	把电气设备的管理范围按工种划分清楚，明确分界点，以防止漏检漏修
	定人（或班组）	把设备的保管、维护和检修任务落实到人（或班组），做到分工明确，各负其责，从而加强工作责任感，以利于提高质量，减少事故
	定检修周期和范围	根据不同的设备修程，确定设备的检修周期和范围，以实现计划检修
四化	作业制度化	检修作业和设备操作要按规定程序与安全制度执行
	质量标准化	按技术要求精检细修，达到统一的质量标准
	检修工艺化	坚持按工艺要求进行检修，保证质量，提高效率，降低成本
	检修机具和检测手段现代化	利用现代科学技术及装备进行检修和测试，以适应现代技术不断发展的需要
记名检修	记录检修者和验收者的姓名	要求检修者根据设备的技术状态提出检修依据，采取针对性措施，按工艺检修，并做到修前有计划，修中有措施，修后有结语

运行管理的任务和内容如下：

(1) 正常运行工作。正常运行工作包括设备巡视、记录、设备维护、倒闸操作、工作票受理五个方面的内容，具体如表 6-2 所示。

表 6-2　正常运行工作内容

作业项目	具体作业内容
设备巡视	按照规定的周期和项目，沿指定的巡视路线进行设备检查，通过有关测量仪表和显示装置及时掌握设备的运行情况（如电压、电流、功率和温度等），以预防设备事故。凡遇高温、严寒、雷害、迷雾、台风和汛期时，要分别按重点检查项目进行特殊巡视。根据设备缺陷的等级，按职责范围加以消除或隔离，以保证供电的安全和质量
记录	按照规定的时间和项目，通过人工或自动装置对运行数据、运行环境、调度指令和操作、施工检查、事故处理等情况进行记录
设备维护	根据所处的环境和规定的周期与项目，进行场地清洁、设备清扫、绝缘子更换、带电测温和蓄电池维护等工作
倒闸操作	根据调度命令和倒闸操作票，由合格的人员进行电气操作及监护
工作票受理	按照安全工作规程，值班员审核工作票、核对及完成安全措施，并会同工作负责人对现场安全措施进行检查和工作许可（包括工作票延长、间断、转移的许可）等工作的办理。施工结束后会同工作负责人进行设备检查、验收，并办理工作票终结手续

（2）异常情况及事故处理。设备的异常状态是指设备在规定的外部条件下，部分或全部失去额定的工作能力状态，如变压器的负荷超出规程和设备能力允许时间内的正常过负荷数值、母线电压越出限值、充气设备压力异常等。

事故本身也是一种异常状态，事故通常是指异常状态中比较严重的或已经造成设备部分损坏、引起系统运行异常、中止或部分中止了对用户供电的状态。

在发生故障时，值班运行人员要迅速、准确地判断和处理。在事故处理中必须牢固树立“安全第一”的思想，遵循“先通后复”的原则。在事故抢修中，电调需与行调、环调密切配合，严格掌握供电和行车、环控的基本标准条件，根据设备的技术条件和现场具体情况，采取有效措施，适当调整运行方式，尽可能减少对行车的影响，及时安排抢修和处理时间，尽快恢复对接触网的供电和正常行车秩序，在允许的条件下保证环控设备的运行，保证城市轨道交通的服务质量。

（3）设备检修。

① 定期检修。定期检修即计划性检修，是为了防止设备性能及精度劣化或降低，根据设备运转的周期和季节性等特点，按预先制定的设备检修周期与工作内容、技术要求和计划所进行的维修作业。对于计划性检修，必须制订相应的年度检修计划和月度检修计划，并根据计划进行安排和落实。

② 预防性试验。预防性试验是暴露设备内部缺陷，判断设备能否继续运行的重要措施。各种电气设备的预防性试验项目、周期和标准，按现场电气设备预防性试验规程执行。

③ 临时检修。临时检修是指根据专业设备的变化和实际运作状态、事故跳闸或同类设备已发生重大事故时的需要进行调整，增加的临时性检查修理。

（4）运行分析。运行分析工作主要是针对设备运行、操作和异常情况及人员执行规章制度情况，进行分析总结，摸索规律，找出薄弱环节，及时发现问题，掌握运行规律，有针对性地制定保证运行安全的措施，以防事故发生，不断提高安全经济运行水平和管理水平。

（5）人员培训。不断提高运行人员的技术和管理水平也是保证安全运行、提高供电质量的重要条件之一。为此，供电系统管理部门应对值班和检修人员加强安全与技术业务教育，积极开展事故预想活动（反事故演练），不断提高值班人员业务和维护、检修水平及事故处理能力。

（6）技术资料管理。供电系统的运行检修工作应具备管理部门制定的各项管理规程、安全工作规程，各种技术图纸、技术资料，各种工作记录簿和指示图表，以使工作有章可循，同时便于积累资料进行运行分析，提高工作质量和效益。

6.1.2 运行管理组织及有关人员职责

1. 运行管理组织

在城市轨道交通供电系统的运行管理中，应设有各级运行与检修人员，分别负担不同的工作。根据城市轨道交通供电系统点多、分散、距离短且有 SCADA 系统的特点，不同的企业应选择更适合自己的组织管理模式。运行管理组织的总体要求是机构精简、管理层次少、职责分工明确，从而提高了管理和检修效率。但一般而言，需在控制中心设置电力调度，在维修基地供电管理部门除设置技术管理人员外，还需设置相关的运行、检修、试验人员。根据具体情况，运行值班人员与检修试验人员可分别设置，也可由检修试验人员同时兼顾运行值班工作。

对于供电管理部门的定员配置，可根据实际管理的幅度、人员的素质、检修设备的工作量及检修单台设备所需要的基本人数确定。其配置原则如下：

(1) 专业技术管理人员的配置。根据供电系统的特点，每一专业至少配置1名专业工程师，如设一次设备工程师、二次设备工程师、试验检测工程师、低压设备工程师、SCADA工程师、变电运行工程师、接触网运行工程师、接触网检修工程师等。

(2) 电力调度员的配置。在变电站未实行无人值班时，电调的人员配置可按每班一人值班来考虑。但在实现无人值班后，由于变电站所有能够实行“四遥”设备的运行操作及监控全部由电调来完成，因此，电调的任务不只是系统运行和操作的指挥人，还是系统运行和操作的执行人。即将电调从后台推到了前台。此时电调的值班应重新安排，宜安排每班2人值班。当供电系统有操作任务时，必须做到一人操作、另一人监护。

(3) 变电运行、检修人员及工班的配置。根据设计和设备可靠性及对运行要求的不同，变电站的运行值班可采用有人值班方式和无人值班方式。

采用有人值班方式时，其运行值班可采用三班制或三班半制，每班至少设两人，其中一人为安全等级不低于3级的值班员，另一人为安全等级不低于2级的助理值班员。当只有两人值班时，值班员兼任值班负责人；当值班人员在两人以上且安全等级符合要求时，可设一名值班负责人领导值班工作。

采用无人值班方式时，由于地铁变电站具有点多、分散、距离短、方便巡视的特点，因此可采用“无人值班，有人巡视”的模式。在运行初期，变电站的日常管理可实行分段管理，每一工班负责2个分段区域(一般是4～6座车站的变电站)的值班、巡视、日常维护、操作及事故处理。每分段设置一名分段值班员在分段值班室值班，另设1～2名巡视人员。

如上所述，根据具体情况，可分设运行值班人员与检修试验人员，也可由检修试验人员同时兼顾运行值班工作。对于工班的设置，视人员的素质和设备的特性及管理幅度的不同，可设一次设备工班、二次设备工班、高压试验工班、低压设备工班、运行工班等，每一工班至少需设置1名工班长及数名技工。

(4) SCADA系统运行、检修人员的配置原则。对于SCADA系统运行、检修人员的配置，根据实际需要，可专门成立SCADA工班，工班至少需设置1名工班长及数名技工。考虑到与受控设备及站端设备的关系，也可将SCADA工班与二次设备工班合并。在SCADA工班与二次设备工班合并的情况下，对工班人员的素质要求较高，但可起到减员增效的作用，实现一专多能。

(5) 接触网运行、检修人员的配置。接触网的运行值班、维修及应急抢险等工作人员，没有严格地区分，可“捆绑”在一起，由接触网当值人员承担，即接触网人员在不同时段分别承担运行值班、维修及应急抢险任务；或同一时段，接触网当值人员既是运行值班人员，也是维修人员，同时也是应急抢险人员。

至于接触网工班的数量可按线路的长短来设置。根据检修作业的特点，每个工班至少需8名技工。每个当值时段的人员中，至少有一名安全等级不低于4级和两名安全等级不低于3级的人员。

接触网运行状态的监测由接触网当值人员完成。其方式是在城市轨道交通沿线设置接触网运行状态监察点，监察点的设置原则是能够在要求的时间内到达城市轨道交通正线的任何地点。运营时间内，接触网当值人员分布在各监察点，负责运营期间接触网设备运行状态的监视和故障情况下的现场联络及防护工作。

2. 有关人员的职责

有关人员的职责如表 6-3 所示。

表 6-3 有关人员的职责

人　员	职　责
供电管理部门负责人	① 主持本部门的管理工作，完成分管工作；负责供电设备的运行、维修和事故处理工作，确保城市轨道交通供电系统安全可靠供电。 ② 组织开展供电设备有关的技改、科研，不断提高设备运营质量。 ③ 制订本部门年度方针目标和生产计划，组织实施供电系统设备运行、检修、技改、科研、计划，以及为实施上述计划而进行的采购、资金使用等计划的申报。 ④ 执行上级部门供用电方针、指示，实施安全供电，完成生产任务，节约用电。 ⑤ 组织制定有关规章制度、标准化文件、检修规程，并组织执行。 ⑥ 协调各工班之间、本部门与其他部门之间的生产工作关系，检查下级安全、生产、运行、检修工作执行及完成情况。 ⑦ 控制生产过程中出现的指标偏差，确保公司工作总目标得以实现。 ⑧ 担当本部门的质量、安全生产的责任人
专业技术管理人员	① 确保本专业的设备正常运行和人员人身安全。 ② 组织实施本专业设备运行、维修和日常管理，并进行检查监督；组织实施本专业的故障处理；组织科研、技改的研究和实施工作，对本专业的故障处理进行技术支持。 ③ 组织技术管理文件、规程的编写，提高维修质量和故障处理能力。 ④ 编报本专业各种检修、材料、工具、培训计划。 ⑤ 建立和检查本专业的各种记录、台账、报表，向上级提供各种运行报表。 ⑥ 接受上级指令，明确本专业目标，并将目标落实到班组及责任人。 ⑦ 提供良好服务，接受各种检查监督，认真整改不足。 ⑧ 处理各种反馈信息，确保生产的正常开展，及时反馈各种信息。 ⑨ 开展本专业技改、科研项目，使本专业设备不断得到完善
工班长	① 接受行政上级领导和专业工程师的业务指导，主持本班组的工作。 ② 根据部门下达的工作计划，编制检修工作计划，并负责组织实施。 ③ 督促全工班人员，并以身作则严格遵守有关规程和制度，发现问题及时处理，确保人身和设备的安全。 ④ 制定班组管理制度，并负责实施。 ⑤ 负责工班的工器具使用、保养和班前维修的管理，及时提出工器具的补充和报废计划。 ⑥ 负责管理班组备用材料，按程序领用和储备备品、备件，负责填写备品、备件使用报表，并上报相关部门。 ⑦ 负责收集和上报各种票据作业单。 ⑧ 做好班组的修旧利废组织工作，降低各种维修开支。 ⑨ 负责本班组的检修、用工、原材料消耗、能源消耗工作量的记录和统计工作。 ⑩ 审核班组人员的工作表现和工作能力，编制有关的培训计划，并在获准后负责实施。 ⑪ 组织学习有关安全生产的文件和规程；组织进行事故预想演习；组织分析本工班的事故和事故苗子，并提出反事故措施。 ⑫ 按时完成工作总结及填报各种报表。 ⑬ 组织搞好班组的文明生产

（续表）

人　员	职　责
工班员	① 在工班长的领导下，负责对所辖设备进行日常巡视、检查、维护、维修和抢修工作。 ② 熟悉所管辖范围内设备和供电系统的情况，并能根据技术标准、工作程序完成操作任务和生产任务。 ③ 掌握所辖设备的维护、保养方法和检修工艺。 ④ 正确使用、维护工器具和测试仪表、仪器。 ⑤ 严格执行各项规章制度和电气安全、技术规程，确保设备及人身安全。 ⑥ 认真做好设备运行及维护、抢修工作的各项原始记录，认真填写各种工作作业票。 ⑦ 积极主动参加各种培训，不断提高技术业务能力。 ⑧ 有权督促操作者的正确作业、向工班长及各级反映情况和提出意见，有权参与工班的各种考评
变电站值班（巡视）人员	值班（巡视）人员在值班时间内负责设备的正确维护与安全运行，其主要工作有设备巡视及维护保养，仪表监视和记录，倒闸操作，办理检修作业手续，事故、故障和缺陷的处理，整理资料并进行运行分析，清洁环境，等等。 ① 熟悉本所主接线和二次接线的原理及其布置和走向。 ② 熟悉本所电气设备的型号、规格、工作原理、构造、性能、用途、检修标准、巡视项目、停运条件和装设位置。 ③ 熟悉本所（区段）继电保护和自动、远动装置及仪表等的基本原理和装设位置。 ④ 熟悉本岗位的各种规章、制度及标准化作业程序。 ⑤ 熟悉本所（区段）正常和应急的运行方式、操作原则、操作卡片和事故处理原则。 ⑥ 能分析、判断正常和异常的运行情况。 ⑦ 能及时发现并排除故障、缺陷。 ⑧ 能掌握一般的维护、检修技能
电力调度员	① 负责所辖范围内的供电生产工作，保证整个城市轨道交通供电系统的安全运行和连续供电。 ② 认真贯彻执行有关规章、制度、命令和上级指示。 ③ 执行供电协议有关条文，负责城市轨道交通与城市供电部门间供电范围内的有关工作协调与联系。 ④ 执行供电系统的运行方式，制定故障下系统的紧急运行模式。 ⑤ 对电调管辖范围内的设备在OCC远方直接进行设备停启、运行方式转换的操作，对OCC不能进行远控的设备，电调负责编写操作票发令到变电站值班员当地操作。 ⑥ 审核所辖设备检修计划，根据批准的计划要求，组织设备的检修和施工，并负责对施工安全进行把关，对施工过程进行监控。 ⑦ 指挥供电系统内的事故处理，参加事故分析，制定系统安全运行的措施。 ⑧ 负责对供电系统的电压调整、继电保护、安全自动装置设备进行运行管理，执行继电保护及自动装置的运行、更改方案。 ⑨ 收集整理本系统的运行资料并进行分析，总结交流调度运行工作经验，不断提高系统调度运行和管理水平

3. 变电站无人值班的管理

在实现变电站无人值班时，对调度端的电调和站端的变电站值班(巡视)人员的要求均与有人值班时不同。为保证能迅速、准确地接收当值调度的命令，及时赶赴现场，应设立分段值班室，值班室应设置在与电调联系方便的牵引变电所内，以利于及时掌握设备的运行状态。在实行变电站无人值班的初期，分段管理的原则可按如下考虑：

(1) 站端变电站值班(巡视)人员的管理原则。

① 职责。站端变电站值班(巡视)人员按调度指令进行就地倒闸操作。值班人员为倒闸操作人(变电站工作要令执行人)，同时兼任变电站内工作许可人。有关检修班组工作负责人为倒闸操作监护人；若不是检修作业所进行的倒闸操作，则由区段内的其他人员担任监护人。

一般每天每分段设置一名分段值班员 24 h 在分段值班室内值班，负责分段值班室所在车站的变电站的巡视和可能的倒闸操作、事故处理及本分段运行情况的收集；另设置两名巡视人员在白班负责除分段值班室所在车站外的变电站的巡视和可能的倒闸操作、事故处理。

变电站设备正常巡视至少每天 1 次，节假日巡视每天至少 2 次，特殊巡视及增加巡视次数按相关规定执行，各分段的巡视人员巡视结束后，若无特别事情，则需回分段值班室待命。

一般各分段的巡视人员每天在巡视结束后，需将巡视变电站的运行日志送回分段值班室交由该室值班员保存，并将巡视情况交代给值班员。

各分段的巡视人员在离开分段值班室去巡视前，必须先将去向告知电调并获得许可。分段值班室的交接班按有关规定及交接班制度执行，若遇所辖范围变电站(包括分段值班室所在车站外的变电站)内主要一、二次设备运行方式有较大变动，或存在较严重的设备缺陷，或运行情况异常，或交接双方认为有必要到现场，则交接双方应一同到现场进行交接、检查和确认。

② 倒闸操作。凡具备遥控功能的设备倒闸操作，由当值电调负责遥控操作。其余操作由现场人员进行，并必须按规定各自填写操作票。

有计划的或可预见的操作，根据情况由电调命令巡视人员提前到达需操作的变电站，听从指挥。

倒闸操作由两人进行，一人负责操作，另一人负责监护，现场操作人员到达现场执行前，还需与当值电调联系并获得许可。

现场操作人员按当值电调命令进行现场操作及事故处理，操作后要立即报告当值电调。

③ 设备异常及事故处理。当设备发生事故危及人身及设备安全时，值班人员有权先将事故设备停电，然后立即汇报电调及有关领导。

在所辖分段内出现设备事故跳闸的情况时，值班人员必须尽快赶到事故现场，检查设备情况并汇报电调，并在电调的指挥下立即着手处理事故。

远动装置失灵或不具备“四遥”功能的设备发生事故时，值班人员需汇报当值电调，并做好记录，按电调的命令处理事故。

(2) 调度端的管理原则。

① 任务和职责。电调是整个供电系统的运行监控指挥人和操作执行人。

当值电调必须认真监视各站的运行情况，并详细填写运行日志。

交班时，需认真仔细交接，并试验警报音响是否正常；将本班中存在的问题和缺陷（包括远动系统）向下一班交代清楚，重大问题向直接领导直至上层主管领导汇报。

操作时，一人操作，另一人监护，认真核实操作设备无误后再执行，并注意主机一次系统图设备位置显示及参数变化是否正确。如有疑问，应派变电值班巡视人员到现场检查开关设备的实际位置及设备状况。

② 设备异常及事故处理。按"先通后复"的原则，用一切可能的方法（包括改变运行方式和动用设备的过负荷能力）尽力保证对接触网等重要负荷的供电。

在遥控操作及断路器跳闸或重合闸后，应立即检查遥信、遥测及打印记录是否正常。如有疑问，应派变电值班巡视人员到现场检查。

遥控操作时，若发生拒动或遥测、遥信异常等情况，则应按下列步骤进行检查：检查调度端控制室设备及远程通信是否正常工作；派变电值班巡视人员到现场检查站端设备是否正常，判明是否远程终端装置异常或变电站一、二次设备故障，根据情况分别进行处理。

遥信动作后，应首先检查屏幕显示与打印记录是否相符，否则，应另行做好记录，然后根据具体情况分别对待复归信号。复归信号一般按下列规定进行：对主设备的主保护动作跳闸，必须待处理人员到达现场检查后，根据技术条件由电调遥控复归或由现场人员奉令复归保护的动作信号；无须派人到现场检查处理可恢复供电的或已恢复供电的，可用遥控复归。

6.2 城市轨道交通供电系统运行管理制度

为加强城市轨道交通供电系统的运行管理工作，其管理部门除具备国家、行业颁发的有关规程、制度、标准、规定、导则、条例外，还必须根据具体情况制定实际可行、可操作的管理制度，以便各级人员有章可循，并便于积累资料和进行分析，进而提高各级人员的技术管理水平。

6.2.1 变电站管理规程和制度

一般而言，变电站的技术管理应建立电力工业技术管理法规、变电站安全工作规程、变压器运行规程、整流机组运行规程、电力电缆运行规程、蓄电池运行规程、电气测量仪表运行管理规程、电气事故处理规程、继电保护及安全自动装置运行管理规程、电气设备交接和预防性试验标准、供电系统电压和无功调整规定、变电站运行管理制度、电气装置安装施工及验收规范等规程和制度，以及各种反事故技术措施。

1. 现场运行规程

根据供电生产的特点和长期的实践经验，供电部门科学地总结和制定了一套保证电力系统安全运行的规程和管理制度。但由于各供电单位的设备配置不同，各变电站现场接线方式不同及运行方式的不断变化，现场会出现各种不同的运行情况。对运行人员，要求不仅熟悉各种设备的构造、性能和工作原理，还应熟悉系统的连接方式和各种保护的配置情况，熟悉设备的操作和故障处理办法，能熟练地处理各种异常情况。因此，必须在各种生产场所分别制定适应本场所设备具体情况的运行规程——现场运行规程，如《××变电站现场运行规程》等。以下重点介绍变电站现场运行规程的编制、修订和执行中的注意事项。

现场规程的编制应在新变电站投运前完成，投运满一年时定稿。运行中设备更换时，应及时修改规程。变电站扩建时，除应在规程中补充新装设备的内容外，还应对涉及原运行部分的条文予以修改。

（1）现场运行规程的编制依据。现场运行规程编制的主要依据有《电力工业技术管理法规》，供电行业中已成文的各种电气设备运行规程、安全工作规程和运行管理规程，本变电站一次结线、保护配置等设计资料，本变电站各种设备技术性能、使用说明等制造厂家资料，与变电站或系统有调度业务联系的调度部门制定的调度规程，本单位运行实践经验等方面。

（2）现场运行规程的内容。现场运行规程一般应包括各级运行人员及运行管理人员的岗位职责，主要设备的性能、特点、正常和极限运行参数，设备和建筑物在运行中检查巡视、维护、调整的要点及注意事项，设备的操作程序，设备异常及事故情况的判断、处理和注意事项，有关安全作业、消防方面的规定等内容。

（3）现场运行规程的修订。现场运行规程的修订过程是学习和深入体会规程精神实质的过程。除了扩建和更改工程完工后应组织对现场运行规程进行修改、补充外，正常运行的变电站也应定期组织对现场运行规程进行修订。修改、补充的根据，一般采自运行分析报告中发现原规程的错漏或不足之处、反事故演习中发现的规程中不够明确的条款、事故分析中发现的错漏之处等资料。

2. 变电站运行管理制度

规程制度是生产实践经验的总结，是有效组织生产和建立正常秩序的保证。运行规程是一种技术规程，技术规程是靠人员去贯彻实施的。因此，还必须建立相应的管理规程或管理制度，以制约人员在工作中的行为，保证技术规程的正确执行。变电站运行岗位除了要认真执行现场规程外，还必须遵守下列各项管理制度：

（1）值班制度。虽然实现无人值班后，大部分设备具备“四遥”功能，但由于考虑经济的原因还有一部分设备（如大部分低压开关、部分站场隔离开关）需就地操作和定期巡视，因此目前变电站还需安全保卫。

① 牵引变电所值班人员应接受电力调度的统一指挥，保证安全、可靠、不间断地供电。

② 每班应不少于两人同时值班，并在各自的职责范围内进行工作。

③ 值班人员当班时应做到以下几点：

· 正确地执行电力调度命令，按规定进行倒闸、办理工作票并做好安全措施，参加有关的验收工作。

· 按规定及时、正确地填写各种运行记录和报表。

· 按规定巡视设备。当发现设备有缺陷和异常情况，或发生事故时，应尽力妥善地处理，并通过信息反馈渠道及时报告有关部门。

· 严格执行有关规章、制度、细则、命令及指示。

· 管好仪表、工具、安全用具、备品、钥匙及图纸资料。

· 保持所内清洁卫生，搞好文明生产。

· 不擅离职守，不做与当班无关的事。不擅自互相替班、换班，特殊情况时应经所长批准方可变更。

④ 接班前、值班中均应禁止饮酒。接班前应充分休息，以保证精力充沛地值班。

⑤ 控制室应保持安静。非当班人员及检修人员未经许可不准进入控制室、高压室和设

备区。其他人员入所须按有关规定办理手续。

(2) 交、接班制度。

① 交、接班必须按照规定的时间严肃、认真地进行。接班人员未到，交班人员不得离岗，超过规定时间仍未到时，应报告所长或上级领导，直至做出安排。

交、接班前，交班的值班负责人应组织交班人员进行本班工作小结，将交、接班事项填入运行日志中。交班人员应提前 1 h 做好室内外卫生及交班准备工作。

② 交、接班时应避免倒闸操作和办理工作票。如遇有重要或紧急倒闸操作及处理事故等特殊情况，不得进行交、接班或暂停交、接班，只有倒闸完毕或处理事故告一段落时，经电力调度和接班负责人同意后方可进行或恢复交、接班。在交、接班当中发生事故或设备出现异常时，虽暂停交、接班，但接班人员应主动协助处理。

③ 交、接班内容由交班负责人介绍，并由交、接班人员按下述内容共同巡视检查：

• 设备在交班时的运行方式、前一班的倒闸情况。

• 前一班发生的事故和所发现的设备异常及处理情况。

• 断路器跳闸情况，继电保护及自动、远动装置的运行及动作情况。

• 设备变更和检修情况，尚未结束工作票的检修设备，尚未拆除的接地线的地点、数目，以及尚未恢复的熔断器，等等。

• 各种记录是否齐全，所记内容是否符合实际情况及有关规定。

• 仪表、工具、安全用具、备品、钥匙及图纸、资料等是否齐全、完好。

• 已提报的计划检修项目。

• 设备整洁、环境卫生、通信设备等方面的情况。

交、接班双方一致认为交、接无问题后，方可办理交接手续，即由接班负责人签字并宣告交、接班工作结束，然后转由接班人员开始执行值班任务。

接班后，新接班的值班负责人应向电力调度报告交、接班情况，并根据设备运行、检修及气候变化等情况，向本班人员提出运行中的注意事项和事故预想等。

(3) 巡视制度。值班人员应按有关项目和要求，结合本所的设备运行情况，按规定的巡视路线进行巡视。

① 巡视要求。

• 交接班巡视：每日交接时进行。

• 全面巡视：交接班和每班中间巡视。

• 熄灯巡视：结合全面巡视进行。

• 特殊巡视：在遇有异常气候时(雨、雾、狂风暴雨、雷雨、冰雹)，新安装及大修后的主变压器、断路器跳闸后，设备异常时应加强巡视。

② 巡视内容。

• 交接班巡视、全面巡视：全部设备的全部项目。

• 熄灯巡视：各种设备的绝缘件和电器连接部有无放电或发热。

• 特殊巡视：异常气候时有无绝缘破损、裂纹和放电；重点设备的电气连接、油色、音响和气味。

③ 巡视注意事项。

• 单独巡视可由值班员进行，但严禁进入设备带电区域。

• 巡视人员进行巡视时不得从事其他工作。

·各种巡视均应通知值班员或电调，巡视后由巡视人员在运行日志上记录，发现缺陷时要及时处理，并由值班员填写缺陷记录，应对缺陷进行检查并复查处理后的情况是否正常。

(4) 缺陷管理制度。设备缺陷管理制度要求全面掌握设备的运行状态，以便及时发现设备缺陷，认真分析产生的原因，并尽快消除。掌握设备的运行规律，保证设备处于良好的技术状态，努力做到防患于未然，是确保设备安全运行的重要环节，也是科学安排设备检修、校验和试验工作的重要依据。

按对供电安全构成的威胁程度，缺陷分为严重缺陷和一般缺陷。严重缺陷是指对人身和设备有严重威胁，若不及时处理有可能造成事故的缺陷。一般缺陷是指对运行虽有影响，但尚能安全运行的缺陷。有关人员发现缺陷后，无论缺陷是否被消除，均应由运行值班人员在运行日志和缺陷记录簿中做好记录，并向有关领导汇报。对于严重缺陷，应及时组织人员消除或采取必要的措施，防止造成事故。对于一般缺陷，可列入设备检修计划并进行检修处理。

(5) 运行分析制度。定期地进行运行分析是提高供电质量、保证安全运行的重要技术组织措施。运行分析应包括下述内容：

① 岗位分析。岗位分析包括检查分析工作票、作业命令记录、倒闸操作记录及各项制度执行情况；统计倒闸操作正确率、办理工作票正确率、违章率；对发生违章的班组和个人找出原因并提出改进措施。此项分析一般每月或至少每季进行一次。

② 计量分析。计量分析包括分析负荷情况；统计负荷率、最大小时功率、平均小时功率；统计受电量、供电量、自用电量、主变压器损耗、功率因数，并分析判断电能电量与实际负荷是否相符；核算主变压器是否经济运行，以决定单台或多台并联运行等。一般每日抄表后进行一次日分析，每周或至少每半月进行一次阶段分析。

③ 检修分析。检修分析包括分析检修计划完成情况，对未完成或延长检修期限的原因做出说明；统计每台(屏)设备定期检修消耗的材料和工时；统计每月维护检修所消耗的材料费用。

④ 设备运行分析。设备运行分析指对电气设备、继电保护装置、自动装置、远动装置和仪表等的运行情况、事故、故障、缺陷、异常等进行的分析。其具体做法是根据有关记录对投入运行以来及当时出现的现象、有关的操作、处理措施、恢复的情况等进行统计、分析(评价)，从中总结经验教训，以便有针对性地加强检修或进行技术改造。变电站进行的专项设备运行分析一般有下列几种：

·变压器运行分析。其内容包括变压器(绕组、铁芯)每月的最高及最低油温、最大和最小温升、过负荷情况、投运时间、投切次数、承受穿越性短路电流次数等。

·断路器运行分析。其内容包括累计跳闸次数、每次跳闸时的短路电流、电压值、气压变化情况，以及断路器本身拒动、误动次数及原因等。

·电容补偿装置运行分析。其内容包括投切次数、投运时间、投运效果等。

·继电保护、自动、远动装置运行分析。其内容包括撤出运行的次数、时间和原因，动作的次数和原因，拒动、误动的次数及原因，核算动作正确率，等等。

(6) 设备鉴定。设备完好是变电站安全运行的重要前提。在运行中除应搞好日常维护、检修外，还应于每年年底对电气设备进行设备鉴定。设备鉴定就是根据设备在鉴定当时的现状，以及在运行、检修中发现的缺陷的处理情况，并结合本周期的预防性试验结果进行综合分析后，对设备质量进行的一次等级评定。对本年度新建或大修的设备还可结合竣工验收时对质量评定的结果来评定。除已封存的或已列入年度大修计划但尚未修的设备可不做鉴定外,其他所有设备(包括已安装的或替修用的备用设备)均应进行鉴定,一并统计。

设备鉴定是供电部门全面质量管理的重要组成部分,应遵循边鉴定边整治的原则。通过鉴定可全面掌握设备质量,为拟订下一年度的设备检修计划和技术组织措施提供可靠的依据。

设备鉴定后的质量等级分为优良、合格、不合格三级。

① 优良设备。优良设备要求技术状况全面良好,即预防性试验项目全部合格,可测量的技术数据均在标准范围之内,全部项目达到中修的质量标准,外观整洁,技术资料(铭牌,技术履历簿,历年试验报告,每年大、中、小修记录及鉴定记录,历年事故、故障、缺陷和异常的记录)齐全。对于继电保护及自动、远动装置等二次设备,还应有与现场设备相符的图纸。

② 合格设备。合格设备要求预防性试验项目全部合格,主要技术数据在标准范围之内,主要项目达到中修的质量标准,次要项目达到小修的质量标准。

③ 不合格设备。不合格设备是指预防性试验项目或主要技术数据有一项不合格,或者预防性试验超过规定周期 10%仍未试验者,或其他项目有一项不符合小修质量标准者。

6.2.2 接触网管理规程和制度

1. 接触网工作的有关规程规章

对于从事接触网运行维修的人员,掌握有关规章、规程是十分必要的。有关接触网运行维修的规章、规程主要有《城市轨道交通接触网检测车通用技术条件》(GB/T 20908—2007)、《城市轨道交通接触轨供电系统技术规范》(CJJ/T 198—2013)、《跨座式单轨接触网维护与更新技术规范》(JT/T 1222—2018)、《城市轨道交通直流牵引供电系统》(GB/T 10411—2005)、《城市轨道交通行车组织规则》(JT/T 1185－2018)等。

2. 接触网作业制度

(1) 接触网检修作业实行工作票制度,工作票按作业方式分为停电作业和远离作业两种形式。

(2) 停电作业工作票适用于需要接触网停电的作业及距离接触网带电部分 1 m 范围内的作业。

(3) 远离作业工作票适用于距带电体 1 m 及以外的高空作业和复杂的地面作业。

(4) 工作票由供电车间批准的发票人签发,交工作领导人执行,用后交值班人员保存,发票人和工作领导人的安全等级均不得低于 4 级。

(5) 工作票一式两份,填写时应字迹清楚、正确,不得用铅笔填写或任意涂改、删添,有效期不得超过 6 个工作日,保存期不得少于 3 个月。工作票一份交工作领导人执行,另一份由发票人保存。

(6) 工作票应在前一天由发票人交给工作领导人(使其有足够时间熟悉内容及做好准备),并讲清注意事项。工作领导人有疑问时,发票人应解释清楚。

(7) 执行工作票时应做到以下几点:

① 发票人不得兼任作业领导人。

② 未经发票人同意,不得改变工作票中的工作条件。

③ 一张工作票只能发给一个工作领导人,一个工作领导人手中不应同时接受两张工作票。

④ 事故抢修可不签发工作票,但应有电调命令。

(8) 发票人应对下列各项负责:

① 作业的必要性。

② 作业是否安全。

③ 工作票中的安全措施是否完备。

④ 所派工作领导人和作业组成员是否合格和足够。

(9) 工作领导人应对下列各项负责:

① 作业地点、作业时间、作业组成员等是否都符合工作票中所提的要求。

② 作业地点所采取的安全措施是否正确完备。

③ 时刻在场监督作业组成员的作业安全,如果必须短时离开作业地点,要指定临时代理人,否则停止作业,并将人员和机具撤至安全地带。

(10) 作业成员应做到以下两点:

① 服从工作领导人的指挥调动,遵章守纪。

② 对不明白和有疑问的命令要果断、及时地提出,当解释清楚后再执行,确保安全作业。

3. 交接班制度

(1) 交班应在值班室内当面进行。

(2) 交班时应做到以下几点:

① 清点、检查值班用品、用具。

② 检查报表记录。

③ 检查消防器材用具。

④ 检查卫生状况。

⑤ 介绍工区设备、生产、安全、节约等情况。

(3) 交班人员应主动讲清楚值班时工段的情况,不得漏交,并对值班用品的齐全、完好负责。

(4) 接班人员应主动询问交接疑问,查对值班用具和值班记录,发现问题应由交班人员弄清并纠正。

(5) 交接事项办理完后由交班人员签名并注明交接时间,接班人员签名后即对值班工作负责。

(6) 事故发生过程中不可进行交接班,若必须交接班,则只有在接班人员完全熟悉情况的条件下才可办理;在未办理交接班手续前,交接班人员应密切合作。

4. 要令与销令制度

(1) 在接触网设备上进行停电作业或倒闸操作时,均需有电力调度的命令。各种调度命令应有编号和批准时间,无编号和批准时间的命令无效,要令和销令时间应以电调通知的时间为准。

(2) 要令程序。

① 作业组提前0.5 h与电调联系,由要令人向发令人报告班组、姓名、作业地点、内容及安全措施,申请作业命令。

② 发令人在审查补充安全措施后,发布准许作业的命令内容。

③ 要令人复诵命令内容。

④ 发令人确认无误后,给予命令编号和批准时间并记载于命令票中。

⑤ 要令人复诵并确认命令编号和时间。

⑥ 发令人确认后告诉本人姓名并登记要令人姓名,结束要令手续。

⑦ 要令人将停电时间及电调提醒注意事项及时报告给工作领导人。

(3) 销令程序。

① 工作结束后,工作领导人命令撤除地线,检查现场,确保无妨碍送电及行车障碍后,销令人向发令人报告班组、姓名和命令编号,要求结束该命令。

② 由发令人复诵确认后,给销令人以销令时间并记载于命令票中,告知电调的姓名,结束销令手续。

(4) 要令人和销令人应做到以下几点:

① 要令人和销令人由安全等级不低于3级的人员担任,要令、销令由一人进行,只有在通信中断和意外情况下要令人可委托安全等级相当的第二人代为销令。

② 要令人和销令人应将调度命令清楚、正确地记录在作业命令票上,不得涂改和漏记。

③ 要令人和销令人应对下列各项负责:

· 命令是否误解、误传、误记。

· 允许作业时间是否延误。

· 命令是否按时消除。

④ 要令、销令人应经常与作业组联系,随时掌握作业情况。作业未结束时严禁提前销令和臆测销令,也不得晚销令;遇特殊情况要延长作业时间时,应提前15 min报告电调,申请延时命令。

⑤ 要令人应主动报告作业中的重大问题,并回答电调的提问,销令人要提前与电调联系。

5. 开工与收工会制度

(1) 接触网每次检修均执行开工、收工会制度,由工作领导人主持。开工、收工会时,作业组成员要列队和穿戴整齐。

(2) 在开工会上,工作领导人检查作业组成员的穿戴;宣读工作票,布置安全措施;分派作业组成员的工作;回答作业组成员的疑问。

(3) 作业组成员根据各自承担的工作,认真准备工器具和材料,并将其搬到作业车上。

(4) 作业结束后,全体作业组成员开收工会,各作业组成员汇报工作中的安全和任务完成情况;汇报工作中遇到的业务问题、所出现的不安全现象及事故苗头等;工作领导人全面总结作业情况,指出问题,提出要求,并记录在工班日志上。

(5) 作业组成员收拾工器具和材料,并整理入库。

6. 作业防护制度

(1) 接触网检修作业应采取的有效防护措施。

① 在正线区间作业时，应在区间两端车站设置防护红闪灯。

② 在正线车站和车辆段作业时，在距作业区域两端适当处设置防护红闪灯。

③ 必要时，可设专人进行防护，其安全等级不低于 3 级。

(2) 接触网检修作业时，由工作领导人或指派专人办理有关区间、车站封闭手续，对可能有工程车运行的区段应按下列要求设置坐台防护人员：

① 车辆段作业时，设在车厂调度室。

② 区间作业时，设在相邻车站站控室。

③ 车站作业时，设在该站站控室。

(3) 站控室或车厂调度室防护人员应熟悉室内信号和通信设备，与值班员联系，说明工作地点、作业内容。如在车辆段占用股道作业，要得到值班员允许，并应主动询问或提醒值班员随时掌握车辆运行情况。

(4) 防护职责。

① 防止列车进入作业区。

② 防止作业组成员、工具等被列车撞到。

(5) 防护人员应做到以下几点：

① 检查并戴好防护用品、对讲机、红黄信号旗、警笛等，晚上和隧道内应带信号灯。

② 熟悉防护规定和正确显示各种防护信号。

③ 掌握作业区段的行车情况和作业进行情况。

(6) 防护人员的配备、设备和撤离应由工作领导人决定，未设好防护不得开工，作业未结束不得撤除防护。

7. 验电接地制度

(1) 接触网停电作业必须先进行验电接地。验电接地应由两人进行，一人操作，一人监护，操作人和监护人的安全等级分别不得低于 2 级和 3 级。

(2) 验电使用验电器，将验电器端头轻靠接触网导线，无响声则为已停电。验电器使用前先验声，不合格者，即时调换。

(3) 验明接触网已停电后，需在作业地点两端，以及与作业地点相连可能来电的所有停电设备上装设接地线。

(4) 装设接地线时，先将接地线夹紧固在牵引轨上，再用绝缘棒将另一端地线挂钩接在停电的接触导线或辅助线上。拆除接地线的顺序相反，先拆除停电设备端，再拆除牵引轨端。整个过程中，人体不得触及接地线。

(5) 接地线采用截面积不小于 70 mm^2 的软铜绞线(不得有断股、散股和接头)；接地时要连接牢固，接触良好。

8. 倒闸作业制度

(1) 倒闸作业应由两人进行，一人监护，一人操作，操作人和监护人的接触网安全等级均不得低于 3 级。

(2) 所有隔离开关的倒闸作业必须根据电力调度命令进行，并填写隔离开关倒闸命令票，按命令内容要求迅速完成。若由其他部门负责倒闸的开关，则倒闸前应由操作人员向该部门值班员办理准许倒闸手续并按有关规定操作。

(3) 倒闸作业命令接受程序。

① 由操作人员向电调提出申请。

② 值班电力调度审查后,发布倒闸作业命令。

③ 操作人员受令,填写隔离开关倒闸命令票并复诵(有疑问需问清)。

④ 值班电调确认无误后,给予编号和批准时间(无命令编号和批准时间的命令无效)。

⑤ 操作人员进行倒闸作业时,监护人在场监护。

⑥ 操作完后,操作人员立即向电调汇报,注销倒闸命令,并填写隔离开关倒闸完成报告单交由该区值班员保存。

⑦ 值班电调及时发布完成时间和编号,并将命令内容等记入倒闸操作命令记录。

(4) 作业人员注意事项。

① 操作前戴好安全帽和绝缘手套,穿好绝缘靴。

② 确认开关编号,检查开关状态和开关接地装置是否良好。

③ 打开隔离开关操作手柄上的挂锁。

④ 确定操作手柄牢固可靠,与手套接触不黏不滑。

⑤ 操作时应平衡迅速,一次开合到底,中途不准发生冲击或停滞。

⑥ 操作到位后,确认技术状态是否良好。

⑦ 用挂锁将操作手柄锁定,然后离开。

(5) 倒闸作业注意事项。

① 严禁带负荷进行隔离开关倒闸作业,隔离开关可以开、合不超过 10 A 的空载电流。

② 隔离开关倒闸时所用绝缘手套及绝缘靴要求电气试验合格,操作前应对绝缘手套做漏气检查。

③ 隔离开关操动机构需用挂锁锁定,不得用铁丝或绳索等代替。

④ 挂锁钥匙应存放在固定地点,由专人保管;钥匙上应有注明相应开关号码的标签,并注意定期更新标签。

⑤ 相邻支柱上的隔离开关或同一根支柱上有多台隔离开关的,其钥匙不得通用。

⑥ 控制车辆段检修车库的隔离开关,其操动机构与检修平台上的铁门联锁,操作时应严格按有关规定进行。

⑦ 对于带接地刀闸的隔离开关,操作完后需检查接地刀闸是否安全到位。

⑧ 隔离开关倒闸作业的整个过程要求准确、迅速。

9. 自检互检制度

(1) 接触网检修必须执行自检互检制度,自检由操作人员进行,互检由第二操作人员或监护人进行。

(2) 自检时应做到以下几点:

① 对设备各部按工艺、技术标准精检细检,不得漏检漏修。

② 仔细检查设备质量,使其能安全运行至少一个周期。

③ 如实记录被检修设备的修前状态、修中措施和修后结论,填写有关报表记录并签名。

④ 对互检人指出的设备缺陷应立即确认,并进行修复。

(3) 自检人应负的责任。

① 对被检修设备的质量和安全在一个周期内负主要责任。

② 对检修记录的完整性和真实性负责。

(4) 互检时应做到以下几点：

① 监督、协助检修操作人员按工艺、项目、程序和技术标准进行检修。

② 确认被检修设备的质量，有怀疑时亲自检查，发现问题及时提出，要求操作人员重修，使其达到技术标准。

③ 检查自检人员填写的记录，确认完备、真实后签名。

(5) 互检人应负的责任。

① 对被检修设备的质量和安全在一个周期内负次要责任，如果互检人提出的缺陷被操作人拒绝，则互检人不负责任。

② 对检修记录的误记、漏记负次要责任。

10. 巡视作业制度

(1) 在接触网工段应对管内设备进行定期和不定期巡视，巡视人员的接触网安全技术等级不低于3级。

(2) 接触网巡视应按下列要求进行：

① 步行巡视昼间每半月一次，夜间巡视每季不少于一次。

② 乘车巡视每季一次(一般由工长或工作领导人及工区指定人员进行)，昼间巡视允许一人进行，夜间巡视不得少于两人。

(3) 接触网不定期巡视应按下列要求进行：

① 按电力调度口头命令进行巡视。

② 对于异常情况(狂风、暴雨、山洪、塌方、爆炸作业等)应进行针对性巡视。

③ 对重点设备和试验性设备应进行重点巡视。

(4) 巡视应做到以下几点：

① 将巡视地段、日期和巡视者姓名通知电调。

② 备齐应携带的用具(如电话柱钥匙、警笛、信号旗等)和记录本。

③ 巡视人员不得攀登支柱，无论接触网是否停电均应以有电对待；需时刻注意来往的列车。

④ 步行巡视主要检查各部位的零部件是否符合要求，是否有树木、飘落物、塌方落石等一切危害接触网的情况以及部件有无电晕闪络、发红等现象。乘车巡视主要观察集电弓取流、拉出值、接触导线硬点等情况。

⑤ 巡视中若发现设备故障，则应主动采取保护措施，并设法尽快通知值班电调。

⑥ 每次巡视应填好巡视记录，并对设备缺陷提出处理意见并向工长报告，巡视情况应在当日按时报告给规定部门及电调。

⑦ 对于巡视过程中发现的设备缺陷，工长应及时安排临修，一般缺陷应由工长向上级报告并提出处理意见。处理结果应纳入检修记录。

11. 设备分管制度

(1) 在接触网工段应对管内设备作业实行分管，作业组应将主要设备分给作业组成员分管，做到人各有责、物各有主。

(2) 作业分管设备一般以站场区间分界，一般设备应由作业组集体负责，下列设备应分给作业组人员负责:隔离开关及开关箱、分段绝缘器、补偿器、锚段关节、馈电线及架空地线。

(3) 各类标记、各种分管划界应明确具体,工段内应画出图表,监视执行,并保持一年的稳定性,不得经常变动人员分工。

(4) 作业组成员对自己分管的设备应负以下责任:

① 运行是否安全。

② 检修是否按周期、项目、工艺进行,是否达到规定的质量标准。

(5) 作业组成员应做到以下几点:

① 全面掌握分管设备的技术状态。发现问题及时向作业组负责人和工长反映,分管人员能单独处理的缺陷,由分管人员负责处理;分管人员无能力单独处理的缺陷,应及时向作业组或工长汇报,如果未向作业组或工长反映,则责任由分管人员承担。如果反映未处理者,则责任由作业人承担。

② 分管人员一般应参加分管设备的检修处理并进行操作,因故不能参加检修的,应委托同一个作业组的成员代表参加,检修人员不得无故推辞。但设备检修时,分管人员应检查检修记录并签名。

③ 作业组负责人或工长对分管人员提出的设备缺陷应及时分析,根据轻重缓急进行处理。当安排不当而发生事故时,工长和作业组负责人应负一定责任。

12. 设备运行分析制度

设备运行分析是指对接触网的各种参数和状况等的运行情况、事故、故障、缺陷、异常等进行的分析。具体做法是根据有关记录对投入运行以来及当时出现的现象、处理的措施等情况等进行统计、分析(评价),从中总结经验教训,以便有针对性地加强维修或进行技术改造。对接触网常进行的专项运行分析有下列几种:

(1) 导线高度和“之”字值分析。其内容包括导线高度和“之”字值的变化情况、相邻定位点导线的高差、曲线地段跨中偏移值的变化情况、锚段关节的过渡情况、线岔区是否良好等。

(2) 弓网之间的运行状况分析。其内容包括观察和分析运行中受电弓与接触网的取流状况、受电弓与接触线之间的接触力变化及受电弓的垂直加速度的变化情况等。

(3) 补偿活动情况分析。其内容包括分析补偿坠砣的上下活动规律,比较补偿坠砣的实际活动量与理论值,判断补偿器的工作状态等。

(4) 接触线磨耗分析。其内容包括接触线全面磨耗值和重点区段的磨耗值等。

(5) 自然灾害情况分析。其内容包括支柱基础的防洪分析、雷雨时节接触网防雷分析、台风时接触网防台风情况和隧道漏水情况分析等。

接触网设备鉴定制度与变电站设备相同,可参考前述有关内容。

6.2.3 SCADA 系统管理规程和制度

1. 安全及检查制度

针对全线的设备,SCADA 工作人员的基本安全生产制度和作业纪律是必须认真执行“三不动”“三不离”“三不放过”“三预想”“了解事故要三清”“三懂三会”和“三级检查制度”等安全措施,以及城市轨道交通运营部门的有关安全规章制度。

(1)“三不动”是未联系登记好不动,对设备性能、状态不清楚不动,未经授权的人员对正在使用中的设备不动。

(2)“三不离”是检查完不复查试验好不离,发现故障不排除不离,发现异状、异味、异声不查明原因不离。

(3)“三不放过”是事故原因分析不清不放过,没有防范措施不放过,事故责任者和其他人员没有受到教育不放过。

(4)“三预想”是工作前,预想联系、登记、检修设备、预防措施是否妥当;工作中,预想有无漏检、漏修和只检不修造成妨碍的可能;工作后,预想是否检修都彻底,复查试验、加封加锁、消点手续是否完备。

(5)“了解事故要三清”是时间清、地点清、原因清。

(6)“三懂三会”是懂设备结构,会使用;懂设备性能,会维修;懂设备原理,会排除故障。

(7)“三级检查制度”是指部门每半年对管辖内的主要设备检查一次;工班每季对管辖内的主要设备检查一次;SCADA 专业人员每月对管辖内的主要设备检查一次。对各种检查均应有详细的设备运行记录。凡进行危险性较大、影响行车及安全的工作时,必须事先拟定技术安全措施,由专人负责执行。对维护工具及安全防护用品,在出工前必须进行检查,禁止使用不良工具和防护用品。未经授权的任何人员严禁对本系统所有应用软件做任何改动。电调应严格按照有关操作程序进行操作和控制,并对自己的操作负责。SCADA 专业维修人员应严格按照操作维修规程进行维修作业,同时要遵守运营部门的有关保密制度和规定。

2. 设备的日常维护与巡视制度

对全线 SCADA 设备应按照规定的时间、周期和项目进行检查并记录。SCADA 维护作业应按下列规定进行:

(1) 凡有计划对设备进行拆卸、更换、移位、测试等工作,需中断设备使用时,应填写施工要点申请计划表报生产调度,施工前应按调度命令在设备检查登记表中登记,经车站值班人员同意并签认后方可作业。但作业前应告知 SCADA 值班人员。

(2) 临时对 SCADA 设备进行拆卸、更换、移位、测试等工作,必须在设备检查登记表中登记,经车站值班员同意签认后方可作业,但作业前应告知 SCADA 值班人员。若作业影响到相关专业设备,则必须取得相关专业人员的认可,并在相关专业人员的监护下方可作业。

(3) 对于不松动电气节点、不拆断电气连线、不更换零配件和不分离机械设备的一般性检查,可不登记,但应加强与车站值班人员和 SCADA 值班人员的联系。

(4) 检修作业的联系、清点和登记的要求。

① 联系、清点前,必须核对准确检修作业地点、需要检修的设备、检修内容及对其他设备的影响范围。

② 联系、清点和登记工作由 SCADA 检修人员负责办理。

③ 登记的时间、地点和作业性质、设备编号和影响范围等内容,一经车站值班员同意签认后,任何人不得涂改。

④ 登记清点的维修作业一般应在给定的时间内完成,如遇特殊情况需延长时间,则必须重新办理登记手续。

3. 设备故障处理制度

(1) 为迅速进行事故障碍的处理,同时便于SCADA设备故障的管理及考核,要建立完善的故障受理制度。

(2) SCADA检修人员应从生产调度处受理SCADA故障,故障受理应按要求填写故障受理表格。

(3) SCADA设备发生故障,有关维修人员应及时、准确地做出判断(判明故障位置、故障原因等),积极组织修复,把故障时间及影响控制在最小范围内。若无法维修,则应及时上报。

(4) 故障处理时限为在接到故障报告时的当班内应赶到现场,如果是仅需在线维修的设备,维修应在当班内完成,当班完成不了的,应报维修中心生产调度,并做好现场保护措施和下一步的维修计划;对必须离线维修的设备,在设备离线前,做好设备更换工作,经复查、检验及运行恢复正常后,才可离开现场。离线设备的维修应有计划和维修期限。

(5) SCADA维修人员在故障处理完毕后,应对维修现场进行清理,恢复到原来的状态,并及时消点。

(6) SCADA维修人员应及时填写故障处理台账,记录故障情况及处理时间、结果,归档备查;对一时无法处理的故障要及时上报。

(7) 严格事后检查制度,由SCADA班组对维修情况做核查,确保维修质量。

(8) 故障处理时,不能影响接口专业的运作,涉及接口的维修,应先与其他专业协调,在其他专业人员的监督下进行。

(9) 故障处理要按故障处理程序进行,处理要做到"三清",即时间清、原因清、地点清。

技能实训

技能实训6-1　牵引变压器柜跳闸现场处置

授课地点:城市轨道交通牵引变电所、城市轨道交通供电实训中心

授课形式:分组教学

教课教师:校内专任教师

1. 实训目的

(1) 掌握变电站值班员、检修工班长、检修工的工作职责。

(2) 掌握变电站值班员事故处置程序。

(3) 掌握检修班组现场处置措施及程序。

(4) 掌握事故报告的正确填写方法。

2. 实训设备

城市轨道交通牵引变电站牵引变压器柜。

3. 实训内容

(1) 变电站值班员事故应急处置程序。

(2) 抢修班组现场应急处置程序。

4. 实训步骤

(1) 变电站值班员事故应急处置程序。牵引变压器柜跳闸事故发生后，变电站值班员查明所内开关柜状态及报警情况，上报电调，执行电力调度指令。若牵引变压器柜为过流跳闸，经电调允许试送电，若试送成功，则恢复相应直流系统供电。若试送不成功或因其他故障跳闸，则上报检修班组。做好运行记录、开关跳闸记录和变电站故障记录。

(2) 抢修班组现场应急处置程序。接到抢修指令后，启动现场处置方案，检修工班长指挥变电站值班员应急操作，组成检修班组前往事故影响区域。到达现场后，查看牵引变压器跳闸事项条，若事项条为过流、速断跳闸，则请示电调确认线网状况，经调度允许后进行直流系统试送电。若试送不成功或事项条为整流器、牵引变压器故障，则请示电调本所直流系统停电，区间线网停电，合越区联络刀闸，形成大双边供电。维修完毕后，由检修工班长填写设备检修记录(见表 6-4)。

表 6-4 设备检修记录

设备地点		型　号	
检修类别	大修(　) 小修(　) 其他(　)________		
主要检修内容			
存在的问题			
处理结果			
检修人员			
验收人员			
检修工班长		检修时间	

5. 注意事项

(1) 妥善保管个人、班组配备的维修工具。
(2) 在故障查明前，不允许强行取消保护措施恢复供电。
(3) 安全措施的设置与撤除应为同一人，检查应为另一人。
(4) 严禁违章指挥、违章作业、违反劳动纪律，保证人身和设备安全。
(5) 事故处理完毕后，详细检查影响区域供电设备的状态，确保无误后进行送电。

思考与练习

(1) 简述城市轨道交通供电管理的任务。
(2) 简述城市轨道交通供电管理的方针。
(3) 简述城市轨道交通供电系统运行管理的工作要点。

参考文献

[1] 俞光耀. 轨道交通建设规划设计前瞻性研究[J]. 都市快轨交通,2018,31(1):12-15.
[2] 李学武. 城市轨道交通供变电技术[M]. 成都:西南交通大学出版社,2016.
[3] 童岩峰,章新华. 城市轨道交通变配电检修工[M]. 北京:中国铁道出版社,2015.
[4] 米秀杰,王刚. 城市轨道交通供电技术与应用[M]. 北京:北京理工大学出版社,2016.
[5] 武永红. 城市轨道交通牵引供电系统[M]. 北京:人民交通出版社,2016.